OEUVRES

DE POTHIER.

TRAITÉ DES OBLIGATIONS.

TOME PREMIER.

SE TROUVE

Chez MM. les Secrétaires caissiers des facultés de droit;
Chez MM. les Greffiers des tribunaux de première instance;
Et chez les principaux Libraires de la France et de l'étranger.

DE L'IMPRIMERIE DE P. DIDOT L'AINÉ,
CHEVALIER DE L'ORDRE ROYAL DE SAINT-MICHEL,
IMPRIMEUR DU ROI.

OEUVRES

DE POTHIER.

NOUVELLE ÉDITION,

ORNÉE DU PORTRAIT DE L'AUTEUR,

PUBLIÉE

PAR M. SIFFREIN.

———

TOME PREMIER.

A PARIS,

CHEZ L'ÉDITEUR,

RUE SAINT-JEAN-DE-BEAUVAIS, N° I.

M. DCCCXXI.

AVIS DE L'ÉDITEUR.

ON NE SAURA JAMAIS LE CODE CIVIL, TANT QU'ON N'ÉTUDIERA QUE CE CODE. Telle fut la maxime remarquable que proclama du haut de la tribune le profond et judicieux PORTALIS, à l'époque mémorable de la restauration de notre droit françois.

C'est, en effet, dans le corps entier du droit romain; c'est plus particulièrement encore dans les ouvrages de ces jurisconsultes célébres dont s'honore la France, qu'il faut aller puiser la connoissance des vrais principes.

Ces ouvrages, marqués du sceau de l'équité, retracent au jurisconsulte les régles éternelles que la raison suggère à tout homme de bien, et lui inspirent le desir d'appliquer à la cause du foible et de l'opprimé ce qu'il voudroit entendre prononcer dans sa propre cause. Imiter Pothier en cherchant à approfondir le système général de la législation, c'est être déja sur le chemin du succès. Or, selon ce que rapporte son éloquent panégyriste (1), Pothier trouva peu de secours pour l'étude des lois, dans l'université d'Orléans. « Les professeurs qui occupoient alors les « chaires, absolument indifférents aux progrès de la « jeunesse, se contentoient de dicter quelques leçons « inintelligibles, et qu'ils ne daignoient pas mettre à « sa portée : ce n'étoit pas proprement la science du

(1) M. Le Trosne, *Éloge historique de M. Pothier*, page 9.

« droit qu'ils enseignoient, ils ne présentoient de
« cette science, si belle et si lumineuse par elle-
« même, que ces épines et ces contrariétés qui lui
« sont étrangères; au lieu d'expliquer les textes d'une
« manière propre à instruire, ils ne remplissoient
« leurs leçons que de ces questions subtiles, inventées
« et multipliées par les controversistes (1). »

Certes, un enseignement si peu instructif ne pouvoit satisfaire un esprit aussi solide et aussi juste que
celui de Pothier. Il recourut au texte des *Institutes*,
il s'aida du Commentaire de *Vinnius*, et se prépara
ainsi à aller puiser à la source même du droit, par
l'étude la plus profonde et la plus suivie des Pandectes. C'est à d'aussi nobles efforts que nous devons
le savant Commentaire de la *Coutume d'Orléans*, et
cette étonnante collection de traités *ex professo* que
renferment les œuvres de ce grand jurisconsulte.

Ce fut sans doute après de longues, de pénibles,
de fastidieuses études, que Pothier put rendre hom-
mage à cette vérité importante, que la clarté et la précision des formes ne suffisent pas pour assurer l'action volontaire de la justice parmi les hommes. En
effet, l'intérêt personnel apprécie rarement les dispositions les moins équivoques et les plus correctes. La
mauvaise foi et les passions y cherchent toujours un
sens injuste; et les meilleurs esprits ne sont pas d'ac-

---

(1) Ainsi donc, les abus sont de tous les siècles; les maux
qui nous affligent ont affligé nos pères, et tout porte à croire
qu'ils affligeront encore nos neveux. Une fatalité poursuit le
véritable mérite; tous les avantages, au contraire, semblent
être offerts à la basse médiocrité.

cord sur la volonté du législateur ; tant l'intelligence humaine est imparfaite et insuffisante! Et comment seroit-il possible que les circonstances infinies, qui varient et multiplient les espèces, permissent de prévoir tous les cas? Autant de nuances, autant de matière à difficulté; et la source en est malheureusement et perpétuellement féconde.

C'est un désordre insensible pour le corps social, mais qui se disperse d'une manière bien funeste sur les particuliers et sur les familles. C'est donc aux jurisconsultes qu'il appartient de ralentir le cours et de diminuer le volume de ce mal, qui participe de notre espèce et de l'essence des sociétés.

Qu'on ne s'y trompe pas, le ministère du jurisconsulte, tant révéré chez le peuple législateur, ne doit pas être un vain espoir pour l'homme juste qui réclame, près de celui qui l'exerce, soit un guide pour sa conscience, soit un moyen pour la conservation de ses intérêts légitimes.

Le ministère du jurisconsulte ne doit pas être également sans effet sur l'esprit de l'homme injuste ou passionné.

Ce ministère est grave, délicat, indépendant: son indépendance consiste dans la vérité à laquelle appartient le jurisconsulte, et dans le droit de la faire entendre en faveur de la justice, dont elle est la source.

Sa délicatesse, dans la pudeur de cette indépendance tant vantée et si méconnue, de cette fierté de l'honneur, regardée comme le sanctuaire de la confiance publique;

Enfin, sa gravité est, et doit être, la physionomie de la science même du droit.

Au reste, Pothier lui seul peut nous apprendre que, du moment où le jurisconsulte commence l'examen d'une question difficile, il n'appartient plus à l'humanité; l'amour de la justice est son unique affection.

Il est pourtant vrai de dire qu'il ne suffit pas, pour être loyalement équitable, d'examiner les questions de droit dans leurs rapports avec l'équité naturelle.

Le système général de la législation civile tient à un principe public qui ne laisse parfaitement entier aucun intérêt particulier : le lien social soumet à son ordre le lien des familles, et à celui-ci l'intérêt et les conventions des citoyens.

Ainsi le jurisconsulte, pénétré de la dignité de son ministère, doit l'exercer en publiciste, comme le juge doit remplir le sien par le concours de ces deux éminentes qualités. Guidé par le respect dû à la volonté publique, au système social, aux bonnes mœurs; occupé du véritable point de la difficulté qui lui est soumise, il aperçoit et trouve nécessairement tous les rapports au milieu desquels est subordonné le droit commun.

En un mot, l'étude de la science du jurisconsulte étoit jadis longue et difficile ; de nos jours, elle réclame tous les efforts de l'esprit humain. Mais qu'importe aux ames élevées? l'exemple offert par les Charles *Dumoulin*, les *Furgole*, les *Domat*, et les *Pothier*, ne rappelle-t-il pas que le triomphe est au bout de la carrière?

TABLE

DES CHAPITRES, ARTICLES, SECTIONS ET PARAGRAPHES
CONTENUS DANS LA PREMIÈRE ET SECONDE PARTIE DU
TRAITÉ DES OBLIGATIONS.

PREMIÈRE PARTIE.

CHAPITRE II.

SECONDE PARTIE.

CHAPITRE PREMIER.

FIN DE LA TABLE.

DE LAUDIBUS

ANTECESSORIS

DOCTRINA ET MORIBUS

PRÆSTANTISSIMI

ORATIO.

Habita Aureliæ, die 20 novembris ann. 1772.

Id à majoribus quasi per manus traditum, R. M, C. A, etc. ac ipsâ instituti nostri ratione præscriptum accepimus, ut, cùm in doctoris demortui locum alius sufficiendus est, is deligatur qui moribus et doctrinâ cæteris antecelluerit. His titulis signari eos oportet, qui Juris publicè docendi munus obire ac sustinere meditantur. Abjectis aliis omnibus curis, toto pectore incumbunt ad hanc palmam æmulis præripiendam. Quocircà intelligere vos opinor, paucos de multis qui doctrinâ et moribus excelluerunt, ad summum gradum pervenisse. At ex his unum nostra ætas tulit, quem omnes inclytæ hujus civitatis ordines singulique cives, paucis antè mensibus inevitabili humanæ conditionis necessitate ademptum, summo mœrore prosequuntur. Et hîc confestim omnium animis occurrit egregius ille academiæ nostræ antecessor, magister meus, ROBERTUS-JOSEPHUS POTHIER; de cujus præstantiâ jure nos gloriari posse, grati animi erga illum ac pietatis officio impulsus, mihique acerbissimum et maximè luctuosum onus deposcens, ipsâ veritate arbitrâ, demonstrare aggredior.

Atque, ut ad res deveniam, hoc utrumque affirmo : eum doctrinâ quâ jurisprudentiæ alumnis viam munivit expeditissimam ad legum cognitionem : morum integritate quâ effinxit et quasi oculis subjecit legum sanctimoniam, longè cæteris præstitisse. Si quid à me orationis inopiâ lapso, ex amplissimâ illâ et uberrimâ laudum segete prætermissum, aut jejuniùs multò atque exiliùs quàm pro dicendi materiâ percursum fuerit, non vereor ne tam cari capitis desiderium minuisse videar; cùm apud eos dicturus sim, qui nota sibi omnia mentibus suis taciti suscipient, et cogitatione persequentur. Adeste animis, adolescentes studiosissimi; ea sunt ejusmodi quæ maximè vos ad pleniorem doctrinam labore consequendam excitare, vestrisque moribus informandis prodesse, debeant.

PARS PRIMA.

Cùm ex hoc loco, non multis abhinc annis, verba facerem, ostendi ardentissimum illud, quod apud Gallos tandiù viguerat, jurisprudentiæ studium, multùm deferbuisse; et à perversâ eorum vivendi atque scribendi consuetudine, quæ nostris præsertim temporibus ingravescere cœpit, repetendam esse tanti mali causam (1). Jam illa depravatio adolescentium animos à severioribus disciplinis ad futilia torserat, cùm eximius ille vir de quo nunc agimus, latinis litteris diligenter excultus, universæ philosophiæ præceptis imbutus, atque etiam in theologiæ studio exercitatus, ad jurisprudentiam animum appulit, ad quam ipse per se naturali quodam impetu ferebatur. In hac civitate homines eruditissimi jus civile docebant. Iis dedit operam; sed tunc legum explanationes subtilissimis quæstionibus, à tironum captu usuque forensi longissimè remotis, refercire, ac multas inter se pugnantes sententias in medium adducere, præcipua laus habebatur. Quibus auditis, primùm se admiratione obstupefactum, deinde multò, quàm dudum, incertiorem fuisse, de eâ re mecum agens, ingenuè fassus est.

Nolite quærere, AUDITORES, quid ei animi fuerit. Acerrimo supra ætatem judicii acumine præditus, sensit laborum gradus fieri oportere, ut ad cujuslibet artis summam proficiamus: optimam hanc esse juris præcipuè docendi discendique rationem. Equidem, quemadmodum scalarum, ita et rerum quarum tam ardua tamque difficilis est cognitio, si alii tollantur gradus, alii malè hærentes relinquantur, ruinæ periculum strui, non ascensum parari necesse est (2). Itaque domo se recipere, à principio singula repetere, ipsos pervolutare legum textus melliorisque notæ interpretes, perlustrare antiquitatem, omnia diligenter et accuratè comparare, seponere, ac delibare instituit, quæ ad jurisprudentiam percipiendam, instruendam penitùsque pernoscendam magis accommodata videbantur. Quid plura? Tantos brevi tempore progressus fecit, ut ea jam potuisset docere, quæ nunc si quis eâdem ætate discere inciperet, in summâ laude poneremus.

Honores mox consecutus, qui confecto studiorum curriculo decerni solent, militiæ togatæ in supremâ Parisiensium Curiâ

---

(1) In oratione habitâ die 23 novemb. ann. 1768.
(2) Vid. Cic. 6, Epist. ad famil. 7.

nomen dedit, et apud nos in *præsidiali* judicum consessu, cùm annum ageret vigesimum primum, maximo bonorum omnium plausu, locum obtinuit. Ad hanc dignitatem evectus, non destitit arduum, et cum labore ad abundantiorem doctrinam directum iter tenere, quod tam alacri studio ingressus fuerat. Atque ut illud ab omnibus impedimentis liber expeditiùs conficeret, se à commercio vulgi segregavit, et solitariam quodammodo vitam, in musæo deinceps ad extremum usque spiritum degendam, amplexus est. Cùm tamen publicæ utilitatis causâ, nullo commodo sibi extrinsecùs proposito, improbum hunc laborem perferre decrevisset, statutis diebus, selectos quosdam adolescentes, iisdem studiis et amicitiâ secum conjunctos, in suam aliamve domum congregabat. Ibi remissionum animi oblectationumque loco, familiares de jure instituebantur sermones, in quibus doctrina, quam quisque suam fecerat et in unum contulerat, alterius accessione augebatur. Ipse autem de dubiis tam enucleatè, de obscuris tam dilucide, de confusis ac perturbatis tam ordinatè disserebat, ut jam facilè augurarentur omnes, uberrimos maximosque aliquando ex ejus navitate ac diligentiâ fructus extituros.

Hæc illa sunt summi viri juvenilia. His prolusionibus egregium moliebatur opus, quod maturiore ætate effecit, et eâdem senescente absolvit. Hic ei ad doctrinam, quâ cæteris antecelluit, patuit aditus. Per aspera obsitaque spinis ac ruderibus loca gradiendum ei fuerat, ut jurisprudentiæ alumnis viam muniret ad legum cognitionem, et unà non Romani tantùm, sed etiam Gallici juris studium, in integrum restitueret. Hujus quem animo conceperat finis assequendi causâ, omnem laborem, omnem difficultatem contempsit. Nunc, quàm felix sapientissimo consilio responderit eventus, accipite, et sinite ut tam laude dignam rem paulò altiùs repetam, eaque, quàm brevissimè potero, exponam quæ ipsam omnibus planam facient.

Illud certâ experientiâ compertum habuerat, neminem exquisitam ac reconditam legum scientiam consequi posse, nisi eam sibi ex Pandectarum libris hauriendam putaverit. Præclare! Nam si spectemus auctoritatem, occurrunt jurisconsulti dignitate insignes, rerum publicè gerendarum usu exercitati, civili sapientiâ pleni, doctrinâ et consilio abundantes : si genus dicendi, nihil limatius, nihil pressius, nihil clarius, nihil ad discendum accommodatius : si materiam ipsam, complectitur pulcherrimum juris systema, felicissimis reipublicæ temporibus inventum ac formatum, sub imperatoribus, ab Augusto ad Antoninos usque, suis omninò numeris et partibus perfectum atque expletum : ex quo Romani, universi orbis domini, majorem adepti sunt gloriam, quàm ex imperii finibus tam latè propagatis.

Suo lumine adhuc discentium mentes perfunderent horumce jurisconsultorum lucubrationes, nisi fata nobis eas invidissent. Barbaries funestissimâ contagione Romanum jam pervaserat imperium, cùm Justinianus, ex tot libris tanti ponderis et scientiæ, responsa seligi, Pandectasque consarcinari jussit. Et, quod magis dolendum est, tam difficili negotio Tribonianum præfecit, oneri prorsùs imparem. Hic in latinâ linguâ, in legibus, in dialecticâ peregrinus et hospes, operi manum admovet, et ad vivum omnia resecans, fragmenta tantùm nobis obtrudit, tam confusè tamque perturbatè disjecta, ut quasi Sibyllæ folia esse videantur. Prisci et antiquati juris, ejusque dissidii quod Proculianos inter et Sabinianos olim extiterat, vestigia passim legentibus obvia relinquit : quod uno in loco servaverat, mutat in alio : interpolat ac depravat multa, ut ad jus novum ea detorqueat; et immensum illud opus properans festinansque triennio conficit. Illæ tamen Pandectæ vim legum obtinuerunt iniquissimo Justiniani edicto, quo simul sanxit ut è medio tollerentur eximii veterum prudentum libri. Hinc tot fugitivæ leges in aliam sedem rejiciendæ, tot aliæ illuni nocte obscuriores, tot nodi resecandi potiùs quàm solvendi, præstantiorum interpretum torserunt ingenia, multosque difficultate perterritos, à capessendâ juris arte avocârunt.

Malo mederi pro suâ virili parte omnes ferè studuerunt nostræ disciplinæ magistri. Quidam se probè suo functos officio putaverunt, si juris præcepta, per universas Pandectas dispersa, undecunquè sedulò colligerent, certoque ordine suis in loculis collocarent. Qui quidem mihi videntur operam navasse satìs idoneam, ut primoribus labris tirones gustarent jurisprudentiæ principia; non ut flagrantem ejus perdiscendæ sitim explerent. Illi toti fuerunt in conciliandis diversorum jurisconsultorum opinionibus, neque infeliciter multas in concordiam reduxerunt; sed acerrimam sæpenumerò sibi confingentes pugnam, ubi erat maxima consensio, litigandi et cavillandi potiùs, quàm de jure disputandi, artem docuerunt. Hi denique, quorum propè infinitus est numerus, latissima excogitaverunt commentaria, doctis et intelligentibus utilissima; sed eorum mole obruimur. Quis in legum studio nondùm versatus atque exercitatus leget hæc? An ei non absimilis qui, maris in littore sedens, singulas undas numero amplecti conabatur, in iis pervolvendis omnem teret ætatem, ut inde omnium quæ quandoquè inciderint negotiorum cognitionem hauriat (1)?

_____

(1) Vid. Duareni Epist. de Ratione docendi discendique Juris.

Quæ cùm ita sint, vir summus, ad quem jam redit oratio, pace tantorum interpretum dixerim, hic ille tandem erat cujus ope renasci romana jurisprudentia debebat, pristinumque decus ac splendorem recipere. De Pandectis in ordinem digerendis cogitaverat; sed nimiùm sibi diffidens, ac forte existimans id confici non posse, quod Vigelio, jurisconsulto inter Germanos celeberrimo, ex animi sententiâ minimè successerat, consilium, quod jam ad incœptum conatumque perduxerat, mutasse videbatur, cùm unus è collegis in *præsidiali* consessu, ingenio, litterarum cultu, multijugâ eruditione, ac præsertim legum scientiâ clarus, in cujus locum posteà cooptatus jus gallicum in hac cathedrâ docuit (1), eum enixè rogavit atque obtestatus est, ut impensæ operæ sibi specimen aliquod exhiberet. Ejus petitioni concessit homo singulari morum facilitate præditus. Tum ille mirari, laudare, illustrissimo viro, tunc temporis Galliarum cancellario, rem nunciare, academiis foroque utilissimam. Hic dignitate magistratuum, doctrinâ jurisconsultorum princeps, qui de auctore multa, famâ et auditione, acceperat, humanissimâ epistolâ eum ad se vocavit, ut secum de eâ re sermonem haberet. Laudibus, consiliis, monitis, cohortationibus egregium ejus cœptum promovit (2). Non potuit auctor detrectare provinciam ab illo sibi impositam, cujus imperia tam venerari debebat quàm amplecti. His auspiciis alacrior et animosior factus, omnem sibi subsidio comparavit doctrinam et diligentiam, omnes vires ac nervos intendit, herculeumque exantlavit laborem, ut opus perficeret. Ac tandem è prælo in lucem prodierunt tot expetitæ votis PANDECTÆ JUSTINIANEÆ IN NOVUM ORDINEM DIGESTÆ (3), in quibus conficiendis maximam, non juventutis modò, sed etiam maturæ ætatis suæ partem, consumpserat.

Agite, AUD. librum hunc, nunquam de studiosorum manibus deponendum, mente et cogitatione percurramus. Videte ut servatâ titulorum serie, atque illæso legum textu, in tractando cujusque tituli argumento, confusa oscitatione Triboniani ac permista inter se discernit, et in ordinem adducit: ut universam rem tribuit in partes, et quæ infinita propè ac innumerabilia videbantur, in certa paucissimaque genera cogit: ut ejus ope, fragmenta ex veterum prudentum scriptis

(1) Cl. Antecess. *Michaël Prévôt de la Janès.*

(2) Hæc probantur Epistolis Illust. Galliarum Cancellarii D. D. Daguesseau, ad Auctorem scriptis; dieb. 16 febr. 8 septemb. ann. 1736; 1 jan. 1739, 23 August. 1740; 10 jun. 1741; 3 mart. 1742; 6 decemb. 1744; 10 jan. et 20 april. 1745; quas mecum humanissimè communicavit nobilissimus et omni laude cumulatus vir D. *d'Orléans de Villechauve.*

(3) Paris. apud *Saugrain, Desaint et Saillant;* necnon Carnut. apud *Le Tellier,* ann. 1748, 3 vol. *in-fol.*

avulsa, quantumvìs mutila et lacera, principiis suis firmissi-
mo nexu cohærent, et alia ex aliis, omnia verò inter se apta
colligataque, dilucidè ostendunt quæ quibus positis sunt con-
sequentia : ac denique ut adjectis brevibus notis, quas à Cujacio, suorum duce et adjutore laborum, maximá ex parte
mutuatus est, mendosa et interpolata corrigit, componit dis-
sidia, latentia explicat, obscura et ambigua interpretando ex-
planat. Jam, quod maximè lætandum nobis est, prolixis et
verbosis commentariis non est opus : despicatui ducuntur
commentitiæ futilesque argutiæ quæ ingenii aciem obtunde-
bant magìs quàm exacuebant : erroris et inscitiæ nubes fu-
gantur ac depelluntur, clarissima lux in tantis tenebris oborta
undique refulget. Laudent alii Amalphitanam civitatem in
quâ veterum Pandectarum codicem servatum ferunt : nostra,
ob Pandectas in ordinem digestas, majorem apud posteros
nominis celebritatem consequetur.

At, inquiet fortassè aliquis, unus ex doctis Lipsiensibus in
præfatione operi affixâ, et in titulo de Origine Juris, multa
quæ *majorem eruditionem, lectionem ampliorem et acumen criti-
cum* sapiunt; debitamque in opere ipso, tanto cum labore
perficiendo, curam desiderat (1).

Non multùm his commoveor. Omittam hanc præfationem,
quam tam acerbè tamque asperè exagitat et insectatur, par-
tum alienum esse à Pandectarum auctore adoptatum, novum-
que illum Aristarchum, dum plurima confidenter reprehen-
dit, incurrere in justam aliorum reprehensionem : hoc unum
subjiciam, perperàm eum sibi *haud vulgaris eruditionis* laudem
arrogasse. Ecquæ enim magna et exquisitá eruditio est, scire,
regias leges in libro *Sexti* Papirii, an in libro *Sexto* Papirii fuisse conscriptas : quot legatos à Græcis civitatibus leges petitu-
ros populus Romanus in Græciam miserit : senatusconsultum
Macedonianum nomen sumpserit à Macedone quodam nefa-
rio filiofamilias, ut nonnulli tradunt; an ab improbo fœnera-
tore, ut alii arbitrantur? Quid prodest legum interpretibus
de ejusmodi tricis inter se, tanquam pro aris et focis, digla-
diari : conjecturam aliá conjecturá, quasi clavum clavo, eji-
cere : juris historiam toties decantatam, aliaque à pluribus
scripta, paucis commutatis verbis, ac ne commutatis quidem,
describere : et ut verbo totam rem complectar, personam in-
duere Plautini illius coci, qui se introiturum aiebat, ut, quod
alius condiverat cocus, alio pacto condiret? Quid tandem ju-
vat ad legum cognitionem putidas renovare altercationes ex
tituli *de Origine Juris* interpretatione natas? An studiosi semper ad hos jurisprudentiæ postes tanquam ad lapidem adhæ-

---

(1) Vid. Act. Erudit. Lips. publ. ann. 1753, *n.* 10, *pag.* 433 *et seqq.*
Item ann. 1755, *n.* 15, *pag.* 673 *et seqq.*

rescent? Laudabunt-ne fortunas suas, quòd pulcherrimam hanc scientiam, quæ ipsis in amore atque in deliciis est, et cujus præclara forte nunquam audient effata, Hispanorum more, ab externo limine salutaverint?

Nunc, cùm auctoris curam in opere ipso perficiendo, indictà causà et suà tantùm nixus auctoritate, improbet adversarius, non admodùm molesta erit præposteri hujus judicii confutatio. Nam si tam levis est quàm eam videri voluit, cur celeberrimus *Gerardus Meerman*, jurisconsultus Batavus, Roterodamensis reipublicæ syndicus, idemque apud Angliæ regem gravissimâ legatione perfunctus, auctorem virum eruditissimum ac *felicissimum Pandectarum restitutorem* appellat (1): hujus autem videndi gratiâ, civis Hamburgensis nobilissimus, jurisque peritissimus *Henricus Kellinghusen*, aulicus Borussorum regis consiliarius, in hanc urbem venerit, et triginta novarum Pandectarum exempla in Germaniam secum asportaverit? Quid doctissimus ille Hispanus, eximius in Salmanticensi academiâ professor: nonne, cùm iter faciens summi viri tunc absentis conspectu et sermone frui non posset, voluit saltem hoc juris auditorium videre: ingressus in ejus subsellio sedit; et postquàm exclamasset, *In eo sum loco in quo jurisconsultorum coryphæus assidere solet*, subsellium amplexatus est? Ergo nullius momenti operis omnia ferè exempla in Belgium fœderatum, in Germaniam, in Hispaniam atque in alias Europæ partes sparsa et disseminata, magno ære veneunt, et quasi de manibus, adjecto majore pretio, extorquentur? Sed quæ demùm causa commovit illustrissimum cancellarium, quo respiciente ac favente confectum est, ut ordinis atque dispositionis vim, perspicuam legum compressionem et miram auctoris curam, diligentiam, constantiamque, in tantâ re, tam asperâ, tamque difficili perficiendâ, laudibus extolleret (2). Quæ una certè approbatio satis ponderis habere debet ad retundendam adversarii confidentiam.

Verùm enim verò, confiteamur illud quod nobis negare non posse acerbissimum est. Nostrates, quorum potiùs exemplo exteræ nationes ad jurisprudentiam, ex limpidissimis fontibus hauriendam, excitari atque inflammari debuissent, præclarum hoc opus neglexerunt. Perversas illas opiniones animo jam imbiberant, in tantâ hujus ætatis luce, eorum quæ latinâ linguâ conscripta sunt, nec admodùm fructuosam scientiam, nec perniciosam esse ignorationem: hunc esse rerum

---

(1) In Præfat. tom. 4, sui Thes. Jur. editi Hagæ Comit. apud Petr. de Hondt, ann. 1752.

(2) In jam laudatis Epistolis quæ apud Dom. *d'Orléans de Villechauve*, in schedis sunt.

humanarum statum, ut ad usum forensem aut nihil aut parùm conferret legum Romanarum cognitio. His igitur destituti auxiliis, maluerant eam doctrinam vituperare, quam assequi non potuerant. Atque ex eo evenerat, ut sola Pragmaticorum quorumdam scripta, in quibus temeraria decisionum malè cohærentium senatusconsultorumque invicem pugnantium congeries utramque paginam absolvit, legendo contererent: si qua autem exoriretur controversia veræ ac germanæ jurisprudentiæ principiis definienda, sibi viderentur in alium quemdam orbem esse delati.

Viderat hæc Pandectarum restitutor, cui jam patrii juris in academiâ nostrâ publicè docendi negotium, suscipienti magìs quàm ambienti, mandatum fuerat. Nihil muneri suo convenientius præstari à se posse existimaverat, quàm si daret operam, ut hoc quoque studium in integrum restitueretur. Id consilii cùm adhuc juvenis cepisset, huc, propè senescens, confecto feliciter Pandectarum opere, totus incubuit. Duodecim postremos ætatis suæ annos ad hunc finem consumpsit, et intrà hoc breve spatium viginti volumina edidit; nec destitisset alia prælo mandare, nisi acerba mors ei de manibus calamum eripuisset. Ignoscite, AUD. si paucis perstringo hujus argumenti partes, de quibus oratores optimi copiosè ac ornatè dixerunt.

Hoc tamen non prætermittam, utilissima illa volumina, ex quibus alia mores patrios, veterum jurisconsultorum præceptis illustratos, alia verò elegantissimas tractationes, ex novis Pandectis desumptas, et ad hodiernum usum aptatas exhibent, ab eo Gallicâ linguâ conscripta fuisse, ut constaret inter omnes Gallicum jus tam jejunum, tam nudum, tamque divulsum ac dissolutum, suppleri, ornari, amplificari et ad artem quandam redigi non posse, nisi Romanæ leges subsidio venirent. Nec eum omninò fefellit spes quam sibi in laboribus posuerat. Pragmaticis enim persuasit illam quam spreverant academicorum doctrinam, iis necessariam esse qui perité ac decorè in foro versari volunt: tantumque in eorum animos infudit ardorem, ut innumeri juris Justinianei corpus in vernaculum sermonem conversum, typis dignum putaverint, seque ad sumptus faciendos repræsentatâ pecuniâ obstrinxerint. Quantùm autem ipse apud omnes scriptorum auctoritate valuerit, ex eo intelligemus quòd sæpè patroni, vel etiam in supremo senatu causam agentes, testem appellaverint eum, et ab eâ quam probaverat opinione judices non recesserint. Quod quidem honoris haud scio an anteà cuiquam viventi unquam tributum fuerit.

Satìs demonstrasse videor hunc doctrinâ cæteris præstitisse, quâ jurisprudentiæ alumnis viam munivit expeditissimam et maximè compendiariam ad legum cognitionem. Jam alterâ

parte orationis videndum quomodò morum integritate præstiterit atque effinxerit legum sanctimoniam.

PARS ALTERA.

Ubi corruptela mores invasit, et plerique otio, deliciis, am-
bitioni, quæstui sumptuique dediti, à virtute atque officio
desciverunt, divino consilio procreantur priscæ integritatis
ac severioris disciplinæ retinentes homines, ut quas laudes
multi in his prædicari palam et commendari viderint, ad earum æmulationem vehementiùs incendantur. In hujus gloriæ
partem venit vir bonus de quo hic sermo habetur. Ut olim
apud Romanos M. Cato, ita et ille majorum vestigiis, ab ipso
ineuntis ætatis principio ad finem usque, insistere studuit ;
neque ab optimâ eorum vivendi consuetudine unquam ullum
temporis punctum deflexisse visus est, natus in sui sæculi ac
posteritatis exemplum. Doctrinâ Cujacius alter, suis etiam in-
corruptis moribus effinxit legum sanctimoniam. Præclaram
hanc laudem, anteà præstantissimi illius interpretis propriam, suam fecit. Hoc me facilè probaturum confido. Claris-
simis enim argumentis notisque quas res ipsa dabit, ostendam,
dam, primò, eum ad maximi momenti studia simplicem ac
modestiæ plenam vivendi, scribendi atque agendi rationem
adjunxisse; in quo, legum, quæ de rebus maximi ponderis
sine ullo verborum fuco et apparatu feruntur, expressam
quandam effigiem agnoscemus : tum etiam, eundem, non se-
cùs ac leges, ex quibus quàm maximus fructus ad omnes pervenit, in exequendo duplici munere quod susceperat, talem se
præstitisse, ut ad eum finem omnia officia referret : ac denique, illum ardentissimo erga religionem amore affectum
fuisse, quo sublato, legum morumque sanctimoniam tolli necesse est. Dum hæc tria persequor, Aud. benignè auscultate.

Sæpè homines addicti negotiis quæ celebritatis aliquid ipsis
parere possunt, maximè si quantulamcunque jàm adepti sint
famam, et opes suppetant, muneri quoque suo vicissim, externo sumptu, decus ac splendorem afferre conantur. At ille,
existimans dotibus ad munus obeundum idoneis, servatoque
officio, illud honestandum esse, semper ab omni luxuriâ longissimè abfuit. Tanto studio vitæ cultum cum elegantiâ et
copiâ repudiavit, quanto eum plerique consectantur. Vul-
garem tantùm et nullius ferè saporis cibum adhibebat, ut re-
ficeret vires, valetudinemque ad labores perferendos susten-
taret. Paternâ et avitâ supellectile utebatur, ad necessitatem
magis quàm ad inanem quandam divitiarum ostentationem.
Eamdem mediocritatis rationem in vestitu habendam esse putabat. Quâcumque enim anni tempestate, delectabat eum idem
exterioris vestimenti genus, eodem colore imbutum, virile,

tam ab agresti negligentiâ, quàm à futili quovis ornatu aut exquisitâ munditie, remotum. Possem multa dicere de congressibus et familiaribus colloquiis, in quibus etiam summa moderatio gravitati mixta elucebat; sed me ad sese rapit, et hæc minora relinquere monet ejus scribendi ratio.

Multi, præcipuè ex Italicâ scholâ, legum interpretes, non aliter se jurisconsultos visum iri putaverunt, quàm si horrido, et incompto dicendi genere uterentur: aliis autem tanta verborum cura fuit, ut in grammaticorum potiùs, quàm in jurisconsultorum numero, eos haberi conveniat. At illum, ab utroque vitio alienum, adhuc in eâ re modum ac decorum tenuisse, non dubitanter affirmo; quicquid dixerint molles quidam et voluptarii, qui non in levibus solùm, sed etiam in tantæ frugis ac præstantiæ scriptis, luxuriem et delicias quærunt. Gallicum ejus sermonem nullo artificio elaboratum, nullâ diligentiâ excultum ac expolitum esse censent. A quibus libenter quæsierim, an maximis laboribus lautissimam comparaverit doctrinæ supellectilem, ut aures concinno verborum sono demulceret? Nam si, ut intelligentes fatentur, in explanandis legibus, simplici, nitidâ et perspicuâ oratione, veterum jurisconsultorum more, usus est: si juris præcepta, tam clarè tamque dilucidè exposita, in discentium animos faciliùs influere possunt: si, spretis omnibus quæ nonnisi ad fucum faciendum prosunt, sincerè ac modestè scripsit, ut ipsæ leges loqui solent: hoc profectò mihi assentientur omnes, plenissimè eum præstitisse quod muneris sui morumque suorum ratio præscripserat. Hæc una est eloquentia nostræ artis propria: aut si aliam dissentientes confinxerunt, ostendant nobis qualem eam esse oporteat.

Ultrà pergam: alia quippe mihi in promptu sunt modestiæ exempla, ex quibus singularis quædam efflorescit morum ejus et legum consensio. Ut enim leges, quæ non aliâ re magis quàm bonitate suâ commendari debent, procemia epilogosque respuunt: ita et eos ille semper aspernatus est. Hinc iis utentes, et extra rem ad permovendum verba facientes, causarum patronos ægrè ferebat. Hinc ipse, cùm præsertim de se loqui indecorum existimaret, nec scriptorum titulis nomen suum addi passus est, nec precibus unquam adduci potuit, ut aliquam, quæ ad ea scripta præmitteretur, præfationem excuderet. Pandectis præfixam, hortatu amicorum, invitus penè ac recusans, adoptavit. Et quod magis mirandum est, propter eam injuriâ lacessitus, sui defensionem, quam alius eo inscio nec opinante susceperat, gratam acceptamque non habuit. Hæc causa dici non potuerat, quin multa simul de laudibus ejus dicerentur, quas minimè libenter audire consueverat. Animo igitur libentiori injuriam pertulit quàm laudem; dignissimus cujus memoria, in hoc lectissimorum hominum cœtu, solemni laudatione celebraretur. Utinam se ipsum tueri ac defendere voluisset! stetisset intra præstitutos inculpatæ tutelæ fines, quos defensor ille, injustâ Lipsiensis critici velitatione commotus, prætergressus est.

Ab eo etiam servatum fuisse divitiis utendi modum, non inficiabuntur omnes qui ejus vitæ conditionem inspicient. Namque cælebs vixit, et non modicas à parentibus vel propinquis facultates acceperat. Contempsisset eas, si non habuisset. Cùm autem honestâ ratione ad eum pervenissent, naturalia illa bona nec aspernatus est, nec veterum quorumdam philosophorum exemplo, commentitiâ superbiâ rejecit. Id enim non magis moderati animi esse arbitrabatur, quàm si ea in sumptum et libidines profudisset. Possessiones suas incultas ac desertas non reliquit; sed earum reditibus annuis et obventionibus ita usus est, ut opes omninò habuerit, tanquam liberalitatis ac beneficentiæ administras: decedensque satìs amplum, ad heredes gradu remotos, patrimonium transmisit. Quid est, quæso, rei familiaris curàm gerere, si hoc non est? Non equidem ejus augendæ cupiditate, aut amittendæ metu torquebatur. Studiis deditus quæ mentem à levissimi momenti rebus abducunt, has vel prorsus neglexit, vel aliis curandas permisit, quorum fidem perspectam et exploratam habuerat. Adversùs debitores, vel etiam locupletes in longissimi temporis morâ constitutos, actionibus non expertus est, et iis, quos minùs solvendo esse suspicabatur, creditam sæpè ac sæpius pecuniam condonavit. Sed quis hæc vitio, non laudi; incuriæ nimirùm potiùs quàm moderationi celsitatique animi, danda esse opinabitur?

Ex hoc uno indicio, illam, quæ ipsius quidam veluti character fuit, et quam in omnibus præ se ferebat, modestiam ac moderationem cognoscite. Latinis poëtis potissimùm delectabatur, qui Romanorum ætati suæ supparium luxuriem, et insatiabilem accumulandarum opum cupiditatem, acriùs insectati sunt. Cùm igitur inter nos de Horatio sermo esset, cujus præstantiora loca memoriâ tenebat, et incidisset in Odarum libri secundi decimam-quintam, ubi poëta nervosis versibus increpat sumptuosum sui temporis fastum: eam quasi poëtico quodam spiritu afflatus recitabat, et hæc verba, voce, gestu etiam et oculis ad vim addendam compositis, efferebat:

> . . . . *Non ita Romuli*
> *Præscriptum, et intonsi Catonis*
>   *Auspiciis, veterumque normâ:*
>   *Privatus illis census erat brevis,*
> *Commune magnum.*

In quo et ipse pravos nostræ ætatis privatorum mores tacitus redarguere videbatur.

Dixi cælibem eum vixisse : at in tam salebrosâ tamque pro-
clivi ad libidinem vivendi conditione, quanta semper extitit
ejus continentia! qui ne juvenis quidem, non æqualibus modò
suis nullam unquam turpitudinis aut flagitii suspicionem dedit; sed ita vixit, ut senioribus ipsis perfectum et absolutum
esset integritatis et innocentiæ exemplum. Neque existiman-
dum est hoc ei naturâ tributum esse, ut contra voluptatum
illecebras non contenderet, raràque felicitate sine prælio vic-
toriam consequeretur. Non enim, nisi qui cum hoste congre-
diatur et vincat, militem laudaverim : et facilè in hanc addu-
cor opinionem, eum qui à cæteris cupiditatibus, animi mode-
ratione invictum se præstitit, continui laboris, roboris animi,
constantiæ, ac præsertim religionis subsidia sibi comparasse,
ut fortiter pugnando libidinem vinceret.

Hæc privatim : nunc ea quæ publicè gessit videamus. Quàm
constanter, quàm assiduè operosa, quibus adscriptus erat,
munia sustinuit! Quantum in procurandis hominum commodis, legum exemplo, posuit studium! Nec remissionibus animi, quæ adolescentiæ concedi solent, aut iis voluptatibus,
quibus maturior ætas sine reprehensione capitur; nec mode-
rato quiete ac otio, in quo plerumquè honestum inest aliquod senectutis perfugium; sed minùs asperis laboribus, in-
tervalla studiorum negotiorumque interpunxit. Putavit legum
cognitionem, ad quam maximus in dies cumulus accedebat,
mancam quodammodò futuram esse, nisi eam ad publicam
utilitatem proferret. In eâ cogitatione defixus, judicandi munus suscepit, et ei obeundo tam assiduam annos quinquaginta
dedit operam, ut ex fastis diebus nulli elapsi sint, quibus sui
copiam litigantibus non fecerit. Juvenis inter senes, tiro inter
veteranos, mirabili doctrinâ instructus sedit, cui nihil præter
forensem usum deesse videbatur. Sed mox in eo versatus, ido-
neamque ad suffragium ferendum ætatem consecutus, exemplo comprobavit illud, quo veteres totum judicis officium
concludi posse arbitrabantur : legem esse mutum judicem, judicem verò legem loquentem. Etenim leges ita in delibera-
tionibus interpretatus est, ut ipsæ, si loquerentur, non ple-
niùs aut dilucidiùs sensus suos explicarent. Quantus autem et
quàm uberrimus fructus ex eo capi potuerit, integerrimis
doctissimisque viris notum est, qui, ut ejus voce ac doctrinâ
fruerentur, ad eum ora et studia convertere solebant.

Infelici temporum vicissitudine multùm decreverat ejus collegarum numerus : vix superstites præfinitum litibus sine pro-
vocatione dirimendis explebant. Quid non contulit ex eo quod
eniti atque efficere poterat, ad hoc Curiæ damnum resarcien-
dum! Optimos adolescentes ingenio moribusque conspicien-
dos, in quibus etiam doctrina præcurrebat ætatem, adhorta-
tus est, ut tam utile tamque honorificum jurisdicundi munus

expeterent, nec pulcherrimam spem frustrari sinerent, quam
patria in eximiis eorum dotibus reposuerat. Alacri animo co-
hortanti obsecuti sunt. Vir publici commodi amantissimus
numerosâ, ut ita dicam, sobole, curiam replevit. Neque in eo
conquievit flagrantissimum ejus studium. Novos illos gloriosi
laboris socios ac consortes domo invitavit, ut interessent dis-
ceptationibus quas de jure jamdiù instituerat. Cum eorum
causâ, tum ut magìs civium totiusque provinciæ utilitati con-
suleret, selecta patrii juris capita, plerisque negotiis accom-
modatissima, in quæstionem vocabat. Ex ejus ore proflue-
bant quæ de his rebus cogitari prudenter, aut certò definiri
ac statui possunt. Sic formabat disciplinæ suæ alumnos, ut,
ætate provectiorum exempla secuti, veri etiam essent legum
ministri et custodes, novaque luminibus adjungerent lumina.

Jam verò mihi videor illum quotidiè ad hoc juris auditorium gradientem videre, in quo tanquam in aliquâ civilis sa-
pientiæ officinâ, summa potestas magistratus causarumque
patronos instrui ac informari jussit. Hunc respexerat finem,
cùm se Gallici juris docendi provinciæ addixerat. Itaque nec
labori, nec sumptui, nec valetudini pepercit, ut ambientes
munera, in quibus tantùm auctoritatis est ac momenti ad publicam utilitatem, iis aliquando rectè et pro dignitate funge-
rentur. Quos prælo quotannis mandabat libros, vernaculâ
linguâ conscriptos, vivæ vocis oracula fundens evolvebat, et
auditorum studiis meliùs se consulturum putabat, si contrac-
tuum regulas exhiberet, quibus commerciorum fides, societas
hominum inter ipsos et vitæ quasi communitas continetur.
Hinc eas, quò fructuosiores illis essent, ad interioris obligationis et conscientiæ normam retulit, ac diligentissimè per-
secutus est. Notissimæ hujus regulæ, nobis à veteribus juris-
consultis traditæ, *Non omne quod licet, honestum est* (1), vim
mentemque perspexerunt, et illud potissimè intellexerunt,
non cùm civilibus tantùm legibus obtemperamus, sed et cùm
ex naturæ præscripto vivimus, omnem honestatem, omnem
officii ac virtutis splendorem, perfectamque omni ex parte jus-
titiam, elucere.

Nec satìs habuit tam egregiè partes suas agere, nisi etiam
collegarum suorum partibus nostræque academiæ inserviret.
In adolescentium gloriæ appetentium animis, gloriæ igniculo-
los excitavit, ut doctrinam ardentiùs appeterent. Rem cogni-
tam et apud omnes pervulgatam loquor. Nam quis est qui
nesciat eum honestissima præmia, aurea nimirùm numis-
mata, jurisprudentiæ alumnis, tam suis quàm reliquorum an-
tecessorum auditoribus, suis sumptibus decrevisse, quò magìs
eos ad nobilem ingenii et doctrinæ contentionem alliceret:

(1) L. 144, pr. ff. de Reg. Jur.

multos spe victoriæ, quasi non indecoræ cujusdam voluptatis
titillatione allectos, in variis exercitationibus, quæ singulis
annis publicè habebantur, eximium laboris ac diligentiæ specimen edidisse : victores magno adstantium plausu compro-
batos, honorem, dignam virtutis ac scientiæ mercedem, asse-
cutos fuisse, auro quo donabantur longè pretiosiorem? Sed
illud in primis sibi lætandum esse videbat, quod ex his, qui
in hujusmodi certaminibus probati fuerant, numero plurimi
posteà, cùm in hac urbe, tùm in aliis, patriæ utilissimam
operam navârunt.

Cernite, Aud. miram ejus in procurandis hominum commodis constantiam. Calamo quem multo mane sumpserat, ut
scriptis suis vacaret, tam ex academico quàm ex forensi audi-
torio domum reversus, manum injiciebat. Totos dies operi
inhærens, vix sibi ad vires prandio instaurandas, indulgebat
spatium : nec alias, nisi ut de jure consulentibus responderet,
laboris intermissiones fieri patiebatur. Innumeri enim, non
dicam cives tantùm, sed etiam exteri, tam ignoti quàm familiares et cogniti, tam è mediis ac infimis quàm è conspicuis,
ejus consilio utendi causâ, eum sæpè conveniebant. Cui unquam suum ille musæum patere noluit? Quem non comiter
excepit? Cujus verba, quantumvis prolixa, patienter ac benignè non audiit? Brevibus dilucidisque responsis omnes ex
incertis certos dimittebat, et repetito confestim opere, illud
acriùs persequebatur, ut ex scriptis deinceps unusquisque ac
universi, minore negotio responsa peterent.

Quis jam mirabitur hominem jurisdicundi docendique muneribus, studiis, scriptis, omniumque utilitatibus mancipa-
tum; cui nec alia procurare commoda, nec sibi vivere licebat,
se, à publicis quibusdam negotiis removisse, eorumque ad-
ministrandorum potestatem aliis ac laudem concessisse, quam
ipse potuisset adipisci, si propositum suum et tam fructuosam
agendi rationem mutare voluisset?

Præclara quidem sunt quæ hactenùs audistis; sed ea pro
nihilo putanda esse duxit, nisi omnia diligenter servarentur
religionis officia, quibus posthabitis, nullam excogitari atque
effingi posse diximus legum morumque sanctimoniam. Indè
factum est ut vitam non minùs pietati quàm doctrinæ tribue-
ret, suisque muneribus ac officiis tanquam ex religionis præscripto perfungeretur. Quotidiè rei divinæ interesse : eâ primo
diluculo diurnos labores auspicari, omnes partes, omnia veri
christiani munia obire ac peragere solebat. Sui profusus in
pauperes, nunquam ullum diem abire passus est, quo non
alicujus sublevaret egestatem : tantaque sæpenumerò extitit
largitas, ut ipsum liberalitatis fontem exhauriret. In eos autem non ostentatione ductus, sed commiseratione : non inani
gloriâ, ut benignè facere videretur, sed muneris cujusdam

exequendi studio : non solâ humanitate, sed charitate tam
beneficus ac liberalis fuit. Et, ut verbo dicam, divinis præceptis imbutus, quæ officia humanitatis ac beneficentiæ quasi
quodammodò ad perfectæ obligationis et justitiæ gradum eve-
hunt, eoque amore impulsus quo religionem complectebatur,
pauperibus largitus est.

Nec tantùm ad extremam egestatem redactos, verùm etiam
aut angustiâ rei familiaris, aut ære alieno, aut temporum acer-
bitate, aut calamitate publicâ oppressos et afflictos, in pau-
perum numero habuit. Egregia illa facta studiosè occultavit.
Vestram, hîc ego, cives, ad quos plena et adæquata pervenit
eorum cognitio, vestram, inquam, imploro fidem et auctoritatem. Scitis quàm munificus fuerit, quantam erogaverit pecuniam, cùm Ligeris, repentino fervens æstu, tot naviculas de-
jecit, tot absorbuit merces, tantamque miserorum hominum
rebus importavit jacturam : cùm Romorentinæis eodem cala-
mitatis genere vexatis ac esurie laborantibus, comportatâ ex
hâc urbe magnâ farris copiâ, subventum est. Quid Genabæos
commemorem? Nonne et ipsis, in summâ rei frumentariæ inopiâ et caritate, opem tulit? Singula non persequar quæ, temporis angustiis exclusus, non possum ne breviter quidem et
strictìm attingere.

Quoties autem ille vir beneficentissimus, quia religionis
amantissimus erat, mecum graviter conquestus est de effrenatâ
quorumdam pseudophilosophorum licentiâ, qui scriptis suis
religionem adorti, nefarium aris bellum indixerunt! Nostram
dolebat vicem, quòd hâc ætate teterrima illa lues, afflatu suo
Galliam infecisset. Verebatur ne, cùm esset ex morum depra-
vatione nata, ipsa vicissim morum depravationi afferret cu-
mulum, publicisque institutionibus ac disciplinis nervos tandem incideret. Cujus rei luculentum in posthumo ejus trac-
tatu nuperrimè publici juris facto, extat testimonium (1).
Ecquis unquam meliùs exemplo demonstravit, quantùm
prosit hominibus religionis morumque conjunctio? Isti
quidem portentosam finxerunt hypothesim, eos nempè,
qui Deum esse negant, bonis moribus imbui posse. Quibus,
si vellem hîc latiùs evagari, opponerem sophistam illum qui
primus perniciosam hanc opinionem inculcare molitus est (2),
cujus scrinia et in primis *Dictionarium historico-criticum* com-
pilaverunt, dum hoc opus consarcinaret, omnesque religio-
nes subdolis cavillationibus insectaretur, in conquisitissimis
obscœnitatum sordibus adeò volutatum fuisse, ut ambiguum
reliquerit, utrùm magìs opinionibus religioni infensis, an
obscœnitate delectaretur. Possem gravissimos sapientissimos-
que philosophos in medium educere existimantes, pietate ad-

---

(1) In tract. de præscript. § 100, in fin.
(2) In libro tui titulus præfigitur. *Pensées diverses à l'occasion de la comète.*

versùs Deum sublatâ, fidem etiam, humani generis societatem justitiamque tolli. Sed hæc missa facio. Adduxi philosophum verè christianum, simplicem, à quolibet sumptu fastuque remotum, omnibus cupiditatibus ac libidini frenum injicientem, officii servantissimum, æquitatis amantem, integrum, omnium inservientem commodis, charitatis cultorem; quem denique ardentissimus amor, quo religionem prosequebatur, talem effecit ac informavit. Eant nunc atheismi præcones, et quemquam ex impiorum aut è suo grege proferant, cujus mores cum hujus tam pii viri moribus comparare audeant.

Verum quid in eo laudando immoror? An ut, ex tot tamque excellentium virtutum recordatione, plus mœroris percipiamus, aut aliquam indè repetamus ægritudinis levationem? Quòd eo jam frui nobis non licet, nostrum quidem id malum est: at non totus è vitâ cessit. Aliis vixit, non sibi. Nobis vivit adhuc scriptis et exemplis. Hæc, æquè ac illa, cunctis profutura sunt. Quanta ex iis cepit commoda dilectissimus collega noster, omnium voto et assensu in ejus locum suffectus! (1) Cùm in hujus cathedræ possessionem induceretur, egregiè laudavit eum, et ultrà progressus, ejus impressum vestigiis iter ingredi constituit. Se doctrinâ et moribus dignum præstitit, qui tanto viro succederet. Pergat, ut facit, præclarum hoc nomen tueri ac retinere.

Huic parieti cathedræ opposito affixum marmor, nullis signis nulloque ornamento arte quæsito distinctum, hæreat (2). Hæc verba, in eo incisa, legant deinceps muneri *antecessorio* præficiendi: his expressum exemplar intueantur, et illud ad imitandum proponant:

HIC DOCUIT

ROBERTUS-JOSEPHUS POTHIER, ANTECESSOR,
IDEMQUE IN PRÆSIDIALI JUDICUM CONSESSU CONSILIARIUS;
PANDECTARUM RESTITUTOR FELICISSIMUS;
SCHOLARUM ET FORI LUMEN,
CUJACIO MOLINÆOQUE NON ABSIMILIS.
DOCTRINA ET MORIBUS PRÆSTITIT;
ILLA VIAM MUNIVIT EXPEDITISSIMAM
AD LEGUM COGNITIONEM:
HIS EFFINXIT LEGUM SANCTIMONIAM.

---

(1) Cl. Antecess. Dionysius *Robert de Massy.*
(2) *Ornari res ipsa vetat, contenta doceri.* Manil. Astron. l. 5, v. 39.

ÉLOGE HISTORIQUE
DE M. POTHIER,

PAR M. LE TROSNE,

AVOCAT DU ROI AU PRÉSIDIAL D'ORLÉANS.

IL est des hommes si célèbres dans leur genre, qu'il suffit de les nommer pour donner l'idée de la perfection.
Tel fut dans la science du droit Charles Dumoulin : tel a
été de nos jours M. Pothier. Ses contemporains l'ont regardé comme le plus grand jurisconsulte qui ait paru
depuis plusieurs siècles. Son avis a fait autorité de son
vivant dans les tribunaux ; et la postérité ne fera que confirmer et affermir ce jugement.

Si nous n'avions à admirer en lui que la science du profond jurisconsulte, il suffiroit de renvoyer à ses ouvrages,
qui contiennent éminemment cette partie de son éloge.
Mais cet homme excellent nous a fourni le modèle le
plus parfait du philosophe chrétien, du sage, du magistrat, du citoyen. Les qualités de son cœur nous l'ont
rendu plus cher encore et plus respectable que ses talents.
Elles sont gravées par la reconnoissance et l'admiration
dans la mémoire de tous ceux qui ont été à portée de les
contempler : et sans doute ils en conserveront à jamais le
souvenir. Mais ne devons-nous rien à ceux qui ne con-
noissent que le jurisconsulte ? ne devons-nous rien à ceux
qui nous suivront ? Les exemples des grands hommes ne
peuvent être transmis que par ceux qui ont vécu avec

eux : c'est une dette que les contemporains contractent envers la postérité.

Nous recherchons avec empressement les tableaux qui retracent à nos yeux les traits des hommes célèbres. Je me félicite de posséder le portrait de M. Pothier : je me rappellerai toujours, avec la plus vive satisfaction, la peine que j'ai eue à obtenir cette faveur, et la violence que son amitié pour moi a faite à sa modestie.

Ne nous reste-t-il donc plus de lui que cette ressemblance froide et inanimée que le burin s'est empressé de multiplier? Triste et stérile consolation, plus propre à entretenir nos justes regrets qu'à les calmer. Ne possédons-nous pas un trésor infiniment plus précieux, le souvenir de tant de vertus qui formoient le caractère de cet homme unique? N'est-ce pas là cette ressemblance qu'il nous importe le plus de conserver? Mais qui peut espérer de peindre dignement les traits de cette ame si belle, si simple tout à-la-fois et si sublime; de cette ame qui sembloit être d'un ordre supérieur, et élevée au-dessus de la condition ordinaire des hommes? Comment éviter d'être soupçonné par les uns d'avoir exagéré le tableau de ses vertus, et d'être en même temps accusé par ceux qui l'ont connu, de l'avoir à peine ébauché? Marchons entre ces deux écueils, en payant un juste tribut de louanges à la mémoire d'un homme qui a tant honoré son siècle, sa patrie et l'humanité. Tâchons de réunir la vérité de la ressemblance à la modestie du style : plus son éloge sera simple, moins il sera indigne de lui.

PREMIÈRE PARTIE.

M. POTHIER naquit à Orléans le 9 janvier 1699, d'une famille honorable; son père étoit conseiller au présidial. Il apporta en naissant un tempérament foible, qu'il fortifia par la tempérance et la sobriété, et des dispositions

que l'étude et l'application développèrent par la suite. Il
en est de l'esprit comme du corps : faute de l'exercice qui
lui est propre, il perd l'usage de ses facultés, qui s'en-
gourdissent dans l'inaction. La principale utilité d'un
maître consiste à fixer la légèreté par l'application, à régler et à modérer l'imagination, à former le jugement, à
donner du ressort à l'esprit en l'accoutumant à réfléchir,
à examiner, à discuter. Mais il est infiniment plus rare de
trouver ce talent dans les maîtres, que des dispositions
dans les jeunes gens; et faute de cette culture, combien
de sujets deviennent incapables des études suivies et sérieuses !

Ces secours manquèrent absolument à M. Pothier. Il
perdit son père à l'âge de cinq ans, et ne trouva de res-
sources qu'en lui-même pour son éducation. Le collège
des jésuites étoit très foible, et il y fit de bonnes études,
parceque les hommes de génie n'ont besoin que d'être
mis sur la voie, et ne doivent leurs progrès qu'à eux-
mêmes. Les bons auteurs de l'antiquité qu'on lui mit entre
les mains furent ses maîtres : dès qu'il parvint à les entendre, il sut les goûter; et le goût décide nécessairement
du succès. Aidé d'une mémoire heureuse et d'une grande
facilité, seul ensuite il perfectionna ses connoissances, et
parvint à acquérir un fonds de littérature qu'il conserva
toute sa vie, sans avoir le temps de le cultiver, et un discernement sûr, qui est le principal fruit des bonnes études.

Il fit son droit dans l'université d'Orléans, qu'il devoit
un jour rendre si célèbre, et y trouva moins de secours
encore pour l'étude des lois qu'il n'en avoit trouvé au collège pour celle des lettres. Les professeurs qui occupoient
alors les chaires de l'université, absolument indifférents
aux progrès des jeunes gens, se contentoient de leur dicter quelques leçons inintelligibles, et qu'ils ne daignoient
pas mettre à leur portée. Ce n'étoit pas proprement la

science du droit qu'ils enseignoient : ils ne présentoient de cette science, si belle et si lumineuse par elle-même, que ces épines et ces contrariétés qui lui sont étrangères, et qui n'y ont été introduites que par l'incapacité et la mauvaise foi des rédacteurs des Pandectes. Au lieu d'expliquer les textes d'une manière propre à instruire, ils ne remplissoient leurs leçons que de ces questions subtiles, inventées et multipliées par les controversistes.

À cette manière d'enseigner, on auroit pu croire qu'ils n'avoient d'autre objet que de fermer pour toujours le sanctuaire des lois aux étudiants, par le dégoût qu'ils savoient leur inspirer ; semblables à ces anciens patriciens qui, pour tenir le peuple dans leur dépendance, lui cachoient avec un si grand soin les formules des actions, et s'étoient approprié la connoissance des lois, qu'ils avoient soin de voiler sous une écorce mystérieuse. Un enseignement si peu instructif et si défectueux ne pouvoit satisfaire un esprit aussi solide et aussi juste que celui de M. Pothier ; heureusement il ne fut pas capable de le rebuter : il en sentit les défauts, et suppléa par son travail aux secours qui lui manquoient. Dans toutes les sciences, ce sont les premiers pas qui sont les plus difficiles : il les franchit seul par l'étude sérieuse des Institutes, dans laquelle il s'aida du commentaire de Vinnius, et se prépara à aller puiser à la source même du droit, par l'étude la plus profonde et la plus suivie des Pandectes.

Il ne savoit point encore, en terminant son cours, quel usage il feroit des degrés qu'il avoit si bien mérités. Il s'agissoit pour lui de se décider sur le choix d'un état : démarche si importante, et dans laquelle le hasard, un goût passager, ou les circonstances, décident souvent du sort de la vie. Il forma le projet d'entrer dans la congrégation des chanoines réguliers, et n'en fut détourné que par l'attachement qu'il avoit pour sa mère. Il est à présu-

mer que portant dans cet état un cœur plein de droiture
et de religion, il eût été un excellent religieux : mais il
n'eût été utile qu'à lui-même ; et la Providence le desti-
noit à donner dans la vie civile l'exemple le plus frappant
de toutes les vertus chrétiennes et sociales, et à devenir,
dans la science du droit, l'oracle de son siècle et de la
postérité.

Il se détermina pour la magistrature, et fut reçu conseiller en 1720. Le choix de cet état fixa absolument celui
de ses études, et dès-lors la littérature ne fut plus pour
lui qu'un amusement passager. Encore fut-il obligé d'y
renoncer par la suite, lorsque ses occupations se multi-
plièrent ; mais il avoit tiré de ses fleurs les fruits les plus
utiles, la connoissance des bons auteurs, et l'habitude,
qui lui devint si nécessaire, d'entendre et d'écrire la langue latine. Conversoit-il avec ses amis ; il retrouvoit dans
sa mémoire, comme dans un dépôt fidèle, les plus beaux
endroits d'Horace, et sur-tout de Juvénal, dont il aimoit
principalement la force et l'énergie, et il les récitoit avec
un feu qui lui étoit propre.

Pendant les dix à douze premières années après sa réception, il joignit à l'étude du droit celle de la religion et
de la théologie, qu'il aimoit à puiser dans les sources, et
principalement dans saint Augustin et dans les ouvrages
des grands hommes de Port-Royal, pour lesquels il avoit
la plus grande vénération. M. Nicole fut toujours son auteur favori, comme il l'est de tous ceux qui ont dans l'esprit de la justesse, et qui préfèrent la solidité du raisonnement aux agréments de l'éloquence ; il en continua la
lecture toute sa vie.

Mais cette étude particulière ne prenoit rien sur les
devoirs de sa place. Sa grande facilité, et une économie
rigoureuse de son temps, lui donnoient le moyen de suffire à tout. Il fit usage le premier, au bailliage d'Orléans,

du droit qu'ont les rapporteurs d'opiner dans les affaires
dont ils font le rapport, quoiqu'ils n'aient pas vingt-cinq
ans; et jamais cette exception à la règle ne fut mieux ap-
pliquée. Tandis qu'il commençoit dans son cabinet à acquérir ce fonds de connoissances que cinquante ans du
travail le plus assidu devoient rendre si riche et si étendu, il
apprenoit au palais à en faire l'application, et se formoit
par l'usage, que rien ne peut suppléer dans l'exercice de
la magistrature. Il y joignoit de fréquentes conversations
avec un avocat très instruit. Ses promenades mêmes
étoient des conférences; il s'associoit le plus souvent un
ami avec lequel il avoit appris l'italien : et, pour n'en pas
perdre l'habitude, ils agitoient dans cette langue les questions qui se présentoient.

  A peine fut-il majeur, qu'on s'aperçut au palais combien
ce jeune magistrat avoit déjà d'acquis. A mesure qu'il
étudioit une matière, il en composoit un traité, persuadé
que la meilleure, peut-être la seule manière de se rendre
propre une science, est de la travailler par écrit. La nécessité de mettre de l'ordre dans ses idées, de les bien concevoir pour les bien rendre, de les envisager sous toutes les
faces, force l'esprit à l'application, et l'accoutume à la justesse et à la méthode : avantage que la lecture, même ré-
pétée, ne peut jamais procurer.

  M. Pothier n'eut pas plus tôt commencé à étudier le Digeste, qu'il sentit cet attrait invincible qu'éprouva le Père
Mallebranche à la lecture de l'homme de Descartes : il
reconnut sa vocation, et la suivit.

  Les lois d'un peuple aussi célèbre que les Romains
forment une partie plus intéressante de son histoire que
celle de ses victoires et de ses conquêtes. Cependant, si
cette connoissance n'étoit pour nous qu'un objet de simple curiosité, le travail de M. Pothier seroit d'une utilité
médiocre, et dès-lors on peut assurer qu'il ne l'eût pas

entrepris. Mais les lois romaines seront dans tous les temps, et pour tous les peuples, la vraie source du droit et de la justice distributive. Otez-en ce qui s'y trouve de particulier aux mœurs de ce peuple, à sa constitution, à sa forme de procéder ; le surplus est puisé dans les vraies notions du juste et de l'injuste, appliquées aux différentes actions que les hommes peuvent avoir à exercer.

Le droit civil devint donc le principal objet de ses études : il s'y sentit entraîner par un goût qui est le garant et la cause des succès. Mais plus il avançoit dans ce travail, plus il sentoit l'imperfection et le désordre de la compilation qui nous reste des lois romaines. Il ne fut pas dégoûté par ce défaut ; il étoit, sans le savoir, encore destiné à le réparer. Tous les jurisconsultes, depuis la découverte des Pandectes, avoient senti les inconvénients de ce désordre ; tous l'ont surmonté pour eux-mêmes à force de travail ; aucun n'a osé entreprendre d'aplanir cette difficulté pour les autres. M. Pothier n'y auroit pas songé non plus, s'il n'y eût été engagé de manière à ne pouvoir s'y refuser. Il avoit commencé ce travail de lui-même, et pour sa propre utilité : mais sa modestie ne lui permettoit pas de former le projet de l'achever et de le publier. Il avoit jugé de la difficulté de l'entreprise par le peu de succès de Vigelius, célèbre jurisconsulte allemand, qui l'avoit tentée. Cependant il avoit achevé des paratitles sur les Pandectes, et ce travail étoit un acheminement. Il avoit fait plus ; il s'étoit formé un plan pour rétablir l'ordre des textes, et l'avoit rempli sur plusieurs titres importants. Il communiqua un de ces essais à M. Prévôt de La Janès, conseiller au présidial et professeur de droit françois, qui, jugeant de la possibilité du succès par ce qu'il en voyoit, trouva le moyen de forcer la modestie de M. Pothier.

Il annonça à M. le chancelier d'Aguesséau le mérite et

les talents de l'auteur, son application infatigable, son
plan et ses succès. M. le chancelier, qui sentoit toute
l'importance de cette entreprise, chargea M. de La
Janès d'encourager M. Pothier, qui promit enfin ce qu'on
exigeoit de lui, et ne s'occupa plus qu'à remplir cet engagement. Il envoya à M. le chancelier plusieurs essais de
son travail. Ce magistrat en fut très satisfait, l'invita à venir en conférer avec lui, et lui communiqua ses vues pour
la perfection de l'ouvrage, par un mémoire d'observa-
tions qu'il lui remit le 24 septembre 1736, qui prouve en
même temps l'étendue des connoissances de M. le chancelier, et l'idée qu'il s'étoit formée de cette entreprise (1).

---

(1) On sera bien aise de trouver ici l'extrait de quelques lettres
de M. le chancelier à M. Pothier : elles se sont trouvées dans le
cabinet de M. de La Janès, qui les rassembloit. M. d'Orléans-de-
Villechauve a bien voulu me les communiquer. Ces lettres prouvent en
même temps l'étendue des connoissances de M. le chancelier, l'estime
qu'il faisoit de l'auteur, et l'idée qu'il s'étoit formée de cet ouvrage,
dont il avoit l'exécution très à cœur. L'approbation d'un homme tel
que M. d'Aguesseau contient le plus grand éloge.

La première lettre ne se trouve pas : *voici la seconde.*

« Monsieur, j'ai reçu le travail que vous avez fait sur le titre *De Solutio-*
« *nibus*, et je profiterai du premier moment de loisir que j'aurai pour l'exa-
« miner avec toute l'attention que mérite un ouvrage si difficile à bien
« exécuter, et dont l'entreprise seule mérite des louanges. Je vous com-
« muniquerai avec plaisir les réflexions que j'y aurai jointes, afin que
« vous puissiez mettre le public en état de profiter un jour du fruit de
« vos veilles. » 16 *février* 1736.

Troisième lettre... « Je suis fort content de ce que j'ai vu du travail
« que vous avez entrepris, et même bien avancé, sur la jurisprudence
« romaine ; et j'y trouve un ordre, une netteté et une précision qui
« peuvent rendre cet ouvrage aussi utile que l'entreprise est louable.
« Il me semble seulement qu'on pourroit le porter à une plus grande
« perfection ; et j'ai fait quelques remarques en le lisant, qui tendent à
« cette fin. Comme il seroit bien long de s'expliquer par écrit sur une
« pareille matière, je ne serois pas fâché d'avoir quelques conversa-
« tions avec vous pour vous expliquer plus aisément ma pensée. Vous

Pour faire sentir l'étendue et le prix du travail de M. Pothier, il est nécessaire de donner une idée de cet ouvrage.

« allez être dans un temps de vacations; et si vous voulez en profiter
« pour venir passer deux ou trois jours à Paris, je serai fort aise de
« connoître un homme de votre mérite, et de vous faire part de mes
« réflexions. Mais si vous n'avez point d'autres raisons qui vous ap-
« pellent en ce pays, il sera bon que vous m'avertissiez par avance du
« temps dans lequel vous pourrez y venir, afin que je vous fasse savoir
« si je serai libre de mon côté dans le temps qui vous conviendra. Le
» bon usage que vous savez faire de votre loisir m'engage à ménager vos
« moments avec une attention que vous devez regarder comme une preuve
« de l'estime avec laquelle je suis, Monsieur, etc. » 8 *septembre* 1736.

M. Pothier se rendit à Paris sur cette lettre, et conféra avec M. le chancelier, qui lui remit, le 24 septembre, un écrit contenant ses vues pour la perfection de l'ouvrage. On voit par l'exécution que M. Pothier en a fait usage. M. le chancelier termine ce petit mémoire par la comparaison du travail de Vigelius avec le plan de M. Pothier, qui lui est si supérieur. Voici comme il s'en explique.

« L'ouvrage de Vigelius, qui a eu une idée fort approchante de celle
« de M. Pothier, pourra lui être d'un très grand secours; et il y a quel-
« que chose de meilleur et de plus utile dans le dessein de M. Pothier,
« parcequ'il n'emploie que les termes des lois, et présente le texte dans
« sa pureté; au lieu que Vigelius écrit presque toujours d'après lui-
« même, sans s'assujettir aux expressions des jurisconsultes, et se
« contente de citer les lois dont il emprunte les principes. »

M. Pothier envoyoit de temps en temps à M. d'Aguesseau des morceaux de son ouvrage, et lui rendoit compte de l'avancement de son travail. On le voit par des réponses qui y sont relatives.

« ...... Je vois avec plaisir la persévérance avec laquelle vous conti-
« nuez de travailler à un ouvrage aussi vaste et aussi pénible que celui
« dont vous avez déja fait une si grande partie. Je me reproche depuis
« long-temps le silence que j'ai gardé sur les derniers essais que vous
« m'en avez envoyés; mais, outre que le temps de vous écrire sur ce
« sujet comme je l'aurois desiré m'a manqué, je crois qu'il vaut mieux
« vous laisser avancer votre travail, dont j'ai été fort content, parceque
« les remarques qu'on pourroit y faire seront mieux placées quand
« vous en serez à la révision de tout l'ouvrage. Il seroit à souhaiter que
« vous pussiez avoir des adjoints capables de diminuer vos peines en

La loi des douze tables fut chez les Romains la base du

« les partageant.... Vous me ferez plaisir de me marquer de temps en
« temps en quel état sera votre ouvrage. « 1 janvier 1739.

   « Je n'ai pu trouver plus tôt le temps de répondre à la lettre que vous
« m'avez écrite pour m'informer du progrès du grand ouvrage que
« vous avez entrepris : j'y ai vu avec plaisir que vous le suivez avec
« une application et un courage infatigables. Les analyses que vous
« voulez mettre à la tête de chacun des titres pourront être d'une
« grande utilité pour les jeunes gens : elles formeront comme des élé-
« ments de toute la jurisprudence civile. Vous en profitez le premier,
« par les vues que ce travail vous donne pour perfectionner encore
« plus ce que vous avez déja fait. Il seroit effectivement à desirer que
« vous trouvassiez quelqu'un qui pût vous soulager à l'égard des notes...
« Je ne saurois trop louer la constance et la diligence avec laquelle
« vous continuez à vous livrer à un travail si pénible et si immense, ni
« trop vous assurer de l'estime, etc. » 23 août 1740.

   «...... Vous prendrez la peine de me marquer à quoi montera la dé-
« pense nécessaire pour la copie que vous voulez faire faire de votre
« ouvrage. » 10 juin 1741.

   M. Pothier fit un voyage à Paris en 1742 : c'est ce qui paroit par la
lettre suivante. « J'ai remis votre premier mémoire entre les mains de
« M. d'Argenson, qui n'est pas moins disposé que moi à vous procurer
« toutes les facilités dont vous pouvez avoir besoin pour l'impression
« du grand ouvrage que vous avez presque achevé avec un travail
« infatigable. Il doit m'en rendre compte demain ; et si vous voulez
» venir chez moi à Paris mercredi matin, je serai en état de vous faire
« une réponse plus précise. » 3 mars 1742.

   M. Pothier répandit son *Prospectus* en 1744, et reçut cette lettre de
M. le chancelier à ce sujet : « Je reçois avec plaisir le *Prospectus* que
« vous m'avez envoyé du grand ouvrage que vous avez entrepris. Vous
« savez combien j'en ai approuvé le dessein et les différents essais que
» j'en ai vus. Le dernier que vous avez fait imprimer achève de me
« donner une idée avantageuse de votre travail ; et la forme de l'impres-
« sion et du caractère me paroit fort convenable... J'aurai soin de le
« faire annoncer dans le Journal des Savants, pour vous procurer
« promptement le plus grand nombre de souscriptions qu'il sera pos-
« sible. Elles ne se feroient pas attendre long-temps, si l'empressement
« du public répondoit toujours au mérite des ouvrages. » 6 décembre
1744.

   «...... Je ne doute pas que vous n'employiez cette année aussi utile-

droit civil (1). Cette loi si célèbre, dont Rome envoya puiser les principes dans la Grèce, et que tant de grands hommes ont élevée au-dessus des ouvrages les plus vantés des philosophes, étoit d'une simplicité et d'une brièveté singulières. On reconnut peu à peu qu'il étoit indispensable de l'interpréter pour en faire l'application à la multitude et à la variété des affaires; et l'on vit paroître successivement une foule d'explications et de commentaires. Ces divers développements de la loi des douze tables firent naître ce qu'on appela le *droit civil,* dans un sens étroit, et par opposition aux lois (2) dont ce droit, dans son origine, n'avoit ni le caractère ni l'autorité. Les préteurs adoptèrent cette jurisprudence, par laquelle ils trouvèrent moyen de modifier la loi des douze tables, et d'adoucir sa trop grande rigueur; et comme elle n'étoit pas encore fixée invariablement, ils annonçoient par leurs édits, au commencement de leur magistrature, les principes sur lesquels ils se proposoient de juger. Les formules inventées pour la poursuite des actions formèrent encore une autre partie du droit civil, qui devint si considérable, que Cicéron se plaignoit déjà de son temps de sa trop grande étendue.

« ment que les autres à achever et à faire imprimer ce grand ouvrage « qui vous occupe depuis si long-temps, et qui me paroît être très bien « reçu dans le public... Si les deux titres, *De Verborum significatione,* « et *De diversis Regulis Juris antiqui,* sont entièrement finis de votre « part, je serois bien aise que vous prissiez la peine de me les en- « voyer, ou de me les apporter quand vous aurez occasion de venir à « Paris, parceque j'ai quelques vues sur ces deux titres, dont, je crois, « vous pourriez profiter pour leur donner toute la perfection néces- « saire, si vous ne l'avez pas déjà fait. » 10 *janvier* 1745.

(1) Les lois particulières et les plébiscites qui furent portés sous la république jusqu'au temps d'Auguste, ne formoient pas une augmentation considérable.

(2) *Jus prudentum interpretatione, vel disputatione fori introductum.*

Quels prodigieux accroissements ne prit-il pas depuis, non seulement par les sénatus-consultes qui, sous Tibère, acquirent force de loi, et par les constitutions des empereurs, mais beaucoup plus encore par les décisions, les consultations et les ouvrages des jurisconsultes! Ce fut sous les empereurs que parurent Trébatius, Labéon, Capito, Sabinus, Proculus, Julien, Africanus, Caïus, Scævola, Papinien, Paul, Ulpien, Aquila, et tant d'autres qu'il seroit trop long de nommer. Leurs décisions n'avoient pas force de loi par elles-mêmes, mais elles avoient acquis par l'usage une grande autorité : consultées et suivies dans les jugements, elles passoient pour droit non écrit.

Le droit civil, formé de tant de différentes parties, étoit, avec le temps, devenu une collection immense, et son étendue devoit peu à peu causer sa ruine. Les changements arrivés dans la constitution, dans les mœurs et dans la religion, depuis que Constantinople étoit devenue le siège de l'empire, avoient apporté nécessairement beaucoup de changements dans l'ancien droit, et devoient peu à peu en faire négliger la connoissance et l'étude.

Il étoit donc bien à propos de former, de tant de matériaux épars, un édifice unique et régulier. Que nous serions heureux si un ouvrage aussi important eût été exécuté dans un siècle plus éclairé et plus instruit! Il ne le fut que dans le sixième, par les ordres de Justinien, dans un temps où le goût étoit dégénéré et où la barbarie avoit commencé à défigurer l'empire romain.

Tribonien fut chargé de cet ouvrage, qui auroit demandé un de ces fameux jurisconsultes, tels qu'il n'en paroissoit plus depuis long-temps. Mais, quoique infiniment inférieur au travail qu'il entreprenoit, il auroit pu le rendre moins défectueux s'il y eût employé le temps nécessaire, s'il eût exécuté ce travail avec plus de maturité et

de réflexion. Il avoit à parcourir et à extraire les ouvrages
et traités particuliers d'une foule de jurisconsultes, qui
formoient deux mille volumes; il s'agissoit de comparer
les textes, de les rapprocher dans un ordre convenable,
d'en retrancher un grand nombre, en s'attachant à ce qui
étoit essentiel; de choisir sur chaque matière ce qu'il y
avoit de plus important; d'en ôter les contrariétés, sans
cependant négliger de nous instruire des diverses opinions des grands jurisconsultes, sur les questions contro-
versées entre eux; de conserver la connoissance de l'ancien droit, et d'établir les changements qui y étoient
arrivés.

On n'employa que trois ans à ce travail : aussi avec
quelle négligence et quel désordre n'a-t-il pas été exécuté!

L'ancien droit s'y trouve défiguré, non seulement par
le défaut d'exactitude, mais souvent aussi à dessein; plusieurs textes ont été altérés par des additions insérées,
pour les rapprocher du nouveau droit. On nous a privés
de la connoissance des mœurs et des lois anciennes, qui
étoit encore répandue du temps de Justinien, et les traces
qu'on nous en a laissées sont devenues pour nous très
obscures; de sorte qu'aujourd'hui ce n'est qu'à force de
travail, de recherches et de conjectures, qu'on parvient à
démêler des points qu'il étoit alors si facile de ne pas
confondre. On n'y trouve que quelques fragments épars
de la loi des douze tables, dont les textes auroient dû être
distribués sur chaque matière à laquelle ils avoient rapport. On a laissé des antinomies inconciliables dans un
ouvrage auquel on donnoit force de loi, soit en mêlant le
nouveau droit à l'ancien, soit en insérant les avis contraires des jurisconsultes qui étoient de différentes sectes,
sans avertir de la cause de ces contrariétés, et sans se décider sur un avis.

Les savants, depuis le renouvellement des études et

l'invention de l'imprimerie, ont travaillé avec une ardeur incroyable à réparer, autant qu'il a été possible, les défauts causés par l'inexactitude, l'incapacité et l'infidélité des rédacteurs des Pandectes. Les lettres et les sciences se prêtent un secours mutuel. La connoissance du droit romain a pris une nouvelle face par l'étude de la langue latine, par celle de l'histoire et des monuments, par l'établissement des règles de la saine critique, par la recherche des antiquités ; et les gens de lettres, de leur côté, ont trouvé dans les Pandectes la solution de beaucoup de faits et d'usages obscurs.

Les jurisconsultes ont profité de ces lumières pour dissiper les ténèbres répandues dans la compilation de Tribonien. Ils ont pénétré par la discussion le sens des textes difficiles ; ils ont démêlé l'ancien droit ; ils ont rétabli la pureté des textes, concilié beaucoup d'antinomies, et donné des raisons de celles qui ne peuvent se concilier, de manière que nous n'avons plus rien à desirer quant à la discussion et à l'intelligence des textes. La différence qui se trouve entre la glose d'Accurse et les commentaires d'Alciat procède du temps où ils ont travaillé : Accurse florissoit au commencement du treizième siècle, et Alciat écrivoit sous François Ier.

C'est ainsi que les sciences se perfectionnent par des travaux accumulés, dont il résulte peu à peu un fonds de richesses et de connoissances, qui, sans rien perdre, s'accroît successivement. Chaque savant y ajoute le fruit de ses études ; il prépare et facilite les succès postérieurs, il abrège le travail, il aplanit les difficultés pour ceux qui suivront après lui la même carrière. Ils pourront aller d'autant plus loin, qu'ils trouveront le chemin déjà frayé, et que partant d'un point plus rapproché, ils emploieront moins de temps à parcourir un espace plus étendu. Que de travaux et de temps n'eût pas épargnés l'ouvrage de

M. Pothier à tous ceux qui se sont livrés à l'étude du droit, s'il eût été exécuté quelques siècles plus tôt !

En effet, malgré les soins, les travaux et les recherches de tant de jurisconsultes depuis six cents ans, il restoit encore dans les Pandectes un défaut bien sensible, bien préjudiciable au progrès des études et à l'intelligence facile des lois ; c'est le désordre dans lequel les textes se trouvent placés : non seulement ils sont mal arrangés dans chaque titre, mais souvent on les rencontre dispersés dans des titres auxquels ils n'ont point de rapport.

L'ouvrage de M. Pothier a pour objet principal de réparer ce désordre. Il est intitulé *Pandectæ Justinianeæ in novum ordinem digestæ*, et forme trois volumes in-folio.

M. Pothier a conservé l'arrangement des titres, qui est l'ordre de l'édit perpétuel sur lequel les jurisconsultes avoient travaillé ; et sous ces titres il a arrangé tous les textes dans un ordre méthodique, non seulement en changeant la place qu'ils y occupoient, mais en tirant des autres titres ceux qui y étoient mal placés, et en les reportant dans ceux où ils avoient le plus de rapport.

A la tête de chaque titre on trouve une introduction qui contient l'exposé de la matière qui y est traitée, et les textes qui renferment les définitions et les premiers principes. Des divisions claires et remplies dans le cours du titre facilitent l'intelligence et soulagent la mémoire. Les lois sont liées entre elles par de courtes transitions qui en découvrent le rapport et en montrent l'enchaînement. Tout ce que l'auteur a ajouté est distingué par des caractères italiques, de manière que le texte se présente dans toute sa pureté.

L'auteur s'est attaché à démêler l'ancien droit, à l'éclaircir, et à indiquer les changements qui y sont survenus. Il a tiré ses recherches, soit des autres endroits du Digeste qui en fournissent des vestiges, soit des Institutes et des Constitutions de Justinien qui le rappellent pour l'abroger, soit de la Paraphrase de Théophile, des divers fragments qui nous sont restés de la loi des douze tables, et des ouvrages des anciens jurisconsultes, soit des traces qu'on en découvre dans l'histoire et les autres monuments de l'antiquité.

Parmi les lois du code, les unes sont conformes au droit des Pandectes, les autres le changent et l'abrogent, et n'en sont pas moins nécessaires à connoître pour l'intelligence des textes que Tribonien a altérés, pour les rapprocher du nouveau droit. Les lois du code qui confirment l'ancien droit sont rapportées en entier, et ce sont celles des empereurs qui ont vécu avant Constantin. Les lois postérieures, qui sont faciles à reconnoître par leur style diffus et la barbarie dont elles se ressentent, ne sont citées que par extrait.

Enfin l'auteur a mis des notes courtes, mais suffisantes, sur les endroits difficiles, soit à raison des antinomies, soit à raison du texte qui a été altéré; et il a puisé le plus souvent ces notes dans Cujas, le plus grand jurisconsulte qui ait paru depuis le renouvellement des études.

Il a sans doute parcouru et consulté bien des livres pour parvenir à la confection de ce grand ouvrage. Sa bibliothèque étoit considérable, et il avoit à sa disposition la bibliothèque publique, fondée par M. Prousteau, docteur de l'université, dont le fonds est en livres de droit. Mais les trois livres qu'il a étudiés à fond et continuellement, ont été les Pandectes mêmes, et le Code, qu'il lui a fallu parcourir mille et mille fois, et se rendre familier au point d'avoir, en quelque sorte, tous les textes présents à-la-fois : les ouvrages de Cujas et ceux de Dumoulin. Il a été facile de le voir par l'état de délabrement où ces trois livres se sont trouvés dans sa bibliothèque.

Le Digeste est terminé par les deux titres *De Verborum*

significatione et *De Regulis Juris*. M. Pothier en a fait deux titres très importants et très étendus : ils contiennent 275 pages in-folio (1). Il a renfermé dans celui *De Regulis Juris* un abrégé de tout le droit, en y réunissant dans un bel ordre, et en y rassemblant de tous les livres du Digeste ces principes si féconds en conséquences, et que les jurisconsultes romains savoient exprimer avec tant de précision.

Il paroît que c'est M. le chancelier qui avoit conçu l'idée de ce travail, et qui l'avoit recommandé dès le commencement de l'entreprise (2); que M. Pothier, après avoir

---

(1) Voici ce que M. Pothier dit de ce travail dans la préface de ces deux titres.

Verùm cùm circa utrumque titulum Tribonianus multa neglexerit aut omiserit, vel per incuriam, vel causâ brevitatis, nos, ut studioso lectori meliùs consulatur, ex utroque titulo duplicem quasi totius juris appendicem (suppletis aliundè notionibus regulisque quàm plurimis) conficere tentabimus : cujus lectione, velut facili et simplici viâ, nihil in jure nostro ignotum esse possit; sive quoad verba ea saltem quæ frequentiùs occurrunt ; sive quoad res ipsas, quæcumque brevi aliquâ sententiâ possunt comprehendi.

(2) Dès le commencement de l'entreprise, M. le chancelier engagea M. Pothier à préparer les matériaux de ces deux titres. Voici ce que contiennent à ce sujet les réflexions par écrit qu'il lui remit en 1736.

« En travaillant sur chaque titre en particulier, il faudroit en ex-
« traire, comme par récapitulation, 1° les lois qui définissent les
« termes de droit; 2° les règles générales qui se trouvent dans les lois
« du titre. Ce travail, jusqu'à présent, n'a été bien exécuté par per-
« sonne. Quand on auroit eu une attention persévérante à le faire sur
« tous les titres, on réuniroit tout ce qui se trouveroit dans chacun sur
« les deux points que je viens de marquer pour en former deux titres
« généraux, l'un *De Verborum significatione*, l'autre, *De Regulis Juris*,
« qui seroient meilleurs que ce que l'on trouve sous ces deux rubriques
« dans le Digeste; et il ne s'agiroit plus que de donner à l'un et à
« l'autre un ordre plus naturel et plus parfait que celui qu'on a suivi
« dans l'arrangement de ces deux titres dans le Corps de Droit. »

achevé ces deux titres, se proposoit d'en faire un ouvrage
à part; mais qu'il s'est rendu aux désirs de M. le chancelier, qui lui a fait sentir les avantages qu'il y avoit à ter-
miner l'ouvrage par ce recueil précieux qui en présente
un extrait fidèle, formé par les textes mêmes (1).

_____

(1) Ceci est établi par une lettre de M. le chancelier, du 20 avril
1745.

« Je n'ai pu trouver encore le loisir de répondre comme je le voulois
« à la lettre que vous m'avez écrite le 13 janvier dernier sur le grand ou-
« vrage dont vous êtes occupé, et je profite d'un temps où je suis un
« peu plus libre, pour vous dire d'abord que j'approuve fort en général
« le plan que vous vous êtes formé pour recueillir et arranger les
« règles que les titres *De Regulis Juris* et *De Verborum significatione*
« doivent renfermer; mais je ne saurois être de votre sentiment sur le
« dessein dans lequel vous me paroissez être d'en faire un ouvrage
« séparé, qui ne sera imprimé qu'après que votre Digeste, mis en ordre,
« aura été donné au public; et je trouve deux inconvénients dans ce
« dessein.

« Le premier est, que les deux titres dont il s'agit, et qui, selon votre
« lettre, seront compris dans votre grand ouvrage, et ne s'y trouveront
« que d'une manière très superficielle et très imparfaite, puisque, si
« j'ai bien conçu votre pensée, ils ne contiendront que les règles que
« vous n'aurez pu placer sous aucun de tous les titres précédents; ce
« ne sera donc qu'une espèce de *résidu*, qui ne répondra nullement à
« la promesse que ces titres font aux lecteurs, ou à ce qu'ils leur an-
« noncent.

« Le second inconvénient est, qu'il faudra par là que ceux qui s'at-
« tachent à l'étude de la jurisprudence romaine aient deux livres au
« lieu d'un, et qu'ils soient souvent obligés de chercher dans deux ou-
« vrages ce qu'ils devroient trouver dans un seul.

« Ainsi, soit parcequ'on doit tendre toujours à l'intégrité d'un des-
« sein également rempli dans toutes ses parties, soit parcequ'il est
« juste d'avoir égard à la facilité et à la commodité de ceux qui s'en
« servent, je crois que, sans renvoyer à un autre temps les deux titres
« plus étendus que vous vous proposez de donner sur les règles de droit,
« et sur la signification des mots, il est fort à propos que vous les fassiez
« entrer dès à présent dans l'ouvrage qui est sous la presse. Comme
« vous en avez sans doute tous les matériaux déjà rassemblés, vous

M. Pothier a été plus de douze ans à composer ce grand
ouvrage, et plus de vingt-cinq, si, comme il est juste de le
faire, on impute sur ce travail celui par lequel il s'étoit
rendu capable de l'entreprendre. Il a été aidé dans l'exécution par M. de Guienne, avocat en parlement, son ami
intime, et j'ose dire le mien. La préface, qui est très bien

« n'aurez pas besoin de beaucoup de temps pour les mettre dans l'or-
« dre que vous m'avez marqué, et qui est fort bon. Quand même cela
« devroit retarder un peu l'impression de votre livre, le public en se-
« roit bien dédommagé par l'avantage d'avoir un ouvrage parfait, où il
« trouveroit tout ce qu'il peut desirer, sans être obligé d'en attendre
« une espèce de supplément; et vous y gagnerez même du côté de la
« réputation du livre, à laquelle les deux titres dont il est question
« peuvent beaucoup contribuer, parcequ'ils seront peut-être le premier
« objet de l'attention des connoisseurs qui voudront juger prompte-
« ment par là du mérite et de l'utilité de votre méthode...

« Je ne doute pas, au surplus, qu'en travaillant sur ces deux titres
« vous n'ayez fait et que vous ne fassiez encore un grand usage du
« savant ouvrage que Jacques Godéfroi a fait sur le titre *De Regulis
« Juris*, et de celui de Petrus Faber, président des enquêtes du parle-
« ment de Toulouse, qui étoit aussi un des plus habiles jurisconsultes
« que la France ait produits. Je ne vous parle point de plusieurs autres
« auteurs qui vous sont sans doute bien connus, et sur-tout de M. Do-
« mat, dont on peut tirer de grands secours sur ce qui regarde les
« règles générales du droit.

« Vous ne m'avez pas parlé, dans votre lettre, du plan que vous vous
« êtes formé sur le titre *De Verborum significatione*; mais je présume
« que quand vous vous proposez de faire imprimer ce titre séparément,
« et d'une manière plus étendue, votre intention n'est pas de le faire
« dégénérer en Dictionnaire ou en *Lexicon Juris*, semblable à celui de
« Brisson ou de Calvin, et que, suivant l'esprit général de ce titre, vous
« le renfermiez dans les explications de mots qui ont été données par
« les lois mêmes, et qui contiennent ou qui indiquent un principe ou
« une règle de droit, ou la manière d'en interpréter les textes...

« Ce sont à-peu-près les réflexions que j'ai faites en lisant votre der-
« nière lettre; et vous devez les regarder comme une nouvelle preuve
« du cas que je fais de votre travail, et de l'estime avec laquelle je
« suis, etc. »

3.

écrite, est de M. de Guienne. M. Pothier lui en fournissoit
les matériaux ; mais, quoique avec beaucoup de littérature,
il n'aimoit pas un genre de composition châtiée et ornée.
Il n'y auroit point eu de préface, ou elle eût été très
courte, si M. de Guienne ne s'en fût chargé. Il a eu aussi
beaucoup de part au commentaire sur la loi des douze
tables, qui est à la tête du second volume.

Quant au corps de l'ouvrage, quoique M. de Guienne ne
se fût chargé que de corriger les épreuves, son travail a été
beaucoup plus loin et plus utile. C'étoit un homme exact,
difficile à contenter, bon critique, et tel qu'il le falloit pour
être associé à M. Pothier, qui, ne s'occupant que du fond
des choses, auroit négligé bien des soins de détail, qui contribuent cependant beaucoup à la perfection d'un ouvrage.
Il n'avoit pas l'étendue de connoissances ni la grande facilité de M. Pothier, et il n'en étoit par cela même que
plus propre à ce travail de révision. Il jugeoit des autres
par lui-même. Trouvoit-il un texte qui avoit besoin d'être
éclairci, ou qui pouvoit trouver ailleurs une place plus
convenable, ou une transition négligée ; il faisoit ses remarques et ses objections à M. Pothier, et tiroit de lui un
changement de place, une explication ou une note (1).

Un autre ami intime de M. Pothier a été M. Rousseau,
avocat et professeur de droit françois à Paris. Leur liaison
étoit très ancienne ; elle s'étoit formée à Paris, où M. Pothier

---

(1) J'ai eu l'avantage de demeurer près de deux ans avec M. de
Guienne dans ce temps-là même ; et j'ai vu combien il mettoit de soin
et d'exactitude dans ce travail, qui lui a coûté dix années de son meilleur temps, et lui a fait perdre absolument le travail du palais. Il étoit
garçon, aussi plein de religion que M. Pothier ; bien moins riche, et
aussi détaché des biens de cette vie. Il disoit que cette entreprise étoit
la tâche que la Providence lui avoit imposée ; et quelque onéreuse
qu'elle ait été pour lui, il s'en est acquitté avec un zèle et un soin admirables.

avoit fait plusieurs séjours avant 1730 et depuis. Il y étoit entré dans des conférences, où il s'étoit lié avec plusieurs avocats célèbres, qui ont conservé des relations avec lui, et avoient pour lui toute l'estime qu'il méritoit. Mais sa correspondance avec M. Rousseau étoit continuelle, et rouloit toujours sur leurs études communes. Ils se voyoient tous les ans aux vacances.

M. Rousseau avoit beaucoup d'acquis, un excellent jugement, une facilité si grande dans l'élocution, qu'il étoit difficile de le suivre lorsqu'il traitoit une question, et une si prodigieuse mémoire, qu'il retenoit non seulement le fond des choses, mais citoit sur-le-champ les autorités dont il appuyoit son avis. C'étoit de lui que M. Pothier apprenoit ce qu'on appelle la *jurisprudence actuelle*, qu'il n'approuvoit pas toujours, mais qu'il falloit faire connoître ; espèce de législation versatile, malheureusement trop fréquente, et qui n'a guère lieu que par l'imperfection de nos lois.

M. Pothier faisoit le plus grand cas de l'opinion de M. Rousseau ; ils se rapprochoient le plus souvent, mais pas toujours. En plusieurs endroits de ses traités, M. Pothier rapporte l'avis de M. Rousseau, soit pour le combattre, soit pour appuyer le sien, soit pour laisser le choix au lecteur dans certaines questions où, sans se déclarer lui-même, il présente les moyens d'un avis, et ensuite celui de M. Rousseau.

Les Pandectes étoient un ouvrage considérable, très coûteux à imprimer, écrit en latin, et sur une matière dont l'étude est très négligée parmi nous. On eut de la peine à trouver des libraires qui voulussent s'en charger : ils craignoient que le débit n'en fût impossible ou très long. Il s'est cependant fait assez promptement, parceque les étrangers en ont enlevé la plus grande partie.

L'ouvrage n'a essuyé d'autre critique que celle du jour.

naliste de Leipsick, qui, soit par jalousie de ce que la gloire d'une si grande entreprise étoit enlevée à sa patrie, soit par d'autres motifs, l'attaqua avec aigreur. Il en parla comme d'un ouvrage qui n'avoit rien de neuf et d'intéressant; comme d'un travail sans mérite, entrepris pour se faire un nom à peu de frais, et dans lequel on ne trouvoit pas ce fonds d'érudition dont autrefois tous les jurisconsultes, et encore aujourd'hui les Allemands, ornent ou surchargent leurs ouvrages.

On connoissoit assez M. Pothier pour être persuadé qu'il ne prendroit pas la peine d'y répondre. Un de ses confrères s'en chargea; et on ne lui montra la critique qu'avec la réponse imprimée, sous la forme d'une lettre adressée aux auteurs du Journal des Savants. On fait voir dans cette lettre que le journaliste allemand n'avoit senti ni le mérite ni l'objet de l'ouvrage; que l'auteur ne s'étoit pas proposé de faire un commentaire, ni de se jeter dans des discussions d'érudition, mais, au contraire, de dispenser de l'étude des commentaires, plus pénible que celle des lois; de présenter un commentaire des textes par les textes mêmes, et de les éclaircir par la manière de les lier ensemble et de les placer.

On imprimoit le premier volume des Pandectes lorsque M. Pothier tomba dangereusement malade, au retour d'un voyage qu'il avoit fait en Sologne, chez un de ses confrères. Il revint à cheval avec la fièvre. Jamais il n'avoit été malade : quoique d'un tempérament foible, il soutenoit sa santé par la régularité de son régime. La fièvre étoit pour lui un état nouveau et inconnu; il voulut lui résister quelques jours sans la connoître : enfin, au lieu d'appeler un médecin, il alla le consulter, et lui demander la cause de cette maladie qu'il éprouvoit. Le médecin l'eut bientôt trouvée, le fit retourner chez lui et coucher. La fièvre devint très sérieuse, et l'on craignit pour sa vie.

Heureusement la maladie céda : mais le rétablissement ne fut pas entier ; il demeura perclus des jambes, et prit aisément son parti sur cette privation, qui dura assez long-temps pour lui faire craindre qu'elle ne durât toujours. Il s'estimoit trop heureux que Dieu lui eût conservé la liberté de l'application et du travail. Il donna à l'étude d'autant plus de temps, que la vie sédentaire lui en laissoit plus de libre. Il n'espéroit plus recouvrer l'usage des jambes, après avoir tenté inutilement plusieurs remèdes, lorsqu'enfin on se douta que la faculté de marcher pouvoit être empêchée, moins par un obstacle réel et invincible, que par le défaut trop long d'exercice. On lui conseilla d'essayer à marcher par le moyen de deux poulies, qui, roulant dans des coulisses attachées au plancher de sa chambre, le tenoient suspendu sous les bras, et lui permettoient de remuer les jambes sans leur laisser porter tout le poids du corps. Il se soumit à cet essai, qui lui dénoua les jambes ; peu à peu il en recouvra l'usage ; il ne lui resta que de la roideur. Il avoit été très grand marcheur avant sa maladie, il le fut assez depuis pour le besoin ; car plus il avança en âge, plus ses occupations se multiplioient, au point de lui interdire presque toute dissipation. Lorsqu'on l'exhortoit à en prendre, il disoit que le chemin de chez lui au châtelet étoit un exercice suffisant.

L'étude du droit avoit déja commencé à se ranimer dans l'université d'Orléans. M. Prévôt de La Janès, conseiller au présidial et professeur de droit françois, avoit senti qu'en vain un homme destiné à enseigner acquiert des connoissances ; qu'il n'est utile qu'à lui-même dans une place instituée pour l'utilité des autres, s'il ne réussit à leur faire goûter ce qu'il enseigne, et à inspirer l'amour de l'étude. C'étoit un homme de beaucoup de mérite et d'acquis, du commerce le plus agréable, et d'un esprit très orné (1). Il aimoit les jeunes gens; il avoit l'art de se les attacher et de les intéresser à leurs succès. Ce talent est d'autant plus nécessaire à un professeur de droit, qu'il n'a pas cette espèce d'autorité qui force au travail, mais seulement une autorité de raison et de persuasion. Il a pour disciples des gens placés dans cet intervalle critique qui sépare la première jeunesse de l'âge raisonnable, des gens qui souvent sont d'autant plus amoureux de l'indépendance, qu'ils ont plus aspiré au terme qui devoit les en mettre en possession, et qui, s'ils ont conservé l'amour de l'étude, doivent assez naturellement préférer les douceurs de la littérature à l'austérité et à la sécheresse de la jurisprudence.

M. de La Janès mourut au mois d'octobre 1749. M. le chancelier fut vivement sollicité pour nommer à cette place. Il connoissoit parfaitement le mérite de M. Pothier, et desiroit de la lui donner. M. Pothier, de son côté, la desiroit aussi, par amour pour les jeunes gens et par le plaisir qu'il trouvoit à enseigner. Mais il n'étoit pas dans son caractère de solliciter, et sa timidité étoit un obstacle qu'il falloit lui aider à vaincre. Je n'oserois assurer si M. Gilbert de Voisins leva cet obstacle en lui proposant la chaire de la part de M. le chancelier, ou si M. Pothier eut le courage de surmonter sa timidité, au point de témoigner à M. Gilbert que cette place le flatteroit. Quoi qu'il en soit, il fut nommé sans que personne s'en doutât. La satisfaction qu'il éprouva ne put être troublée que par la peine qu'il ressentit de s'être trouvé en concurrence avec M. Guyot, docteur agrégé, et de le voir privé d'une

(1) Nous avons de M. Prévôt de La Janès un ouvrage intitulé, *Principes de la Jurisprudence françoise, suivant l'ordre des actions.* Il n'a été imprimé qu'après sa mort. On y remarque la méthode et la précision qui formoient le caractère de son esprit. Il écrivoit avec beaucoup de pureté et d'élégance.

place qu'il ne pouvoit manquer d'obtenir, s'il n'eût pas eu un compétiteur aussi redoutable. Il n'avoit desiré de cette place que le plaisir d'enseigner : il espéra pouvoir réparer l'espéce de tort qu'il faisoit à M. Guyot, en l'engageant à accepter le partage des émoluments. Il se passa entre eux, à cette occasion, un combat de générosité aussi honorable pour l'un que pour l'autre. M. Pothier insista, et sollicita ce partage comme une grace ; M. Guyot persista à refuser, et peu d'années après il a obtenu une chaire par le concours.

On se plaint de la décadence des études du droit. La cause de cet abandon est d'autant plus grave et plus difficile à réformer, qu'elle tient à l'état général des mœurs dans la nation, à la frivolité du siècle, à la dissipation des jeunes gens, qu'on fait entrer dans le monde beaucoup trop tôt. Les maîtres les plus capables et les mieux intentionnés ne peuvent que lutter contre cette cause générale, et lui opposer de l'assiduité, de l'application et du courage : leurs succès, quelque chose qu'ils puissent faire, se borneront toujours à un petit nombre de jeunes gens qui profiteront de leurs soins.

M. Pothier succédoit à un professeur qui avoit commencé à inspirer de l'émulation ; et il a trouvé dans ceux qui composent aujourd'hui l'université des confrères remplis des mêmes vues et du même zéle pour l'instruction des jeunes gens.

Les hommes les plus célèbres ne sont pas toujours les meilleurs maîtres ; et même la profondeur des connoissances semble leur rendre cette fonction plus pénible, et s'opposer au succès de l'enseignement. Le travail de la composition n'a rien que d'agréable pour un homme qui a fait une étude suivie d'une science, qui en a saisi l'ensemble, et en possède toutes les parties. Les idées dont il est rempli se présentent en foule, et s'empressent de s'arranger sous sa plume; s'il a de la méthode dans l'esprit, elles se placent d'elles-mêmes et sans effort dans l'ordre le plus naturel. Les difficultés qu'il rencontre, loin de le rebuter, deviennent pour lui un nouvel attrait. La nécessité de prendre parti dans les questions importantes le force de chercher les objections, et de s'assurer, par la discussion, de la vérité du sentiment qu'il embrasse.

Mais le talent d'enseigner est tout différent, et il est rare de le joindre à l'étendue du savoir. Se rabaisser aux premiers éléments pour se faire entendre; varier l'instruction et la manière de la présenter; s'occuper en entier des autres, et jamais de soi-même; se mettre à la portée de tous les esprits, de manière que les moins pénétrants ne puissent se plaindre qu'on les néglige; paroître soi-même ne savoir que ce qu'il s'agit d'enseigner dans le moment; revenir sur les mêmes points pour les inculquer; descendre des premiers principes aux conséquences par une gradation facile; ne dire à-la-fois que ce qu'il faut, pour ne pas surcharger les auditeurs, et le dire avec méthode et clarté; s'assurer qu'ils vous suivent avant d'aller plus loin, et les prendre par la main pour les aider à avancer : tel est le talent d'un maître; tel étoit supérieurement celui de M. Pothier. Il faisoit plus : il savoit tellement cacher la supériorité du maître, que les étudiants croyoient converser avec un ami. Ses leçons étoient des conférences dans lesquelles il soutenoit l'attention par des interrogations qui mettoient les jeunes gens à portée de faire valoir leurs études particulières. La question s'adressoit à un seul, et tous s'empressoient d'en chercher la réponse. Tous étoient en haleine, parceque la question suivante pouvoit s'adresser à eux. La réponse étoit-elle difficile; la tournure même de la question servoit à y conduire, et l'indiquoit aux esprits attentifs, en leur laissant tout le plaisir de la recherche et l'honneur de la solution. L'objection la moins solide, celle même qui annonçoit ou le peu d'avancement ou l'oubli du principe, étoit écoutée et répondue avec bonté.

Quiconque connoît les effets de l'émulation, sait de quoi les hommes sont capables lorsqu'ils sont animés par ce puissant aiguillon, et peut apprécier la valeur des études que faisoient sous un tel maître les jeunes gens qui avoient de la bonne volonté; et la manière intéressante dont il enseignoit étoit bien propre à en augmenter le nombre. Je l'ai dit plus haut, M. Pothier n'avoit desiré de sa place que la satisfaction d'enseigner; il ne s'en réserva que cet avantage, et en partagea les émoluments entre les pauvres et ses disciples. A l'examen public de droit françois, qui termine le cours des études, il substitua une dispute publique sur les matières qu'il avoit enseignées pendant l'année. Les jeunes gens qui vouloient y entrer s'y disposoient de longue main par des études sérieuses: nul n'auroit osé se présenter dans la lice, sans la confiance, sinon de vaincre, du moins de se faire honneur. Le public, qui s'intéresse au succès des jeunes gens, aimoit à être spectateur de ce combat, dont l'Université étoit juge. Le prix du vainqueur étoit une médaille d'or, adjugée en public. Les autres contendants n'étoient pas sans récompense; ils recevoient des médailles d'argent.

On peut croire que les athlètes ne se ménageoient pas: la dispute duroit une séance pour chaque contendant, qui avoit tous les autres pour adversaires, et les attaquoit à son tour. La manière de proposer les questions, et celle d'y répondre, entroient également dans la balance du jugement. Chacun prévoyant que les traités enseignés dans l'année étoient aussi familiers à ses adversaires qu'à lui, croyoit devoir chercher ailleurs, et alloit puiser des arguments, soit dans le corps de droit, soit dans les auteurs qui avoient rapport à la matière; et le combat étoit si sérieux, que les juges étoient quelquefois obligés d'en réprimer l'ardeur, et d'intervenir, soit pour rappeler aux matières proposées dont on s'écartoit, soit en présentant d'une manière plus claire la question que l'argumentateur avoit cherché à rendre embarrassante pour surprendre son adversaire.

M. Pothier ne se contenta pas d'encourager ses disciples par des prix. Rien de personnel n'entra jamais dans ses vues. Les étudiants des deux premières années devoient devenir les siens ; ils eurent également part à ses faveurs : et souvent, dès la première année, l'amour de l'étude et le plaisir de l'entendre les conduisoient à ses leçons. L'examen sur les Institutes et la thèse de bachelier devinrent des concours toutes les fois qu'il se présenta des contendants ; et le zéle de M. Pothier fut toujours parfaitement secondé par celui des autres professeurs.

Combien, depuis vingt-cinq ans, n'est-il pas sorti de cette école d'excellents sujets, qui ont porté dans la magistrature et dans le barreau la connoissance des lois et l'amour du travail !

M. Pothier, après avoir achevé son grand ouvrage des Pandectes, s'ouvrit une carrière immense, qui ne devoit être terminée qu'avec sa vie. Il avoit traité autrefois, pour son usage particulier, toutes les matières de droit françois. La nécessité d'enseigner l'engagea à les travailler de nouveau ; et ces traités sont manuscrits, entre les mains de beaucoup de personnes. Il les eût encore retouchés, si le temps lui eût permis de les publier.

En 1740, M. Pothier avoit donné, conjointement avec M. Prévôt de La Janès et M. Jousse, une édition de la coutume d'Orléans, en deux volumes, avec des notes. Cette édition étoit épuisée, et le libraire songeoit à en donner une autre : il s'adressa à M. Pothier, pour le prier d'y retoucher. M. Pothier s'en chargea avec plaisir. Mais au lieu d'un simple travail de révision, il en exécuta un tout différent, et bien autrement important et utile. A la tête de chaque titre de la coutume, il plaça un traité abrégé de la matière, espéce de commentaire infiniment plus utile que des notes, qui n'étant relatives qu'à un article, ne laissent point de liaison dans l'esprit, et ne fournissent que des connoissances aussi décousues que le texte même qu'elles interprètent. Il a joint des notes sur les articles qui ont besoin d'éclaircissement, et renvoie continuellement de ces notes à l'introduction du titre, et de ces introductions aux articles et aux notes ; ce qui lie ensemble tout l'ouvrage. Forcé de se restreindre par le peu d'étendue, il a serré son style ; de sorte qu'on a dans cet ouvrage un excellent abrégé de ses traités. On y trouve tout ce qui est essentiel à savoir exposé avec netteté et précision ; et on peut dire que quiconque posséderoit bien ces deux volumes, auroit une connoissance assez étendue du droit coutumier.

Cet ouvrage, aussi important pour la coutume de Paris que pour la nôtre, par le grand rapport qu'elles ont ensemble, forme sur le droit coutumier un corps complet de doctrine d'autant plus précieux, qu'il sort de la main d'un jurisconsulte. Car il ne faut pas croire que le droit coutumier n'a aucun trait au droit romain, et qu'il suffit de connoître les coutumes, pour bien traiter les matières qu'elles embrassent.

Dans notre législation, presque toute positive et arbitraire, la raison n'entre pour rien quant à l'établissement des principes. Ils pourroient être contradictoires, et ils le sont en effet d'un canton à l'autre, et sont tout aussi vrais. Car le vrai arbitraire n'est qu'une vérité et un point de fait ; il ne peut être une vérité subsistante par elle-même. Il se trouve sans doute beaucoup de ces vérités de fait où de ces principes factices mêlés dans toutes les législations, y ayant beaucoup de détails qui ne peuvent être déterminés que par des lois positives. Malheureusement ils abondent tellement dans la nôtre, qu'on n'y trouve presque autre chose; et ces lois positives, qui cesseroient d'être arbitraires si elles avoient une raison puisée dans une nécessité ou utilité réelle, ne sont presque toujours que purement arbitraires. Mais le jurisconsulte, comme le magistrat, ne change pas les lois : il les enseigne ou les explique comme il les trouve établies; et le jurisconsulte raisonne juste d'après ces principes arbitraires, lorsqu'il en tire des conséquences vraies, lorsqu'il démêle avec justesse les intérêts contraires qui s'élèvent sur leur interprétation, lorsqu'il y applique avec finesse et sagacité les règles supérieures de la vraie justice distributive. Il est plus satisfait sans doute lorsqu'il s'exerce sur ces règles mêmes et sur les purs principes du droit, dont l'application particularisée sur la multiplicité des actions et des rapports que les hommes ont entre eux, a déja une si grande étendue : mais puisqu'il a plu aux hommes d'ajouter à ces lois nécessaires, si simples en même temps et si fécondes, tant et tant de lois arbitraires, il devient indispensable de partir de ces lois données pour régler les intérêts divers, et les actions qui en naissent. Mais quelle différence, lorsque ces matières, quoique étrangères par leurs principes au véritable droit, sont traitées par un homme qui, n'ayant étudié qu'elles, rampe et se traîne servilement dans le cercle étroit de cette législation d'institution humaine, ou par un jurisconsulte qui sait s'élever au-dessus de cette législation; qui la respecte parcequ'elle existe, mais qui se sert de l'esprit de décision et des vues que lui fournit la science du droit, pour démêler, discuter et interpréter ces lois positives !

Tel a été supérieurement le talent de Dumoulin, qui a si bien su appliquer à l'intelligence du droit coutumier les notions et les lumières qu'il tiroit des lois romaines; tel a été celui de Loyseau, de notre commentateur Lalande, et d'un très-petit nombre d'autres qu'on distingue dans la foule de tant d'auteurs et de commentateurs dont nous sommes surchargés.

Tel a été celui de M. Pothier; et c'est ce qui donne un si grand mérite à ses travaux sur le droit coutumier : c'est ce qui doit nous faire regretter qu'il n'ait pas eu le loisir de publier lui-même tout ce qu'il avoit composé sur ces matières. Mais il n'est guère de savant qui n'ait donné au public les mêmes regrets. Dans les sciences, et sur-tout dans celles qui exigent un grand fonds d'étude, la majeure partie de la vie est employée à acquérir les connoissances qui mettent en état d'enseigner et d'écrire, et le temps manque ensuite pour l'exécution de tous les travaux qu'on se propose. Le génie et le savoir inspirent le courage, et portent à former des projets auxquels la brièveté de la vie met obstacle. Si l'on s'appliquoit trop à l'envisager, on tomberoit dans l'inaction et dans la langueur; et l'on n'oseroit même entreprendre ce que l'on peut, si l'on n'avoit l'espérance de faire plus qu'on ne pourra.

M. Pothier auroit bien eu le temps de ne nous rien laisser à desirer sur le droit coutumier, s'il ne s'étoit engagé dans un autre travail qui a eu les suites les plus heureuses. Il entreprit de traiter en françois la matière la plus importante du droit, celle dont l'usage est le plus nécessaire et le plus fréquent, et dont on ne peut puiser les principes que dans les Pandectes, la matière des obligations et des contrats; et il y a entremêlé quelques matières de droit françois, les retraits, la communauté, le douaire.

Il publia en 1761 le Traité des *Obligations*, en 2 vol., comme la base de ceux qu'il devoit donner ensuite. Cet ouvrage a eu le plus grand succès, et l'on en a fait deux éditions. Il sera toujours regardé comme un livre classique et essentiel. C'est celui que l'auteur a le plus travaillé, et qui demandoit le plus de profondeur et de science de droit. Il y a discuté avec autant de pénétration que de clarté la divisibilité et l'indivisibilité des obligations; matière extrêmement subtile, que Dumoulin a développée dans un ouvrage particulier fort profond, mais fort difficile à entendre. Cette matière avoit besoin d'être traitée avec cette précision et cette méthode qui manquoient à Dumoulin, chez lequel la profondeur sembloit nuire à la clarté.

Le traité des obligations annonçoit un travail suivi sur les différents contrats. L'auteur a rempli cet engagement. Chaque année a vu paroître un nouvel ouvrage (1). Quels

(1) En 1762, il donna le Traité du Contrat de *Vente*, et celui des *Retraits*, pour servir d'appendice au Contrat de *Vente*; le tout discuté selon les règles tant du for de la conscience que du for extérieur, ainsi qu'il est observé dans tous les autres Traités.

En 1763, le Traité du Contrat de *Constitution de Rente*; celui du Contrat de *Change*; de la négociation qui se fait par les lettres-de-change; des billets de change et autres billets de commerce.

En 1764, le Traité des Contrats de *Louage*, et de *Bail à Rente*.

En 1765, Supplément au Traité du Contrat de *Louage*, ou Traité des Contrats de *Louage maritime*; celui de *Société*, avec deux appendices, dans l'un desquels on traite des obligations qui naissent de la communauté qui est formée sans contrat de société; et dans l'autre de celles qui naissent du voisinage; et le Traité des *Cheptels*.

En 1766 et 1767, les Traités des Contrats de *Bienfaisance*, du *Prêt à usage*, du *Précaire*, du *Prêt de Consomption*, du *Dépôt*, du *Mandat*; le Traité du Quasi-Contrat *Negotiorum gestorum*; les Traités du *Nantissement*; des Contrats *Aléatoires*, d'*Assurance*; du *Prêt à la grosse aventure*, et du *Jeu*.

En 1768, le Traité du Contrat de *Mariage*.

En 1769, le Traité de la *Communauté*.

En 1770, les Traités du *Douaire*, du *Droit d'Habitation*, des *Donations entre mari et femme*, et celui du *Don mutuel*, auquel est ajoutée l'*Interprétation de l'article* LXVIII *de la Coutume de Dunois*.

En 1771 et 1772, les Traités du *Domaine de Propriété*, et du *Droit de Possession*.

étoient ses projets par la suite ? C'est ce qu'on ignore. Il est probable qu'il auroit donné ses ouvrages sur le droit françois.

Ses traités sur les contrats ont cet avantage, qu'ils renferment non seulement la connoissance du droit civil, et l'application de ses principes aux actions qui se présentent dans les tribunaux, mais encore des décisions sûres pour la conscience. Les matières y sont traitées dans le for intérieur et dans le for extérieur ; et en apprenant aux hommes les actions qui naissent de leurs conventions, et les droits qu'ils peuvent poursuivre en jugement, il leur enseigne à être justes, à n'exiger rien au-delà de la justice, quand même ils pourroient l'obtenir ; à ne blesser jamais les droits d'autrui, quand même ils pourroient le faire avec succès ; partie du droit bien précieuse, qui constitue l'essence de la morale, et qui a bien plus d'étendue et d'exactitude que les tribunaux ne peuvent en mettre dans leurs décisions.

Ce n'est qu'aux jurisconsultes qu'il appartient de tenir cette balance de la justice immuable, dont la justice humaine ne nous offre qu'une ombre imparfaite, et une ressemblance en quelque sorte inanimée. Ce n'est qu'à eux qu'il appartient de monter sur un tribunal supérieur à ceux que l'autorité civile peut ériger, et d'y régler avec une précision rigoureuse les droits et les devoirs des hommes.

Cette partie de la morale est sans doute aussi du ressort des théologiens, et ils doivent en être instruits ; mais c'est des jurisconsultes qu'ils doivent l'apprendre. Qu'ils ne rougissent pas de consulter les lois romaines ; ils y trouveront, sur presque toutes les matières, des décisions pures, exactes, lumineuses, sans lesquelles on ne peut entreprendre de diriger les hommes, sans risquer, ou de les égarer par des décisions peu sûres, et de favoriser l'intérêt, qui n'est que trop adroit à faire illusion à la bonne foi, ou d'alarmer et de troubler les consciences par des avis trop rigoureux

I. 4

et mal fondés. Aussi M. Pothier n'aimoit-il pas que les théologiens ou casuistes entreprissent de traiter les matières de droit; et il a plusieurs fois réfuté les décisions de l'*auteur* (d'ailleurs très estimable) *des Conférences de Paris*. Ils doivent lui savoir gré de leur avoir appris à appliquer les principes de la justice aux espèces si variées que font naître les conventions : ils ne peuvent craindre de se tromper en suivant les décisions d'un homme si éclairé.

Le style de M. Pothier est simple, facile, et assez ordinairement négligé. Il tenoit de son caractère, éloigné de toute prétention et de toute recherche. Mais en même temps il est de la plus grande clarté, sans qu'on puisse même se plaindre qu'il soit diffus; avantage que rien ne peut remplacer, et qui surpasse tous les autres dans les ouvrages qu'on ne lit que pour s'instruire.

Sa modestie lui faisoit dire qu'il n'écrivoit que pour ses écoliers. Quelques journalistes, plutôt faits pour juger des brochures frivoles que pour apprécier des ouvrages de droit, se sont arrêtés à cette écorce; et ne jugeant du mérite intrinsèque que par cette simplicité de style, ils n'ont pas craint de répéter ce jugement que la modestie de M. Pothier lui faisoit porter. Mais la vérité obligera toujours les gens en état de juger, de convenir que non seulement ses traités sur les contrats sont propres à former des jurisconsultes, mais même que les jurisconsultes les plus savants les liront avec fruit, qu'ils y trouveront la vraie science du droit, et que le traité des *Obligations* est un chef-d'œuvre.

M. Pothier convenoit lui-même qu'il écrivoit sans recherche par rapport au style. Il ne s'occupoit que de la chose, et rendoit ses idées telles qu'il les concevoit à la première vue. Mais comme il avoit l'esprit très juste, ses idées se présentoient toujours avec ordre, elles se lioient d'elles-mêmes ensemble. Son plan renfermoit toute sa matière : ses définitions sont toujours exactes, ses divisions claires et méthodiques : les raisons de douter et de décider sont mises dans un beau jour, et la solution trouve le lecteur instruit par la discussion, et préparé à y acquiescer. Il m'a fait plus d'une fois l'honneur de m'engager à revoir ses manuscrits, pour y corriger des négligences ou des longueurs. Je l'ai fait toutes les fois qu'il m'en a chargé; ou plutôt je me suis mis en devoir de le faire. Mes remarques étoient peu fréquentes et peu importantes, malgré la liberté qu'il me donnoit; je dirai même malgré l'envie de lui plaire par un travail qu'il exigeoit. Je sentois que si j'avois composé l'ouvrage, j'aurois écrit autrement en général, parceque chacun a sa manière d'écrire : mais lorsque je voulois serrer le style, ou présenter autrement les questions, je sentois qu'il eût fallu tout remanier, et en même temps que son style étoit celui de la chose, et qu'on n'auroit guère pu le changer qu'au préjudice de la clarté. Quelques personnes auxquelles il a donné la même commission, ont éprouvé la même chose.

Il en est de la science du droit comme de celle de la médecine : il ne suffit pas d'en avoir acquis la théorie par l'étude, pour être en état d'en faire l'application; il faut y joindre l'usage. M. Pothier possédoit également cette partie; et quoique la procédure ne présente rien que d'ennuyeux pour un jurisconsulte, il avoit surmonté ce dégoût. On a de lui un manuscrit sur la *procédure civile*, et un sur la *procédure criminelle*.

A tant de connoissances acquises il réunissoit toutes les qualités propres au magistrat, dans un degré excellent : zèle pour le bien de la justice, assiduité, promptitude dans l'expédition, désintéressement, intégrité, fermeté, attachement à sa compagnie. Quelle est la vertu de son état qu'il n'ait pas possédée éminemment?

Il se voyoit avec la plus grande satisfaction sur le tribunal, entouré de ses élèves, qu'il avoit pris par la main pour les y faire monter, qu'il avoit formés par ses leçons, et qu'il continuoit d'instruire par ses avis et par ses exemples. Aucun d'eux n'a jamais pu se plaindre qu'il ait pris sur lui ce ton de supériorité que son âge et son mérite lui auroient permis. Comment l'auroit-il eu vis-à-vis de ses confrères? il ne le prenoit pas même avec ses disciples. Il écoutoit les avis des autres; il permettoit qu'on lui fît des objections, et portoit la conviction par des réponses qui frappoient en deux mots le point décisif.

Quelle netteté, quelle lumière ne mettoit-il pas dans ses rapports! Sans entrer dans des détails inutiles, il écartoit ce que les défenseurs des parties n'ajoutent que trop souvent d'étranger, et ne présentoit que la cause même et les moyens respectifs.

Dans le jugement des affaires criminelles, la science du jurisconsulte trouve moins d'application. Il ne s'agit que de la preuve d'un fait. Mais quelle attention, quelle justesse d'esprit ne faut-il pas, sur-tout dans les occasions délicates, pour peser les indices et les circonstances, distinguer les degrés de probabilité et ne les pas confondre avec la certitude, et discerner [également la certitude morale de la certitude juridique?

M. Pothier excelloit en cette partie par sa justesse et sa pénétration. Il étoit également propre à toutes les fonctions du magistrat, et les a toutes remplies. On évitoit seulement de lui distribuer des procès criminels dans lesquels on prévoyoit que la question pouvoit être ordonnée, parcequ'il ne pouvoit en supporter le spectacle; impuissance qui procède beaucoup plus de la sensibilité des organes physiques que du sentiment moral. Du reste, il ne se refusoit à aucune des fonctions de la magistrature; et sur la fin de sa vie, il n'en a été que trop surchargé par la

mort de M. le lieutenant-criminel et de M. le lieutenant
particulier.

Le présidial d'Orléans lui doit son rétablissement. Sans
l'émulation qu'il a répandue dans les études, et les sujets
qu'il a décidés à embrasser la magistrature, cette compagnie se verroit aujourd'hui réduite à deux ou trois anciens
magistrats. Elle dura eu pendant vingt ans l'époque la plus
brillante : exemple unique dans la décadence universelle
des tribunaux. Mais peut-on se flatter que cette généra-
tion qui a totalement renouvelé la compagnie depuis 1753,
soit remplacée? Peut-on se flatter que cet événement singulier ait des suites durables, lorsqu'on voit une cause
particulière et momentanée faire exception aux causes
générales qui entraînent la magistrature du second ordre
vers sa ruine? J'exposois les causes de son dépérissement
en 1763, dans un discours public; elles ne sont certainement pas changées depuis : et ce grand homme, qui, dans
sa patrie, avoit, en quelque sorte, repoussé l'influence des
causes, si agissante par-tout ailleurs, qui seul avoit soutenu sa compagnie sur le penchant de sa ruine, et l'avoit
relevée avec tant d'avantage, cet homme n'est plus, et il
ne sera certainement pas remplacé.

Quand il s'éléveroit un aussi grand jurisconsulte que
lui (et ses ouvrages pourroient contribuer à le former),
où trouvera-t-on un homme qui, à la profondeur des connoissances, à la justesse et à la pénétration dont il étoit
doué, joigne à un aussi haut degré toutes les qualités du
cœur; un homme qui soit aussi bon, aussi simple, aussi
modeste, aussi respectable à tous égards? Il étoit comme
déplacé au milieu de nous, par la pureté et la simplicité
de ses mœurs, qui n'avoient pas pris la moindre teinture
des mœurs de son siécle.

Il a été beaucoup plus facile de rendre compte de ses

ouvrages, que de donner une idée de ses vertus; et cette partie de son éloge qui me reste à traiter, paroîtra sans doute bien imparfaite à ceux qui ont eu l'avantage de jouir de l'intimité de son commerce et des exemples de sa vie privée.

SECONDE PARTIE.

La vie d'un sage et d'un savant est peu fertile en événements propres à intéresser la curiosité. La simplicité et l'uniformité en forment le caractère, et ses ouvrages seuls font époque. Il en est de son histoire comme de celle d'une nation dont le gouvernement auroit été depuis long-temps exempt d'ambition, ami de la paix, uniquement occupé du soin de rendre ses sujets heureux et éclairés sur les moyens d'y parvenir. Les annales de ce peuple seroient très stériles. Dès que l'on connoîtroit sa constitution et son administration, on sauroit son histoire : elle seroit la même d'un siècle à l'autre, parceque le caractère de l'ordre est l'uniformité.

Ce sont les passions des hommes qui les agitent : ce sont elles qui font naître les événements ; et l'histoire n'est proprement que le récit de leurs effets. La vie du sage ne peut donc guère présenter de faits intéressants; et elle n'en est que plus heureuse.

Quelquefois le sage se trouve entraîné malgré lui dans un tourbillon qui lui est étranger. Les circonstances le portent hors de sa sphère et le mettent en butte aux passions des hommes, ou l'élèvent à des places qui l'exposent à leur contradiction. Sa vie alors devient intéressante au préjudice de son repos.

M. Pothier n'eut jamais à se plaindre de ses passions ni de celles des autres. Rien ne troubla la tranquillité de son ame : aucune circonstance forcée ne dérangea le plan et l'uniformité de sa vie. Aucun autre événement ne répandit d'amertume sur ses jours, que la perte de ses amis, auxquels il étoit sincèrement attaché.

Parfaitement libre de toute espéce de soin, il consacra sa vie tout entière à ses fonctions et à l'étude de la jurisprudence : il ne connut point d'autres devoirs à remplir, ni d'autre goût à satisfaire.

Jamais il n'a eu le moindre projet de se marier. Il disoit qu'il ne s'étoit pas senti assez de courage, et qu'il admiroit ceux qui l'avoient. Il en faudroit beaucoup, en effet, si ceux qui s'engagent dans cet état en envisageoient les suites.

Le parti du célibat est sans doute le plus sage et le meilleur que pût prendre un homme avare de son temps, uniquement dévoué à l'étude et singulièrement ami de son repos. Cette résolution le tire de la classe ordinaire des hommes : elle le met à l'abri de la plupart des maux; et, en restreignant les objets de ses attaches, elle lui épargne presque toutes les occasions d'inquiétude.

Personne n'a mieux profité de cet avantage que M. Pothier : il a voulu en jouir dans toute son étendue, et s'est cru dès-lors dispensé de tout soin domestique. Sa négligence à cet égard eût pu être un défaut dans un père de famille. Ce défaut devenoit respectable en lui par le motif d'où il naissoit. Il venoit du mépris le plus sincère pour les richesses, et d'un grand fonds de désintéressement. Pour lui, il ne voyoit dans sa conduite à cet égard que l'effet qui résultoit de ce sentiment, c'est-à-dire sa négligence, et il se la reprochoit devant ses amis (1).

---

(1) Il avoit remis 1500 livres à un notaire pour les placer à constitution. Le notaire trouva un emploi qu'il approuva, et lui fit signer le contrat. Six mois après il lui porta sa grosse : il n'en avoit plus aucune idée : il soutint que ce n'étoit pas lui qui avoit fait ce prêt, et qu'il n'en

On le nomma échevin en 1747. Qu'il soit permis de dire que ce choix n'étoit pas réfléchi. Pourquoi vouloir qu'un homme dont le temps est si précieux, en dépense une partie à des fonctions que d'autres peuvent remplir beaucoup mieux? Pourquoi forcer un homme déja trop grevé du soin de son patrimoine, de gérer celui de la commune? Aussi ne fit-il presque aucune fonction de cette place.

Il n'étoit nullement propre aux détails d'administration, et il n'estimoit pas assez les biens pour s'en instruire et s'en occuper. Heureusement il trouva parmi ses domestiques un administrateur fidéle, qui le forçoit à prendre les détails les plus indispensables, et qui le déchargeoit de tous ceux qu'on pouvoit lui épargner (1).

---

avoit pas fourni le montant. Le notaire fut obligé de lui montrer sa signature sur la minute.

Il ne savoit guère ce qui lui étoit dû, et n'en tenoit point d'état. Ce même notaire recevoit un loyer commun à plusieurs particuliers, dont M. Pothier avoit une partie. Il lui porta un jour six années qu'il avoit négligé de demander et qui lui étoient dues : M. Pothier ne voulut pas les recevoir; il ne pensoit pas qu'il lui fût tant dû. Il voulut du moins composer avec le notaire, en recevoir la moitié, en offrant de lui donner une quittance finale. Le notaire étoit sûr de sa recette et de son registre : il fallut qu'il se fâchât pour lui faire accepter le total.

(1) Sa gouvernante s'appeloit Thérèse Javoi : elle étoit à son service depuis 1729. Tout ce qui appartient à ce grand homme mérite d'être connu; et si ce foible écrit passe à la postérité, à la faveur des ouvrages auxquels il est joint, il est juste que le nom de cette fidéle gouvernante y passe aussi.

Elle lui étoit très attachée, et a eu le plus grand soin de sa santé : c'est une obligation que le public lui a. Elle auroit de grand cœur brûlé tous les livres de droit, lorsque son maître étoit incommodé et s'obstinoit à travailler. Pendant long-temps elle prenoit, tous les ans une fois, la peine de remettre en ordre la bibliothèque avec un ami de M. Pothier. Sur les dernières années elle s'est négligée sur cet article, et le désordre étoit devenu si grand, qu'on avoit peine à rassembler deux volumes.

La confiance que M. Pothier avoit en elle, étoit entière. Il ne lui

Jamais il n'a cherché à augmenter son bien : il l'a seulement conservé à-peu-près tel qu'il l'avoit reçu. S'il touchoit un remboursement, il replaçoit le capital. On lui abattit une maison pour l'alignement d'une rue; il en racheta une autre de même valeur. La cause de son désintéressement ne venoit pas de sa fortune, plus que suffisante pour ses besoins, mais du fond de son caractère, et d'une indifférence réelle pour les richesses; indifférence qu'elles sembleroient devoir donner, et qu'elles ne donnent pas.

Quand il auroit été beaucoup plus riche, il n'auroit pas vécu autrement; il auroit donné davantage, et auroit été encore plus embarrassé d'une plus grande régie, si tant est qu'il eût daigné en prendre plus de peine. S'il avoit pu consentir à s'occuper davantage du soin de son patrimoine, ce n'auroit pu être que par un motif d'économie en faveur des pauvres. Il préféroit de les en dédommager par la frugalité de sa vie, dans laquelle il trouvoit pour eux une épargne qui le mettoit en état d'être plus généreux que sa fortune ne sembloit le permettre. N'avoit-il pas lieu de se

cachoit guère que ses aumônes. Elle gouvernoit absolument tout le domestique de son maître, et en grande partie ses affaires. Pour obtenir certaines choses, il falloit la mettre dans ses intérêts; et, sans elle, l'amitié que M. Pothier vouloit bien avoir pour moi, n'auroit peut-être pas suffi pour l'engager à se laisser peindre. Il n'y a consenti qu'à condition que le portrait ne paroîtroit pas, et seroit mis à la campagne jusqu'à sa mort; et je lui ai tenu parole.

Thérèse n'avoit pas eu de peine à prendre une sorte d'ascendant sur un homme aussi bon et aussi simple. Elle prétendoit que cela étoit nécessaire et pour le mieux, et qu'il falloit le gouverner comme un enfant. Il l'étoit aussi, en quelque sorte, pour les détails domestiques. Il ne faut pas demander s'il s'occupoit beaucoup de sa garde-robe : Thérèse lui achetoit, sans lui en demander avis, ce dont il avoit besoin : les compliments s'adressoient à elle, quand on voyoit son maître en habit neuf; et il l'apprenoit par-là. Je demande pardon de ces détails si petits; mais ils servent à peindre.

croire quitte envers eux, par la distribution d'un superflu
d'autant plus considérable que son nécessaire étoit plus
étroit? Il regrettoit même l'étendue que ses domestiques
donnoient à ce nécessaire, par attachement pour sa santé;
et il falloit quelquefois lui cacher le prix des mets qu'on
lui servoit. Les dames des pauvres étoient toujours assu-
rées de trouver en lui une ressource. Il recevoit leur visite
avec une reconnoissance mêlée de respect. Il aimoit à les
rendre dépositaires de ses aumônes, parcequ'il vouloit les
faire avec discernement, et qu'en les leur confiant il étoit
tranquille sur la distribution, et dispensé de tout examen.

Mais combien de pauvres honteux alloient avec confiance lui découvrir leurs besoins, et recevoient des secours efficaces, dont la manière de donner et la commi-
sération augmentoient le prix! Combien d'enfants n'a-t-il
pas mis en état de gagner leur vie, en payant leur appren-
tissage! espéce d'aumône dont le fruit est le plus durable,
parcequ'il prévient la pauvreté. Combien de fois n'a-t-il
pas porté au loin, dans les campagnes et dans les villes
écartées, des aumônes qui n'étoient sollicitées que par les
besoins qu'il apprenoit!

Qui pourroit reconnoître et compter tant de bonnes
œuvres faites dans le secret, et cachées dans le sein de
Dieu? Dans les temps de calamité sur-tout, il se seroit
épuisé totalement, et privé du nécessaire, si sa gouvernante n'eût eu la précaution de tenir quelque argent en
réserve pour les besoins journaliers : il se cachoit d'elle
pour ses aumônes; et elle étoit obligée de se cacher de lui
pour être en état de le nourrir. Elle n'avoit pas besoin
pour cela de prendre beaucoup de précautions : jamais il ne
savoit le compte de son argent : il lui donnoit sa clef lorsqu'elle en demandoit. Du reste, tant qu'il en trouvoit, il
puisoit pour donner, et sa gouvernante ne trouvoit d'autre
moyen d'arrêter cet excès, que de le menacer de prendre à

crédit les provisions du ménage; ce qu'il né pouvoit souffrir. Lorsque la caisse étoit épuisée, il falloit aviser à la
remplir, et c'étoit encore le soin de la gouvernante; il falloit qu'elle songeât où l'on pouvoit aller demander de l'argent, et qu'elle lui fît faire les quittances.

Tant de vertus et de bonnes œuvres, dont sa vie étoit
remplie, étoient cachées et enveloppées sous une profonde modestie, qui les déroboit beaucoup plus à ses yeux
qu'à ceux du public; et cette modestie étoit tellement répandue sur ses actions et sur tout son extérieur, que, de
toutes ses vertus, c'étoit celle qu'il avoit le plus de peine à
cacher. Elle naissoit d'une humilité sincère, par laquelle il
se mettoit réellement au-dessous des autres, et qui l'empêchoit de soupçonner en lui-même le mérite que tout le
monde y trouvoit.

Aussi désintéressé sur sa réputation que sur sa fortune,
il ne s'occupoit pas plus de l'une que de l'autre, avec cette
différence, qu'il ne faisoit rien pour augmenter ses richesses, tandis qu'il ajoutoit tous les jours à sa réputation:
mais il n'avoit pas plus en vue d'en acquérir que d'accroître son patrimoine. C'étoit à son insu et malgré lui que sa
réputation s'étendoit, et l'on étoit mal reçu à l'en faire
apercevoir. Les louanges lui étoient aussi insupportables
que le sont les injures au reste des hommes; il étoit aisé
de voir par son embarras et par l'air de son visage qu'elles
le choquoient sérieusement et qu'elles l'offensoient.

Être indulgent pour les autres, craindre de leur manquer, et ne rien exiger pour soi-même, est le véritable
fonds de la politesse; et cette politesse étoit aussi vraie
chez lui que sa modestie, dont elle étoit l'effet. Il ne manquoit à cette politesse que cette superficie dont les hommes se contentent assez aisément, et dont ils abusent si
souvent pour témoigner des sentiments qu'ils n'approu-
vent pas : il n'y manquoit que ces manières qu'on n'ac-

quiert que dans le commerce du monde; et le monde est assez juste pour en dispenser un homme qui a eu plus de commerce avec les livres qu'avec les sociétés, sur-tout lorsqu'il n'a rien de cette rudesse et de cette austérité que la retraite et l'application donnent quelquefois aux savants sans qu'ils s'en aperçoivent. M. Pothier en étoit bien éloigné. On n'auroit pu lui reprocher qu'un excès de modestie, qui le rendoit timide et embarrassé lorsqu'il se trouvoit avec des gens qu'il ne connoissoit pas, ou quand des devoirs de bienséance le forçoient de se montrer dans un grand cercle. Il s'y trouvoit déplacé, et comme tellement isolé, qu'il prioit ordinairement quelqu'un de ses amis de l'y accompagner; et il regardoit cette complaisance comme un service qu'on lui rendoit.

La nature, avare de ses dons, ne les réunit pas toujours. Mais qui pourroit ne pas préférer le partage qu'elle en fit à M. Pothier, en lui refusant les avantages extérieurs? Sa figure n'avoit rien qui prévînt en sa faveur. Sa taille étoit haute, mais mal prise et sans maintien. Marchoit-il; son corps étoit tout penché d'un côté, sa démarche singulière, et tout d'une pièce. Étoit-il assis; ses jambes si longues l'embarrassoient; il les entrelaçoit par des contours redoublés. Toutes ses actions avoient un air peu commun de maladresse. A table, il falloit presque lui couper les morceaux. Vouloit-il attiser le feu; il commençoit par se mettre à genoux, et il n'y réussissoit pas mieux. La simplicité de ses manières et de tout son extérieur pouvoit prévenir sur la bonté de son caractère; mais elle n'annonçoit pas la supériorité de son esprit. Il falloit ou le juger sur sa réputation, ou l'approfondir assez pour être en état de l'apprécier: une visite passagère ne pouvoit que nuire à l'idée qu'on avoit apportée. Ses yeux cependant avoient du feu et de la vivacité; ils indiquoient la pénétration de son esprit et sa facilité à saisir : mais ils ne s'animoient que quand la conversation l'intéressoit.

Il étoit le premier à plaisanter sur sa figure et sur sa maladresse. Il racontoit en riant, qu'en passant en robe, à Paris, devant un café, des jeunes gens en sortirent pour le montrer au doigt.

Lorsqu'il fut à Paris, d'après l'invitation de M. d'Aguesseau, qui vouloit le connoître et conférer avec lui sur le travail qu'il l'engageoit à entreprendre, il se présenta à l'hôtel de la chancellerie. On lui dit que M. d'Aguesseau n'étoit pas visible. Il s'en alla, et il vouloit repartir le lendemain. Si ses amis ne l'eussent retenu, il eût répété ce que fit La Fontaine, qui partit de Paris pour aller voir sa femme à La Ferté-Milon, et revint sans l'avoir vue, parcequ'au moment de son arrivée elle étoit au salut. On pourroit peut-être comparer le caractère de ces deux hommes en plus d'un point. Il retourna donc voir M. le chancelier, qui, averti qu'il étoit dans son antichambre, alla au-devant de lui, et le reçut avec une distinction qui étonna beaucoup toute l'audience, qui avoit jugé cet homme sur la surface.

Il étoit dans la société doux et affable, gai et ouvert avec ses amis, mettant dans le commerce une franchise qui manifestoit toutes ses pensées ; jouissant d'une paix intérieure que rien n'altéroit, et d'une sérénité qui n'étoit obscurcie par aucun nuage. On trouvoit en lui cette simplicité qu'on aime à rencontrer dans les grands hommes, parcequ'elle semble tempérer ce que leur mérite a d'imposant. Cette simplicité paroissoit quelquefois singulière ; quelquefois aussi elle ne l'étoit que par un excès de raison, si l'on peut parler ainsi, et relativement à la manière commune de voir et de juger, qu'elle contrarioit : car les hommes, même les plus raisonnables, ne suivent guère que l'opinion, soit qu'elle soit conforme ou contraire à la raison simple et dégagée des préjugés ; et comme il est fort rare de rencontrer un homme qui ne porte que des jugements dictés par une raison si épurée, ses jugements ne peuvent manquer de paroître singuliers.

Son caractère l'éloignoit de la contention et de la dispute. Jamais il ne s'est personnellement offensé de la contradiction ; et il avoit peine à concevoir qu'on trouvât mauvais de ce qu'un autre n'étoit pas de notre avis. Mais il tenoit fortement à son sentiment ; non par attachement à son propre sens, mais parcequ'il le croyoit vrai, et que ses lumières ne lui permettoient pas de rester indécis (1). Il le défendoit avec fermeté : il usoit de la liberté de contredire, comme il trouvoit bon qu'on le fît à son égard. Il en usoit avec les vivants comme avec les auteurs dont il discutoit les sentiments sans autre intérêt que celui de la vérité. L'autorité par elle-même ne lui en imposoit pas, parcequ'elle n'est pas une raison ; elle devenoit seulement pour lui un nouveau motif de discuter avec plus de soin, et de donner à ses raisons une force et une clarté capables de surmonter le poids de l'autorité.

Il y avoit par conséquent beaucoup à gagner à lui faire des objections et à disputer avec lui. L'attaque le tiroit de sa tranquillité ordinaire ; elle le forçoit de reprendre la question pour la traiter dans tous les sens, en balancer les moyens, et établir son sentiment avec une abondance et une énergie qui lui étoient propres.

Mais lorsqu'il mettoit véritablement de l'intérêt dans une affaire ou dans une opinion (et quel autre intérêt pouvoit l'affecter que celui de la vérité, de la justice, ou

(1) Lorsqu'il craignoit de s'être trompé sur un avis, soit par sa faute, ou parcequ'on ne lui avoit pas bien exposé la question, il revenoit sur ses pas, examinoit de nouveau, et demandoit d'autres éclaircissements.

du bien public?), la douceur de son caractère et sa modestie ne l'empêchoient pas de défendre son avis avec
beaucoup de chaleur et de vivacité. Si dans ces occasions
il eût été fortement contredit, on l'eût vu oublier sa modération, s'animer fortement, et s'irriter de la résistance.
Les paroles alors, se pressant en foule pour sortir, n'auroient pu exprimer tout ce qu'il auroit voulu dire à-la-
fois; et à force de vouloir persuader, il auroit nui à la persuasion, dont il avoit naturellement le don. Il lui seroit
peut-être même échappé, malgré lui, des choses dures,
que son cœur auroit désavouées, qu'il auroit certainement
dites sans aigreur et sans fiel, que le zèle lui auroit arra-
chées, et qu'il auroit dû faire excuser, si les hommes n'é-
toient pas ordinairement plus sensibles aux effets extérieur qu'aux motifs, parcequ'ils ne peuvent guère juger
que de ce qu'ils voient. Qui l'auroit vu dans ces moments,
l'auroit cru un homme entier, jaloux de prévaloir, susceptible de concevoir du ressentiment, et peu inquiet d'en
faire naître chez les autres; et il l'auroit fort mal jugé sur
ces dehors passagers. Quel homme fut plus simple, plus
doux, plus ami de la paix, plus éloigné de toute animosité?
Il n'a jamais eu occasion de pardonner, car le pardon suppose une offense, et il n'étoit pas accessible au ressentiment d'une offense. On auroit pu lui manquer, mais non
pas lui aigrir le cœur, encore moins lui faire éprouver le
sentiment de la haine. Sa raison ni sa religion n'en auroient jamais permis l'entrée dans son cœur : et l'on peut
dire, avec autant de vérité, qu'il eût été également impossible à qui que ce soit de concevoir de la haine, et même
de la froideur contre lui.

Autant il auroit mis, dans ces occasions, de chaleur et de
zèle, autant il mettoit d'indifférence lorsqu'il s'agissoit de
délibérer sur des affaires de corps, soit de cérémonial,
soit de prétentions et d'intérêts de compagnie.

Cette manière de sentir et de juger tenoit au fond de son caractère, naturellement ennemi de toute contention sur les choses qui ne lui paroissoient pas mériter d'en être l'objet. Il supposoit presque tous les hommes aussi simples que lui, aussi pleins de cette raison supérieure qui s'éléve au-dessus des dehors, aussi indifférents sur ce qui ne touche que la manière, et n'appartient pas au fond des choses.

C'est à cette façon de penser, ainsi qu'à la naïveté de son caractère, qu'on peut attribuer la manière dont il disoit tout haut son avis à l'audience. A peine un avocat avoit-il exposé une affaire, qu'il l'avoit saisie; il prévoyoit déja les moyens et les réponses; et il avoit jugé en lui-même, qu'à peine le barreau savoit ce dont il s'agissoit. Il n'avoit plus ensuite qu'à écouter la manière dont la cause étoit attaquée et défendue. Si l'affaire étoit peu importante, il laissoit à son esprit la liberté de s'occuper ailleurs; s'il prêtoit attention, il avoit peine à s'empêcher d'approuver ou d'improuver par des démonstrations extérieures; souvent même il le faisoit à mi-voix, de manière qu'on savoit assez souvent son avis avant qu'on allât aux opinions.

Mais il se donnoit là-dessus bien plus de liberté lorsqu'il présidoit. Le desir, louable sans doute, mais qui doit être borné, d'expédier promptement les affaires, l'entraînoit malgré lui, et lui faisoit oublier cette patience qui convient aux juges, et qui est due aux parties. Celui qui succombe ne doit pas avoir à se plaindre de n'avoir pas été entendu. Dès qu'il avoit saisi une cause, il ne donnoit le temps ni aux avocats de l'expliquer, ni aux autres juges de l'entendre. Personne assurément ne le soupçonnoit de vouloir former seul le jugement, et concentrer en lui l'autorité du tribunal. Le fond de son ame étoit trop connu pour que la malignité même osât, d'après ces dehors, lui supposer des retours secrets sur lui-même. Mais il vouloit expédier, et il croyoit ne pouvoir le faire trop vite dans les affaires de peu d'importance. Si un avocat s'écartoit du point décisif, il se hâtoit de l'y ramener; mais s'il avançoit un moyen hasardé, ou soutenoit un principe faux, il le souffroit avec une impatience dont il n'étoit pas le maître, et l'interrompoit pour le rappeler aux vrais principes et aux moyens de la cause (1). L'audience dégénéroit ainsi quelquefois en dissertations et en une espèce de conférence. Ses amis lui faisoient des représentations qu'il approuvoit; mais il n'en étoit pas le maître. De la part de tout autre, cette manière de présider eût paru pour le moins singulière; mais cet homme étoit si respectable, et en même temps si respecté, si éloigné du dessein de choquer personne, que tout lui étoit permis.

Ces détails peuvent ne pas paroître déplacés dans un éloge historique : on aime à connoître même les petits défauts des grands hommes, peut-être parceque ces légers défauts semblent les rapprocher un peu de nous; peut-être aussi parcequ'ils tiennent pour l'ordinaire à des dispositions très estimables, dont ils ne sont que des effets trop marqués. Ils en sont plus propres à peindre l'homme tel qu'il étoit : ce sont de grands traits de caractère qui aident à saisir la ressemblance.

C'est un grand avantage, sur-tout dans les sciences qui demandent autant de travail, et pour lesquelles la vie de l'homme est toujours trop courte, de n'en être distrait par aucun goût étranger, qu'on ne pourroit cultiver qu'au pré-

(1) Souvent, lorsque l'avocat du défendeur avoit pris ses conclusions, il exposoit les moyens du demandeur en deux mots, et disoit à l'avocat: *Maître un tel, voilà ce qu'on vous oppose; c'est à ce moyen seulement qu'il faut répondre.*

I. 5

judice de l'objet principal ; et c'est un grand mérite de savoir résister au desir d'apprendre, lorsqu'on a tant de facilité pour y réussir. M. Pothier auroit pu, sans négliger l'étude du droit, se laisser entraîner à quelque étude particulière, et y donner, par exemple, le temps des vacances (1). Il·eût certainement aimé les mathématiques et la littérature ; et il en avoit assez de connoissance pour être tenté de l'accroître. Il avoit étudié autrefois la géométrie, et cette science, si propre à perfectionner la justesse de l'esprit, quoiqu'elle ne la donne pas, convenoit à un esprit aussi pénétrant. Il avoit également des dispositions et du goût pour la littérature : mais en ayant acquis un fonds suffisant pour l'utilité, il n'auroit pu l'augmenter que par délassement, et il n'en trouvoit plus le temps.

L'étude à laquelle il a donné le plus de temps, dans les dix à douze premières années de sa magistrature, fut celle de la religion. Il cherchoit à éclairer sa foi et à nourrir sa piété. Son attachement à la religion étoit fondé sur une conviction intime, puisée dans la connoissance de ses preuves, et fortifiée par l'amour et la pratique de ses préceptes. Aussi, quel mépris n'avoit-il pas pour les nouveaux philosophes ! il ne parloit d'eux qu'avec indignation. Il

---

(1) De tous les arts il n'aima jamais que la musique, mais par sentiment, et sans en avoir la moindre notion : il n'y cherchoit que ce qui pouvoit élever à Dieu ; il ne l'aimoit que lorsqu'elle chantoit ses louanges, et qu'elle exprimoit bien le sens des paroles. Il y étoit alors très sensible, et ne pouvoit s'empêcher de laisser paroître par le mouvement de son visage, et même par des gestes, l'impression qu'il éprouvoit.

Si ses occupations le lui eussent permis, il auroit assisté à tout l'office de la cathédrale, tant il trouvoit de plaisir et de goût au chant des psaumes : il faisoit passer dans son ame toute la chaleur dont ces divins cantiques sont remplis. Il les chantoit avec transport, ou plutôt il les déclamoit à sa manière ; car il avoit la voix la plus fausse qui se puisse entendre.

gémissoit sur les progrès de l'incrédulité et sur la séduction des jeunes gens comme sur le dépérissement des mœurs, qui en est l'effet.

Nous nous plaignons de la brièveté de sa vie, nous regrettons que le temps ne lui ait pas permis de donner tant d'autres traités qu'il projetoit. Auroit-il pu parvenir à publier tout ce que nous avons, s'il se fût livré à des occupations étrangères? Ce n'est que par une économie rigoureuse de son temps qu'il a pu suffire à tant d'occupations différentes : il ne falloit pas moins que sa pénétration et sa facilité, pour réparer une partie du temps qu'on lui enlevoit.

Ce qu'on ne peut trop admirer, parceque rien n'est si rare, c'est la sagesse et la modération qu'il mettoit dans le travail de la composition. Ce travail, sans doute le plus agréable et le plus flatteur, obtient aisément la préférence. Un savant supporte avec impatience les occupations qui l'en détournent, et s'y soustrait le plus qu'il peut. M. Pothier n'auroit-il pas pu penser que la publication de ses ouvrages étoit un bien d'une utilité plus durable que tant d'autres services qu'il rendoit au public, et trouver dans cette préférence l'excuse la plus légitime pour se dispenser d'autres devoirs?

Nous pouvons le penser ainsi, et regretter aujourd'hui tant de temps si méritoirement employé de sa part, mais dont il ne nous reste rien. Pour lui, il n'auroit pu le penser et agir en conséquence, qu'en mettant à ses ouvrages plus d'importance que ne lui permettoit sa modestie.

D'ailleurs, il avoit pour principe de concilier tous ses devoirs. Avare de son temps pour des distractions volontaires, il ne l'étoit plus lorsqu'il s'agissoit d'être utile, et il ne montroit pas plus d'affection pour une occupation que pour une autre. Personne n'étoit plus assidu que lui au palais, et jamais il ne manquoit à ses leçons. Étoit-il rentré dans son cabinet; il examinoit ses procès de rapport, recevoit des visites, souvent peu nécessaires, avec une patience bien rare dans un homme si occupé; il donnoit des conseils, et répondoit aux lettres qui se multiplioient à mesure que sa réputation s'étendoit. Combien de procès n'a-t-il pas empêchés par de sages conseils? Combien n'a-t-il pas arrangé de familles et terminé de contestations? La confiance publique lui avoit érigé un tribunal volontaire.

La journée, à laquelle il donnoit cependant assez d'étendue (1), se trouvoit souvent remplie sans qu'il eût pu rien donner à la composition. Il avoit le talent de quitter le travail et de le reprendre avec une égale facilité (2). Il en sortoit toujours sans fatigue, parceque, sage en tout point, et jusque dans l'étude, jamais il n'en fit excès : jamais il ne le prolongea pendant la nuit. Son souper à sept heures étoit toujours le terme de sa journée. Il n'en dérangeoit l'heure que le mercredi, où il le différoit jusqu'à huit heures, parcequ'il tenoit ce jour-là une conférence à

---

(1) Il se levoit avant cinq heures, alloit à la messe qui se dit à la cathédrale pendant matines, dont il entendoit même une partie; déjeunoit à six heures; se mettoit ensuite au travail, soit jusqu'à dîner, soit jusqu'à l'heure de l'audience; dînoit à midi; donnoit sa leçon à une heure et demie, et rentroit dans son cabinet jusqu'au soir. S'il avoit quelque visite à rendre, il choisissoit ordinairement le dimanche avant vêpres, ou le jeudi. Il soupoit régulièrement à sept heures, ne travailloit jamais après souper; il se couchoit à neuf heures, et dormoit sur-le-champ. Il aimoit beaucoup le café, mais il n'en prenoit plus; il avoit remarqué qu'il l'avoit plusieurs fois empêché de dormir jusqu'à dix heures, et, par un calcul simple, il disoit qu'une heure de sommeil valoit mieux qu'une prise de café.

(2) Il poussoit la délicatesse jusqu'à ne se faire jamais celer chez lui; et lorsqu'il étoit absolument pressé de travail, et forcé de se soustraire aux distractions, il alloit travailler chez un ami voisin.

laquelle assistoient tous les jeunes magistrats et plusieurs avocats qui se faisoient gloire d'avoir été et d'être toujours ses élèves. Ces conférences duroient sans interruption depuis plus de quarante ans. Elles s'étoient d'abord tenues chez M. Prévôt de La Janès : à sa mort, elles furent transportées de droit chez M. Pothier.

Dans le cours d'une vie si occupée, on ne trouve guère d'autre distraction volontaire qu'un voyage fort court qu'il fit à Rouen et au Havre, en 1748. Il avoit toujours désiré de voir la mer, car il n'étoit point indifférent au spectacle de la nature; et celui de la mer, pour des yeux qui n'y sont pas accoutumés, est véritablement imposant par son immensité. Il annonce la grandeur de celui qui a creusé ce bassin pour y renfermer cet élément redoutable auquel il a donné des bornes. Au retour du Havre, il resta quelque temps à Paris, chez M. de Guienne, pour conférer avec lui sur le travail et l'édition des Pandectes. Il me fit l'honneur de m'associer à ce voyage. M. Lhuillier, lieutenant particulier, étoit aussi de la partie. Je faisois alors ma première année de droit, et ce voyage ne fut pas pour moi une interruption d'étude; j'avois les Institutes, et j'en trouvois le meilleur commentaire possible dans la conversation de M. Pothier, qui me les expliquoit (1).

Pendant le temps qu'il mit à composer son grand ouvrage, il fut forcé, pour avancer ce travail, qui ne devoit pas souffrir d'interruption, de se dérober en partie à ses autres occupations. Il n'étoit pas encore professeur.

_____

(1) Nous parlions latin pendant presque toute la route : les gens qui étoient dans le carrosse le prenoient, à sa figure singulière, pour un Hibernois, qui étoit mon précepteur.

On lui demanda au Havre s'il vouloit manger du poisson (c'étoit un dimanche) ; il répondit qu'il n'étoit pas si dupe que de faire maigre un dimanche. Ses deux compagnons de voyage pensèrent autrement.

Il alloit passer une partie de l'été à Lû, où il trouvoit le repos et la solitude (1).

Depuis 1750, qu'il fut nommé professeur, il n'y alla plus que pendant les vacances; et ce temps, que les gens les plus occupés destinent au délassement, étoit celui où il travailloit le plus, parcequ'il n'étoit pas distrait. C'est de Lû, en grande partie, que sont sortis les traités qu'il nous a donnés. Il avoit toujours un cheval à Lû, et il aimoit cet exercice. Il est aisé de se figurer la manière dont il montoit à cheval. Ses courses consistoient à aller tous les dimanches à la messe à Saint-André de Châteaudun, et à rendre des visites à ses voisins, parmi lesquels il trouvoit plusieurs de ses confrères; mais jamais il ne découchoit(2).

_____

(1) Il avoit acquis, en 1730, une petite ferme à Lû en Beauce, à une lieu de Châteaudun. Il y avoit un petit logement par bas, aussi simple et aussi modeste que sa personne, et meublé de même. C'étoit vraiment la maison du sage. Le jardin étoit fort petit, et aussi antique que tout le reste, et le terrain en étoit très mauvais. Un petit parterre couvert de vieux et grands ifs qu'il trouvoit admirables, en faisoit l'ornement, et quelques allées d'épines tout le couvert. Je lui disois un jour que si l'on avoit posté la maison à quelque distance, on auroit trouvé de bonne terre, et qu'on auroit eu de l'agrément du jardin; il me répondit : *On a vraiment bien fait de le mettre ici : les autres terres donnent du blé, et le terrain est assez bon ici pour se promener.*

Il étoit cependant sensible aux agréments d'une belle campagne et d'une belle vue. J'allois quelquefois le prendre le jeudi à Orléans, pour le forcer de sortir de son cabinet et de profiter d'un beau jour. Nous fûmes, entre autres, nous promener dans une maison d'Olivet. Il étoit debout, immobile et comme en extase de la beauté de la vue; il n'en sortit que pour me dire : *Non habemus hîc manentem civitatem.*

(2) Je l'ai cependant forcé un jour de découcher. Il étoit venu dîner chez moi. Il survint une grande pluie; je ne voulus pas absolument le laisser partir. J'entrevis qu'une des causes de son refus étoit la crainte de causer de l'inquiétude à Thérèse. Cet obstacle fut levé; César, son domestique, qui suivoit toujours à pied son maître à cheval, retourna à Lû, et fit trouver bon à Thérèse que son maître eût consenti à n'être

Orléans rassembloit en même temps et comptoit parmi ses citoyens deux hommes rares, et d'un mérite égal en différents genres; et pendant plus de trente ans la petite maison de Lû a réuni ces deux hommes si dignes l'un de l'autre.

Agé de quatre-vingt-huit ans, M. Pichart (chanoine de Saint-Aignan) pleure aujourd'hui la perte d'un ami auquel il ne s'attendoit pas de survivre; ou plutôt, tranquille sur le sort de son ami, il ne déplore que la perte publique. Aussi profond dans la connoissance des saintes écritures que M. Pothier l'étoit dans celle du droit, il travailloit de son côté à ces savants commentaires qu'il a composés sur tous les livres saints, ouvrages aussi pleins d'onction et de piété que de lumières et de doctrine. Leur délassement consistoit en une heure de promenade après dîner, et autant de conversation après le souper; car M. Pothier déjeunoit trop matin pour qu'on pût se réunir. On peut croire que la conversation de ces deux amis devoit être intéressante. M. Pothier, quoique naturellement silencieux, ne l'étoit point lorsqu'on parloit de matières qui lui convenoient; et il trouvoit dans M. Pichart une grande facilité de parler, beaucoup de littérature et d'érudition sacrée et profane. Il étoit assez instruit pour soutenir la conversation sur les matières les plus familières à M. Pichart, et le champ étoit assez vaste pour fournir à leur entretien. Mais il voulut aussi pouvoir parler du droit ro-

pas inondé pour retourner chez lui le même jour. J'eus grand soin de ne rien déranger à son régime : mon hôte étoit endormi à neuf heures et quart.

Nous voulûmes voir s'il se rappeloit le piquet : il y avoit joué autrefois tous les soirs avec son oncle le chanoine, mort en 1729; et le jeu l'ennuyoit si fort, qu'il se laissoit perdre pour s'aller coucher : il n'y avoit pas joué depuis; il se souvint parfaitement des règles, et ne fut maladroit qu'à manier les cartes.

main avec lui, et il lui vanta si fort les Pandectes, que son
ami ne put se refuser à les lire; et il ne faut pas demander
s'il fut satisfait de cette lecture.

La réputation de M. Pothier s'étoit nécessairement répandue avec ses ouvrages; et il a eu de son vivant toute la
célébrité dont un savant peut jouir. La voix publique l'a
reconnu pour le plus grand jurisconsulte de son siècle;
que dis-je? le plus grand depuis Dumoulin, à côté duquel
elle a marqué sa place. Sans attendre sa mort, elle a fixé
le degré d'autorité dû à ses décisions; et les premiers tribunaux ont retenti de citations de ses ouvrages : honneur
non suspect, et le plus flatteur qu'un jurisconsulte puisse
jamais recevoir.

Ce jugement étoit porté non seulement en France, mais
aussi par les étrangers, chez qui il étoit aussi estimé que
dans sa patrie. Ses ouvrages, en effet, ne sont pas de ceux
dont l'utilité est renfermée dans un certain espace. Par-
tout où la science du droit sera connue et cultivée, par-
tout où le droit romain sera enseigné, par-tout où les
hommes contracteront entre eux, et auront besoin de re-
courir aux principes de la justice pour décider les questions que leurs conventions feront naître, le nom de
M. Pothier sera connu, ses ouvrages seront étudiés et con-
sultés. L'autorité d'un jurisconsulte aussi célèbre est proprement celle d'un législateur; que dis-je? elle la surpasse,
en tant qu'elle participe à celle des lois de la justice, et
que ces lois immuables, qui conviennent à tous les hommes, l'emportent sur les volontés et les dispositions ver-
satiles, transitoires et arbitraires qu'il plaît aux hommes
d'ériger en lois.

Si M. Pothier n'eût travaillé que sur les lois municipales
et particulières de son pays, sa réputation eût été circon-
scrite dans les mêmes bornes; mais il a été jurisconsulte
pour tous les temps et pour tous les lieux; il doit même

avoir plus de célébrité chez les nations où la science du droit est cultivée avec soin, parcequ'elle conduit à toutes les places, qu'en France, où elle est si négligée, où les places s'achètent, et où le prix qu'elles valent dispense de l'étude et du savoir. Et même l'on peut ajouter que s'il fut étranger à son siècle par la simplicité de ses mœurs, il ne le fut pas moins à son pays par le genre de ses études.

S'il fût né en Allemagne, les princes auroient disputé entre eux pour l'attirer et se l'attacher; et ceux qui n'auroient pu le fixer chez eux se seroient fait gloire de le décorer par des titres d'honneur et d'illustration. Il a vécu parmi nous comme l'homme le plus ordinaire, sans recevoir la moindre distinction. Il étoit bien éloigné de croire en mériter, ni d'en desirer. Mais ne peut-on pas être surpris qu'on n'ait jamais songé à acquitter la patrie envers lui par quelque décoration, plus honorable pour ceux qui la procurent au mérite modeste, qu'à celui qui la reçoit?

Il est également étonnant que cet homme si connu n'ait jamais été consulté sur la législation, et qu'on n'ait pas profité de ses lumières pour la réforme de nos lois; il eût été l'ame d'un conseil de législation. Mais, par une fatalité singulière, il est encore moins rare de trouver des gens de mérite, que de les voir mis en œuvre et placés où ils devroient l'être.

Ce n'est point à nous à nous plaindre de cet oubli, et à regretter de ce que son mérite ne nous l'a point enlevé. Nous l'avons possédé sans partage, et il s'est donné à nous tout entier, au préjudice de ce qu'il auroit fait de plus pour l'utilité générale, si les fonctions de magistrat et de professeur, si tant de services particuliers qu'il n'a cessé de nous rendre n'avoient pas employé une si grande partie de sa vie. Tous les citoyens l'ont eu pour conseil : auquel d'entre eux a-t-il refusé le secours de ses lumières? Tous les gens de bien l'ont eu pour ami; les pauvres l'ont pleuré

comme leur père. Sa bienfaisance et sa douceur lui avoient
concilié le respect et l'attachement universels. Tout le
monde n'est pas à portée d'apprécier le jurisconsulte,
mais le cœur est la partie la plus essentielle de l'homme,
et le peuple en est peut-être le meilleur juge.

Aussi sa mort a-t-elle causé un deuil général. Le public
n'est pas toujours juste : quelquefois le mérite présent
semble l'offusquer ; beaucoup plus porté à la critique qu'à
l'approbation, et avare de son estime, il ne la lui accorde
qu'avec restriction et ménagement, et ne se détermine à
lui rendre toute la justice qui lui est due que lorsqu'il a
disparu. Mais il n'a rien à se reprocher à l'égard de M. Pothier ; la mort n'a fait que confirmer ses sentiments sans y
rien ajouter, ce qui est le plus grand éloge possible, et la
preuve la plus complète d'un mérite éminent et sans tache.

Quelque longs que puissent être les jours d'un homme si
précieux, sa mort est toujours prématurée pour l'utilité publique. Celle de M. Pothier l'a été d'autant plus, que son âge,
de soixante-treize ans, et la régularité de sa vie, pouvoient
faire espérer de le conserver encore plusieurs années.
Elle auroit été imprévue pour lui, si toute sa vie n'y avoit
été une préparation continuelle. Il n'a éprouvé ni les infir-
mités de l'âge avancé, ni le dépérissement de la vieillesse,
ni l'affoiblissement de ses facultés intellectuelles, ni les
douleurs de la maladie, ni la crainte qu'inspirent les ap-
proches de la mort, et sur laquelle la vie la plus sainte ne
rassure pas toujours.

Une maladie de six jours nous l'a ravi. La fièvre, quoique sérieuse, n'annonçoit pas un danger menaçant. Le
1er mars il se trouva beaucoup mieux, et se leva. On le
croyoit hors d'affaire, et il portoit le même jugement sur
son état. Le soir même il tomba en léthargie, et il a fini, le 2
mars, cette vie si précieuse aux yeux de Dieu et des hommes.

Son testament ne renferme aucune disposition remarquable : il contient quelques legs rémunératoires, quel-

ques legs pieux, et pour la bibliothèque, ceux de ses livres qui manquoient à cette bibliothèque.

Il n'a rien ordonné sur sa sépulture; ceux qui ont présidé à ses funérailles ont voulu sans doute se conformer à l'esprit de modestie qui étoit sa principale vertu, en le faisant inhumer dans un des endroits les plus écartés du cimetière commun.

Les officiers municipaux ont réparé, autant qu'il étoit en eux, cet excès de modestie. Ils ont fait poser sur le mur voisin un marbre chargé d'une épitaphe, pour lui payer, au nom de la patrie, le tribut de la reconnoissance publique (1). Que pouvoient-ils faire de plus dans un endroit aussi peu propre à recevoir un monument convenable?

Les grands hommes, pendant leur vie, ont été la gloire et l'ornement de leur patrie. Les tombeaux continuent d'être pour elle une décoration, et elle est comptable à la postérité des honneurs rendus à leurs cendres.

---

(1) Épitaphe de M. POTHIER, placée au grand cimetière où il a été inhumé.

HIC JACET
ROBERTUS-JOSEPHUS POTHIER,
Vir Juris peritia, œqui studio,
Scriptis, consilioque,
Animi candore, simplicitate morum,
Vitæ sanctitate
Præclarus.
Civibus singulis, probis omnibus,
Studiosæ Juventuti,
Ac maximè Pauperibus,
Quorum gratiâ pauper ipse vixit,
Æternum sui desiderium reliquit,
Anno reparatæ salutis 1772,
Ætatis vero suæ 73.

Præfectus et Ædiles,
Tàm Civitatis nomine quàm suo,
Posuére.

Un étranger, pénétré de respect pour ce grand homme, voulut le voir en passant par Orléans, et pouvoir se vanter à son retour de l'avoir vu. Il ne put avoir cet avantage, parcequ'il passa pendant les vacances. Il se fit ouvrir la salle de l'université, et voulut du moins voir la chaire d'où il enseignoit. Mais si des étrangers nous demandoient à voir son tombeau, croyons-nous qu'ils dussent en être bien satisfaits ?

C'étoit dans une église qu'il falloit l'inhumer. Les cendres d'un homme aussi saint et aussi respectable devoient-elles être placées ailleurs ? Et dans quelle église convenoit-il mieux de les déposer que dans l'église cathédrale, dans l'église commune à tous les citoyens, dans cette église à côté de laquelle il avoit vécu, où il avoit donné tant d'exemples de piété, où tous les jours il alloit se prosterner devant Dieu, en prévenant le lever du soleil ? Louis XIV s'est honoré lui-même en faisant inhumer à Saint-Denis le maréchal de Turenne. N'en doutons pas, le chapitre au milieu duquel il avoit vécu, et qu'il avoit si souvent édifié par sa présence, auroit reçu avec empressement ce précieux dépôt. Il eût été facile alors d'ériger sur sa tombe un monument plus honorable pour la reconnoissance publique, plus digne d'en transmettre le témoignage à la postérité, plus propre à satisfaire les étrangers que la beauté de l'édifice attire dans ce temple auguste. Seroit-il donc impossible de le faire encore aujourd'hui ? Quel est le citoyen qui n'applaudiroit pas à cette translation ? Si la dureté des temps et des circonstances ne permettoit pas aux officiers municipaux d'employer à ce monument la somme qu'ils desireroient, les héritiers sans doute tiendroient à honneur de s'en charger ; et si ces moyens ne suffisoient pas, qu'on ouvre une souscription publique, et que tous ceux à qui ce grand homme ne fut pas cher se dispensent de contribuer à honorer sa mémoire !

TRAITÉ
DES OBLIGATIONS.

1. LE terme d'*obligation* a deux significations.

Dans une signification étendue, *lato sensu*, il est synonyme au terme de *devoir*, et il comprend les obligations *imparfaites* aussi bien que les obligations *parfaites*.

On appelle obligations *imparfaites* les obligations dont nous ne sommes comptables qu'à Dieu, et qui ne donnent aucun droit à personne d'en exiger l'accomplissement: tels sont les devoirs de charité, de reconnoissance; telle est, par exemple, l'obligation de faire l'aumône de son superflu. Cette obligation est une véritable obligation, et un riche pèche très grièvement lorsqu'il manque à l'accomplir. Mais c'est une obligation imparfaite, parcequ'il n'en est comptable qu'à Dieu seul: lorsqu'il s'acquitte de cette obligation, le pauvre à qui il fait l'aumône ne la reçoit pas comme une dette, mais comme un pur bienfait. Il en est de même des devoirs de la reconnoissance : celui qui a reçu quelque bienfait signalé est obligé de rendre à son bienfaiteur tous les services dont il est capable, lorsqu'il en trouve l'occasion ; il pèche et il se déshonore quand il y manque: mais son bienfaiteur n'a aucun droit d'exiger de lui ses services ; et lorsqu'il les lui rend, ce bienfaiteur reçoit de lui à son tour un véritable bienfait. Si mon bienfaiteur avoit droit d'exiger de moi que je lui rendisse dans la même occasion les mêmes services qu'il m'a rendus, ce ne seroit plus un bienfait que j'aurois reçu de lui, ce seroit

un vrai commerce; et les services que je lui rendrois
ne seroient plus de ma part une *reconnoissance*, la
reconnoissance étant essentiellement volontaire.

Le terme d'*obligation*, dans un sens plus propre et
moins étendu, ne comprend que les obligations parfaites, qu'on appelle aussi *engagements personnels*, qui
donnent à celui envers qui nous les avons contractées
le droit d'en exiger de nous l'accomplissement; et c'est
de ces sortes d'obligations qu'il s'agit dans ce traité.

Les jurisconsultes définissent ces obligations ou
engagements personnels, un lien de droit, qui nous
astreint envers un autre à lui donner quelque chose,
ou à faire ou à ne pas faire quelque chose: *Vinculum
juris quo necessitate adstringimur alicujus rei solvendæ.*
Instit. tit. de Oblig. *Obligationum substantia consistit
ut alium nobis obstringat, ad dandum aliquid, vel faciendum, vel præstandum.* L. 3, ff. de Oblig.

Ces termes, *vinculum juris*, ne conviennent qu'à
l'obligation civile: l'obligation purement naturelle,
qui est *solius æquitatis vinculum*, est aussi, quoique
dans un sens moins propre, une *obligation parfaite;*
car elle donne, sinon dans le for extérieur, au moins
dans le for de la conscience, à celui envers qui elle
est contractée, le droit d'en exiger l'accomplissement; au lieu que l'obligation imparfaite ne donne
pas ce droit. Voyez *infrà*, n. 197.

Nous diviserons ce Traité des Obligations en quatre
parties. Nous verrons dans la première ce qui appartient à l'essence des obligations, et quels sont leurs
effets.

Dans la seconde, les différentes divisions et les
différentes espèces d'obligations.

Dans la troisième, les manières dont s'éteignent
les obligations, et les fins de non-recevoir, ou pres-
criptions contre le droit qui en résulte.

Nous ajouterons une quatrième partie sur la
preuve, tant des obligations, que de leur paiement.

PREMIÈRE PARTIE.

De ce qui appartient à l'essence des obligations ;
et de leurs effets.

CHAPITRE PREMIER.

De ce qui appartient à l'essence des obligations.

2. Il est de l'essence des obligations, 1° qu'il y ait une cause d'où naisse l'obligation ; 2° des personnes entre lesquelles elle se contracte ; 3° quelque chose qui en soit l'objet.

Les causes des obligations sont les contrats, les quasi-contrats, les délits, les quasi-délits, quelquefois la loi ou l'équité seule.

Nous traiterons : 1° des contrats qui sont la cause la plus fréquente d'où naissent les obligations ;

2° Des autres causes des obligations ;

3° Des personnes entre qui elles se contractent ;

4° Des choses qui en peuvent être l'objet.

SECTION PREMIÈRE.

Des contrats.

Nous verrons, 1° ce que c'est qu'un contrat, en quoi il diffère de la pollicitation, et quelles sont les choses qu'on doit principalement distinguer dans chaque contrat. 2° Nous rapporterons les différentes divisions des contrats. 3° Nous traiterons des vices généraux qui peuvent se rencontrer dans les contrats. 4° Des personnes qui peuvent, ou ne peuvent pas contracter. 5° De ce qui peut être l'objet des contrats : nous ferons voir que ce ne peut être qu'une chose qui concerne les parties contractantes, suivant la règle, qu'on ne peut valablement stipuler ni pro-

mettre que pour soi; régle que nous tâcherons d'expliquer
et de développer. 6° Nous traiterons des effets des contrats.
7° Nous donnerons des régles pour l'interprétation des
contrats. 8° Nous parlerons du serment que les parties
ajoutent quelquefois à leurs conventions.

ARTICLE PREMIER.

Ce que c'est qu'un contrat; en quoi il diffère de la pollicitation; et des
choses qu'on doit principalement distinguer dans chaque contrat.

§. I. Ce que c'est qu'un contrat.

3. Un contrat est une espèce de convention. Pour savoir
ce que c'est qu'un contrat, il est donc préalable de savoir
ce que c'est qu'une convention.

Une convention ou un pacte (car ce sont termes synony-
mes), est le consentement de deux ou de plusieurs personnes, pour former entr'elles quelque engagement, ou
pour en résoudre un précédent, ou pour le modifier :
Duorum vel plurium in idem placitum consensus. L. 1,
§. 1, ff. *de Pact.* Domat (1).

L'espèce de convention qui a pour objet de former quelque engagement, est celle qu'on appelle *Contrat.* Les principes du droit romain sur les différentes espèces de pactes, et sur la distinction des contrats et des simples pactes,
n'étant pas fondés sur le droit naturel, et étant très éloi-
gnés de sa simplicité, ne sont pas admis dans notre droit.
Ceux qui seront curieux de les connoître, pourront consulter le titre *de Pactis,* dans notre ouvrage sur les Pandectes, où ils sont détaillés.

De là il suit que dans notre droit, on ne doit point définir le contrat comme le définissent les interprètes du droit
romain, *Conventio nomen habens à jure civili, vel causam;*
mais qu'on le doit définir, une convention par laquelle les
deux parties réciproquement, ou seulement l'une des
deux, promettent et s'engagent envers l'autre à lui donner

(1) Voyez l'édition SIFFREIN., 8 vol. in-8°, Paris, 1821.

quelque chose, ou à faire ou à ne pas faire quelque chose.

J'ai dit, *promettent et s'engagent;* car il n'y a que les promesses que nous faisons avec l'intention de nous engager, et d'accorder à celui à qui nous les faisons le droit d'en exiger l'accomplissement; qui forment un contrat et une convention.

Il y a d'autres promesses que nous faisons de bonne foi, et avec la volonté actuelle de les accomplir, mais sans une intention d'accorder à celui à qui nous les faisons le droit d'en exiger l'accomplissement; ce qui arrive lorsque celui qui promet déclare en même temps qu'il n'entend pas néanmoins s'engager; ou bien lorsque cela résulte des circonstances ou des qualités de celui qui promet, et de celui à qui la promesse est faite. Par exemple, lorsqu'un père promet à son fils, qui étudie en droit, de lui donner de quoi faire, dans les vacances, un voyage de récréation, en cas qu'il emploie bien son temps; il est évident que le père, en faisant cette promesse, n'entend pas contracter envers son fils un engagement proprement dit.

Ces promesses produisent bien une obligation *imparfaite* de les accomplir, pourvu qu'il ne soit survenu aucune cause, laquelle, si elle eût été prévue, eût empêché de faire la promesse; mais elles ne forment pas d'engagement, ni par conséquent de contrat.

§. II. En quoi le contrat diffère-t-il de la pollicitation ?

4. La définition que nous avons donnée du contrat fait connoître cette différence. Le contrat renferme le concours des volontés de deux personnes, dont l'une promet quelque chose à l'autre, et l'autre accepte la promesse qui lui est faite. La pollicitation est la promesse qui n'est pas encore acceptée par celui à qui elle est faite : *Pollicitatio est solius offerentis promissum*; l. 3, ff. *de Pollicitat.*

La pollicitation, aux termes du pur droit naturel, ne produit aucune obligation proprement dite; et celui qui a fait cette promesse peut s'en dédire tant que cette promesse n'a pas été acceptée par celui à qui elle a été faite, car il ne peut y avoir d'obligation sans un droit qu'acquiert la personne envers qui elle est contractée, contre la personne obligée. Or, de même que je ne puis pas par ma seule volonté transférer à quelqu'un un droit dans mes biens, si sa volonté ne concourt pour l'acquérir, de même je ne puis pas par ma promesse accorder à quelqu'un un droit contre ma personne, jusqu'à ce que sa volonté concoure pour l'acquérir, par l'acceptation qu'elle fera de ma promesse; *Grot. de Jure bel. et pac. l. 2, cap.* II, *y.* 3.

Quoique la pollicitation ne soit pas obligatoire dans les purs termes du droit naturel, néanmoins le droit civil, qui ajoute au droit naturel, avoit, chez les Romains, rendu obligatoires en deux cas les pollicitations qu'un citoyen faisoit à sa ville : 1° lorsqu'il avoit eu un juste sujet de les faire; *putà,* en considération de quelque magistrature municipale qui lui avoit été déférée, *ob honorem;* 2° lorsqu'il avoit commencé de les mettre à exécution; *l.* 1, §. 1 *et* 2, ff. *d. t.*

On ne doit plus mettre en question s'il y a des pollicitations obligatoires dans notre droit françois : l'ordonnance de 1731, *art.* 3, ayant déclaré qu'il n'y auroit plus que deux manières de disposer de ses biens à titre gratuit, la donation entre vifs et le testament, il s'ensuit qu'elle rejette la pollicitation.

§. III. Des trois choses qu'on doit distinguer dans chaque contrat.

5. Cujas ne distinguoit dans les contrats que les choses qui sont de l'essence du contrat, et celles qui lui sont accidentelles. La distinction qu'ont faite plusieurs jurisconsultes du dix-septième siècle est beaucoup plus exacte : ils distinguent trois différentes choses dans chaque contrat : celles qui sont de l'essence du contrat, celles qui sont seulement de la nature du contrat, et celles qui sont purement accidentelles au contrat.

6. 1° Les choses qui sont de l'essence du contrat sont celles sans lesquelles ce contrat ne peut subsister. Faute de l'une de ces choses, ou il n'y a point du tout de contrat, ou c'est une autre espéce de contrat.

Par exemple, il est de l'essence du contrat de vente qu'il y ait une chose qui soit vendue, et qu'il y ait un prix pour lequel elle soit vendue : c'est pourquoi, si je vous ai vendu une chose que nous ignorions avoir cessé d'exister, il n'y aura pas de contrat; *l.* 57, ff. *de contr. empt.* ne pouvant pas y avoir de contrat de vente sans une chose qui ait été vendue. Pareillement, si je vous ai vendu une chose pour le prix qu'elle a été vendue à mon parent, de la succession duquel elle m'est venue, et qu'il se trouve que cette chose ne lui avoit pas été vendue, mais lui avoit été donnée, il n'y aura pas de contrat, parcequ'il n'y a pas un prix, qui est de l'essence du contrat de vente.

Dans les exemples que nous venons de rapporter, le défaut de l'une des choses qui sont de l'essence du contrat empêche qu'il n'y ait aucune sorte de contrat. Quelquefois ce défaut change seulement l'espèce du contrat.

Par exemple, étant de l'essence du contrat de vente qu'il y ait un prix, qui consiste en une somme de deniers que l'acheteur paye, ou s'oblige de payer au vendeur; s'il est porté par un traité que j'ai fait avec vous, que je vous vendois mon cheval pour un certain livre que vous vous obligiez de me donner pour le prix dudit cheval, ce traité ne renfermera pas un contrat de vente, ne pouvant pas y avoir de contrat de vente sans un prix, qui consiste en une somme d'argent; mais le traité n'est pas pour cela nul · il contient une autre espèce de contrat, savoir un contrat d'échange.

Pareillement, étant de l'essence du contrat de vente, non pas, à la vérité, que le vendeur s'oblige précisément à transférer à l'acheteur la propriété de la chose vendue, dans le cas auquel il n'en seroit pas le propriétaire, mais au moins qu'il ne la retienne pas, s'il en est le propriétaire; si nous sommes convenus que je vous vends un certain héritage pour une certaine somme et pour une certaine rente que vous vous obligez de me payer, duquel héritage je m'oblige de vous faire jouir, à la charge néanmoins que la propriété de l'héritage demeurera par-devers moi; cette

6.

convention ne renferme pas, à la vérité, un contrat de vente, étant contre l'essence de ce contrat, que le vendeur retienne la propriété; mais il renferme un contrat de bail: c'est ce que dit Labéo, en la loi 80, §. 3, ff. *de contr. empt.* *Nemo potest videri rem vendidisse de cujus dominio id agitur, ne ad emptorem transeat; sed hoc aut locatio est, aut aliud genus contractûs.*

Pareillement, étant de l'essence des contrats de prêt, de mandat et de dépôt, qu'ils soient gratuits; si je vous ai prêté une chose, à la charge que vous me paierez une certaine somme pour l'usage de cette chose, ce ne sera pas un contrat de prêt, mais ce sera une autre espèce de contrat, savoir, un contrat de louage. Par la même raison, si, en acceptant la procuration que vous m'avez donnée, ou le dépôt d'une chose que vous m'avez confiée, j'ai exigé de vous une certaine somme pour la récompense du soin que je donnerois à la garde du dépôt ou à la gestion de l'affaire que vous m'avez confiée, le contrat ne sera pas un contrat de dépôt ni un contrat de mandat; mais ce sera un contrat de louage, par lequel je vous loue mes soins pour la gestion de votre affaire ou pour la garde de votre dépôt.

7. 2° Les choses qui sont seulement de la nature du contrat, sont celles qui, sans être de l'essence du contrat, font partie du contrat, quoique les parties contractantes ne s'en soient point expliquées, étant de la nature du contrat que ces choses y soient renfermées et sous-entendues.

Ces choses tiennent un milieu entre les choses qui sont de l'essence du contrat, et celles qui sont accidentelles au contrat; et elles diffèrent des unes et des autres.

Elles diffèrent des choses qui sont de l'essence du contrat, en ce que le contrat peut subsister sans elles, et qu'elles peuvent être exclues du contrat par la convention des parties; et elles diffèrent des choses accidentelles au contrat, en ce qu'elles font partie du contrat sans avoir été expressément convenues : c'est ce qui s'éclaircira par des exemples. Dans le contrat de vente, l'obligation de garantie, que le vendeur contracte envers l'acheteur, est de la nature du contrat de vente; c'est pourquoi le vendeur contracte, en vendant, cette obligation envers l'acheteur, quoique les parties contractantes ne s'en soient pas expliquées, et qu'il n'en soit pas dit le moindre mot dans le contrat; mais cette obligation étant de la nature, et non de l'essence du contrat de vente, le contrat de vente peut subsister sans cette obligation; et si par le contrat on est convenu que le vendeur ne sera pas obligé à la garantie de la chose vendue, la convention sera valable, et ce contrat ne laissera pas d'être un véritable contrat de vente, quoique le vendeur ne soit pas obligé à la garantie.

C'est aussi une chose qui est de la nature du contrat de vente, qu'aussitôt que ce contrat a reçu sa perfection par le consentement des parties, quoique avant la tradition la chose vendue soit aux risques de l'acheteur, et que si elle vient à périr sans la faute du vendeur, la perte en doive tomber sur l'acheteur, qui ne sera pas pour cela déchargé du prix; mais comme cela est de la nature seulement, et non de l'essence du contrat de vente, on peut, en contractant, convenir du contraire.

Il est de la nature du contrat de prêt à usage, que l'emprunteur soit tenu de la faute la plus légère à l'égard de la chose qui lui a été prêtée. Il contracte cette obligation envers le prêteur par la nature même du contrat, et sans que les parties s'en soient expliquées en contractant: mais comme cette obligation est de la nature, et non de l'essence du contrat du prêt à usage, on peut l'exclure par une clause du contrat, et convenir que l'emprunteur sera tenu d'apporter seulement de la bonne foi pour la conservation de la chose, et qu'il ne sera pas responsable des accidents qui arriveroient par sa négligence et sans malice.

Il est aussi de la nature de ce contrat, que la perte de la chose prêtée, lorsqu'elle arrive par une force majeure, tombe sur le prêteur: mais comme cela est de la nature, et non de l'essence du contrat, on peut, par une clause du contrat, charger l'emprunteur de ce risque jusqu'à ce qu'il ait rendu la chose.

On peut apporter une infinité d'autres exemples sur les différentes espèces de contrats.

8. 3° Les choses qui sont accidentelles au contrat sont celles qui, n'étant pas de la nature du contrat, n'y sont renfermées que par quelque clause particulière ajoutée au contrat.

Par exemple, le terme accordé par le contrat pour le paiement de la chose ou de la somme due; la faculté qui y est accordée de payer cette somme en plusieurs parties; celle de payer quelque autre chose à la place, ou de payer entre les mains d'une autre personne que du créancier, et autres semblables, sont choses accidentelles au contrat, parcequ'elles ne sont renfermées dans le contrat qu'autant qu'elles sont stipulées par quelque clause ajoutée au contrat.

Dans le contrat de vente d'une rente, l'obligation par laquelle le vendeur se rend responsable de la solvabilité des débiteurs tant que la rente durera, est une chose accidentelle au contrat; car le vendeur ne contracte pas cette obligation par la nature du contrat; il ne la contracte qu'en vertu d'une clause particulière ajoutée au contrat, qui est celle qu'on appelle la clause *de fournir et faire valoir;* et cette clause, quoique assez fréquente dans les contrats de vente de rente, y doit être exprimée, et ne s'y supplée point.

On peut apporter une infinité d'autres exemples.

ARTICLE II.

Division des contrats.

9. Les divisions que le droit romain fait des contrats, en contrats nommés et contrats innommés, en contrats *bonæ fidei* et contrats *stricti juris,* n'ont pas lieu parmi nous.

Celles reçues dans notre droit sont, 1° en contrats synallagmatiques ou bilatéraux, et en contrats unilatéraux.

Les *synallagmatiques* ou bilatéraux sont ceux par lesquels chacun des contractants s'engage envers l'autre. Tels sont les contrats de vente, de louage, etc.

Les *unilatéraux* sont ceux par lesquels il n'y a que l'un des contractants qui s'engage envers l'autre, comme dans le prêt d'argent.

Entre les contrats synallagmatiques ou bilatéraux, on distingue ceux qui le sont parfaitement et ceux qui le sont moins parfaitement. Les contrats qui sont parfaitement synallagmatiques ou bilatéraux, sont ceux dans lesquels l'obligation que contracte chacun des contractants est également une obligation principale de ce contrat : tels sont les contrats de vente, de louage, de société, etc. Par exemple, dans le contrat de vente, l'obligation que le vendeur contracte de livrer la chose, et celle que l'acheteur contracte de payer le prix, sont également obligations principales du contrat de vente. Les contrats qui sont moins parfaitement synallagmatiques, sont ceux dans lesquels il n'y a que l'obligation de l'une des parties qui soit l'obligation principale du contrat; tels sont les contrats de mandat, de dépôt, de prêt à usage, de nantissement. Dans ces contrats, l'obligation que contracte le mandataire de rendre compte de sa commission, celles que contractent le dépositaire, l'emprunteur ou le créancier, de rendre la chose qui leur a été donnée à titre de dépôt, de prêt à usage, ou de nantissement, sont les seules obligations principales de ces contrats; celles que contracte le mandant, ou celui qui a donné la chose en dépôt ou en nantissement, ou qui l'a prêtée, ne sont que des obligations incidentes, auxquelles donne lieu, depuis le contrat, la dépense qui a été faite par l'autre partie pour l'exécution du mandat, ou pour la conservation de la chose donnée à titre de prêt, de dépôt ou de nantissement.

Au lieu que l'action qui naît de l'obligation principale s'appelle *actio directa*, celle qui naît de ces obligations incidentes se nomme *actio contraria*.

10. 2° On divise les contrats en ceux qui se forment par

le seul consentement des parties, et qui pour cela sont appelés contrats *consensuels*, tels que la vente, le louage, le mandat, etc., et ceux où il est nécessaire qu'il intervienne quelque chose, outre le consentement: tels sont les contrats de prêt d'argent, de prêt à usage, de dépôt, de nantissement, qui, par la nature du contrat, exigent la tradition de la chose qui est l'objet de ces conventions. On les appelle contrats *réels*.

11. Quoique le seul consentement des parties suffise pour la perfection des contrats consensuels; néanmoins si les parties, en contractant une vente, ou un louage, ou quelque autre espèce de marché, sont convenues d'en passer un acte par-devant notaires, avec intention que le marché ne seroit parfait et conclu que lorsque l'acte auroit reçu sa forme entière par la signature des parties et du notaire, le contrat ne recevra effectivement sa perfection que lorsque l'acte du notaire aura reçu la sienne; et les parties, quoique d'accord sur les conditions du marché, pourront licitement se dédire avant que l'acte ait été signé. C'est la décision de la fameuse loi *Contractus*, 17, *Cod. de fid. instr.* qui se trouve aussi aux *Instit., tit. de cont. empt.* Mais si en ce cas l'acte ou l'instrument est requis pour la perfection du contrat, ce n'est pas par la nature du contrat, qui de soi n'exige pour sa perfection que le seul consentement des parties; c'est parceque les parties contractantes l'ont voulu, et qu'il est permis aux parties qui contractent de faire dépendre leur obligation de telle condition que bon leur semble.

Observez que la convention, qu'il sera passé acte, devant notaires, d'un marché, ne fait pas par elle-même dépendre de cet acte la perfection du marché; il faut qu'il paroisse que l'intention des parties, en faisant cette convention, a été de l'en faire dépendre. C'est pourquoi il a été jugé par un arrêt de 1595, rapporté par Mornac, *ad. d. l.* 17, qu'une partie ne pouvoit se dédire d'un traité de vente fait sous les signatures des parties, quoiqu'il y eût la clause qu'il en seroit passé acte par-devant notaires, et que cet acte n'eût pas encore été passé, parcequ'on ne pouvoit pas conclure de cette clause seule, que les parties eussent voulu faire dépendre de l'acte devant notaires la perfection de leur marché ; cette clause ayant pu être ajoutée seulement pour en assurer davantage l'exécution, par les hypothèques que donne un acte devant notaire, et à cause du risque qu'un acte sous signatures privées court de s'égarer.

Mais lorsque le marché est verbal, il est plus facile à la partie à qui l'on en demande l'exécution de s'en dédire, en soutenant que le marché n'étoit que projeté jusqu'à la signature de l'acte devant notaire, qu'on étoit convenu d'en passer ; parceque les marchés dont l'objet excède cent livres, ne pouvant se prouver par témoins, et n'y ayant par conséquent, en ce cas, d'autre preuve du marché que cette déclaration, elle doit être prise en son entier, comme nous le verrons en la quatrième partie, n. 799.

Lorsqu'il y a un acte sous signatures privées d'un marché qui n'a pas reçu sa perfection entière par les signatures de toutes les personnes exprimées dans l'acte, quelqu'une d'elles s'étant retirée sans signer, celles qui ont signé peuvent se dédire, et sont crues à dire qu'en faisant dresser cet acte elles ont eu intention de faire dépendre de la perfection de cet acte leur convention. C'est sur ce principe que, par arrêt du 15 décembre 1654, rapporté par Soefve, *t.* 1, *cent.* 4, *chap.* 75, la vente d'un office faite par une veuve, tant en son nom que comme tutrice de son fils mineur, à un particulier, par un acte sous signature privée, fut déclarée imparfaite ; et ce particulier, qui avoit signé l'acte, fut renvoyé de la demande de la veuve aux fins d'exécution de cet acte, parceque l'acte n'avoit point reçu toute sa perfection, n'ayant pas été signé par le curateur du mineur, qui avoit été nommé dans l'acte comme y comparoissant pour le mineur, quoiqu'il y fût inutile.

12. La troisième division des contrats est en contrats intéressés de part et d'autre, contrats de bienfaisance, et contrats mixtes.

Les contrats intéressés de part et d'autre sont ceux qui se font pour l'intérêt et l'utilité réciproque de chacune des parties : tels sont les contrats de vente, d'échange, de louage, de constitution de rente, de société, et une infinité d'autres.

Les contrats de bienfaisance sont ceux qui ne se font que pour l'utilité de l'une des parties contractantes : tels sont le prêt à usage, le prêt de consomption, le dépôt et le mandat.

Les contrats par lesquels celle des parties qui confère un bienfait à l'autre, exige d'elle quelque chose qui est au-dessous de la valeur de ce qu'elle lui donne, sont des contrats *mixtes* : telles sont les donations faites sous quelque charge imposée au donataire.

13. Les contrats intéressés de part et d'autre se subdivisent en contrats *commutatifs* et contrats *aléatoires*.

Les contrats *commutatifs* sont ceux par lesquels chacune des parties contractantes donne et reçoit ordinairement l'équivalent de ce qu'elle donne ; tel est le contrat de vente : le vendeur doit donner la chose vendue et recevoir le prix qui en est l'équivalent ; l'acheteur doit donner le prix, et recevoir la chose vendue qui en est l'équivalent.

On les distribue en quatre classes : *Do ut des, Facio ut facias, Facio ut des, Do ut facias.*

Les contrats *aléatoires* sont ceux par lesquels l'un des contractants, sans rien donner de sa part, reçoit quelque chose de l'autre, non par libéralité, mais comme le prix du risque qu'il a couru ; tous les jeux sont des contrats de cette nature, aussi bien que les gageures et les contrats d'assurance.

14. Une quatrième division des contrats est en contrats *principaux* et en contrats *accessoires*. Les contrats *principaux* sont ceux qui interviennent principalement et pour eux-mêmes ; les contrats *accessoires* sont ceux qui interviennent pour assurer l'exécution d'un autre contrat ; tels sont les contrats de cautionnement et de nantissement.

15. Une cinquième division des contrats est en ceux

qui sont assujettis par le droit civil à certaines régles ou à certaines formes, et en ceux qui se règlent par le pur droit naturel.

Ceux qui sont assujettis parmi nous à certaines régles ou à certaines formes, sont le contrat de mariage, le contrat de donation, le contrat de lettre de change, le contrat de constitution de rente. Les autres conventions ne sont, selon nos mœurs, assujetties à aucunes formes ni à aucunes régles arbitraires prescrites par la loi civile; et pourvu qu'elles ne contiennent rien de contraire aux lois et aux bonnes mœurs, et qu'elles interviennent entre personnes capables de contracter, elles sont obligatoires, et produisent une action. Si nos lois ordonnent que celles dont l'objet excède la somme de cent livres soient rédigées par écrit, elles n'ont en vue en cela que de régler la manière dont elles doivent être prouvées, dans le cas où l'on disconviendroit qu'elles fussent intervenues : mais leur intention n'est pas que l'écrit soit de la substance de la convention; elle est sans cela valable, et les contractants qui ne nient pas qu'elle soit intervenue peuvent être contraints de l'exécuter. On peut même ordinairement déférer le serment décisoire à celui qui en disconviendroit; l'écrit n'est nécessaire que pour la preuve, et non pour la substance de la convention.

ARTICLE III.

Des différents vices qui peuvent se rencontrer dans les contrats.

16. Les vices qui peuvent se rencontrer dans les contrats, sont l'erreur, la violence, le dol, la lésion, le défaut de cause dans l'engagement, le défaut de lien. Nous traiterons de ces différents défauts dans autant de paragraphes séparés.

A l'égard des vices qui résultent de l'inhabilité de quelques unes des parties contractantes, ou de ce qui fait l'objet des contrats, nous en traiterons dans les articles suivants.

§. I. De l'erreur.

17. L'erreur est le plus grand vice des conventions; car les conventions sont formées par le consentement des parties; et il ne peut pas y avoir de consentement lorsque les parties ont erré sur l'objet de leur convention; *Non videntur qui errant consentire*; l. 116, §. 2, *de R. juris*; *l.* 57, *de obligat. et act.*

C'est pourquoi si quelqu'un entend me vendre une chose, et que j'entende la recevoir à titre de prêt ou par présent, il n'y a en ce cas ni vente, ni prêt, ni donation. Si quelqu'un entend me vendre ou me donner une certaine chose, et que j'entende acheter de lui une autre chose, ou accepter la donation d'une autre chose, il n'y a ni vente ni donation. Si quelqu'un entend me vendre une chose pour un certain prix, et que j'entende l'acheter pour un moindre prix, il n'y a pas de vente; car dans tous ces cas il n'y a pas de consentement. *Sive in ipsâ emptione dissentiam, sive in pretio, sive in quo alio, emptio imperfecta est. Si ego me fundum emere putarem Cornelianum, tu mihi te vendere Sempronianum putasti, quia in corpore dissensimus, emptio nulla est;* l. 9, ff. *de contr. empt.*

18. L'erreur annule la convention, non seulement lorsqu'elle tombe sur la chose même, mais lorsqu'elle tombe sur la qualité de la chose que les contractants ont eue principalement en vue, et qui fait la substance de cette chose. C'est pourquoi si, voulant acheter une paire de chandeliers d'argent, j'achète de vous une paire de chandeliers que vous me présentez à vendre, que je prends pour des chandeliers d'argent, quoiqu'ils ne soient que de cuivre argenté; quand même vous n'auriez eu aucun dessein de me tromper, étant dans la même erreur que moi, la convention sera nulle, parceque l'erreur dans laquelle j'ai été détruit mon consentement; car la chose que j'ai voulu acheter est une paire de chandeliers d'argent; ceux que vous m'avez présentés à vendre étant des chandeliers de cuivre, on ne peut pas dire que ce soit la chose que j'ai

voulu acheter. C'est ce que Julien décide en une espèce à-peu-près semblable, *en la loi* 41, §. 1, ff. *d. t.*; et Ulpien *en la loi* 41, §. 1, ff. *d. t.* lorsqu'il dit: *Si æs pro auro veneat, non valet.*

Il en est autrement lorsque l'erreur ne tombe que sur quelque qualité accidentelle de la chose. Par exemple, j'achète chez un libraire un certain livre, dans la fausse persuasion qu'il est excellent, quoiqu'il soit au-dessous du médiocre : cette erreur ne détruit pas mon consentement, ni par conséquent le contrat de vente; la chose que j'ai voulu acheter, et que j'ai eue en vue, est véritablement le livre que le libraire m'a vendu, et non aucune autre chose; l'erreur dans laquelle j'étois sur la bonté de ce livre ne tomboit que sur le motif qui me portoit à l'acheter, et elle n'empêche pas que ce soit véritablement le livre que j'ai voulu acheter. Or, nous verrons dans peu que l'erreur dans le motif ne détruit pas la convention; il suffit que les parties n'aient pas erré sur la chose qui en fait l'objet, *et in eam rem consenserint.*

19. L'erreur sur la personne avec qui je contracte détruit-elle pareillement le consentement, et annule-t-elle la convention? Je pense qu'on doit décider cette question par une distinction. Toutes les fois que la considération de la personne avec qui je veux contracter entre pour quelque chose dans le contrat que je veux faire, l'erreur sur la personne détruit mon consentement, et rend par conséquent la convention nulle. Par exemple, si voulant donner ou prêter une chose à Pierre, je la donne ou je la prête à Paul que je prends pour Pierre, cette donation et ce prêt sont nuls, par défaut de consentement de ma part; car je n'ai pas voulu donner ni prêter cette chose à Paul : je ne l'ai voulu donner ou prêter qu'à Pierre; la considération de la personne de Pierre entroit dans la donation ou le prêt que je voulois faire.

Pareillement, si voulant faire faire un tableau par *Natoire*, je fais marché, pour faire ce tableau, avec Jacques que je prends pour *Natoire*, le marché est nul, faute de consentement de ma part; car je n'ai pas voulu faire faire un tableau par Jacques, mais par *Natoire*: la considération de la personne de *Natoire* et de sa réputation entroit dans le marché que je voulois faire.

Observez néanmoins que si Jacques, qui ignoroit que je le prenois pour *Natoire*, a, en conséquence de cette convention erronée, fait le tableau, je serai obligé de le prendre et de le payer, suivant le dire des experts. Mais ce n'est pas, en ce cas, la convention qui m'y oblige, cette convention, qui est nulle, ne pouvant produire aucune obligation : la cause de mon obligation est, en ce cas, l'équité, qui m'oblige à indemniser celui que j'ai par mon imprudence induit en erreur; il naît de cette obligation une action qui s'appelle *actio in factum*.

Nous avons vu que l'erreur sur la personne annule la convention, toutes les fois que la considération de la personne entre dans la convention.

Au contraire, lorsque la considération de la personne avec qui je croyois contracter n'est entrée pour rien dans le contrat, et que j'aurois également voulu faire ce contrat avec quelque personne que ce fût, comme avec celui avec qui j'ai cru contracter, le contrat doit être valable. Par exemple, j'ai acheté chez un libraire un livre en blanc, qu'il s'est obligé de me livrer relié. Quoique ce libraire, en me le vendant, ait cru le vendre à Pierre à qui je ressemble; qu'il m'ait nommé du nom de Pierre en me le vendant, sans que je l'aie désabusé, cette erreur en laquelle il a été sur la personne à qui il vendoit son livre n'annule pas la convention, et ne peut fonder le refus qu'il feroit de me livrer ce livre pour le prix convenu, dans le cas auquel le livre, depuis le marché, seroit enchéri : car, quoiqu'il ait cru vendre son livre à Pierre, néanmoins comme il lui étoit indifférent à qui il débitât sa marchandise, ce n'est pas précisément et personnellement à Pierre qu'il a voulu vendre ce livre, mais à la personne qui lui donneroit le prix qu'il demandoit, quelle qu'elle fût; et par conséquent il est vrai de dire que c'est à moi, qui étois cette personne, qu'il a voulu vendre son livre, et envers qui il s'est obligé de le livrer. C'est l'avis de Barbeyrac, sur Pufendorf, *l. 3, ch. 6, n. 7, not. 2.*

20. L'erreur dans le motif annule-t-elle la convention? Puffendorf, *l. 3, ch. 6, n. 7,* pense qu'elle l'annule, pourvu que j'aie fait part à celui avec qui je contractois de ce motif erroné qui me portoit à contracter; parcequ'en ce cas les parties doivent, suivant son avis, être censées avoir voulu faire dépendre leur convention de la vérité de ce motif comme d'une espèce de condition. Il rapporte pour exemple le cas auquel, sur un faux avis de la mort de mes chevaux, j'en aurois acheté, en faisant part dans la conversation à mon vendeur de la nouvelle que j'avois eue. Il pense que dans ce cas, lorsque j'aurai eu avis de la fausseté de la nouvelle, je pourrai me dispenser de tenir le marché, pourvu qu'il n'ait encore été exécuté ni de part ni d'autre, et à la charge par moi de dédommager le vendeur s'il souffroit quelque chose de l'inexécution du marché.

Barbeyrac fait très bien remarquer l'inconséquence de cette raison : car s'il étoit vrai que nous eussions fait dépendre notre convention de la vérité de la nouvelle que j'avois eue, la nouvelle se trouvant fausse, la convention seroit absolument nulle, *defectu conditionis;* et le vendeur ne pourroit par conséquent prétendre aucuns dommages et intérêts pour son inexécution. Barbeyrac décide ensuite fort bien que cette erreur dans le motif ne donne aucune atteinte à la convention. En effet, de même que dans les legs, la fausseté du motif dont le testateur s'est expliqué n'influe pas sur le legs, et ne l'empêche pas d'être valable (*Instit. tit. de legat. §. 32; l. 72, §. 6, ff. de cond. et dem.*), parcequ'il n'en est pas moins vrai que le testateur a voulu faire le legs, et qu'on ne peut pas conclure de ce qu'il a dit sur le motif qui le portoit à léguer, qu'il ait voulu faire dépendre son legs de la vérité de ce motif comme d'une condition, si cela n'est justifié d'ailleurs; de même et à bien plus forte raison doit-on décider, à l'égard des conventions, que l'erreur dans le motif qui a porté l'une des parties à contracter n'influe pas sur la convention et ne l'empêche pas d'être valable ; parcequ'il y a beaucoup moins lieu de présumer que les parties aient voulu faire dépendre leur convention de la vérité de ce motif comme d'une condition, les conditions devant s'interpréter *prout sonant*, et les conditions qui n'y peuvent être apposées que par la volonté des deux parties, devant s'y suppléer bien plus difficilement que dans les legs.

§. II. Du défaut de liberté.

21. Le consentement qui forme les conventions doit être libre. Si le consentement de quelqu'un des contractants a été extorqué par violence, le contrat est vicieux. Au reste, comme le consentement, quoique extorqué par violence, est un consentement tel quel, *voluntas coacta, est voluntas* (*Gloss. ad* l. 21, §. 5, ff. *quod met. caus.*), on ne peut pas dire, comme dans le cas de l'erreur, qu'il n'y ait point eu absolument de contrat. Il y en a un, mais il est vicieux ; et celui dont le consentement a été extorqué par violence, ou bien ses héritiers ou cessionnaires, peuvent le faire annuler et rescinder, en obtenant pour cet effet des lettres de rescision.

Que si depuis que la violence a cessé il a approuvé le contrat, soit expressément, soit tacitement, en laissant passer le temps de la restitution, qui est de dix ans depuis que la violence a cessé, le vice du contrat est purgé.

22. Lorsque la violence a été commise par celui avec qui j'ai contracté, ou lorsqu'il en a été participant, la convention n'est pas valable, ni selon le droit civil, qui donne une action pour la faire rescinder, ni même selon le droit naturel. Car quand on supposeroit qu'il résulteroit une obligation de ma part envers vous du consentement que j'ai donné au contrat, quoique extorqué par violence, l'injustice que vous avez commise envers moi en exerçant cette violence, vous oblige de votre côté à m'indemniser de ce que j'en ai souffert ; et cette indemnité consiste à

m'acquitter de l'obligation que vous m'avez obligé de contracter; d'où il suit que mon obligation, quand on en supposeroit une, ne peut être valable selon le droit naturel; c'est la raison que donne Grotius, *de Jure bell. lib. 2, cap. 11, n. 7.*

23. Lorsque la violence qu'on a exercée contre moi pour me forcer à contracter a été exercée par un tiers, sans que celui avec qui j'ai contracté en ait été participant, le droit civil ne laisse pas de venir à mon secours, et il rescinde toutes les obligations contractées par violence, de quelque part que soit venue la violence. C'est ce qui résulte de ces termes de la loi 9, §. 1, ff. *quod met. Prætor generaliter* *, *et in* REM *loquitur.* Mais Grotius prétend que ce n'est en ce cas que du droit civil que je tiens la rescision de mon obligation, qui seroit valable dans les termes du pur droit naturel; il n'y a, selon lui, que le droit civil qui répute pour imparfait mon consentement, à cause du trouble d'esprit que m'a causé la violence; à-peu-près de la même manière qu'il répute pour imparfait le consentement des mineurs, lorsqu'il leur accorde la restitution contre leurs contrats, *propter infirmitatem judicii.* Mais selon cet auteur, aux termes du pur droit naturel, mon consentement, quoique donné dans le trouble que cause la violence, ne laisse pas d'être un vrai consentement, suffisant pour former une obligation, de même que celui d'un mineur, quoiqu'il n'ait pas encore toute la maturité d'entendement que donne un âge plus avancé.

Pufendorf et Barbeyrac pensent au contraire que dans les termes mêmes du pur droit naturel, lorsque j'ai été contraint par violence à contracter, le contrat ne m'oblige

---

* *Id est, impersonaliter loquitur, de solâ re, de solâ vi illatâ, non attendens per quem illata sit, an per ipsum cum quo invitus contraxi, an per alium.* C'est pourquoi les Basiliques ont retranché les termes, *sciente emptore,* qui se trouvent dans la loi 5, *Cod. de his quæ vi,* etc. étant indifférent que celui à qui j'ai été contraint, par violence, de vendre, ait eu connoissance ou non de cette violence.

point, quoique celui avec qui j'ai contracté n'ait eu aucune part à la violence.

Voici la raison qu'en apporte Barbeyrac. Il est vrai, dit-il, qu'un consentement, quoique extorqué par violence, est un consentement: *coacta voluntas, voluntas est;* et il suffit pour nous rendre coupables, lorsque nous consentons, quoique contraints, à faire ce que la loi naturelle défend, ou à nous abstenir de ce qu'elle commande: ainsi un chrétien étoit coupable lorsqu'il sacrifioit aux idoles, quoiqu'il y fût contraint par la crainte de la mort et des supplices. Mais quoique le consentement extorqué par violence soit un vrai consentement, il ne suffit pas, pour nous obliger valablement, à donner ou à faire ce que nous avons promis à quelqu'un, parceque la loi naturelle ayant soumis à notre choix libre et spontané tout ce qu'elle permet, ce ne peut être que par un consentement libre et spontané que nous pouvons nous obliger envers quelqu'un à lui donner ou à faire ce que la loi naturelle nous permettoit de lui donner ou de ne pas lui donner, de faire ou de ne pas faire.

La convention n'en est donc pas moins vicieuse, quoique celui avec qui l'on m'a forcé de faire cette convention n'ait pas eu de part à la violence qui m'a été faite. Car, quoiqu'il n'y ait pas eu de part, mon consentement n'en a pas moins été imparfait; et c'est à cette imperfection de mon consentement que la loi a égard pour me délier de l'obligation qu'on prétendroit en résulter: *Neque enim lex adhibenti vim irascitur, sed passo succurrit; et iniquum illi videtur id ratum esse, quod aliquis, non quia voluit, pactus est, sed quia coactus est: nihil autem refert per quem illi necesse fuit; iniquum enim, quod rescinditur, facit persona ejus qui passus est, non persona facientis.* Senec. *Controver.* iv, 26.

24. Pufendorf excepte un cas auquel l'obligation, quoique contractée par l'impression de la crainte que me cause la violence qu'on exerce sur moi, ne laisse pas d'être valable: c'est le cas auquel j'aurois promis quelque chose à quelqu'un pour qu'il vînt à mon secours, et qu'il

me délivrât de la violence qu'un autre exerçoit sur moi. Par exemple, si, étant attaqué par des voleurs, j'aperçois quelqu'un à qui je promets une somme pour qu'il me vienne délivrer d'entre leurs mains, cette obligation, quoique contractée sous l'impression de la crainte de la mort, sera valable. C'est aussi la décision de la loi 9, §. 1, ff. *Quod met. causâ. Eleganter Pomponius ait: Si quô magis te de vi hostium vel latronum tuerer, aliquid à te accepero, vel te obligavero, non debere me hoc edicto teneri... ego enim operæ potiùs meæ mercedem accepisse videor.*

Néanmoins si j'avois promis une somme excessive, je pourrois faire réduire mon obligation à la somme à laquelle on apprécieroit la juste récompense du service qui m'a été rendu.

25. La violence qui fait pécher le contrat par défaut de liberté, doit, selon les principes du droit romain, être une violence capable de faire impression sur une personne courageuse: *metus non vani hominis, sed qui in homine constantissimo cadat;* l. 6, ff. *dicto titulo.*

Il faut que la partie qui prétend avoir été forcée à contracter, ait été intimidée par la crainte d'un grand mal, *metu majoris mali,* l. 5, ff. *dict. tit.,* soit en sa propre personne, soit en celle de ses enfants ou de quelque autre de ses proches: *nam nihil interest in se quis veritus sit, an in liberis suis,* l. 8, ff. 3, *d. tit.* Il faut que ce soit un mal qu'elle ait été menacée d'endurer sur-le-champ, si elle ne faisoit ce qu'on lui proposoit : *metum præsentem, non suspicionem inferendi ejus,* l. 9, ff. *dicto titulo.*

Lorsque les menaces dont quelqu'un s'est servi pour me faire contracter avec lui quelque engagement ne sont que des menaces vagues et pour l'avenir, dont je me suis vainement intimidé; quoique, selon le principe du droit romain, le contrat ne soit pas estimé pécher en ce cas par le défaut de liberté dans le consentement, il ne faut pas en conclure que cette manœuvre doive être impunie, et que le contrat doive subsister. La loi 7, ff. *dicto titulo,* dit bien : *Si quis meticulosus rem nullam frustrà timuerit,* PER

HOC EDICTUM *non restituitur*; mais elle ne dit pas absolument *non restituitur*. Si le contrat ne pêche pas en ce cas par le défaut de ce que les lois jugent requis pour la liberté du consentement, il pêche par le défaut de la bonne foi qui doit régner dans tous les contrats.

Cette manœuvre dont s'est servi celui avec qui j'ai contracté, est une injustice qui l'oblige envers moi à la réparation du tort qu'elle m'a causé; et c'est dans la rescision du contrat que consiste la réparation du tort. Grotius, *dict. loco*.

Si c'est par le fait d'un tiers que je me suis laissé vainement intimider, et que celui avec qui j'ai contracté n'y ait aucune part, le contrat sera valable; et j'aurai seulement l'action *de dolo* contre celui qui m'a intimidé.

Tous ces principes du droit romain sont très justes, et pris dans le droit naturel, sauf que celui qui ne connoît d'autre crainte suffisante pour faire pêcher un contrat par défaut de liberté, que celle qui est capable de faire impression sur l'homme le plus courageux, est trop rigide et ne doit pas être parmi nous suivi à la lettre; mais on doit en cette matière avoir égard à l'âge, au sexe et à la condition des personnes; et telle crainte qui ne seroit pas jugée suffisante pour avoir intimidé l'esprit d'un homme d'un âge mûr et d'un militaire, et pour faire en conséquence rescinder le contrat qu'il aura fait, peut être jugée suffisante à l'égard d'une femme ou d'un vieillard. *Voyez* Brunneman, *ad* l. 6, ff. *quod met. causâ*, et les docteurs par lui cités.

26. La violence qui peut donner lieu à la rescision du contrat doit être une violence injuste, *adversùs bonos mores*, l. 3, §. 1, ff. *dicto titulo*. Les voies de droit ne peuvent jamais passer pour une violence de cette espèce : c'est pourquoi un débiteur ne peut jamais se pourvoir contre un contrat qu'il a fait avec son créancier, sur le seul prétexte qu'il a été intimidé par les menaces que ce créancier lui a faites d'exercer contre lui les contraintes par corps qu'il avoit droit d'exercer, ni même sur le pré-

texte qu'il a fait ce contrat en prison, lorsque le créancier a eu droit de l'emprisonner. La loi 22, ff. *quod met. causâ,* qui dit : *Qui in carcerem quem detrusit ut aliquid ei extorqueret, quicquid ob hanc causam factum est, nullius momenti est,* doit s'entendre d'un emprisonnement injuste. *Voyez* Wissenbach, *p.* 1, *disp.* 13, *n.* 22.

27. La crainte de déplaire à un père, à une mère, ou autres personnes à qui l'on doit des égards, n'est pas non plus une crainte qui rende vicieux le contrat fait par l'impression de cette espéce de crainte : l. 22, ff. *de rit. nupt.*; l. 26, §. 1, ff. *de pign. et hyp.*; Duaren, *ad h. t.*; et Wissenbach, *disp.* 13, *chap.* 13, *etc.* Mais si celui qui a une personne sous sa puissance, avoit employé les mauvais traitements ou les menaces pour la forcer à contracter, le contrat pourroit, selon les circonstances, être sujet à rescision.

§. III. Du dol.

28. On appelle *dol* toute espéce d'artifice dont quelqu'un se sert pour en tromper un autre : *Labeo definit dolum, omnem calliditatem, fallaciam, machinationem, ad circumveniendum, fallendum, decipiendum alterum, adhibitam*; l. 1, §. 1, ff. *de dol.*

29. Lorsqu'une partie a été engagée à contracter par le dol de l'autre, le contrat n'est pas absolument et essentiellement nul, parcequ'un consentement, quoique surpris, ne laisse pas d'être consentement; mais ce contrat est vicieux, et la partie qui a été surprise peut, dans les dix ans, en prenant des lettres de rescision, le faire rescinder, parcequ'il péche contre la bonne foi qui doit régner dans les contrats. Ajoutez que si ma promesse m'engage envers vous, le dol que vous avez commis envers moi, en surprenant de moi cette promesse, vous engage à m'indemniser, et par conséquent à me décharger de cette promesse.

30. Dans le for intérieur, on doit regarder comme contraire à cette bonne foi tout ce qui s'écarte tant soit peu de la sincérité la plus exacte et la plus scrupuleuse : la

seule dissimulation sur ce qui concerne la chose qui fait l'objet du marché, et que la partie avec qui je contracte auroit intérêt de savoir, est contraire à cette bonne foi; car puisqu'il nous est commandé d'aimer notre prochain autant que nous-mêmes, il ne peut nous être permis de lui rien cacher de ce que nous n'aurions pas voulu qu'on nous cachât, si nous eussions été à sa place. Cette maxime est traitée au long en notre traité du Contrat de vente, *part. 2, ch. 2; part. 3, sect. 2.*

Dans le for extérieur, une partie ne seroit pas écoutée à se plaindre de ces légères atteintes que celui avec qui il a contracté auroit données à la bonne foi; autrement il y auroit un trop grand nombre de conventions qui seroient dans le cas de la rescision, ce qui donneroit lieu à trop de procès, et causeroit un dérangement dans le commerce. Il n'y a que ce qui blesse ouvertement la bonne foi qui soit, dans ce for, regardé comme un vrai dol, suffisant pour donner lieu à la rescision du contrat, tel que toutes les mauvaises manœuvres et tous les mauvais artifices qu'une partie auroit employés pour engager l'autre à contracter; et ces mauvaises manœuvres doivent être pleinement justifiées. *Dolum non nisi perspicuis indiciis probari convenit; l. 6, cod. de dol. mal.*

31. Il n'y a que le dol qui a donné lieu au contrat qui puisse donner lieu à la rescision, c'est-à-dire le dol par lequel l'une des parties a engagé l'autre à contracter, qui n'auroit pas contracté sans cela; tout autre dol qui intervient dans les contrats donne seulement lieu à des dommages et intérêts pour la réparation du tort qu'il a causé à la partie qui a été trompée.

32. Il faut aussi, pour que je puisse faire rescinder mon engagement, que le dol qu'on a employé pour me porter à contracter ait été commis par la personne avec qui j'ai contracté, ou du moins qu'elle en ait été participante. S'il a été commis sans sa participation, et que je n'aie pas d'ailleurs souffert une lésion énorme, mon engagement est valable, et n'est pas sujet à rescision; j'ai seulement

action contre le tiers qui m'a trompé, pour mes dommages et intérêts.

§. IV. De la lésion entre majeurs.

33. L'équité doit régner dans les conventions; d'où il suit que dans les contrats intéressés, dans lesquels l'un des contractants donne ou fait quelque chose pour recevoir quelque autre chose, comme le prix de ce qu'il donne ou de ce qu'il fait, la lésion que souffre l'un des contractants, quand même l'autre n'auroit recours à aucun artifice pour le tromper, est seule suffisante par elle-même pour rendre ces contrats vicieux. Car l'équité en fait de commerce consistant dans l'égalité, dès que cette égalité est blessée, et que l'un des contractants donne plus qu'il ne reçoit, le contrat est vicieux, parcequ'il pêche contre l'équité qui y doit régner.

D'ailleurs, il y a de l'imperfection dans le consentement de la partie lésée; car elle n'a voulu donner ce qu'elle a donné par le contrat, que dans la fausse supposition que ce qu'elle recevoit à la place valoit autant que ce qu'elle donnoit; et elle étoit dans la disposition de ne vouloir le donner, si elle eût su que ce qu'elle recevoit valoit moins.

Au reste, il faut observer 1º que le prix des choses ne consiste pas ordinairement dans un point indivisible : il y a une certaine étendue sur laquelle il est permis aux contractants de se débattre, et il n'y a pas de lésion, ni par conséquent d'iniquité dans un contrat, à moins que ce que l'un des contractants a reçu ne soit au-dessus du plus haut prix de la chose qu'il a donnée, ou au-dessous du plus bas. *Voyez* notre traité du Contrat de vente, n. 242.

34. 2º Quoique toute lésion, quelle qu'elle soit, rende les contrats iniques, et par conséquent vicieux, et que le for intérieur oblige à suppléer le juste prix, néanmoins dans le for extérieur les majeurs ne sont point écoutés à se plaindre de leurs conventions pour cause de lésion, à moins que la lésion ne soit énorme; ce qui a été sagement établi pour la sûreté et la liberté du commerce, qui exige

qu'on ne puisse facilement revenir contre les conventions ; autrement nous n'oserions contracter, dans la crainte que celui avec qui nous aurions contracté, s'imaginant avoir été lésé, ne nous fît par la suite un procès.

On estime communément *énorme* la lésion qui excède la moitié du juste prix. Celui qui a souffert cette lésion peut, dans les dix ans du contrat, en obtenant des lettres de rescision, en demander la nullité. *Voyez*, sur cette action rescisoire, notre traité du Contrat de vente, *part.* 5, *chap.* 2, *sect.* 2.

35. Il y a néanmoins certaines conventions dans lesquelles l'égalité est plus particulièrement requise, tels que sont les partages entre cohéritiers ou copropriétaires : *Molin. de usur. quæst.* 14, *n.* 182.

A l'égard de ces conventions, il suffit que la lésion excède le quart du juste prix, pour qu'elle donne lieu à la restitution.

C'est ce que les praticiens appellent lésion *du tiers au quart* ; c'est-à-dire une lésion qui roule entre le tiers et le quart, qui peut ne pas aller tout-à-fait jusqu'au tiers, mais qui doit au moins excéder le quart. Par exemple, si j'ai été lésé dans un partage, dans lequel il auroit dû me revenir douze mille livres pour mon lot, il n'est pas nécessaire, pour que je puisse me pourvoir contre, que la lésion que j'ai soufferte aille jusqu'à la somme de quatre mille livres, qui est le tiers de ce que j'aurois dû avoir ; il suffit qu'elle excède celle de trois mille livres, qui en est le quart. *Imbert. Enchirid. au titre Division et Partage mal fait.*

36. Au contraire, il y a certaines conventions contre lesquelles les majeurs ne peuvent être restitués pour cause de lésion, quelque énorme qu'elle soit.

Telles sont les transactions, suivant l'édit de François II, du mois d'avril 1560. On appelle transactions les conventions qui se font sur des prétentions pour lesquelles il y avoit entre les parties procès mû, ou prêt à mouvoir.

La raison de l'édit se tire de la nature particulière de ces conventions. Dans les autres contrats *intéressés*, chacun des contractants a intention de recevoir autant qu'il donne, et de ne rien relâcher de ce qui lui appartient : son consentement n'est donc pas entièrement parfait, lorsqu'il est lésé, puisqu'en ce cas il part d'une erreur dans laquelle il est, qu'il reçoit autant qu'il donne ; et c'est sur le fondement de ce défaut dans son consentement qu'il est admis à se faire restituer contre le contrat. Au contraire, dans les *transactions*, par la nature même de ces conventions, les contractants ont intention d'éviter un procès, même aux dépens de ce qui leur appartient.

De ces principes il suit que la disposition de l'édit ne doit pas être étendue à des conventions qui ne décideroient aucune contestation, et qui, par exemple, ne contiendroient autre chose qu'un partage, encore bien qu'elles eussent été qualifiées par le notaire de *transaction;* car ce n'est pas le nom que le notaire donne à l'acte, mais la nature de l'acte, qui en doit régler l'effet.

37. On n'admet guère non plus la restitution pour cause de lésion dans les contrats dans lesquels le prix de la chose qui en fait l'objet étant très incertain, il est difficile ou presque impossible de déterminer quel en est le juste prix, et de juger par conséquent s'il y a lésion au-delà de la moitié du juste prix.

Tel est le contrat de vente des droits successifs ; car l'incertitude des dettes qui peuvent survenir rend très incertain le prix des droits successifs.

Tels sont tous les contrats aléatoires ; car quoique les risques dont se charge par ces contrats l'un des contractants soient quelque chose d'appréciable à prix d'argent, il faut avouer néanmoins qu'il est très difficile de déterminer quel est le juste prix ; c'est pour cette raison qu'on n'admet guère la rescision pour cause de lésion dans les constitutions de rentes viagères, dans les contrats d'assurance, etc.

38. Un acheteur qui achète un héritage plus de moitié au-delà du juste prix n'est pas non plus admis à la restitution, lorsque ce qui excède le prix intrinsèque est le prix

de l'affection : c'est ce que nous avons expliqué dans notre traité du Contrat de vente, *part.* 2, *ch.* 2, *art.* 4, §. 2.

39. Les contrats qui n'ont pour objet que des choses mobiliaires ne sont pas non plus sujets à rescision pour la seule cause de lésion, quelle qu'elle soit. La coutume d'Orléans, *art.* 446, en a une disposition.

La raison de ce droit peut être que nos pères faisoient consister la richesse dans les biens-fonds, et faisoient peu de cas des meubles : de là vient que dans la plupart des matières de notre droit françois les meubles sont peu considérés. Il y a encore une autre raison tirée du fréquent commerce des choses mobiliaires, qui passent souvent dans plusieurs mains en peu de temps. Ce commerce seroit troublé, si on admettoit la restitution pour cause de lésion à l'égard des meubles.

On n'admet pas non plus la restitution pour cause de lésion contre les baux à ferme ou à loyer des héritages ; car ces baux ne renferment qu'une disposition des fruits de l'héritage, qui sont quelque chose de mobilier.

§. V. De la lésion entre mineurs.

40. Tout ce que nous venons de dire sur la lésion a lieu à l'égard des majeurs : mais les mineurs sont admis à la restitution contre leurs conventions, non seulement pour cause de lésion énorme, mais pour quelque lésion que ce soit ; et ils y sont admis même à l'égard des conventions contre lesquelles nous avons dit que les majeurs n'étoient point admis à la restitution, telles que les transactions.

L'ordonnance de 1539, *art.* 134, a limité le temps dans lequel ils doivent demander cette restitution ; elle ne permet pas de les y recevoir après qu'ils ont accompli l'âge de trente-cinq ans.

Observez que l'ordonnance n'a pas dit *dans les dix ans* après majorité ; parcequ'il y a des provinces où l'on est majeur à vingt ans, comme en Normandie : elle a voulu à cet égard égaler tous les citoyens, et qu'ils fussent tous restituables jusqu'à l'âge de trente-cinq ans accomplis.

41. Il y a certaines conventions contre lesquelles les mineurs capables de contracter, c'est-à-dire émancipés, ne sont pas restitués, non plus que les majeurs, pour la seule cause de lésion ; telles sont les conventions pour l'aliénation ou l'acquisition des choses mobiliaires. La coutume d'Orléans, en l'*art.* 446, en a une disposition.

Nous n'en dirons pas davantage, devant traiter cette matière dans un traité particulier.

§. VI. Du défaut de cause dans le contrat.

42. Tout engagement doit avoir une cause honnête. Dans les contrats *intéressés*, la cause de l'engagement que contracte l'une des parties, est ce que l'autre partie lui donne ou s'engage de lui donner, ou le risque dont elle se charge. Dans les contrats de *bienfaisance*, la libéralité que l'une des parties veut exercer envers l'autre est une cause suffisante de l'engagement qu'elle contracte envers elle. Mais lorsqu'un engagement n'a aucune cause, ou, ce qui est la même chose, lorsque la cause pour laquelle il a été contracté est une cause fausse, l'engagement est nul, et le contrat qui le renferme est nul. Par exemple, si croyant faussement vous devoir une somme de dix mille livres qui vous avoit été léguée par le testament de mon père, mais qui a été révoquée par un codicile dont je n'avois pas connoissance, je me suis engagé de vous donner un certain héritage en paiement de cette somme, ce contrat est nul, parceque la cause de mon engagement qui étoit l'acquittement de cette dette, est une cause qui s'est trouvée fausse : c'est pourquoi la fausseté de la cause étant reconnue, non seulement vous ne pouvez avoir d'action pour vous faire livrer l'héritage ; mais si je vous l'avois déjà livré, j'aurois action pour vous le faire rendre ; et cette action s'appelle *condictio sine causâ.* Voyez le *tit.* ff. *de cond. sine causâ.*

43. Lorsque la cause pour laquelle l'engagement a été contracté est une cause qui blesse la justice, la bonne foi ou les bonnes mœurs, cet engagement est nul, ainsi que le contrat qui le renferme. Ce principe sert à décider une question qui se présente souvent. Une terre seigneuriale a été saisie réellement sur un débiteur, et adjugée par décret; la partie saisie a une convention avec l'adjudicataire, qu'il lui donneroit une certaine somme pour qu'elle lui remît les titres. On·demande si cette convention est valacle. La décision dépend de savoir si la cause de cette convention blesse la justice. Il est certain qu'elle la blesse; car les titres d'une seigneurie sont un accessoire de cette seigneurie, comme les clefs le sont d'une maison : or, il est de la nature des choses accessoires qu'elles appartiennent à celui à qui la chose principale appartient; *accessoria sequuntur jus ac dominium rei principalis.* Les titres appartiennent donc à l'adjudicataire; l'adjudication, en lui transférant la propriété de la seigneurie, lui a transféré celle des titres : la partie saisie, lorsqu'elle a hypothéqué cette seigneurie, a consenti qu'à défaut de paiement, le créancier pût la vendre par décret, et elle s'est dès-lors obligée à la délaisser, avec les titres, à l'adjudicataire, comme si elle l'eût vendue elle-même. Elle ne peut donc sans injustice les retenir. La convention par laquelle elle exige de l'adjudicataire de l'argent pour les lui remettre, a donc une cause qui blesse la justice, ce qui la rend nulle : c'est pourquoi, non seulement elle ne donne aucune action à la partie saisie, pour exiger la somme qui lui a été promise; mais si l'adjudicataire l'avoit payée, il auroit l'action contre elle pour la répéter.

Observez à l'égard de cette action, qu'on doit bien distinguer si la cause pour laquelle on a promis quelque chose, blessoit la justice ou les bonnes mœurs, du côté seulement de la partie qui stipuloit, ou de la part des deux parties. Un exemple du premier cas est celui que nous venons de rapporter ci-dessus : lorsque le saisi a stipulé une certaine somme de l'adjudicataire pour qu'il remette les titres, ce n'est que de la part du saisi que la justice est blessée; l'adjudicataire n'a, de son côté, blessé ni la justice, ni les bonnes mœurs, en promettant cette somme pour avoir des titres dont il avoit besoin, et qu'on ne vouloit pas lui remettre sans cela. C'est dans ce cas, et dans les cas semblables, qu'il y a lieu à la répétition de ce qui a été donné en exécution de la convention.

Un exemple du second cas, est lorsqu'un officier a promis une certaine somme à un soldat, s'il se battoit en duel contre un soldat d'un autre régiment. La cause de cet engagement blesse les bonnes mœurs de la part des deux parties; car l'officier n'a pas moins blessé les lois et les bonnes mœurs, en faisant cette promesse à son soldat, que le soldat à qui il l'a faite. Ce second cas convient avec le premier, en ce que, de même que dans le premier cas, l'engagement est nul, ayant une cause qui blesse les bonnes mœurs; et en conséquence il n'en peut naître aucune action, et le soldat qui s'est battu en duel ne peut exiger de son officier la somme qu'il lui a promise pour cela; mais ce second cas diffère du premier, en ce que, si en exécution de ce contrat, quoique nul, l'officier a payé la somme convenue, il n'en aura pas la répétition comme dans le cas précédent; car l'officier qui a promis la récompense n'ayant pas moins péché contre les lois et les bonnes mœurs, que le soldat à qui il l'a promise, il est indigne du secours des lois pour la répétition de la somme.

Cette double décision est aux termes des lois mêmes : *Ubi dantis et accipientis turpitudo versatur, non posse repeti dicimus... Quoties autem accipientis turpitudo versatur, repeti potest; l. 3, et l. 4, §. 2, ff. de condict. ob turp. caus.*

44. Il n'est pas douteux, suivant ce que nous venons d'établir, que si j'ai promis quelque chose à quelqu'un pour commettre un crime, *putà*, pour donner des coups de bâton à un homme qui est mon ennemi, je ne suis pas obligé dans le for extérieur de tenir ma promesse : il y a plus de difficulté à l'égard du for de la conscience. Grotius II, XI, prétend que ces promesses ne sont pas à la

vérité obligatoires, tant que le crime n'a pas été commis, et que jusqu'à ce temps, celui qui a fait la promesse peut s'en dédire en donnant un contre-ordre à celui à qui il l'a faite; mais qu'aussitôt que le crime a été commis, la promesse devient obligatoire par le droit naturel, et dans le for de la conscience. Sa raison est, que cette promesse est vicieuse en ce qu'elle est un appât au crime; or ce vice cesse lorsque le crime est commis et consommé : le vice de cette promesse n'existant plus, rien n'empêche qu'elle ne produise son effet, qui est d'obliger à l'accomplissement celui qui l'a faite. Il rapporte l'exemple du patriarche Juda, qui s'acquitta de la promesse qu'il avoit faite à Thamar pour jouir d'elle.

Pufendorf pense au contraire, qu'une promesse faite à quelqu'un pour lui faire commettre un crime, n'est pas plus obligatoire après qu'il l'a commis, qu'auparavant; parceque la récompense du crime qui renferme l'accomplissement d'une telle promesse, après que le crime a été commis, est une chose qui n'est pas moins contraire au droit naturel et aux bonnes mœurs, que l'invitation au crime. Si, après le crime commis, l'accomplissement de la promesse ne peut plus être un appât pour le commettre, il peut encore être un appât pour en commettre d'autres. D'ailleurs, toute obligation suppose un droit dans la personne envers qui elle a été contractée. Lorsque j'ai promis quelque chose à quelqu'un pour commettre un crime, l'acceptation qu'il a faite de la promesse n'est pas moins criminelle de sa part que la promesse même : or un crime peut-il faire acquérir un droit? Peut-on penser que la loi naturelle doive favoriser les scélérats jusqu'à leur assurer le salaire de leurs forfaits? Ces raisons me déterminent pour l'avis de Pufendorf.

45. Je souscris pareillement à la décision qu'il donne ensuite, que si j'ai volontairement payé après le crime commis ce que j'avois promis à quelqu'un pour le commettre, je n'ai pas plus de droit de le répéter selon les règles du for de la conscience que selon celles du for extérieur, quoi-

que j'aie payé en ce cas une chose que je ne devois pas. Il est bien vrai que la loi naturelle et le droit civil accordent la répétition de ce que l'on a payé sans le devoir, lorsque le paiement a été fait par erreur : on suppose en ce cas que le paiement a été fait sous une espèce de condition qu'il y auroit lieu à la répétition, au cas qu'on découvrît que la chose n'étoit pas due. Quoique cette condition n'ait pas été formelle, elle étoit virtuelle ; elle est conforme à la disposition de volonté en laquelle étoit celui qui a payé : l'équité qui ne permet pas de profiter de l'erreur d'un autre pour s'enrichir à ses dépens, fait supposer cette condition ; mais on ne peut faire une pareille supposition dans l'espèce dont il s'agit. Celui qui paye le fait avec une parfaite connoissance de la cause pour laquelle il paye ; il ne peut par conséquent retenir aucun droit pour répéter la chose dont il s'est exproprié volontairement et avec une parfaite connoissance de cause. Il est vrai qu'il est contre le droit naturel que quelqu'un soit récompensé de son crime, et que le repentir que doit avoir celui qui l'a commis, doit le porter à abdiquer la récompense qu'il en a reçue ; mais cela ne forme qu'une obligation imparfaite, telle que celle dont nous avons parlé au commencement de ce traité, *n.* 1, qui ne donne aucun droit à une autre personne.

46. Une promesse a-t-elle une cause licite, lorsqu'elle est faite à quelqu'un pour qu'il donne ou fasse une chose qu'il étoit déjà obligé de donner ou de faire? Pufendorf distingue très bien sur cette question l'obligation *parfaite* et l'obligation *imparfaite.* Lorsque l'obligation n'étoit qu'une obligation imparfaite, la promesse a une cause licite, et elle est obligatoire. Par exemple, si j'ai promis quelque chose à quelqu'un pour qu'il me rendît un service, quoique la reconnoissance des bienfaits qu'il avoit reçus de moi l'obligeât à me rendre ce service gratuitement, néanmoins la promesse que je lui ai faite a une cause licite, et elle est obligatoire ; car n'ayant aucun droit d'exiger de lui ce service, il a pu licitement, quoique indécemment, exi-

ger de moi que je lui promisse quelque chose pour me faire acquérir le droit que je n'avois pas d'exiger ce service.

Au contraire, lorsque l'obligation est une obligation *parfaite*, la promesse que je fais à mon débiteur de lui donner quelque chose pour qu'il fasse ce qu'il étoit obligé de faire, est une promesse nulle et qui a une cause illicite, lorsque c'est lui qui a exigé de moi que je lui fisse cette promesse. Telle est celle dont il a été parlé ci-dessus, qu'un adjudicataire fait à la partie saisie, pour qu'il lui remette les titres du bien qui lui a été adjugé; car étant obligé de les remettre, c'est de sa part une exaction que de faire promettre quelque chose pour cela.

Mais quoique l'obligation soit une obligation *parfaite*, si la promesse que j'ai faite à mon débiteur pour qu'il fit ce qu'il étoit obligé de faire, est une promesse que j'ai faite volontairement sans qu'il l'ait exigée, la promesse est valable et a une cause licite et honnête; la cause n'étant autre chose en ce cas, qu'une libéralité que j'ai voulu exercer envers lui.

§. VII. Du défaut de lien dans la personne qui promet.

47. Il est de l'essence des conventions qui consistent à promettre quelque chose, qu'elles produisent dans la personne qui a fait la promesse, une obligation qui l'oblige à s'en acquitter; d'où il suit que n'y ayant rien de plus contradictoire avec cette obligation que l'entière liberté qui lui seroit laissée de faire ou de ne pas faire ce qu'elle a promis, la convention qui lui laisseroit cette entière liberté seroit absolument nulle par *défaut de lien*. Si donc, par exemple, je convenois avec vous de vous donner une chose, au cas que cela me plût, la convention seroit absolument nulle.

Les jurisconsultes romains pensoient qu'il en étoit autrement de la convention par laquelle quelqu'un promettoit de faire quelque chose *lorsqu'il le voudroit*. Ils pensoient que ces termes ne laissoient pas au choix de celui qui avoit fait la promesse de faire ou de ne pas faire ce qu'il avoit promis ; qu'ils ne laissoient à son choix que le temps auquel il le feroit ; et qu'ainsi la convention étoit valable et obligeoit ses héritiers, s'il étoit mort avant de l'avoir accomplie ; L. 46, §. 2 et 3, ff. *de verb. oblig.* Mais il y a lieu de croire que cette distinction subtile ne seroit point admise parmi nous, et que cette convention ne seroit pas plus valable que l'autre.

48. Il y a une autre obligation, lorsque je promets de vous donner quelque chose, *si je le juge raisonnable* : car il n'est pas laissé à mon choix de vous le donner, ou de ne pas vous le donner, puisque je suis obligé, au cas que cela soit raisonnable ; L. 11, §. 7 ; *leg.* 3°.

Enfin, quoique j'aie promis une chose sous une condition protestative, de manière qu'il dépende de ma volonté de l'accomplir ou ne la pas accomplir ; comme si je vous ai promis dix pistoles en cas que j'allasse à Paris ; la convention est valable ; car il n'est pas entièrement en mon pouvoir de ne les pas donner, puisque je ne puis m'en dispenser qu'en m'abstenant d'aller à Paris ; il y a donc de ma part une obligation et un véritable engagement ; L. 3, ff. *de legat.* 2°.

ARTICLE IV.

Des personnes qui sont capables, ou non, de contracter.

49. L'essence de la convention consistant, comme nous l'avons vu, dans le consentement, il s'ensuit qu'il faut être capable de consentir, et par conséquent avoir l'usage de la raison, pour être capable de contracter.

Il est donc évident que ni les enfants, ni les insensés, ni les fous, pendant que dure leur folie, ne peuvent contracter par eux-mêmes ; mais ces personnes peuvent contracter par le ministère de leurs tuteurs ou curateurs, comme nous le verrons en l'article suivant, §. 4.

Il est évident que l'ivresse, lorsqu'elle va jusqu'au point de faire perdre l'usage de la raison, rend la personne qui est en cet état, pendant qu'il dure, incapable de contracter, puisqu'elle la rend incapable de consentement.

Les corps et communautés, les fabriques, les hôpitaux, etc., qui ne sont que personnes civiles, ne peuvent contracter par eux-mêmes ; mais ils peuvent contracter par le ministère de leurs syndics ou administrateurs.

50. Il y a des personnes qui, étant par la nature capables de contracter, en sont rendues incapables par la loi civile. Telles sont, dans le pays coutumier, les femmes mariées, lorsqu'elles ne sont pas autorisées de leurs maris ou par justice : car c'est un effet de la puissance maritale, que la femme ne puisse rien faire que dépendamment de lui, et autorisée par lui ; d'où il suit que sans cette autorisation elle est incapable de faire aucune convention, et qu'elle ne peut ni s'obliger envers les autres, ni obliger les autres envers elle. Nous avons traité cette matière en notre introduction au titre 10 de la coutume d'Orléans, chap. 8.

Ce n'est aussi que la loi civile qui rend les interdits pour cause de prodigalité, incapables de s'obliger en contractant ; car ces personnes savent ce qu'elles font : le consentement qu'elles donnent est un vrai consentement, ce qui suffit pour former un contrat.

51. De là naît une différence entre ces interdits et ceux qui sont interdits pour folie. Tous les contrats prétendus faits par un fou, quoique avant son interdiction, sont nuls, si l'on peut justifier que dès le temps du contrat il étoit fou : car c'est sa folie qui seule et par elle-même le rend incapable de contracter, indépendamment de la sentence d'interdiction, qui sert seulement à constater sa folie. Au contraire, les contrats faits par un prodigue avant son interdiction sont valables, quoiqu'il fût dès-lors prodigue ; car ce n'est que la sentence d'interdiction qui le rend incapable de contracter.

Néanmoins si j'avois contracté avec un prodigue, quoique avant son interdiction, en achetant de lui quelque chose, ou en lui prêtant de l'argent, ayant connoissance qu'il ne vendoit ou n'empruntoit que pour employer incontinent à ses débauches le prix de la chose ou la somme prêtée, le contrat seroit nul dans le for de la conscience, et je ne pourrois en conscience retenir la chose qu'il m'a vendue, ni exiger de lui la somme que je lui ai prêtée; car, en lui fournissant sciemment de l'argent pour perdre en débauches, je lui ai causé un tort qui m'oblige envers lui à le réparer, en n'exigeant pas de lui la somme qu'il a reçue de moi pour la perdre en débauches, et en lui rendant la chose qu'il m'a vendue. Cela est conforme à ce qui est dit à la fin de la loi 8, ff. *pro empt.*, qu'on ne doit pas regarder comme acheteur de bonne foi celui qui a acheté quelque chose d'un libertin, ayant connoissance qu'il ne vendoit que pour en porter le prix à des femmes de mauvaise vie : *Nisi forte is qui a luxurioso, et prostituto scorto daturo pecuniam, servos emit, non usucapiet.*

Ces décisions sont bonnes pour le for de la conscience; mais, dans le for extérieur, une personne majeure et non interdite ne seroit pas recevable à se pourvoir contre une vente ou un emprunt qu'elle auroit fait, en disant que celui avec qui elle a contracté savoit qu'elle ne vendoit ou n'empruntoit que pour perdre l'argent en débauches.

52. Ce n'est aussi que le droit civil qui infirme les obligations que des mineurs, sous puissance de tuteur, contractent sans l'autorité de leur tuteur, lorsqu'au temps du contrat ils sont dans un âge assez avancé, et ont un usage suffisant de leur raison pour comprendre toute l'étendue de l'engagement qu'ils contractent. C'est pourquoi les mineurs peuvent bien, même dans le for de la conscience, user du bénéfice des lettres de rescision que les lois leur accordent contre les contrats dans lesquels ils ont été lésés, l'équité naturelle ne permettant pas que celui qui a contracté avec eux profite de leur défaut d'expérience; mais ils ne peuvent, dans le for de la conscience, avoir recours au bénéfice de ces lettres, qui leur est offert dans le for extérieur, pour se dispenser de rendre un argent qu'ils ont reçu et qu'ils ont dissipé, lorsqu'au temps qu'ils

8.

ont contracté ils avoient un usage suffisant de leur raison, et pourvu que celui qui leur a prêté l'argent ait fait le prêt de bonne foi, sans prévoir qu'ils emploieroient en folles dépenses l'argent qu'il leur prêtoit. C'est le sentiment de La Placette, cité par Barbeyrac en ses notes sur Pufendorf.

Il nous reste à observer une différence entre l'incapacité des interdits et des mineurs, et celle des femmes qui sont sous puissance de mari. Celles-ci sont absolument incapables de contracter sans être autorisées ; elles ne peuvent pas plus, sans cela, obliger les autres envers elles en contractant, que s'obliger elles-mêmes : elles ne peuvent pas même accepter une donation qui leur seroit faite ; *ordonnance de 1731, art. 9.* Au contraire, les interdits pour prodigalité, et les mineurs qui commencent à avoir quelque usage de raison, sont plutôt incapables de s'obliger en contractant, qu'ils ne sont incapables absolument de contracter ; ils peuvent, en contractant sans l'autorité de leur tuteur ou curateur, obliger les autres envers eux, quoiqu'ils ne puissent s'obliger envers les autres : *Placuit meliorem conditionem licere eis facere, etiam sine tutoris auctoritate*; Instit. tit. de autor. tut. *Is cui bonis interdictum est, stipulando sibi acquirit ;* l. 6, ff. de verb. oblig. La raison de cette différence est que la puissance des tuteurs et des curateurs n'est établie qu'en faveur des mineurs et des interdits. L'assistance des tuteurs et curateurs n'est requise, lorsque ces personnes contractent, que pour l'intérêt de ces personnes, et dans la crainte qu'elles ne soient trompées : c'est pourquoi elle devient superflue toutes les fois qu'elles font leur condition meilleure. Au contraire, la puissance du mari, sous laquelle est la femme, n'étant pas établie en faveur de la femme, mais en faveur de son mari, le besoin qu'elle a de requérir l'autorisation de son mari pour contracter, n'étant pas requis pour l'intérêt de la femme, mais comme une déférence qu'elle doit à son mari, elle ne peut contracter en aucune manière, soit à son avantage, soit à son désavantage, sans l'autorité de son mari.

L'ordonnance de 1731 n'a donné aucune atteinte au principe que nous venons d'établir, qu'un mineur peut, sans l'autorité de son tuteur, faire sa condition meilleure; et c'est mal à propos que Furgole soutient que, suivant l'article 7 de cette ordonnance, les mineurs ne peuvent plus, sans l'autorité de leurs tuteurs, accepter les donations qui leur sont faites. Cet article n'a décidé autre chose, sinon que les père, mère, et autres ascendants, sans être tuteurs de leurs enfants, et sans avoir par conséquent aucune qualité pour gérer leurs affaires, pouvoient néanmoins accepter les donations faites à leurs enfants mineurs aussi valablement que le peut un tuteur, l'affection naturelle suppléant en cela à la qualité qui leur manque. Mais de ce que l'ordonnance permet par cet article à ces personnes d'accepter les donations faites à leurs enfants, il ne s'ensuit pas qu'elle défende aux mineurs de les accepter par eux-mêmes, lorsqu'ils ont l'usage de la raison. *Voyez* notre introduction au titre des donations de la coutume d'Orléans, *n.* 31.

ARTICLE V.

De ce qui peut être l'objet des contrats. Que ce ne peut être qu'une chose qui concerne les parties contractantes, suivant la règle, qu'on ne peut valablement stipuler ni promettre que pour soi.

53. Les contrats ont pour objet, ou des choses que l'une des parties contractantes stipule qu'on lui donnera, et que l'autre partie promet de lui donner; ou quelque chose que l'une des parties contractantes stipule que l'on fera ou qu'on ne fera pas, et que l'autre partie promet de faire ou de ne pas faire.

Quelles sont les choses que l'une des parties peut stipuler qu'on lui donne, et que l'autre partie peut s'engager de donner? Quelles sont les choses que l'une des parties peut stipuler qu'on fasse ou qu'on ne fasse pas, et que l'autre partie peut s'engager de faire ou de ne pas faire? C'est ce que nous verrons *infrà, chap.* 2, *art.* 2, où nou

traiterons de ce qui peut être l'objet des obligations : nous
y renvoyons pour ne pas répéter.

Nous nous contenterons de développer ici un principe
touchant ce qui peut être l'objet des contrats. Ce principe
est, qu'il n'y a que ce que l'une des parties contractantes
stipule pour elle-même, et pareillement qu'il n'y a que ce
que l'autre partie promet pour elle-même, qui puisse être
l'objet d'un contrat : *Alteri stipulari nemo potest.* Instit. de
inut stipul., §. 18. *Nec paciscendo, nec legem dicendo, nec
stipulando, quisquam alteri cavere potest;* l. 73, §. fin. ff. de
R. J. Versâ vice, *Qui alium facturum promisit, videtur in eâ
esse causâ ut non teneatur, nisi pœnam ipse promiserit.* Instit.
d. t. §. 20. *Alius pro alio promittens daturum facturumve non
obligatur; nam de se quemque promittere oportet.* L. 83, ff.
de v. oblig.

Pour développer ce principe, nous verrons dans un
premier paragraphe quelles en sont les raisons. Dans un
second nous rapporterons plusieurs cas dans lesquels nous
stipulons et promettons effectivement pour nous-mêmes,
quoique la convention fasse mention d'un autre. Dans un
troisième nous remarquerons que ce qui concerne un autre que les parties contractantes peut être le mode ou la
condition d'une convention, quoiqu'il n'en puisse pas être
l'objet. Dans un quatrième nous observerons qu'on peut
contracter par le ministère d'un tiers, et que ce n'est pas
stipuler ni promettre pour un autre.

§. I. Quelles sont les raisons du principe, qu'on ne peut stipuler ni promettre pour un autre.

54. Lorsque j'ai stipulé quelque chose de vous pour un
tiers, la convention est nulle; car vous ne contractez par
cette convention aucune obligation ni envers ce tiers ni
envers moi. Il est évident que vous n'en contractez aucune envers ce tiers; car c'est un principe, que les conventions ne peuvent avoir d'effet qu'entre les parties contractantes, et qu'elles ne peuvent par conséquent acquérir

aucun droit à un tiers qui n'y étoit pas partie, comme nous le verrons ci-après. Vous ne contractez non plus par cette convention aucune obligation civile envers moi; car ce que j'ai stipulé de vous par ce tiers étant quelque chose à quoi je n'ai aucun intérêt qui puisse être appréciable à prix d'argent, il ne peut résulter aucuns dommages et intérêts envers moi du manquement de votre promesse: vous y pouvez donc manquer impunément. Or, rien n'est plus contradictoire avec l'obligation civile, que le pouvoir d'y contrevenir impunément. C'est ce que veut dire Ulpien lorsqu'il dit: *Alteri stipulari nemo potest; inventæ sunt enim obligationes ad hoc, ut unusquisque sibi acquirat quod suâ interest; cæterùm ut alii detur, nihil interest meâ.* L. 38, §. 17, ff. *de verb. obl.*

55. Cette première partie de notre principe, qu'il n'y a que ce que l'une des parties stipule pour elle-même qui puisse être l'objet d'une obligation, n'a lieu que dans le for extérieur et à l'égard des obligations civiles; mais dans le for de la conscience, lorsque je suis convenu avec vous que vous donneriez quelque chose à un tiers, ou que vous feriez quelque chose en faveur d'un tiers, la convention est valable. Quoique l'intérêt que j'y prends ne soit pas un intérêt appréciable à prix d'argent, il ne laisse pas d'être un véritable intérêt: *hominis enim interest alterum hominem beneficio affici;* et cet intérêt de pure affection pour ce tiers me donne un droit suffisant pour exiger de vous dans le for de la conscience l'accomplissement de la promesse que vous m'avez faite pour ce tiers, et pour vous rendre coupable si vous refusez de l'accomplir lorsque vous avez le pouvoir de le faire, et que le tiers veut bien accepter ce que vous m'avez promis de lui donner. Il est vrai que mon intérêt n'étant pas appréciable à prix d'argent, et ne pouvant par conséquent être l'objet d'une condamnation, je ne pourrai exiger de vous dans les tribunaux aucuns intérêts ni dommages, si vous manquez à votre promesse; mais ce pouvoir que vous avez d'y manquer impunément

dans le for extérieur, est un obstacle à l'obligation civile, mais il n'empêche pas l'obligation naturelle. *Grotius, l.* 2, *c.* 11, *n.* 18.

Observez que l'obligation naturelle qui résulte de cette convention, par laquelle j'ai stipulé que vous donneriez quelque chose à un tiers, est une obligation qui est contractée envers moi, et non pas envers ce tiers, lorsque c'est en mon nom, et non au nom du tiers, que je suis convenu de cela avec vous. C'est pourquoi je puis vous en décharger sans le consentement de ce tiers; *Grotius ibid. Pufendorf.*

Mais si c'étoit au nom du tiers, comme ayant charge et me faisant fort de lui, que nous serions convenus que vous lui donneriez ou feriez pour lui quelque chose, ce seroit ce tiers qui seroit censé avoir contracté avec vous par mon ministère, et non par moi. *Voyez* infrà, §. 4.

56. La seconde partie de ce principe, qu'on ne peut promettre que pour soi-même, est évidente; car lorsque j'ai promis qu'un autre vous donneroit quelque chose ou feroit quelque chose, sans me faire fort de lui, ni rien promettre de ma part, cette convention ne peut obliger ni ce tiers, ni moi. Elle ne peut obliger le tiers; car il n'est pas en mon pouvoir d'obliger un autre sans son fait. Elle ne m'oblige pas non plus: car, puisqu'on suppose que j'ai promis pour un autre, et non pour moi, je n'ai pas entendu m'obliger.

Au reste, on présume facilement que celui qui a promis qu'un tiers donneroit ou feroit quelque chose, n'a pas entendu *purè de alio promittere*, mais qu'il a entendu promettre aussi *de se*, c'est-à-dire promettre qu'il se faisoit fort de ce tiers, quoique cela ne soit pas exprimé.

En ce cas la convention est valable, et elle oblige celui qui a promis aux dommages et intérêts résultants de l'inexécution de ce dont il s'est fait fort; L. 81, ff. *de verb. oblig.*

Lorsqu'en promettant le fait d'un autre vous vous soumettez à payer une certaine peine, ou même simplement aux dommages et intérêts en cas d'inexécution, il n'est pas douteux qu'en ce cas vous n'avez pas entendu promettre simplement le fait d'un autre, *et de alio tantùm promittere*, mais que vous avez entendu vous faire fort de lui, *et de te promittere.* C'est pourquoi Ulpien dit : *Si quis velit alienum factum promittere, pœnam vel quanti ea res est, potest promittere ; l.* 38, §. 2, ff. *d. t.*

§. II. Plusieurs cas dans lesquels nous stipulons et promettons effectivement pour nous-mêmes, quoique la convention fasse mention d'un autre.

PREMIER CAS.

57. Ce n'est pas stipuler pour un autre, que de dire que la chose ou la somme que je stipule sera délivrée ou payée à un tiers désigné par la convention. Par exemple, si par le contrat je vous vends un tel héritage pour la somme de mille livres *que vous paierez à Pierre*, je ne stipule point pour un autre; c'est pour moi, et non pour Pierre, que je stipule cette somme de mille livres : Pierre n'est dans la convention que comme une personne à qui je donne pouvoir de la recevoir pour moi et en mon nom; c'est ce que les Romains appeloient *adjectus solutionis gratiâ*, dont nous traiterons *infrà, p.* 3, *chap.* 1, *art.* 2, §. 4.

Ce n'est pas en sa personne, mais en la mienne, que réside la créance de cette somme. Lorsqu'il la reçoit, c'est de ma part et en mon nom qu'il la reçoit; et, en la recevant, il se forme entre lui et moi ou un contrat de *mandat*, si mon intention étoit qu'il m'en rendît compte, ou une *donation*, si mon intention étoit de la lui donner.

SECOND CAS.

58. Ce n'est pas stipuler pour un autre, mais pour moi, quoique je stipule qu'on fera quelque chose pour un tiers, si j'ai un intérêt personnel et appréciable à prix d'argent que cela se fasse; *putà*, si je suis moi-même obligé envers ce tiers à le faire. Par exemple, si m'étant obligé envers Jacques à lui reconstruire, dans l'espace d'un certain temps, sa maison qui menace ruine, et ayant d'autres ouvrages à

faire, je fais marché avec un maçon pour qu'il reconstruise dans ledit temps la maison de Jacques ; je suis censé stipuler plutôt pour moi que pour Jacques, et la convention est valable : car étant obligé envers Jacques à cette reconstruction, et tenu de ses dommages et intérêts si elle ne se fait pas dans le temps marqué, j'ai un vrai intérêt personnel qu'elle se fasse. C'est pourquoi, en stipulant qu'on reconstruise la maison de Jacques, ce n'est que *verbo tenùs*, en ce cas, que je stipule pour Jacques ; *re ipsâ* et dans la vérité, je stipule pour moi et à mon profit. *Si stipuler alii cùm meâ interesset... ait Marcellus stipulationem valere ;* l. 38, §. 20, 21, 22, ff. *de verb. obligat.*

59. Quand même, avant le marché que j'ai fait avec le maçon pour la reconstruction de la maison de Jacques, je n'aurois pas été obligé envers Jacques à lui reconstruire sa maison, et que je n'aurois eu par conséquent aucun intérêt personnel à cette reconstruction ; néanmoins, comme par ce marché que j'ai fait, je gère les affaires de Jacques, et que je lui deviens en conséquence comptable de cette gestion, dans le temps même de la convention que j'ai avec le maçon pour la construction de la maison, je commence à avoir intérêt à cette reconstruction dont je suis comptable envers Jacques ; d'où il suit que, même en ce cas, je suis censé stipuler plutôt pour moi que pour Jacques, et que la convention est valable, puisque j'ai un intérêt personnel que le maçon fasse bien ce que j'ai stipulé qu'il fît.

60. Mais si je stipule en mon nom qu'on fasse quelque chose pour un tiers, sans qu'avant le temps de la convention j'aie vu, et sans que j'aie encore, au temps de la convention, aucun intérêt personnel que cela se fasse, c'est en ce cas vraiment stipuler pour un autre, et une telle convention n'est pas valable dans le for extérieur. Par exemple, si, par un pur intérêt d'affection pour Jacques, j'ai convention avec le propriétaire de la maison qui est vis-à-vis les fenêtres de Jacques, qu'il fera blanchir le devant de sa maison pour éclairer les chambres de Jacques, cette

convention ne donnera aucun droit ni à Jacques, qui n'y
étoit pas partie, ni à moi, qui, n'ayant aucun intérêt personnel et appréciable à prix d'argent à l'exécution de cette
convention, ne puis prétendre aucuns dommages et intérêts résultants de son inexécution.

TROISIÈME CAS.

61. C'est stipuler ou promettre pour nous-mêmes, et non
pour autrui, lorsque nous stipulons ou promettons pour
nos héritiers, puisqu'ils sont en quelque façon la continuation de nous-mêmes : *Heres personam defuncti sustinet.*
C'est pourquoi il n'est pas douteux que nous pouvons stipuler pour nos héritiers : *Heredi cavere concessum est; l.* 10,
ff. *de pact. dot.* l. 38, §. 14, ff. *de verb. oblig.*

62. Observez que nous stipulons valablement, lorsque
nous stipulons pour nos héritiers en tant que nos héritiers;
mais si nous stipulons pour un tel, quand même un tel par
la suite deviendroit notre héritier, la stipulation ne seroit
pas pour cela valable; l. 17, §. 4, ff. *de pact.*

Julien a porté la rigueur de ce principe jusqu'à décider
que lorsqu'un débiteur étoit convenu avec son créancier
qu'il n'exigeroit que la somme qui lui étoit due, ni de lui,
ni d'une telle sa fille, la stipulation n'étoit pas valable par
rapport à sa fille, quoiqu'elle soit devenue héritière du
débiteur; d. §. 4. Bruneman, *ad d. l.* est d'avis, avec raison, que cette décision trop littérale ne doit pas être suivie : car lorsque je stipule de mon créancier qu'il n'exigera
ni de moi, ni de ma fille une telle, la somme que je lui
dois, il est visible que je stipule cela pour ma fille, dans
le cas auquel elle en seroit débitrice. Or, elle ne le devien-
dra qu'en devenant mon héritière : je stipule donc cela
pour le cas auquel ma fille sera devenue mon héritière,
et par conséquent je suis censé stipuler pour ma fille en sa
future qualité de mon héritière, quoique cela ne soit pas
exprimé.

On peut d'autant plus s'écarter de cette décision de Julien, qu'il paroît que les jurisconsultes romains n'ont pas

été d'un sentiment unanime sur cette question : Celse paroît avoir pensé différemment en la loi 33, ff. *de pact.*

63. Non seulement nous pouvons valablement stipuler pour nos héritiers, mais nous sommes censés ordinairement l'avoir fait, quoique cela ne soit pas exprimé : *Qui paciscitur, sibi, heredique suo pacisci intelligitur.*

Cette règle souffre exception, 1° lorsque ce qui fait l'objet de la convention est un fait qui est personnel à celui envers qui l'obligation est contractée ; comme lorsque je fais marché avec un barbier qu'il viendra me raser deux fois la semaine à ma campagne pendant la vacance. 2° Elle reçoit exception à l'égard de la clause des contrats de mariage, par laquelle la femme stipule la reprise de son rapport, en cas de renonciation à la communauté. Nous avons traité amplement de cette clause en notre Introduction au Titre de la communauté de la coutume d'Orléans, *c. 2, art. 2, §. 5.* 3° Enfin, lorsqu'on s'est expliqué clairement par la convention, que celui qui s'obligeoit ne s'obligeoit qu'envers la personne avec laquelle il contractoit, et non envers les héritiers ; mais il faut que cela soit expliqué clairement dans la convention. Au reste, de ce que la personne envers qui je contracte quelque engagement est nommée par la convention, il ne s'ensuit pas que l'intention des parties ait été de restreindre à sa personne le droit qui en résulte ; on doit penser, au contraire, qu'elle n'est nommée que pour marquer avec qui la convention est faite : *Plerumquè persona pacto inseritur, non ut personale pactum fiat, sed ut demonstretur cum quo pactum fiat; l. 7, §. 8. Wissembach ad tit. ff. de pact. n. 7.*

64. Nous pouvons aussi restreindre notre stipulation à l'un d'entre nos héritiers : *Non obstat uni tantùm ex heredibus provideri, si heres factus sit, cæteris autem non consuli; l. 33, ff. de pact.* Par exemple, si j'étois convenu avec mon créancier qu'il ne pourroit exiger sa dette ni de moi, ni de ma fille une telle, et que je laissasse pour héritiers cette fille et un fils, la convention n'auroit d'effet que par rapport à ma fille, comme y étant seule comprise ; et le créan-

cier pourroit exiger sa dette de mon fils, quant à la part *
pour laquelle il est mon héritier; *d. l.* 33.

Néanmoins, de ce qu'une personne a stipulé nommément pour un tel son héritier, il ne faut pas en inférer
toujours que l'intention des parties contractantes a été de
restreindre la stipulation à cette personne. Il y a bien lieu
de l'inférer, si, lors de la convention, celui qui a stipulé
de cette manière savoit devoir avoir d'autres héritiers :
car, en ce cas, il ne paroît pas d'autre raison pour laquelle
il auroit stipulé nommément pour un tel, que celle de restreindre la stipulation à ce tel. Au contraire, si celui qui a
stipulé pour un tel son héritier avoit, lors de la convention, lieu de croire que ce tel devoit être un jour son héritier unique, il y a, en ce cas, lieu de penser que ce n'est
que par pure énonciation que ce tel a été nommé dans la
convention, et non dans la vue de restreindre à sa personne l'effet de la stipulation : c'est ce que Papinien enseigne dans l'espèce suivante.

Ayant marié ma fille, à qui j'avois promis une dot dont
je faisois rente, dans la pensée où j'étois que je n'aurois pas
d'autres enfants que cette fille qui se trouvoit pourvue, et
dans le dessein où j'étois d'instituer un jour mon frère pour
mon unique héritier, j'ai stipulé par la constitution de dot,
qu'au cas où ma fille mourroit sans enfants pendant le mariage (auquel cas la dot, selon le droit du Digeste, étoit
acquise en entier au mari), mon frère, mon héritier, pourroit retenir la dot pour moitié : depuis, m'étant survenu
d'autres enfants que j'ai laissés pour mes héritiers, et le
cas de la mort de ma fille sans enfants durant son mariage
étant arrivé, il y a eu question si mes enfants, mes héritiers, pouvoient, en vertu de la convention, retenir la
moitié de la dot. La raison de douter se tiroit de ce que la
stipulation étoit faite nommément pour mon frère; d'où il
pouvoit paroître qu'elle étoit restreinte à sa personne, et

---

* C'est mal-à-propos que la Glose dit que le créancier pourra lui
demander le total : Cujas a relevé cette erreur.

au cas où il auroit été mon héritier. Mais Papinien décide que mes enfants sont fondés à retenir la moitié de la dot, en vertu de la convention, parcequ'en stipulant cette rétention au profit de mon frère mon héritier, j'étois censé par ce terme, *mon héritier*, l'avoir stipulée au profit de mes héritiers, quels qu'ils fussent, et n'avoir nommé mon frère qu'*enuntiativè*, et pour marquer qu'il étoit celui que je croyois devoir être mon héritier. *Ea conventio liberis posteà susceptis et heredibus testamento relictis proderit, cùm inter contrahentes id actum sit, ut heredibus consulatur, et illo tempore quo pater alios filios non habuit, in fratrem suum judicium supremum contulisse videatur; l.* 40, §. *fin.* ff. *de pact.* C'est pourquoi Cujas *ad Papinian.* sur cette loi, pense que cette décision auroit eu lieu, quels qu'eussent été les héritiers que j'aurois laissés, quand même ce n'eussent pas été mes enfants.

Il reste à observer qu'on peut bien, lorsque je stipule de mon créancier qu'il n'exigera pas ce que je lui dois, restreindre la convention à l'un de mes héritiers, à l'effet qu'il n'y ait que lui qui soit déchargé de la dette pour la part dont il en avoit été tenu, comme nous l'avons vu *suprà*: mais lorsque je stipule de quelqu'un qu'il me donnera une certaine somme d'argent, ou quelque autre chose divisible, je ne puis pas restreindre la convention à l'un de mes héritiers, à l'effet de faire passer pour le total à lui seul la créance qui résulte de la convention. *Sciendum est quod dari stipulemur, non posse per nos uni ex heredibus adquiri, sed necesse est omnibus adquiri* *; *l.* 137, §. *fin.* ff. *de verb. oblig.*

65. C'est une conséquence de notre principe, que nous ne

---

* Ce qui est dit, *sed necesse est omnibus adquiri*, doit s'entendre du cas auquel la restriction à l'un des héritiers n'a été faite que dans la vue de faire passer à cet héritier, à l'exclusion des autres, le total de la créance, et non dans la vue de décharger le débiteur : mais je puis valablement convenir que si je n'ai pas exigé la dette de mon vivant, mon débiteur n'en sera tenu, après ma mort, que pour la part à laquelle succèdera l'un de mes héritiers, et qu'il en sera déchargé pour les parts de mes autres héritiers,

pouvons stipuler valablement pour quelqu'un, qu'en tant qu'il sera un jour notre héritier, et dans la qualité de notre héritier qu'il doit avoir un jour : d'où il suit qu'il ne peut nous succéder pour le total au droit qui résulte de cette convention, mais quant à la part seulement pour laquelle il sera notre héritier.

Il en est autrement à l'égard des conventions qui ont pour objet quelque chose d'indivisible, telles que sont la plupart de celles qui sont *in faciendo* : car, comme dans ces conventions chacun des héritiers succède pour le total à la créance qui en résulte, par la nature de cette créance qui n'est pas susceptible de parties, je puis, en stipulant nommément pour un tel, l'un de mes héritiers, le faire succéder seul pour le total à la créance qui en résulte : *At cùm quid fieri stipulamur, unius personam rectè comprehendi* ; d. l. 137, §. 8. Par exemple, si dans la vente d'un héritage que j'ai faite à un peintre, il y avoit une clause portant que par forme de pot-de-vin, il s'obligeoit envers moi et envers un tel, l'un de mes enfants et héritiers futurs, de nous faire un tableau de la Circoncision de N. S. d'une telle hauteur, et que je fusse mort avant qu'il se fût acquitté envers moi de cette obligation, celui de mes enfants qui est nommé dans la convention succèderoit seul pour le total à cette créance contre le peintre ; sauf néanmoins que dans nos coutumes, qui ne permettent pas à un père d'avantager l'un de ses enfants venant à la succession plus que les autres, il seroit obligé d'en récompenser ses cohéritiers pour leurs parts.

66. De même que nous sommes censés stipuler pour nos héritiers tout ce que nous stipulons, de même nous sommes censés promettre pour nos héritiers, et les engager à tout ce que nous promettons ; à moins que ce qui fait l'objet de notre obligation ne soit un fait qui nous soit personnel, ou qu'il y ait une clause à ce contraire.

Pareillement dans les obligations divisibles, de même que nous ne pouvons stipuler pour quelqu'un, qu'autant et pour la part qu'il sera notre héritier, de même nous ne pouvons obliger quelqu'un de nos héritiers que quant à la part pour laquelle il sera notre héritier. C'est pourquoi inutilement un débiteur comprendroit-il nommément dans la convention un tel, qui doit être l'un de ses héritiers; car il ne sera tenu de la dette que comme les autres héritiers qui n'y ont pas été compris. *Te et Titium heredem tuum decem daturum spondes? Titii persona supervacuè comprehensa est : sive enim solus heres extiterit, in solidum tenebitur; sive pro parte, eodem modo quo cæteri coheredes ejus;* l. 56, §. 1, ff. *de verb. oblig.*

QUATRIÈME CAS.

67. Ce que nous stipulons par rapport à une chose qui nous appartient, nous le pouvons valablement stipuler, non seulement pour nous et nos héritiers, mais pour tous nos successeurs à titre singulier à cette chose, lesquels sont compris sous le terme d'*ayants cause*, usité dans les contrats; ce n'est point en ce cas stipuler pour un autre... Par exemple, je puis valablement convenir que vous ne ferez jamais valoir contre moi, ni contre mes héritiers *ou ayants cause*, les droits de la substitution qui pourroit être un jour ouverte à votre profit par rapport à un tel héritage; et cette convention a effet, même par rapport à ceux qui acquerroient par la suite de moi cet héritage à titre singulier.

Cela est indubitable à l'égard de ceux qui l'acquerroient à titre onéreux : car étant tenu envers eux à la garantie, j'ai intérêt que vous ne leur apportiez aucun trouble dans cet héritage; ce qui suffit pour que ce que je stipule pour eux, je sois censé le stipuler pour moi; *suprà*, n°. 58. Mais la décision a lieu aussi à l'égard de ceux qui acquerroient de moi, par la suite, à titre de donation, *l.* 17, §. 5, ff. *de pact.* quoique je ne sois pas tenu envers eux de la garantie; car l'intérêt que j'ai de conserver la libre disposition de ma chose est suffisant pour que je puisse valablement convenir avec vous que vous ne ferez aucun trouble à ceux envers qui je jugerai à propos d'en disposer, à quelque titre que ce soit.

68. Dans cette convention et les autres semblables, que nous faisons par rapport aux choses qui nous appartiennent, non seulement nous pouvons stipuler valablement pour nos ayants cause, mais nous sommes censés l'avoir fait, quoique cela ne soit point exprimé; soit que la convention soit conçue *in rem*, comme lorsqu'il est dit par une transaction passée entre nous, que vous vous engagez *à ne jamais faire valoir les prétentions que vous pourriez avoir par rapport à un tel héritage*, sans dire contre qui; soit que la convention soit conçue *in personam*, comme lorsqu'il est dit que vous vous engagez *à ne jamais faire valoir contre* MOI *vos prétentions par rapport à un tel héritage*. En l'un et l'autre cas je suis censé avoir stipulé pour tous mes successeurs, même à titre de donation. *Pactum conventum cum venditore, si in rem constituatur, secundum Proculi sententiam, et emptori prodest. Secundum autem Sabini sententiam, etiamsi in personam conceptum est, et in emptorem valet, qui hoc esse existimat, etsi per donationem successo facta sit;* l. 17. §. 5. ff. *de pact.* La raison est qu'en stipulant *pour moi*, je suis censé stipuler pour tous ceux qui me représentent: or, non seulement mes héritiers, mais tous ceux qui me succéderont médiatement ou immédiatement, et à quelque titre que ce soit, à l'héritage qui a fait l'objet de la convention, me représentent par rapport à cet héritage.

69. Que si j'avois stipulé nommément pour *mes héritiers*, je ne serois pas censé avoir étendu ma stipulation à mes ayants cause, c'est-à-dire à ceux qui me succéderoient à titre singulier; en ce cas, *inclusio unius fit exclusio alterius:* l'expression de *mes héritiers* exclut les autres successeurs. Par exemple, si, par une transaction avec le seigneur de qui mon héritage relève en fief, je suis convenu avec lui que toutes les fois que mon fief tomberoit en rachat, il ne pourroit exiger de *mes héritiers* plus d'une pistole pour son droit de rachat, cette convention ne profitera pas à des tiers qui auroient acquis de moi ou de mes héritiers à titre singulier. Il en seroit autrement, si dans la clause il n'étoit pas parlé d'héritiers, et qu'il fût dit indéfiniment,

I.

que toutes les fois que le fief tomberoit en rachat, le seigneur ne pourroit exiger plus d'une pistole ; ou qu'après le terme d'*héritiers* on eût ajouté un *etc.* en l'un et l'autre cas la clause s'étendroit à tous les ayants cause.

§. III. *Que ce qui concerne une autre personne que les parties contractantes peut être le mode ou la condition d'une convention, quoiqu'il ne puisse pas en être l'objet.*

70. Donner à un tiers, faire quelque chose pour un tiers, et généralement tout ce qui ne concerne point l'intérêt personnel de la partie qui le stipule, ne peut à la vérité être l'objet du contrat ; mais cela peut être *in conditione aut in modo.*

Ainsi je ne puis pas, à la vérité stipuler utilement en mon nom, que vous ferez présent à Jacques du *Thesaurus* de Meerman, parceque c'est stipuler pour autrui ; c'est stipuler une chose à laquelle je n'ai aucun intérêt ; mais je peux utilement stipuler que si dans un tel temps vous ne faites pas présent à Jacques du *Thesaurus* de Meerman, vous me paierez vingt pistoles pour le pot-de-vin d'un marché que nous faisons ensemble ; car, en ce cas, le présent que vous devez faire à Jacques n'est qu'une condition, l'objet de la stipulation est que vous me donnerez la somme de vingt pistoles, et cette somme que je stipule est une chose que je stipule pour moi, et que j'ai intérêt d'avoir. Cela est conforme à ce qu'enseigne Justinien, *tit. de inut. stipul.* §. 20. *Alteri stipulari nemo potest... Planè si quis velit hoc facere, pœnam stipulari conveniet, ut, nisi, ita factum sit ut est comprehensum, committatur pœnæ stipulatio etiam ei cujus nihil interest.*

71. Ce qui concerne l'intérêt d'un tiers, peut aussi être *in modo*, c'est-à-dire que, quoique je ne puisse pas directement stipuler ce qui concerne l'intérêt d'un tiers, néanmoins je puis aliéner ma chose, à la charge que celui à qui je la donne fera quelque chose qui concerne l'intérêt d'un tiers. Par exemple, quoique je ne puisse pas stipuler en mon nom directement, que vous ferez présent du *The-*

saurus de Meerman à Jacques, je puis vous donner utilement une somme ou toute autre chose, à la charge que
vous ferez à Jacques ce présent.

Suivant les principes de l'ancien droit romain, l'effet de
cette condition se bornoit à ce que, faute par vous d'accomplir la charge sous laquelle vous avez reçu de moi
une somme ou autre chose, j'étois en droit de répéter de
vous ce que je vous avois donné; car ne vous l'ayant
donné, et vous ne l'ayant reçu qu'à cette charge, il s'est
formé entre nous une convention implicite que vous me
restitueriez la chose si vous n'accomplissiez pas la charge
sous laquelle je vous l'ai donnée; d'où naît le droit de répéter la chose, par une action que les lois appellent *condictio* (*seu repetitio*) *ob causam dati, causâ non secutâ*.

Au reste, suivant les principes de cet ancien droit, le
tiers qui n'avoit pas été partie au contrat de donation, par
lequel je vous donnois quelque chose, à la charge que vous
feriez quelque chose qui l'intéressoit, ou à la charge que
vous lui donneriez quelque chose, n'avoit aucune action
contre vous pour le demander; et cela étoit fondé sur ce
principe, que les contrats n'ont d'effet qu'entre les parties contractantes; d'où il suit qu'il ne peut naître d'un
contrat aucun droit à un tiers qui n'y a pas été partie;
mais suivant les Constitutions des empereurs, les tiers en
faveur desquels le donateur appose une charge à sa donation, ont une action contre le donataire pour le contraindre à l'exécuter : c'est ce que nous apprenons de la loi 3,
cod. de donat. quæ sub mod.

72. Cet engagement que contracte le donataire envers
ce tiers, d'accomplir la charge sous laquelle la donation a
été faite, et d'où naît cette action, est un engagement qui
n'est pas à la vérité proprement formé par le contrat de
donation, ce contrat ne pouvant pas par lui-même, et *propriâ virtute*, produire un engagement envers un tiers, et
donner un droit à un tiers qui n'y étoit pas partie. C'est
l'équité naturelle qui forme cet engagement, parceque le
donataire ne peut, sans blesser l'équité, et sans se rendre

coupable de perfidie, retenir la chose qui lui a été donnée, s'il n'accomplit pas la charge sous laquelle la donation lui a été faite, et à laquelle il s'est soumis en acceptant la donation. C'est pourquoi l'action qui est accordée à ce tiers est appelée en la loi 3, ci-dessus citée, *actio utilis*, qui est le nom que les jurisconsultes romains donnoient aux actions qui n'avoient pour fondement que l'équité : *quæ contra subtilitatem juris, utilitate ita exigente, ex solâ æquitate concedebántur.*

73. De là naît une autre question, qui est de savoir si, vous ayant donné une chose à la charge de la restituer à un tiers dans un certain temps, ou de lui donner quelque autre chose, je puis vous remettre cette charge sans l'intervention de ce tiers, qui n'étoit pas partie à l'acte, et qui n'a pas accepté la libéralité que j'exerçois envers lui en vous imposant cette charge. Les auteurs ont été partagés sur cette question. Grotius, *de jure belli et pacis*, II, IX, 19, décide pour l'affirmative. C'est aussi l'avis de Barthole, de Duæren, et de plusieurs autres docteurs, et en particulier celui de Ricard, *Traité des Substit. p.* 1, *ch.* 4. La raison sur laquelle ils se fondent, est que le tiers n'étant pas intervenu dans la donation, l'engagement que le donataire contracte de donner à ce tiers, en acceptant la donation sous cette charge, est contracté par le concours des volontés du donateur et du donataire seulement, et par conséquent peut se résoudre par un consentement contraire des mêmes parties, suivant ce principe de droit : *Nihil tam naturale est quæque eodem modo dissolvi quo colligata sunt.* Le droit qui est acquis à ce tiers est donc, selon ces auteurs, un droit qui n'est pas irrévocable ; parcequ'étant formé par le seul consentement du donateur et du donataire, sans l'intervention du tiers, ce droit est sujet à être détruit par la destruction de ce consentement, destruction qu'opérera un consentement contraire des mêmes parties. Ce droit ne devient irrévocable que lorsque la mort du donateur, empêchant qu'il ne puisse désormais intervenir

un consentement contraire, le consentement qui a formé
ce droit cesse de pouvoir être détruit.

L'opinion contraire a aussi ses défenseurs : c'est celle de
Fachinæus, Controv. VIII, 89, et des docteurs par lui cités.
Les raisons sur lesquelles ces auteurs se fondent sont que
la clause de l'acte de donation, qui contient la charge imposée au donataire de donner quelque chose à un tiers,
renferme une seconde donation, ou une donation fidéi-
commissaire, que le donateur fait à ce tiers. Cette seconde
donation, sans l'intervention de ce tiers à qui elle est faite,
reçoit son entière perfection par l'acceptation que le premier donataire fait de la donation sous cette charge, puisque par cette acceptation il contracte envers ce tiers, sans
que ce tiers intervienne à l'acte, un engagement d'accomplir cette charge dans son temps. De cet engagement naît
un droit qu'acquiert ce tiers, d'exiger en son temps l'accomplissement de cette charge. Ce droit est un droit irrévocable, et il ne doit pas être au pouvoir du donateur
d'en décharger le premier donataire au préjudice du droit
acquis à ce tiers ; car la clause qui renferme cette seconde
donation, ou donation fidéi-commissaire, faite à ce tiers
par le donateur, étant une clause qui fait partie d'un acte
de donation entre vifs, la donation fidéi-commissaire, renfermée dans cette clause, est de même nature, et elle est
donc une donation entre vifs, et par conséquent irrévocable ; il ne doit donc plus être au pouvoir du donateur de
la révoquer, en déchargeant le premier donataire de la
charge qu'il lui a imposée, et de l'engagement qu'il a contracté envers ce second donataire. A l'égard des règles de
droit qu'on oppose, *Quæque eodem modo dissolvuntur quo
colligata sunt; Quæ consensu contrahuntur, consensu dissolvuntur;* ces règles ont lieu entre les parties contractantes
seulement, et non au préjudice d'un droit qui auroit été
acquis à un tiers. C'est ce qui résulte de la loi dernière,
ff. *de pact.*, qui décide que la caution qui a acquis un droit
de fin de non-recevoir, par le pacte intervenu entre le

créancier et le débiteur principal, ne peut être malgré elle dépouillée de ce droit par un pacte contraire des mêmes parties.

Ce dernier sentiment a été confirmé par la nouvelle ordonnance des substitutions, *part. i, art. 11 et 12.* Mais les questions décidées par cette ordonnance n'étant que pour l'avenir, la question demeure entière pour ce qui se seroit passé avant l'ordonnance.

§. IV. Qu'on peut stipuler et promettre par le ministère d'un tiers, et que ce n'est ni stipuler, ni promettre pour un autre.

74. Ce que nous avons dit jusqu'à présent, que nous ne pouvions rien stipuler ni promettre que pour nous-mêmes, et non pour un autre, s'entend en ce sens que nous ne le pouvons lorsque nous contractons en notre nom; mais nous pouvons prêter notre ministère à une autre personne, afin de contracter pour elle, de stipuler et de promettre pour elle; et en ce cas ce n'est pas proprement nous qui contractons, mais c'est cette personne qui contracte par notre ministère.

Ainsi, un tuteur, lorsqu'il contracte en cette qualité, peut stipuler et promettre pour son mineur; car c'est le mineur qui est censé contracter, stipuler et promettre lui-même par le ministère de son tuteur, la loi donnant un caractère au tuteur qui fait réputer le fait du tuteur pour le fait du mineur dans tous les contrats qui concernent l'administration de la tutéle.

Il en est de même d'un curateur et de tout autre administrateur légitime; il en est de même d'un procureur, car la procuration que lui a donnée celui au nom duquel il contracte fait regarder celui qui a donné la procuration comme contractant lui-même par le ministère de ce procureur.

75. Si je contracte au nom d'une personne qui ne m'avoit point donné de procuration, sa ratification la fera pareillement réputer comme ayant contracté elle-même par mon ministère; car la ratification équipole à procuration, *ratihabitio mandato comparatur.*

Si elle ne ratifie pas, la convention est nulle à son égard; mais si je me suis fait fort d'elle, si j'ai promis de la faire ratifier, cette promesse de la faire ratifier est une convention que j'ai eue en mon nom avec la personne avec qui j'ai contracté, par laquelle je me suis en mon nom obligé envers elle au rapport de cette ratification; et faute par moi de la rapporter, en ses dommages et intérêts, c'est-à-dire en tout ce qu'elle souffre ou manque de gagner par le défaut de ratification.

76. Pour que quelqu'un soit censé avoir contracté par le ministère de son tuteur, curateur, administrateur, etc., il faut que le contrat n'excède pas le pouvoir de ces personnes. Par exemple, si un tuteur, en sa qualité de tuteur, avoit, sans le décret du juge, vendu quelque bien immeuble de son mineur, le mineur ne seroit pas censé avoir fait ce contrat par son ministère; et il n'en résulteroit aucune obligation contre lui, la vente des immeubles étant une chose qui excède le pouvoir des tuteurs.

Pareillement, pour que quelqu'un soit censé avoir contracté par le ministère de son procureur, il faut que le procureur se soit renfermé dans les bornes de sa procuration; s'il les a excédées, celui au nom duquel il a contracté n'est pas censé avoir contracté par son ministère, à moins qu'il n'ait ratifié.

77. Il n'est pas douteux qu'un procureur excède les bornes de sa procuration lorsqu'il fait autre chose que ce qui y est contenu, quand même cela seroit plus avantageux. Par exemple, si j'ai donné procuration à quelqu'un de m'acheter une certaine terre pour un certain prix, et qu'il en achète une autre en mon nom, et comme se disant avoir procuration de moi; quoique ce marché soit plus avantageux, il ne m'obligera point, et je ne serai point censé avoir fait ce marché par son ministère; à moins que je ne veuille bien le ratifier; l. 5, §. 2, ff. *mandat.*

78. Un procureur a excédé aussi les bornes de sa procuration, lorsqu'il a fait en mon nom le contrat que je lui avois

donné pouvoir de faire, mais à des conditions plus dés-
avantageuses que celles que je lui avois prescrites par ma
procuration. Par exemple, si je lui avois donné procuration pour acheter une certaine terre pour le prix de
28,000 livres, et qu'il l'ait achetée en mon nom pour
28,200 livres, je ne serai point censé avoir contracté par
son ministère, et je ne serai point obligé par le contrat,
parcequ'il a excédé les bornes de son pouvoir, en achetant à un prix plus cher que celui que j'avois prescrit.

Néanmoins s'il offroit de me mettre au même état auquel je serois s'il s'étoit renfermé dans les bornes de la procuration; par exemple, si dans l'espèce ci-dessus il offroit
de m'indemniser de 200 livres, je serois obligé de ratifier;
l. 3, §. 2, et l. 4, ff. *mandat.*

Il est évident qu'un procureur ne peut être censé avoir
excédé les bornes de la procuration, lorsqu'il a contracté
à des conditions plus avantageuses que celles qui lui
étoient prescrites; l. 5, §. 5, ff. *dict. tit.*

79. Pour que je sois censé avoir contracté par le ministère de mon procureur, et que le contrat qu'il a fait en
mon nom m'oblige, il suffit que le contrat n'excède pas ce
qui est contenu dans le pouvoir qu'il a fait apparoir à celui avec lequel il a contracté; et il ne serviroit de rien de
rapporter un autre pouvoir contenant des instructions se-
crètes qu'il n'auroit pas suivies. Ce pouvoir secret me
donne bien une action en dommages et intérêts contre
mon procureur, pour n'avoir pas suivi les instructions se-
crètes que je lui avois données; mais il ne peut me déga-
ger envers celui avec qui il a contracté en mon nom, conformément au pouvoir apparent qu'il lui a représenté;
autrement il n'y auroit aucune sûreté à contracter avec
des absents.

80. Par la même raison, quoique la procuration finisse
par la révocation, néanmoins si mon procureur contracte
en mon nom avec quelqu'un depuis la révocation, mais
avant qu'elle ait été connue de celui avec qui il contracte,

je serai censé avoir contracté par son ministère, et ce contrat m'obligera.

81. Pareillement, quoique le mandat finisse par la mort de celui qui le donne, et qu'il paroisse répugner que je puisse être censé avoir contracté par le ministère de celui qui, depuis ma mort, a contracté en mon nom, néanmoins s'il a contracté en mon nom depuis ma mort, mais avant qu'elle pût être connue dans le lieu où le contrat s'est fait, ce contrat obligera ma succession, comme si j'avois effectivement contracté par le ministère de ce procureur.

On peut, pour cette décision et pour la précédente, tirer argument de ce qui est décidé en droit, que le paiement fait à un procureur est valable, quoique depuis la mort du mandant, ou depuis la révocation du mandat, si la mort et la révocation n'étoient pas connues; *l.* 12, §. 2; et *l.* 32, ff. *de solut.*

82. Nous contractons par le ministère d'un autre, non seulement lorsque quelqu'un nous prête purement son ministère, en contractant en notre nom et non au sien, comme lorsque nous contractons par le ministère de nos tuteurs, curateurs, procureurs, etc., qui contractent en leur qualité de tuteurs, curateurs, procureurs, etc., et non en leur propre nom. Nous sommes aussi censés contracter par le ministère d'un autre, quoiqu'il contracte lui-même en son nom, lorsqu'il contracte pour des affaires auxquelles nous l'avons préposé; car en le préposant à ces affaires, nous sommes censés avoir adopté et approuvé d'avance tous les contrats qu'il feroit pour les affaires auxquelles nous l'avons préposé, comme si nous avions contracté nous-mêmes; et nous sommes censés avoir accédé à toutes les obligations qui en résultent.

C'est sur ce principe qu'est fondée l'action *exercitoria,* que ceux qui ont contracté avec le capitaine d'un navire, pour des affaires relatives à la conduite de ce navire, ont contre l'armateur propriétaire du navire, qui a préposé ce capitaine.

C'est sur ce même principe que sont fondées l'action *institoria*, que ceux qui ont contracté avec le préposé à un commerce ou à une manufacture, pour des affaires relatives à ce commerce, ont contre le commettant; et l'action *utilis institoria*, qui a lieu pour les contrats faits avec un préposé à quelque autre espèce d'affaire que ce soit.

Nous traiterons de ces actions *infrà, part. 2, chap. 6, sect. 8.*

Observez une différence entre tous ces préposés, et les tuteurs, curateurs, procureurs, syndics, administrateurs, fabriciers, etc. Lorsque ces préposés contractent, ce sont eux-mêmes qui contractent et qui s'obligent; leurs commettants sont seulement censés accéder à leurs contrats, et aux obligations qui en résultent; au lieu que les autres ne sont pas censés contracter eux-mêmes, mais seulement prêter leur ministère pour contracter, à ceux qui sont sous leur tutèle ou curatèle, ou dont ils ont la procuration, ou aux corps dont ils sont syndics, ou aux hôpitaux et fabriques dont ils ont l'administration: c'est pourquoi ce ne sont pas eux qui s'obligent, mais ceux qui contractent par leur ministère.

83. Nous sommes aussi censés contracter par le ministère de nos associés, lorsqu'ils contractent, ou sont censés contracter pour les affaires de la société; car en contractant société avec eux, et leur permettant la gestion des affaires de la société, nous sommes censés avoir adopté et approuvé d'avance tous les contrats qu'ils feroient pour les affaires de la société, comme si nous eussions contracté nous-mêmes conjointement avec eux; et nous avons accédé d'avance à toutes les obligations qui en résultent.

Observez qu'un associé est censé contracter pour les affaires de la société, toutes les fois qu'il ajoute à sa signature ces mots, *et Compagnie*, quoique par la suite le contrat n'ait pas tourné au profit de la société. Par exemple, s'il a emprunté une somme d'argent à quelqu'un, à qui il en a donné un billet, avec ces mots, *et Compagnie*, à la fin de sa signature; quoiqu'il ait employé cet argent à ses affaires

particulières, ou qu'il l'ait perdu au jeu, il ne laisse pas
d'être censé avoir contracté pour les affaires de la société,
et d'obliger en conséquence ses associés, comme, étant
censés avoir fait l'emprunt conjointement avec lui, et
contracté par son ministère; car ces associés doivent s'imputer d'avoir contracté une société avec un associé infi-
dèle : mais ceux qui contractent avec lui ne doivent pas
être trompés, et souffrir de son infidélité.

La signature, *et Compagnie*, n'obligeroit pas néanmoins
mes associés, s'il paroissoit par la nature même du contrat, qu'il ne concerne pas les affaires de la société; comme
si j'avois mis cette signature à la fin d'un bail d'un héritage qui m'appartient, et que je n'ai pas mis en société.

Lorsque l'associé n'a pas signé, *et Compagnie*, il est censé
avoir contracté pour ses affaires particulières, et il n'oblige
pas ses associés, à moins que le créancier ne justifie d'ailleurs qu'il a contracté au nom de la société, et que le contrat concernoit effectivement les affaires de la société.

84. Une femme, commune en biens avec son mari, est
aussi censée contracter avec lui et par son ministère dans
tous les contrats que son mari fait durant la communauté,
et accéder à toutes les obligations qui en résultent pour la
part qu'elle a dans la communauté, à cette condition néanmoins qu'elle ne sera tenue que jusqu'à concurrence de ce
qu'elle amendera de ladite communauté.

ARTICLE VI.

De l'effet des contrats.

85. Les contrats produisent des obligations. Nous renvoyons sur ce qui concerne l'effet de ces obligations, à ce
que nous en dirons *infrà*, *chap.* 2, en traitant en général
de l'effet des obligations : nous observerons seulement un
principe qui est particulier à l'effet des contrats et de toutes les conventions.

Ce principe est qu'une convention n'a d'effet qu'à l'égard
des choses qui ont fait l'objet de la convention, et seule-

ment entre les parties contractantes. *Animadvertendum est ne conventio in aliâ re facta aut cum aliâ personâ, in aliâ re, aliâve personâ noceat; l. 27, §. 4, ff. de pactis.*

86. La raison de la première partie de ce principe est évidente. La convention étant formée par la volonté des parties contractantes, elle ne peut avoir d'effet que sur ce que les parties contractantes ont voulu et ont eu en vue.

On peut apporter pour exemple de cette première partie de ce principe, les stipulations de propres. Lorsqu'en apportant par mon contrat de mariage une certaine somme à la communauté, j'ai stipulé que le surplus de mes biens me demeureroit propre, cette convention n'aura pas l'effet d'exclure de la communauté le mobilier des successions qui m'écherront pendant le mariage, parcequ'elle n'a eu pour objet que d'exclure de la communauté le surplus des biens que j'avois lors de mon mariage. *Voyez* d'autres exemples, *in l.* 27, §. 7; *l.* 47, §. 1; *l.* 56, *ff. de pactis et passim.*

87. La raison de la deuxième partie du principe n'est pas moins évidente : l'obligation qui naît des conventions et le droit qui en résulte étant formés par le consentement et le concours des volontés des parties, elle ne peut obliger un tiers, ni donner de droit à un tiers, dont la volonté n'a pas concouru à former la convention.

La loi 25, Cod. *de pactis*, nous fournit un exemple de cette seconde partie de notre principe. Je suis convenu avec mon cohéritier qu'il se chargeroit seul d'une certaine dette de la succession. Cette convention n'empêchera pas le créancier de cette dette de l'exiger de moi, à raison de la part pour laquelle je suis héritier; car cette convention ne peut avoir aucun effet vis-à-vis de ce créancier qui n'y étoit pas partie : *Debitorum pactionibus, creditorum petitio nec tolli, nec minui potest ; d. l.* On peut apporter une infinité d'autres exemples. Ce n'est pas une chose contraire à ce principe, qu'un associé, en contractant, oblige ses associés, un préposé son commettant, un mari sa femme : car, comme nous l'avons vu à l'article précédent, ces per-

sonnes sont censées avoir été elles-mêmes parties contractantes par le ministère de leur associé, de leur préposé,
de leur mari.

88. Il sembleroit qu'on pourroit opposer avec plus de
fondement contre notre principe, ce qui s'observe à l'égard
des contrats d'atermoiement. Lorsqu'un débiteur qui se
dit hors d'état de faire honneur à ses dettes, a fait une
convention avec les trois quarts de ses créanciers (ce qui
s'estime *non pro numero personarum, sed pro cumulo debiti*),
cette convention, qui contient des termes et des remises
accordés au débiteur, peut être opposée aux autres créanciers, quoiqu'ils n'aient pas été parties au contrat; et le
débiteur peut, en les assignant, faire déclarer commune
avec eux la convention; sauf qu'elle ne pourra préjudicier
à leurs hypothèques et privilèges s'ils en ont. *Voyez* l'ordonnance de 1673, *tit.* 11, *art.* 5, 6, 7, 8; et l. 7. §. 19;
l. 8, l. 9, l. 10, ff. *de pact.*

Ceci n'est pourtant pas proprement une exception à
notre principe : car ce n'est pas la convention faite avec
les trois quarts des créanciers qui oblige *per se*, par elle-
même et par sa propre vertu, les autres créanciers qui
n'ont point été parties, à faire les remises qui y sont portées; cette convention ne sert qu'à faire connoître au juge
qu'il est de l'intérêt commun des créanciers que cette convention soit exécutée par tous les créanciers; la présomption étant que ce grand nombre de créanciers ne s'est
réuni à accorder ces remises que parcequ'il étoit de l'intérêt commun des créanciers de les accorder, pour avoir
le paiement du restant. Et comme il n'est pas juste que la
rigueur de quelques créanciers nuise à l'intérêt commun
des créanciers, le juge les condamne à accéder à la convention, et à accorder au débiteur les remises et les termes
qui y sont portés. Mais ce n'est pas la convention à laquelle ils n'ont pas été parties qui les oblige à accorder ces
remises et ces termes; c'est l'équité seule qui forme en
eux cette obligation, et qui les oblige à accéder à cette
convention, étant contre l'équité que, par une rigueur

contraire à leurs propres intérêts, ils empêchent l'avantage commun des créanciers.

89. Notre principe, que les conventions n'ont d'effet qu'entre les parties contractantes, souffre une espèce d'exception à l'égard des cautions : car les conventions qui interviennent entre les créanciers et le débiteur principal, profitent aux cautions, quoiqu'elles n'y aient pas été parties; et elles leur font acquérir contre le créancier les mêmes droits qu'elles font acquérir au débiteur principal. Nous en verrons la raison *infra*, *part. 2, chap. 6.*

90. Notre principe souffre encore une autre espèce d'exception à l'égard des substitutions portées par un acte de donation entre vifs; car lors de l'événement qui y donne ouverture, les personnes appelées à ces substitutions, quoiqu'elles n'aient pas été parties dans l'acte qui les renferme, acquièrent le droit de demander au donataire qui en est grevé, ou à sa succession, les choses qui y sont comprises. Voyez ce que nous avons dit *supra*, en l'article précédent, §. 3.

ARTICLE VII.

Règles pour l'interprétation des conventions.

PREMIÈRE RÈGLE.

91. On doit, dans les conventions, rechercher quelle a été la commune intention des parties contractantes, plus que le sens grammatical des termes.

In conventionibus contrahentium voluntatem potiùs quàm verba spectari placuit ; l. 219, ff. de verbor. signif.

Voyez un exemple de cette règle dans la loi citée.

En voici un autre. Vous teniez à loyer de moi un petit appartement dans une maison dont j'occupois le reste; je vous ai fait un nouveau bail en ces termes : *J'ai donné à loyer, à un tel* MA MAISON *pour tant d'années, pour le prix porté au précédent bail.* Serez-vous fondé à prétendre que je vous ai loué toute ma maison? Non; car quoique ces termes, *ma maison*, dans leur sens grammatical, signifient la maison entière et non un simple appartement, néanmoins il est visible que notre intention n'a été que de renouveler le bail de l'appartement que vous teniez de moi; et cette intention, dont on ne peut douter, doit prévaloir aux termes du bail.

SECONDE RÈGLE.

92. Lorsqu'une clause est susceptible de deux sens, on doit plutôt l'entendre dans celui dans lequel elle peut avoir quelque effet, que dans celui dans lequel elle n'en pourroit avoir aucun.

Quoties in stipulationibus ambigua oratio est, commodissimum est id accipi quo res de quâ agitur in tuto sit; l. 80, de verb. oblig.

Par exemple, s'il est dit à la fin d'un acte de partage : *Il a été convenu entre Pierre et Paul, que Paul pourroit passer sur ses héritages :* quoique ces termes, *ses héritages,* dans le sens grammatical, puissent s'entendre aussi bien de ceux de Paul que de ceux de Pierre, néanmoins il n'est pas douteux qu'ils doivent s'entendre de ceux de Pierre; autrement la clause n'auroit aucun effet, Paul n'ayant pas eu besoin de stipuler qu'il pourroit passer sur ses propres héritages.

TROISIÈME RÈGLE.

93. Lorsque dans un contrat des termes sont susceptibles de deux sens, on doit les entendre dans le sens qui convient le plus à la nature du contrat.

Par exemple, s'il étoit dit par un acte, que je vous ai loué pour neuf ans un certain héritage pour la somme de 300 liv., ces termes, *la somme de 300 liv.,* ne s'entendent pas d'une somme de 300 liv. une fois payée, mais d'une somme annuelle de 300 liv. pour chacune des neuf années que durera le bail, étant de la nature du contrat de louage que le prix consiste dans une ferme annuelle.

Il en seroit autrement s'il étoit évident que la somme de 300 livres est la valeur de neuf années de ferme; *putà,* parceque par les baux précédents l'héritage n'avoit été affermé que pour le prix de trente ou quarante livres de ferme annuelle.

Voici un autre exemple de la règle. Par un bail à ferme il est dit que je vous ai loué un certain héritage, à la charge de 300 livres de rente annuelle, et des réparations : ces termes, *et des réparations*, doivent s'entendre des locatives, les fermiers et locataires n'étant tenus que de celles-là, suivant la nature du contrat.

QUATRIÈME RÈGLE.

94. Ce qui peut paroître ambigu dans un contrat, s'interprète par ce qui est d'usage dans le pays : *Semper in stipulationibus et in cæteris contractibus id sequimur quod actum est; aut si non appareat quod actum est, erit consequens ut id sequamur quod in regione in quâ actum est frequentatur;* l. 34, ff, *de regulis juris.*

Suivant cette règle, si j'ai fait marché avec un vigneron à une certaine somme par an pour cultiver ma vigne, sans m'expliquer sur le nombre des labours qu'il donneroit, nous sommes censés être convenus qu'il donneroit le nombre de labours qu'on a coutume de donner dans le pays.

CINQUIÈME RÈGLE.

95. L'usage est d'une si grande autorité pour l'interprétation des conventions, qu'on sous-entend dans un contrat les clauses qui y sont d'usage, quoiqu'elles ne soient pas exprimées : *In contractibus tacitè veniunt ea quæ sunt moris et consuetudinis.*

Par exemple, dans le contrat de louage d'une maison, quoiqu'on n'ait pas exprimé que le loyer seroit payable par demi-termes, à la Saint-Jean et à Noël, et que le locataire seroit obligé à faire les réparations locatives, ces clauses y sont sous-entendues.

Pareillement, dans un contrat de vente, quoique la clause que le vendeur sera tenu de défendre et de garantir l'acheteur des évictions, n'y soit pas exprimée, elle y est sous-entendue.

SIXIÈME RÈGLE.

96. On doit interpréter une clause par les autres clauses contenues dans l'acte, soit qu'elles précèdent ou qu'elles suivent.

La loi 126, ff. *de verb sign.* fournit un exemple de cette règle. Dans l'espèce de cette loi, il étoit dit dans un contrat de vente, par une première clause, que l'héritage étoit vendu *uti optimus maximus*, c'est-à-dire franc de toutes charges réelles : par une seconde clause, il étoit dit que le vendeur n'entendoit être garant que de ses faits. Cette seconde clause sert à l'interprétation de la première, et en restreint la généralité des termes à ce sens, que le vendeur, par cette première clause, n'a entendu promettre et assurer autre chose, sinon qu'il n'avoit imposé aucunes charges sur cet héritage, et qu'il étoit franc de toutes celles qu'il eût pu y imposer, mais non pas assurer qu'il fût franc de celles qui avoient été imposées par ses auteurs, dont il n'avoit pas de connoissance.

SEPTIÈME RÈGLE.

97. Dans le doute, une clause doit s'interpréter contre celui qui a stipulé quelque chose, et à la décharge de celui qui a contracté l'obligation.

In stipulationibus cùm quæritur quid actum sit, verba contras tipulatorem interpretanda sunt; l. 38, §. 18, ff. *de verb. oblig.*

Ferè secundùm promissorem interpretamur; l. 99, ff. *d. tit.* Le créancier doit s'imputer de ne s'être pas mieux expliqué.

Par exemple, si par un bail à ferme il étoit dit que le fermier livreroit au bailleur, en certain temps, une certaine quantité de blé de ferme annuelle, sans qu'il fût dit où la tradition devroit s'en faire, la clause doit s'entendre en ce sens, qu'elle devra se faire en la maison du fermier, à ceux qui y viendront chercher le blé de la part du bailleur; ce sens étant celui qui est le plus à la décharge du fermier qui a contracté l'obligation. Lorsque le bailleur veut que le blé lui soit rendu dans son grenier, il doit s'en expliquer par le bail.

HUITIÈME RÈGLE.

98. Quelque généraux que soient les termes dans lesquels une convention est conçue, elle ne comprend que les choses sur lesquelles il paroît que les parties contractantes se sont proposé de contracter, et non pas celles auxquelles elles n'ont pas pensé : *Iniquum est perimi pacto, id de quo cogitatum non est*; l. 9, §. fin. ff. *de trans.*

Suivant cette règle, si nous avons transigé ensemble sur toutes nos prétentions respectives, et que nous en ayons composé à une somme que vous vous êtes obligé de me payer, au moyen de quoi nous nous sommes tenus quittes de part et d'autre de toutes choses; cette transaction ne préjudicie pas aux droits que j'avois contre vous, dont je n'avois pu avoir connoissance lors de la transaction. *His tantùm transactio obest de quibus actum probatur : non porrigitur ad ea quorum actiones competere posteà compertum est*; D. l. 9, §. fin.

Par exemple, si un légataire a composé avec l'héritier à une somme pour ses droits résultants du testament du défunt, il ne sera pas exclus de la demande d'un autre legs à lui fait par un codicille qui n'a paru que depuis la transaction; l. 3, §. 1; l. 12, ff. *de trans.*

NEUVIÈME RÈGLE.

99. Lorsque l'objet de la convention est une universalité de choses, elle comprend toutes les choses particulières qui composent cette universalité, même celles dont les parties n'avoient pas de connoissance.

On peut apporter pour exemple de cette règle, la convention par laquelle je compose avec vous à une certaine somme, pour vous abandonner ma part dans une hérédité;

cette convention comprend toutes les choses qui en font partie, soit qu'elles aient été ou non à notre connoissance, notre intention ayant été de traiter de tout ce qui la composoit. C'est pourquoi il est décidé que je ne puis être admis à revenir contre la convention, sur le prétexte qu'il s'est trouvé, depuis la convention, beaucoup de choses dépendantes de la succession, qui n'étoient pas à ma connoissance : *Sub prœtextu specierum post repertarum, generali transactione finita rescindi prohibent jura; l. 29, cod. de transact.*

Pourvu néanmoins que ces choses ne m'aient pas été cachées par mon cohéritier, avec qui j'ai traité de ma part en la succession, et qui avoit ces choses par-devers lui; car en ce cas, c'est un dol de sa part, qui donne lieu à revenir contre la contravention : c'est pourquoi il est dit en la même loi : *Error circà proprietatem rei apud alium* EXTRA PERSONAS TRANSIGENTIUM, *tempore transactionis constitutœ, nihil potest nocere.*

Notre régle étant fondée sur la présomption que les parties qui traitent d'une universalité de choses ont intention de traiter de toutes les choses qui la composent, soit qu'elles en aient connoissance ou non, elle souffre exception lorsqu'il paroît au contraire que les parties n'ont entendu traiter que des choses contenues sous cette universalité, qui étoient à leur connoissance; comme lorsqu'elles ont traité relativement à un inventaire. *Putà*, si par un acte entre mon cohéritier et moi, il est dit que je lui cède pour une certaine somme ma part dans tout le mobilier de la succession *compris dans l'inventaire*, ou *suivant l'inventaire*, il est clair, en ce cas, que notre intention n'a été de traiter que de ce qui est compris dans l'inventaire, et non de ce qui a été omis, et n'étoit pas encore à notre connoissance.

DIXIÈME RÈGLE.

100. Lorsque dans un contrat on a exprimé un cas, pour le doute qu'il auroit pu y avoir, si l'engagement qui

résulte du contrat s'étendoit à ce cas, on n'est pas censé par là avoir voulu restreindre l'étendue que cet engagement a de droit, à tous ceux qui ne sont pas exprimés.

Quæ dubitationis tollendæ causâ, contractibus inseruntur, jus commune non lædunt; l. 81, ff. de regulis jur.; l. 56, mand.

Voyez un exemple de cette règle en la susdite loi 56, d'où elle est tirée. En voici une autre. Si par un contrat de mariage il est dit : Les futurs époux seront en communauté de biens, dans laquelle communauté entrera le mobilier des successions qui leur écherront; cette clause n'empêche pas que toutes les autres choses qui de droit commun entrent dans la communauté conjugale, n'y entrent ; parcequ'elle n'est ajoutée que pour lever le doute que les parties peu instruites ont cru qu'il pourroit y avoir, si le mobilier des successions y devoit entrer.

ONZIÈME RÈGLE.

101. Dans les contrats, de même que dans les testaments, une clause conçue au pluriel se distribue souvent en plusieurs clauses singulières.

Par exemple, si par le contrat de donation que j'ai faite à Pierre et à Paul mes domestiques, d'un certain héritage, il est dit, *à la charge qu'après leur mort sans enfants, ils le restitueront au donateur ou à sa famille,* cette clause, conçue au pluriel, se distribue en ces deux clauses singulières, *à la charge que Pierre, après sa mort sans enfants, restituera l'héritage pour la part qu'il a eue, au donateur, etc.,* et pareillement, *à la charge que Paul, après sa mort sans enfants, restituera, etc. Arg.* l. 78, §. 7, ff. *ad sc. Trebel.*

DOUZIÈME RÈGLE.

102. Ce qui est à la fin d'une phrase se rapporte ordinairement à toute la phrase, et non pas seulement à ce qui précède immédiatement; pourvu néanmoins que cette

fin de phrase convienne en genre et en nombre à toute la phrase.

Par exemple, si dans le contrat de vente d'une métairie, il est dit qu'elle est vendue avec tout ce qui s'y trouve de blé, menus grains, fruits et vins qui y ont été récoltés cette année ; ces termes, *qui y ont été récoltés cette année*, se rapportent à toute la phrase, et non pas seulement aux vins ; et en conséquence les blés vieux ne sont pas moins exceptés de la vente que les vins vieux. Il en seroit autrement s'il étoit dit, *et le vin qui y a été recueilli cette année*; ces termes, *qui y a été recueilli cette année*, qui sont au singulier, ne se rapportent qu'au vin, et non pas au reste de la phrase, n'étant pas concordants en nombre. Voyez *in Pand. Justin., tit. de leg. n. 189 et 190.*

ARTICLE VIII.

Du serment que les parties contractantes ajoutent quelquefois à leurs conventions.

103. Les parties contractantes emploient quelquefois le serment pour assurer davantage l'accomplissement futur des engagements qu'elles contractent.

Le serment dont il est ici question est un acte religieux par lequel une personne déclare qu'elle se soumet à la vengeance de Dieu, ou qu'elle renonce à sa miséricorde, si elle n'accomplit pas ce qu'elle a promis ; c'est ce qui résulte de ces formules : *Ainsi Dieu me soit en garde ou en aide; Je veux que Dieu me punisse, si je manque à ma parole, etc.*

104. Les prétentions des gens d'église avoient autrefois rendu bien commun l'usage du serment dans tous les contrats : ils prétendoient que la connoissance de toutes les contestations sur l'exécution des contrats qui étoient confirmés par serment, appartenoit au juge d'église, parceque le serment étant un acte de religion, et le refus d'exécuter une obligation confirmée par serment étant un

violement de la religion du serment, la religion paroissoit intéressée dans les contestations sur l'exécution de ces engagements, ce qui devoit les rendre de la compétence du juge d'église.

C'est pourquoi les notaires, qui étoient gens d'église, ne manquoient pas d'insérer dans les contrats qu'ils passoient, que les parties avoient fait serment de ne contrevenir à aucune clause du contrat, et de les exécuter fidèlement, afin d'assurer aux juges d'église la connoissance de l'exécution du contrat: ce style se voit encore dans plusieurs anciens actes.

Il y a très long-temps que les gens d'église ont été forcés d'abandonner ces prétentions, auxquelles l'ignorance avoit donné lieu; et l'usage des serments a cessé dans les contrats des particuliers : néanmoins, comme il arrive encore quelquefois que des personnes emploient le serment pour assurer l'accomplissement futur de leurs promesses, il ne sera pas hors de propos d'examiner sommairement quel peut être l'effet de ce serment.

105. Ce serment n'a que peu ou point d'effet dans le for extérieur. Car, ou l'obligation est valable par elle-même dans le for extérieur, ou elle ne l'est pas. Lorsqu'elle est valable par elle-même, le serment est superflu, puisque sans qu'il intervienne, le créancier envers qui elle a été contractée, a action contre son débiteur pour en exiger l'accomplissement : le serment n'ajoute rien à cette action, et ne donne pas plus de droit au créancier qu'il n'en auroit eu s'il n'eût pas été interposé.

Lorsque l'obligation par elle-même n'est pas valable dans le for extérieur, et est de celles pour lesquelles la loi civile a jugé à propos de dénier l'action, le serment est pareillement de nul effet dans le for extérieur; car la loi civile n'en dénie pas moins l'action au créancier.

Par exemple, un cabaretier ne laisse pas d'être non-recevable à demander en justice à des domiciliés le paiement des dépenses faites en son cabaret; un joueur ne laisse pas d'être non-recevable à demander le paiement d'une dette du jeu, quoique dans l'un et dans l'autre cas le débiteur se soit obligé par serment de payer. La raison est que le serment étant un accessoire de l'engagement, la loi qui répute nul l'engagement, doit, par une conséquence nécessaire, réputer nul le serment, suivant cette règle de droit : *Cùm principalis causa non consistit, ne ea quidem quæ sequuntur locum habent*, l. 129, §. 1, ff. de R. J.

Ajoutez qu'il ne doit pas dépendre des particuliers, en interposant le serment, de rendre valables des engagements que la loi civile a jugé à propos de réprouver : ce seroit éluder par ce moyen la loi.

106. Suivant les lois romaines, le serment que l'une des parties fait d'entretenir la convention n'a à la vérité aucun effet lorsqu'elle est nulle, par rapport à ce qui en est l'objet, qui est en soi quelque chose d'illicite, l. 7, §. 16, ff. de pact., ou par rapport à la violence qu'on y a employée, *Auth. Sacramenta, Cod. si adv. vend.* Mais lorsqu'elle n'est attaquable que pour cause de minorité de l'une des parties contractantes, le serment que le mineur qui a exécuté la convention fait de ne pas se pourvoir contre, a l'effet de l'y rendre non-recevable. C'est ce que décide Alexandre Sévère, dans l'espèce de la vente d'un héritage faite par un mineur qui s'étoit engagé envers l'acheteur de ne pas revenir contre : *Nec perfidiæ, lui répondit l'empereur, nec perjurii me autorem tibi futurum sperare debuisti*, l. 1, Cod. si adv. vend.

Automne, sur cette loi, nous apprend que cette décision n'est pas suivie dans notre pratique françoise. La raison est qu'autrement les lois qui subviennent aux mineurs seroient toujours éludées, étant facile à ceux qui contractent avec eux de leur faire interposer ce serment. La coutume de Bretagne, *art.* 471, décide formellement que les contrats des mineurs ne sont pas valables par leur serment.

C'est principalement dans le for de la conscience que le serment par lequel quelqu'un s'est engagé à l'accomplissement de ce qu'il a promis peut avoir quelque effet. Il a cet effet, de rendre plus étroite l'obligation, et de rendre plus coupable celui qui y contrevient : car celui qui, s'étant engagé par serment, manque volontairement à son engagement, ajoute à l'infidélité qui résulte de toute contravention volontaire à un engagement, le crime de parjure.

107. Le serment a cet effet, lorsque l'engagement est en soi valable, au moins dans le for de la conscience; mais si l'engagement étoit nul, même dans le for de la conscience, le serment qu'on auroit fait de l'accomplir sera-t-il nul? C'est ce que nous allons examiner en parcourant les différents vices qui peuvent rendre nuls les engagements.

Lorsque l'engagement est nul par rapport à ce qui en fait l'objet, *putà*, lorsque quelqu'un s'est obligé à donner une chose qui est hors du commerce, ou lorsqu'il s'est obligé à faire quelque chose qui est impossible, il est évident que le serment qu'on a fait de l'accomplir ne peut pas être obligatoire, ni avoir aucun effet.

Tous conviennent aussi que le serment d'accomplir un engagement illicite n'est pas obligatoire, qu'on pèche en faisant ce serment, et qu'on pécheroit doublement en l'accomplissant : en ce cas *scelus est fides*.

Cette décision a lieu, non seulement lorsque la chose est illicite par le droit naturel, mais même lorsqu'elle est illicite par le droit civil : car nous sommes obligés en conscience d'obéir à la loi civile, et le serment ne peut nous dispenser de cette obligation.

Lorsque le vice d'erreur, dont nous avons traité *supra*, art. 3, §. II, rend la convention nulle, elle rend pareillement nul le serment dont elle seroit accompagnée : car la convention étant absolument nulle, il n'en peut naître aucun engagement que le serment puisse confirmer.

108. Il y a plus de difficulté à l'égard d'un vice de violence. Grotius convient qu'une promesse qui a été extorquée par une violence injuste, n'oblige point celui qui l'a faite à l'accomplir, parceque, quand il seroit vrai qu'il naîtroit de cette promesse une obligation qui donneroit un droit contre moi à celui à qui je l'ai faite, il seroit, de son côté, pour réparation de la violence injuste qu'il a

exercée contre moi, tenu de m'acquitter. Mais lorsque cette promesse extorquée par une violence injuste a été confirmée par serment, quoique pareillement extorqué, Grotius prétend que je suis en conscience obligé de la tenir ; parceque si je ne suis pas obligé de la tenir vis-à-vis de celui à qui je l'ai faite, par les raisons ci-dessus rapportées, je m'y trouve obligé envers Dieu, à qui je suis censé l'avoir promis par le serment que j'ai fait : c'est pourquoi si je n'accomplis pas cette promesse lorsqu'il est en mon pouvoir de le faire, je me rends coupable de parjure ; *Grot. lib.* 2, *chap.* 13, *n.* 14.

Le même auteur observe que l'héritier de celui qui a fait ce serment n'est pas tenu de l'obligation qui en résulte ; parceque mon héritier, qui succède à ma personne civile et qui me représente en tant que membre de la société civile, succède bien à mes obligations contractées envers les hommes dans le commerce de la société civile ; mais il ne succède pas à mes obligations envers Dieu. *Ibid. n.* 17.

109. Saint Thomas, 11, 2, *Q.* 89, *art.* 7, a aussi pensé qu'une promesse, quoique accompagnée de serment, n'étoit pas à la vérité obligatoire vis-à-vis de celui qui l'avoit extorquée par une violence injuste, mais qu'elle l'étoit devant Dieu et dans le for de la conscience ; que cette obligation n'étoit pas à la vérité fondée sur aucun vœu ou sur aucune promesse, mais qu'elle étoit fondée sur le respect dû au saint nom de Dieu, qui est violé lorsque nous n'accomplissons pas ce que nous avons promis par ce saint nom.

Il apporte néanmoins ce tempérament, qu'après que j'ai satisfait à mon serment en payant la chose que l'on m'a forcé de promettre par serment, je puis en poursuivre en justice la répétition, si je puis prouver la violence qu'on m'a faite.

Ce tempérament souffre difficulté : car est-ce véritablement payer une chose et satisfaire à son serment, que de la payer *dicis causâ*, et dans l'intention de répéter ce qu'on a payé ? C'est pourquoi Grotius réfute ce sentiment. *Pra-*

bare non possum, dit-il, *quod à quibusdam traditum est, eum qui prædoni quicquam promiserit, momentaneâ solutione posse defungi, ita ut liceat quod solvit recuperare; verba enim juramenti, quôd ad Deum, simplicissimè, et cum effectu sunt accipienda; d. cap. 13, n. 15.*

110. Les papes ont aussi décidé qu'une promesse accompagnée de serment, quoique extorquée par une violence injuste, obligeoit devant Dieu. C'est la décision d'Alexandre III, au *ch. 8, extra de jurejur.* Célestin III, *ch. 15, d. t.* dit que les papes, lorsqu'ils absolvent du violement de ce serment, n'entendent pas porter ceux qui ont fait de pareils serments à les violer, mais seulement user d'indulgence pour ce violement, qui doit être traité avec l'indulgence que méritent les fautes vénielles, et non pas puni avec la rigueur que méritent les fautes mortelles. *Non eis dicatur ut juramenta non servent; sed si non ea attenderint, non ob hoc tanquam pro mortali crimine puniendi.*

111. Pufendorf, iv, 2, 8, pense au contraire qu'une promesse extorquée par violence, quoique confirmée par serment, n'est pas plus obligatoire devant Dieu que devant les hommes. Ses raisons sont, 1° qu'un tel serment, lorsqu'il est adressé à la personne à qui je promets une chose, n'est qu'une attention solennelle et religieuse de la promesse que je fais à cette personne, mais ce n'est pas un vœu; il ne contient pas une promesse particulière que je fasse à Dieu d'accomplir la promesse que j'ai faite à cette personne, ni par conséquent aucune obligation envers Dieu. 2° Quand même on concevroit dans ce serment une espèce de vœu que je ferois à Dieu d'accomplir la promesse que j'ai faite, ce vœu ne seroit pas obligatoire envers Dieu; car de même que les promesses qu'on fait aux hommes ne sont obligatoires qu'autant qu'elles sont acceptées par ceux à qui on les fait, de même les vœux que l'on fait à Dieu n'obligent point envers Dieu qu'autant qu'on peut croire que Dieu les agrée et les accepte. Or peut-on croire que ce soit une chose agréable à Dieu, et que Dieu agrée qu'un innocent se dépouille de ses biens

au profit d'un scélérat qui a extorqué sa promesse par une violence injuste qu'il lui a faite?

A l'égard du respect dû au saint nom de Dieu, sur lequel saint Thomas fonde l'obligation de tenir ce qui a été promis par serment, on ne peut pas, à la vérité, disconvenir que c'est manquer au respect dû au saint nom de Dieu, et pécher grièvement, que de promettre avec serment, quoique par violence, ce qu'on n'a pas intention de tenir, puisque c'est faire servir le saint nom de Dieu à un mensonge : et Pufendorf n'en sauroit disconvenir. Mais après que ce serment a été fait, soit que la personne eût véritablement alors l'intention d'accomplir sa promesse, auquel cas il n'y a pas eu de péché; soit que dès ce temps elle n'eût pas cette intention, auquel cas elle a péché en faisant ce serment, le violement de ce serment ne paroît pas à Pufendorf être de même un péché, et une chose contraire au culte de Dieu. Le repentir que doit avoir la personne d'avoir fait le serment avec intention de ne pas tenir sa promesse, peut paroître exiger qu'elle donne ce qu'elle a promis; et dans le cas auquel elle avoit alors l'intention de le donner, la crainte qu'elle peut avoir de scandaliser les foibles, peut aussi la porter à donner ce qu'elle a promis de donner; mais dans ce cas, Pufendorf pense qu'elle fera mieux de l'appliquer à des œuvres pies que de le donner à celui qui a extorqué d'elle la promesse qu'elle lui a faite, à qui cela n'est pas dû, et qui s'en serviroit pour continuer ses crimes.

112. Il nous reste à dire un mot du dol. Il n'est pas douteux qu'une promesse, quoique attestée par serment, qui m'a été surprise par le dol de celui à qui je l'ai faite, n'est pas plus obligatoire vis-à-vis de lui que ne le seroit une promesse extorquée par violence : car son dol ne l'oblige pas moins envers moi à m'en acquitter, que ne l'y obligeroit la violence. Mais ce serment oblige-t-il devant Dieu à tenir sa promesse? Dans le système de Pufendorf, qui pense que celui extorqué par violence n'oblige pas, celui-ci ne doit pas obliger non plus. En

adoptant le sentiment de Grotius et des autres qui pensent que le serment extorqué par violence oblige, il n'en faut pas toujours conclure que celui qui a été surpris par le dol de celui à qui la promesse a été faite, oblige pareillement : car lorsqu'il est constant que ce serment a pour fondement la fausse supposition de quelque fait, sans quoi la promesse n'auroit pas été faite, Grotius, *ibid. n.* 4, convient que le serment n'a aucun effet, même devant Dieu. La raison de cette différence est que celui qui promet, quoique contraint, promet absolument, et sans faire dépendre sa promesse d'aucune condition ; au lieu que celui-ci a intention de faire dépendre sa promesse, en quelque façon, de la vérité du fait qu'il suppose, et qui y sert de fondement.

SECTION II.

Des autres causes des obligations.

§. I. Des quasi-contrats.

113. On appelle quasi-contrat le fait d'une personne permis par la loi, qui l'oblige envers une autre, ou oblige une autre personne envers elle, sans qu'il intervienne aucune convention entre elles.

Par exemple, l'acceptation qu'un héritier fait d'une succession est un quasi-contrat vis-à-vis des légataires : car c'est un fait permis par les lois, qui oblige cet héritier envers les légataires, à leur payer les legs portés par le testament du défunt, sans qu'il soit intervenu aucune convention entre cet héritier et les légataires.

Un autre exemple de quasi-contrat, c'est lorsque quelqu'un paye par erreur de fait une chose qu'il ne doit pas. Le paiement de cette chose est un fait qui oblige celui qui l'a reçue à la rendre à celui qui l'a payée, quoiqu'on ne puisse pas dire qu'il soit intervenu en ce cas entre eux aucune convention pour la restitution de cette chose.

La gestion que quelqu'un fait des affaires d'un absent qui ne l'en a point chargé, est aussi un quasi-contrat qui l'oblige à en rendre compte, et oblige l'absent envers lui à l'indemniser de tout ce qu'il a déboursé.

Il y a quantité d'autres exemples de quasi-contrats que nous passons sous silence.

114. Dans les contrats, c'est le consentement des parties contractantes qui produit l'obligation; dans les quasi-contrats, il n'intervient aucun consentement, et c'est la loi seule ou l'équité naturelle qui produit l'obligation, en rendant obligatoire le fait d'où elle résulte. C'est pour cela que ces faits sont appelés *quasi-contrats;* parceque, sans être des contrats, ni encore moins des délits, ils produisent des obligations comme en produisent les contrats.

115. Toutes personnes, même les enfants et les insensés, qui ne sont pas capables de consentement, peuvent, par le quasi-contrat qui résulte du fait d'un autre, être obligées envers lui et l'obliger envers elles : car ce n'est pas le consentement qui forme ces obligations, et elles se contractent par le fait d'un autre, sans aucun fait de notre part. L'usage de la raison est à la vérité requis dans la personne dont le fait forme un quasi-contrat; mais il n'est pas requis dans les personnes par qui ou envers qui les obligations qui résultent de ce fait sont contractées.

Par exemple, si quelqu'un a géré les affaires d'un enfant ou d'un insensé, cette gestion, qui est un quasi-contrat, oblige cet enfant ou cet insensé à tenir compte à celui qui a géré ses affaires de ce qu'il a utilement dépensé; et elle oblige réciproquement envers lui celui qui a géré ses affaires à rendre compte de sa gestion.

Il en est de même des femmes qui sont sous puissance de mari : elles peuvent de cette manière être obligées envers les autres, et obliger les autres envers elles, sans être autorisées de leurs maris : car la loi qui leur défend de s'obliger ni de rien faire que dépendamment de leurs maris et avec leur autorité, n'annulle que ce qu'elles feroient sans son autorité, et non pas les obligations qui sont formées sans aucun fait de leur part.

§. II. Des délits et quasi-délits.

116. Les délits sont la troisième cause qui produit les obligations, et les quasi-délits la quatrième.

On appelle *délit* le fait par lequel une personne, par dol ou malignité, cause du dommage ou quelque tort à un autre.

Le *quasi-délit* est le fait par lequel une personne, sans malignité, mais par une imprudence qui n'est pas excusable, cause quelque tort à un autre.

117. Les délits ou quasi-délits diffèrent des quasi-contrats, en ce que le fait d'où résulte le quasi-contrat est un fait permis par les lois; au lieu que le fait qui forme le délit ou quasi-délit est un fait condamnable.

118. Il résulte de la définition que nous avons donnée des délits et quasi-délits, qu'il n'y a que les personnes qui ont l'usage de la raison qui en soient capables : car celles qui ne sont pas raisonnables, telles que sont les enfants et les insensés, ne sont capables ni de malignité, ni d'imprudence.

C'est pourquoi si un enfant ou un fou fait quelque chose qui cause du tort à quelqu'un, il n'en résulte aucune obligation de la personne de cet enfant ou de ce fou : car ce fait n'est ni un délit, ni un quasi-délit, puisqu'il ne renferme ni imprudence, ni malignité, dont ces sortes de personnes ne sont pas susceptibles.

On ne peut pas précisément définir l'âge auquel les hommes ont l'usage de la raison, et sont par conséquent capables de malignité, les uns l'ayant plus tôt que les autres; cela doit s'estimer par les circonstances : mais dès qu'une personne a l'usage de la raison, et qu'on aperçoit dans le fait par lequel elle a causé quelque tort à un autre, de la réflexion et de la malignité, le fait est un délit; et la personne qui l'a commis, quoiqu'elle n'ait pas encore atteint l'âge de puberté, contracte l'obligation de réparer le tort qu'elle a causé. De là naît cette maxime : *Neminem in de-*

lictis œtas excusat. L'imprudence s'excuse bien plus facilement dans les jeunes gens.

119. Quoique l'ivresse fasse perdre l'usage de la raison, une personne ne laisse pas d'être obligée à la réparation du tort qu'elle fait à quelqu'un dans l'état d'ivresse : car c'est sa faute de s'être mise volontairement dans cet état. Et en cela un homme ivre diffère des enfants et des insensés, auxquels on ne peut imputer aucune faute.

120. Il n'est pas douteux qu'un interdit pour cause de prodigalité s'oblige à la réparation du tort qu'il cause par les délits ou quasi-délits qu'il commet, quoiqu'il ne puisse contracter aucune obligation en contractant. La raison de cette différence est évidente. Ceux avec qui il a contracté doivent s'imputer d'avoir contracté avec lui, une interdiction étant publique, et devant par conséquent leur être connue. Mais on ne peut rien imputer à ceux à qui il a causé quelque tort par ses délits ou quasi-délits ; ils ne doivent pas souffrir de son interdiction, elle ne doit pas procurer l'impunité de ses délits. Cette raison sert aussi à décider qu'un interdit peut être condamné à des amendes pécuniaires pour ses délits ou quasi-délits, contre l'avis de la Glose *ad l. si quis,* 7, Cod. *undè vi;* de Barthole, *ad l. is qui bonis,* 6, ff. *de verb. obl.* et de quelques autres docteurs, qui disent que, *Potest quidem se obligare ad pœnam corporalem, sed non ad pœnam pecuniariam, quia res suas alienare non potest :* car l'interdiction n'est établie que pour l'empêcher de contracter témérairement, et non pour lui procurer l'impunité de ses délits.

Tout ce que nous venons de dire des interdits reçoit application à l'égard des mineurs pubères, ou voisins de la puberté, qui sont encore sous puissance de tuteur ; sauf que les fautes d'imprudence, que nous appelons *quasi-délits,* s'excusent plus facilement dans ces personnes, que dans les majeurs interdits pour prodigalité.

121. Non seulement la personne qui a commis le délit ou le quasi-délit est obligée à la réparation du tort qu'elle a

causé; celles qui ont sous leur puissance cette personne, telles que sont les pères, mères, tuteurs et précepteurs, sont tenues de cette obligation, lorsque le délit ou quasi-délit a été commis en leur présence, et généralement lorsque pouvant l'empêcher, elles ne l'ont pas fait : mais si elles n'ont pu l'empêcher, elles n'en sont point tenues. *Nullum crimen patitur is qui non prohibet, quum prohibere non potest*; l. 109, ff. *de R. J.* Quand même le délit auroit été commis à leur vu et su. *Culpâ caret qui scit, sed prohibere non potest*; l. 50, ff. *d. t.*

On rend aussi les maîtres responsables du tort causé par les délits et quasi-délits de leurs serviteurs ou ouvriers qu'ils emploient à quelque service. Ils le sont même dans le cas auquel il n'auroit pas été en leur pouvoir d'empêcher le délit ou quasi-délit, lorsque les délits ou quasi-délits sont commis par lesdits serviteurs ou ouvriers dans l'exercice des fonctions auxquelles ils sont employés par leurs maîtres, quoiqu'en l'absence de leurs maîtres; ce qui a été établi pour rendre les maîtres attentifs à ne se servir que de bons domestiques.

A l'égard des délits ou quasi-délits qu'ils commettent hors de leurs fonctions, les maîtres n'en sont point responsables.

122. Observez que ceux qui sont tenus de l'obligation d'un délit commis par une autre personne, auquel ils n'ont point concouru, en sont tenus différemment de l'auteur du délit. Quoique celui-ci soit contraignable par corps au paiement de la somme à laquelle il aura été condamné pour la réparation du tort qu'il a causé, lorsque le délit est de nature à donner lieu à cette contrainte, les personnes qui en sont responsables ne le sont que civilement, et ne peuvent être contraintes que par saisie de leurs biens, et non par emprisonnement de leurs personnes.

§. III. De la loi.

123. La loi naturelle est la cause au moins médiate de

toutes les obligations : car si les contrats, délits et quasi-délits produisent des obligations , c'est primitivement parceque la loi naturelle ordonne que chacun tienne ce qu'il a promis , et qu'il répare le tort qu'il a commis par sa faute.

C'est aussi cette même loi qui rend obligatoires les faits d'où il résulte quelque obligation , et qui sont pour cet effet appelés *quasi-contrats* , comme nous l'avons déja remarqué.

Il y a des obligations qui ont pour seule et unique cause immédiate la loi. Par exemple , ce n'est en vertu d'aucun contrat ni quasi-contrat, que les enfants, lorsqu'ils en ont le moyen , sont obligés de fournir des aliments à leurs père et mère qui sont dans l'indigence ; c'est la loi naturelle seule qui produit en eux cette obligation.

L'obligation que contracte la femme de restituer la somme qu'elle a empruntée sans l'autorité de son mari, lorsque cette somme a tourné à son profit, n'est point non plus formée par aucun contrat , ni quasi-contrat : car le contrat de prêt qui lui a été fait de cette somme sans l'autorité de son mari, étant nul , ne peut par lui-même produire aucune obligation : *Quod nullum est, nullum producit effectum.* Son obligation est donc produite par la loi naturelle seule, qui ne permet pas que quelqu'un s'enrichisse aux dépens d'autrui : *Neminem æquum est cum alterius damno locupletari* ; l. 206, ff. de *Reg. Jur.*

L'obligation en laquelle est le propriétaire d'une maison de la ville d'Orléans de vendre à son voisin la communauté de son mur qui sépare les deux maisons, lorsque ce voisin veut bâtir contre , est une obligation qui a pour seule et unique cause la loi municipale qui en a une disposition.

On peut rapporter beaucoup d'autres exemples d'obligations, qui ont pour seule et unique cause la loi.

Ces obligations produisent une action que l'on appelle *condictio ex lege.*

SECTION III.

Des personnes entre lesquelles peut subsister une obligation.

124. Il ne peut y avoir d'obligation sans deux personnes ; l'une qui ait contracté l'obligation, et l'autre envers qui elle soit contractée.

Celui au profit duquel elle a été contractée s'appelle *créancier*; celui qui l'a contractée s'appelle *débiteur*.

125. Quoiqu'il soit de l'essence de l'obligation qu'il y ait deux personnes, dont l'une soit créancier, et l'autre débiteur, néanmoins l'obligation ne se détruit pas par la mort de l'une ou de l'autre : car cette personne est censée survivre à elle-même dans la personne de ses héritiers, qui succèdent à tous ses droits et à toutes ses obligations.

126. Quand même le créancier ou le débiteur ne laisseroit aucun héritier, il ne laisseroit pas d'être censé survivre à lui-même par sa succession vacante : car la succession vacante d'un défunt le représente, tient lieu de sa personne, et succède en tous ses droits, comme en toutes ses obligations : *Hereditas personæ defuncti vicem sustinet*: et cette personne fictive, soit du créancier, soit du débiteur, suffit pour faire subsister l'obligation après la mort, soit de l'un, soit de l'autre.

Non seulement une obligation peut continuer de subsister dans la personne fictive d'une succession vacante, ou envers une telle personne fictive; il y a même certaines obligations qui peuvent être contractées par une telle personne fictive, ou envers une telle personne fictive.

Par exemple, lorsqu'un curateur créé à une succession vacante administre les biens de cette succession, il contracte envers la personne fictive de la succession vacante l'obligation de rendre compte de sa gestion; et *vice versâ*, cette personne fictive de la succession vacante contracte envers ce curateur l'obligation de lui faire raison de ce qu'il lui en a coûté pour sa gestion.

On peut apporter plusieurs autres exemples d'obligations contractées par une succession vacante : telle est celle qu'elle contracte envers le curé qui a enterré le défunt, pour le paiement de ses droits de funérailles. *Vice versâ*, si quelqu'un vole quelque effet d'une succession vacante, ou y cause quelque dommage, il en résulte des obligations qu'il contracte envers la succession vacante.

127. Les corps et communautés sont des espèces de personnes civiles, qui peuvent contracter des obligations, et envers qui l'on en peut contracter.

128. Il est clair que les fous, les insensés, les enfants, ne sont pas capables de contracter les obligations qui naissent des délits ou des quasi-délits, ni de contracter par eux-mêmes celles qui naissent des contrats, puisqu'ils ne sont pas capables de consentement, sans lequel il ne peut y avoir ni conventions, ni délit ou quasi-délit : mais ils sont capables de contracter toutes les obligations qui se contractent sans le fait de la personne qui les contracte. Par exemple, si quelqu'un a géré utilement les affaires d'un fou, d'un insensé, d'un enfant; cet enfant, cet insensé, ce fou contracte l'obligation de rembourser cette personne de ce qu'il lui en a coûté pour cette gestion, comme on l'a déjà vu *n.* 115. Ils contractent aussi toutes les obligations que leurs tuteurs et curateurs contractent pour eux et en leur nom; *n.* 74.

Par le droit romain, il ne se pouvoit contracter d'obligation entre le père et l'enfant qui étoit sous sa puissance, si ce n'étoit *ex certis causis; putà, ex causâ castrensis peculii.* La raison est que l'enfant qui étoit sous cette puissance, ne pouvoit, *extrà has causas*, rien avoir en propre, et acquéroit à son père tout ce qu'il acquéroit. La puissance paternelle n'ayant point dans notre droit cet effet, rien n'empêche qu'un père ne contracte des obligations envers ses enfants, et que ses enfants n'en contractent envers lui.

SECTION IV.

De ce qui peut faire l'objet et la matière des obligations.

129. Il ne peut y avoir d'obligation, qu'il n'y ait quelque chose qui soit dû, qui en fasse l'objet et la matière.

§. I. Thèse générale sur ce qui peut être l'objet des obligations.

130. L'objet d'une obligation peut être une chose proprement dite (*res*), que le débiteur s'oblige de donner; ou un fait (*factum*), que le débiteur s'oblige de faire ou de ne pas faire : c'est ce qui résulte de la définition que nous avons donnée de l'obligation.

Non seulement les choses mêmes (*res*) peuvent être l'objet d'une obligation; le simple usage d'une chose, ou la simple possession de la chose, en peut être l'objet. Par exemple, lorsque quelqu'un loue sa chose, c'est l'usage de sa chose, plutôt que la chose même, qui est l'objet de l'obligation qu'il contracte.

Lorsque quelqu'un s'oblige à me donner quelque chose en nantissement, c'est plutôt la possession de la chose, que la chose même qui est l'objet de son obligation. On peut apporter mille autres exemples.

§. II. Quelles choses peuvent être l'objet d'une obligation.

131. Toutes les choses qui sont dans le commerce peuvent être l'objet des obligations.

Non seulement un corps certain et déterminé, comme un tel cheval, peut être l'objet d'une obligation; mais quelque chose d'indéterminé peut aussi en être l'objet, comme lorsque quelqu'un s'engage à me donner un cheval, sans déterminer quel cheval. Il faut néanmoins que la chose indéterminée qui fait l'objet de l'obligation, ait dans son indétermination une certaine considération morale; *oportet ut genus quod debetur, habeat certam finitionem;* comme lorsqu'on a promis un cheval, une vache, un chapeau, en général : mais si l'indétermination de la chose est telle qu'elle la réduise presque à rien, il n'y aura pas d'obligation, faute de chose qui en soit l'objet et la matière, parceque, dans l'ordre moral, *presque rien* est regardé comme rien. Par exemple, de l'argent, du blé, du vin, sans que la quantité soit déterminée, ni déterminable, ne peuvent être l'objet d'une obligation, parceque cela se peut réduire à presque rien, comme à un denier, à un grain de blé, à une goutte de vin. C'est par cette raison que la loi 94, ff. *de verb. oblig.* décide que la stipulation *triticum dare oportere*, ne produit aucune obligation lorsqu'on ne peut savoir la quantité que les contractants avoient en vue.

Au reste, il n'est pas nécessaire que la quantité qui fait l'objet de l'obligation soit actuellement déterminée, lorsque l'obligation est contractée, pourvu qu'elle soit déterminable. Par exemple, si quelqu'un s'est obligé de m'indemniser des dommages et intérêts que j'ai soufferts ou que je pourrai souffrir en une telle occasion, l'obligation est valable, quoique la somme d'argent à laquelle ils montent ne soit pas encore déterminée, parceequ'elle est déterminable par l'estimation qui s'en fera. Pareillement, si quelqu'un s'est obligé de me fournir du blé pour la nourriture de ma famille pendant un an, l'obligation est valable, quoiqu'il n'ait pas déterminé la quantité, parcequ'elle est déterminable par l'estimation qui se fera de ce qui est nécessaire pour cela.

132. Les choses qui n'existent pas encore, mais dont on attend l'existence, peuvent être l'objet d'une obligation, de manière néanmoins que l'obligation dépende de la condition de leur future existence.

Par exemple, lorsque je m'oblige à livrer à un marchand de vin le vin que je recueillerai cette année, l'obligation est valablement contractée, quoiqu'elle n'existe pas encore. Mais si mes vignes gèlent, et qu'il n'y en ait point à recueillir, l'obligation s'évanouit, faute de chose qui en soit l'objet, comme si elle n'avoit jamais été contractée.

Cette règle, que les choses futures peuvent être l'objet d'une obligation, reçoit une exception par les lois romaines à l'égard des successions futures. Ces lois proscrivent, comme indécentes et contraires à l'honnêteté publique, toutes les conventions par rapport aux successions futures, soit celle par laquelle une personne traiteroit ou disposeroit de sa propre succession future envers une autre personne à qui il promettoit de la lui laisser, quand même cette convention se feroit par un contrat de mariage, *l.* 15, *cod. de pact.*, soit celles par lesquelles des parties traiteroient de la succession future d'un tiers, que lesdites parties ou l'une d'elles s'attendent de recueillir, *l. fin. cod. de pact.*; à moins que ce tiers n'intervînt et ne donnât son consentement à la convention, *d. l. l. fin.*

Dans notre droit françois, la faveur des contrats de mariage y a fait admettre les conventions sur les successions futures. Nous pouvons, par le contrat de mariage d'une personne, nous engager envers elle de lui laisser notre succession future en tout ou en partie : nous pouvons pareillement nous engager de la laisser aux enfants qui naîtront du mariage. C'est ce qui se fait par les institutions d'héritier contractuelles, qui sont en usage dans nos contrats de mariage, et dont nous avons traité en l'Appendice qui est à la fin de notre *Introduction au titre des successions de la coutume d'Orléans.* On peut pareillement, par les contrats de mariage, faire, pour l'intérêt de l'une des deux familles contractantes, telles conventions qu'on juge à propos sur les successions futures des tiers. Les stipulations de propre *à ceux du côté et ligne* sont des conventions de cette espèce. Nous en avons traité en notre *Introduction générale sur la coutume d'Orléans, chap.* 3, *art.* 4, §. 3. Hors les contrats de mariage, les conventions sur les successions futures sont rejetées par notre droit françois, de même qu'elles l'étoient par le droit romain.

Il ne faut pas confondre avec une succession future la substitution ou le fidéicommis des biens d'un défunt qui me les a laissés à la charge de les rendre à quelqu'un après ma mort. Cette substitution ou fidéicommis n'est pas une succession future; elle ne fait pas partie de ma succession future; c'est une simple dette dont je suis tenu après ma mort envers ceux qui sont appelés à la substitution, et dont ils peuvent traiter de mon vivant, soit avec moi, soit entre eux, *l.* 1 et 16, *cod. de pact.; l.* 14, *cod. de trans.*

La règle que les choses futures peuvent être l'objet d'une obligation, reçoit une autre exception par les lois de police, telles que sont celles qui défendent aux marchands d'acheter les blés ou les foins avant la récolte, les laines avant la tonte, et déclarent tels marchés nuls. *Voyez le Traité de Police de Delamare.*

133. Non seulement les choses qui appartiennent au débiteur peuvent être l'objet de son obligation, mais même celles qui ne lui appartiennent pas, lorsqu'il s'est obligé de les donner; et il est obligé de les racheter de ceux à qui elles appartiennent, pour les donner à celui à qui il les a promises.

Si ceux à qui elles appartiennent ne vouloient pas les vendre, le débiteur ne pourroit pas se prétendre quitte de son obligation, sur le prétexte qu'il ne tient pas à lui de l'accomplir, et qu'on ne peut pas être obligé à l'impossible. Car cette maxime, qu'on n'est pas obligé à l'impossible, n'est vraie que lorsque l'impossibilité est absolue; mais lorsque la chose est possible en soi, l'obligation ne laisse pas de subsister, quoiqu'il ne soit pas au pouvoir du débiteur de l'accomplir; il est tenu des dommages et intérêts résultants de l'inexécution : il suffit que la chose fût possible en soi, pour que le créancier ait été en droit de compter sur l'exécution de ce qu'on lui promettoit; c'est le débiteur qui est en faute de n'avoir pas bien examiné, avant de s'engager, s'il étoit en pouvoir d'accomplir ce qu'il promettoit.

134. On peut bien s'obliger à donner une chose qui appartient à un tiers; mais on ne peut contracter l'obligation de donner à quelqu'un une chose qui lui appartient déja, l. 1, §. 10, ff. *obl. et act.*, à moins qu'elle ne lui appartienne qu'imparfaitement; car en ce cas l'obligation seroit valable, à l'effet que le débiteur fût tenu de la lui faire appartenir parfaitement. *Voyez notre Traité du contrat de vente, n. 8 et suiv.*

135. Il est évident que les choses qui ne sont pas dans

le commerce ne peuvent être l'objet d'une obligation. Par exemple, on ne peut pas s'obliger de donner une église, une place publique, un canonicat, etc.

On ne peut pas non plus contracter l'obligation de donner à quelqu'un une chose qu'il est incapable d'avoir; par exemple, un droit de servitude dans un héritage à celui qui n'a point d'héritage voisin. Mais il n'est pas nécessaire que celui qui s'engage à donner une chose soit capable d'avoir et de posséder cette chose, pourvu que celui à qui il s'engage de la donner en soit capable, 1. 34, ff. *de verb. obl.*

L'édit de 1749, *art.* 14, ayant rendu les gens de main-morte incapables d'acquérir des immeubles, on ne peut contracter envers eux l'obligation de leur donner un immeuble.

Un office vénal peut-il être dû à une femme? Oui; car quoiqu'elle soit incapable du titre de l'office, elle n'est pas incapable d'avoir le droit de finance de l'office, et c'est cette finance, plutôt que le titre, qui est dans le commerce, et qui est l'objet de l'obligation.

§. III. Quels faits peuvent être l'objet des obligations.

136. Pour qu'un fait puisse être l'objet d'une obligation, il faut qu'il soit possible; car *Impossibilium nulla obligatio est;* 1. 85, ff. *de R. J.*

Au reste, il suffit que le fait auquel un homme s'oblige envers moi, soit possible en soi, quoiqu'il ne soit pas possible à cet homme : car si je n'avois pas connoissance qu'il ne lui étoit pas possible, j'ai eu droit de compter sur sa promesse; et il s'est obligé valablement en ce cas envers moi *in id quanti meâ interest non esse deceptum.* Il doit s'imputer de n'avoir pas examiné ses forces, et de s'être témérairement engagé à quelque chose qui les surpassoit.

137. Un fait qui est contraire aux lois ou aux bonnes mœurs, est semblable à celui qui seroit absolument impossible, et ne peut pas non plus être l'objet d'une obligation.

Pour qu'un fait puisse être l'objet d'une obligation, il faut aussi que ce que le débiteur s'est obligé de faire soit quelque chose de déterminé. C'est pourquoi la loi 2, §. 5, ff. *de eo quod certo loco*, décide, que si quelqu'un promettoit à un autre de lui bâtir une maison, sans dire où, il ne contracteroit point d'obligation.

138. Enfin, ce qu'on s'oblige de faire ou de ne pas faire doit être tel, que celui envers qui l'obligation est contractée ait intérêt que cela soit fait ou ne soit pas fait; et cet intérêt doit être un intérêt appréciable.

La raison en est évidente. Une obligation étant un lien de droit, il ne peut y avoir d'obligation lorsque celui qui a promis de faire et de ne pas faire peut impunément ne pas exécuter sa promesse. Or il est évident qu'il peut impunément ne la pas exécuter, lorsque je n'ai aucun intérêt appréciable qu'il fasse ou ne fasse pas ce qu'il m'a promis; car il ne peut résulter contre lui aucuns dommages et intérêts de l'inexécution de sa promesse, les dommages et intérêts n'étant autre chose que l'estimation de l'intérêt qu'a le créancier à l'exécution de l'obligation.

139. Un fait auquel la partie qui le stipule n'a aucun intérêt, ne peut à la vérité être l'objet d'une obligation; mais il peut en être la condition ou la charge. Par exemple, si j'étois convenu avec vous que vous viendriez à Orléans étudier en droit pendant un an, cette convention seroit nulle, et il n'en résulteroit aucune obligation, parceque ce fait, auquel je n'ai aucun intérêt, ne peut être l'objet d'une obligation envers moi. Mais si nous étions convenus que je vous donnerois dix pistoles, si vous veniez étudier en droit à Orléans, ou à la charge que vous y viendriez, la convention seroit valable; car ce fait, quoiqu'il ne m'intéresse aucunement, peut être la condition ou la charge de l'obligation qui résulte de notre convention.

Suivant ce principe, on a jugé valable une promesse par laquelle un neveu avoit promis à son oncle de ne plus jouer, à peine de trois cents livres qu'il s'obligeoit de lui donner, s'il manquoit à sa promesse. L'arrêt est rapporté par Maynard et par Papon.

140. Un fait, pour être la matière d'une obligation civile, doit être un fait auquel celui envers qui elle est contractée ait un intérêt appréciable à prix d'argent, suivant les raisons expliquées ci-dessus. Mais il n'en est pas de même de l'obligation naturelle : il suffit que le fait qui en est la matière soit un fait auquel celui envers qui l'obligation est contractée ait un intérêt d'une juste affection, pour que l'obligation soit valable comme obligation naturelle. Celui qui a promis ce fait et qui manque à sa parole, ayant le pouvoir de l'accomplir, pêche, et se rend coupable dans le for de la conscience, quoiqu'il ne puisse être poursuivi dans le for extérieur. *Voyez supra*, *ch.* 1, *art.* 5, §. 1.

CHAPITRE II.

De l'effet des obligations.

ARTICLE PREMIER.

De l'effet des obligations de la part du débiteur.

§. I. De l'obligation de donner.

141. Celui qui s'est obligé de donner une chose, est tenu de la donner en temps et lieu convenables au créancier ou à quelqu'un qui ait pouvoir ou qualité pour la recevoir en sa place. Voyez la troisième partie de ce Traité, *chap. I*, où nous traitons des paiements des obligations.

142. Lorsque c'est un corps certain qui est l'objet de l'obligation, l'obligation a encore cet effet à l'égard du débiteur, qu'elle l'oblige à apporter un soin convenable à la conservation de la chose due, jusqu'au paiement qu'il en fera : et si, faute d'avoir apporté ce soin, la chose vient à périr, à se perdre, ou à être détériorée, il est tenu des

dommages et intérêts du créancier qui en résultent. Nous traiterons de ces dommages et intérêts *infrà*, art. 3.

Le soin qu'il doit apporter à cette conservation est différent, selon la différente nature des contrats ou quasi-contrats d'où l'obligation descend.

La loi 5, §. 2, ff. *commodat.*, donne cette règle, que lorsque le contrat ne concerne que la seule utilité de celui à qui la chose doit être donnée ou restituée, le débiteur qui s'est obligé à la donner ou restituer, n'est obligé qu'à apporter de la bonne foi à la conservation de la chose, et n'est tenu par conséquent à cet égard que de la faute lourde qui, à cause de son énormité, tient du dol : *Tenetur duntaxat de latâ culpâ et dolo proximâ.* Par exemple, un dépositaire n'est tenu à apporter que de la bonne foi à la conservation du dépôt qui lui a été confié, et qu'il s'est obligé de restituer, parceque le contrat du dépôt se fait pour la seule utilité de celui qui a confié la chose, et à qui le dépositaire s'est obligé de la restituer. Si le contrat concerne l'utilité commune des deux contractants, le débiteur est tenu d'apporter à la conservation de la chose qu'il doit, le soin ordinaire que les personnes prudentes apportent à leurs affaires, et il est tenu en conséquence de la faute légère. Par exemple, le vendeur est tenu de cette faute à l'égard de la chose vendue qu'il s'est obligé de livrer; le créancier est tenu de cette faute à l'égard de la chose reçue en nantissement, à la restitution de laquelle il s'est obligé; parceque ces contrats de vente, de nantissement, se font pour l'utilité respective des contractants. Si le contrat n'est fait que pour la seule utilité du débiteur, tel qu'est le contrat de prêt à usage, il est obligé d'apporter à la conservation de la chose, non seulement un soin ordinaire, mais tout le soin possible; et il est par conséquent tenu de la faute la plus légère.

Cette règle reçoit néanmoins beaucoup d'exceptions, comme nous le verrons dans les traités particuliers sur les différents contrats et quasi-contrats.

A l'égard des cas fortuits et de la force majeure, *vis divina*, le débiteur d'un corps certain, tant qu'il n'est pas en demeure de payer, n'en est jamais tenu, à moins que, par une convention particulière, il ne s'en fût chargé, ou qu'une faute précédente du débiteur n'eût donné lieu au cas fortuit. Par exemple, si je vous ai prêté mon cheval pour aller dans un certain lieu, et que vous ayez été attaqué par des voleurs qui aient volé ou tué mon cheval: quoique cette violence que vous avez soufferte soit un cas fortuit dont un débiteur n'est pas ordinairement tenu; néanmoins si, au lieu de suivre la route ordinaire et la plus sûre, vous avez pris un chemin de traverse, connu pour être infesté de voleurs, dans lequel vous avez été attaqué, vous serez tenu de ce cas fortuit, parceque c'est votre imprudence qui y a donné lieu.

143. C'est encore un effet de l'obligation de donner, de la part du débiteur, que lorsqu'il a été en demeure de satisfaire à son obligation, il soit tenu des dommages et intérêts du créancier, résultants de cette demeure, et qu'il doive en conséquence l'indemniser de tout ce qu'il auroit eu si la chose lui eût été donnée aussitôt qu'il l'a demandée.

C'est en conséquence de ce principe, que si la chose due a été détériorée, ou même est totalement périe, depuis la demeure du débiteur, par quelque cas fortuit ou force majeure, le débiteur est tenu de cette perte dans les cas auxquels la chose n'auroit pas également péri chez le créancier.

C'est aussi en conséquence de ce principe, que le débiteur est tenu de faire raison au créancier, non seulement des fruits perçus, mais de tous ceux qui auroient pu être perçus par le créancier depuis la demeure du débiteur.

Sur les autres espèces de dommages et intérêts, *voyez infrà l'art. 3.*

144. Observez que, suivant nos usages, un débiteur n'est censé mis en demeure de donner la chose par lui due que par une interpellation judiciaire valablement faite, et seulement du jour de cette interpellation.

Cette décision a lieu quoique la chose soit due à des mineurs ou à l'église, les principes du droit romain sur la demeure qui se contractoit *re ipsâ* envers ces personnes, n'étant pas d'usage parmi nous.

Il faut excepter de notre décision les voleurs, qui sont censés en demeure de satisfaire à l'obligation qu'ils ont contractée de restituer la chose volée, dès l'instant même qu'ils l'ont contractée par le vol qu'ils ont commis, sans qu'il soit besoin à leur égard d'aucune interpellation judiciaire; *l. fin. de cond. furt.*

La demeure en laquelle a été le débiteur de donner la chose, cesse par des offres valablement faites, par lesquelles il a mis le créancier en demeure de recevoir.

145. L'obligation de donner une chose s'étend quelquefois aux fruits de cette chose, lorsqu'elle en produit; et aux intérêts, lorsque c'est une somme d'argent qui est due.

Ordinairement le débiteur ne doit que les fruits qui ont été ou pu être perçus depuis l'interpellation judiciaire qui l'a mis en demeure; et les intérêts ne courent pareillement que depuis ce temps. Quelquefois néanmoins les fruits et les intérêts sont dus avant la demeure, comme dans les contrats de vente d'une chose frugifère. Cela dépend de la différente nature des contrats et autres causes d'où naissent les obligations. C'est ce que nous verrons en traitant des différents contrats et quasi-contrats.

§. II. De l'obligation de faire ou de ne pas faire.

146. L'effet de l'obligation qu'une personne a contractée de faire quelque chose, est qu'elle doit faire ce qu'elle s'est engagée de faire; et que, si elle ne le fait pas, après avoir été mise en demeure de la faire, elle doit être condamnée aux dommages et intérêts de celui envers qui elle s'est obligée; c'est-à-dire, *in id quanti creditoris intersit factum fuisse id quod promissum est* : ce qui doit être estimé à une somme de deniers par des experts convenus entre les parties.

Ordinairement le débiteur ne peut être mis en demeure.

que par une demande en justice que le créancier forme contre lui, à ce qu'il soit tenu de faire ce qu'il a promis, sinon qu'il soit condamné en des dommages et intérêts.

Le juge, sur cette demande, prescrit un certain temps dans lequel le débiteur sera tenu de faire ce qu'il a promis; et faute par lui de le faire dans ledit temps, il le condamne aux dépens, dommages et intérêts.

Si le débiteur satisfait dans ledit temps à son obligation, il évite les dommages et intérêts, et il doit seulement les dépens, à moins que le juge n'estimât qu'il fût dû quelques dommages et intérêts pour le retard.

147. Quelquefois le débiteur est tenu des dommages et intérêts du créancier, faute d'avoir fait ce qu'il s'étoit obligé de faire, quoiqu'il n'ait pas été interpellé par une demande en justice. Cela a lieu lorsque la chose que le débiteur s'est obligé de faire ne pouvoit se faire utilement que dans un certain temps qu'il a laissé passer. Par exemple, si j'ai chargé un procureur de former pour moi une opposition au décret d'un héritage qui m'étoit hypothéqué, et que ce procureur ait laissé interposer le décret sans faire l'opposition, il est tenu de mes dommages et intérêts, quoique je n'aie pas formé de demande contre lui pour qu'il fût tenu de la faire; le temps dans lequel il devoit savoir que cette opposition devoit être faite, l'interpelloit suffisamment.

148. L'effet de l'obligation qu'une personne a contractée de ne pas faire quelque chose, est que si elle le fait, elle est tenue des dommages et intérêts résultants du préjudice qu'elle a causé en faisant cela, à celui envers qui elle s'étoit obligée de ne le pas faire.

149. Lorsque celui qui s'étoit obligé à faire quelque chose, a été empêché de le faire par quelque cas fortuit et force majeure; et pareillement lorsque celui qui s'étoit obligé de ne pas faire quelque chose, a été contraint par quelque force majeure à le faire, il n'y a lieu à aucuns dommages et intérêts; car *nemo præstat casus fortuitos.*

Observez que je dois dans ce cas vous avertir de la force

majeure qui m'empêche de faire ce à quoi je me suis engagé envers vous, afin que vous puissiez prendre vos mesures pour y pourvoir par vous-même ou par un autre. Sans cela je n'éviterai pas les dommages et intérêts, à moins que cette force majeure ne m'eût aussi ôté le pouvoir de vous faire avertir ; l. 27, §. 2, ff. *mand.*

ARTICLE II.

De l'effet de l'obligation par rapport au créancier.

150. Les effets de l'obligation par rapport au créancier sont : 1° le droit qu'elle lui donne de poursuivre en justice le débiteur pour le paiement de ce qui est contenu dans l'obligation.

2° Lorsque l'obligation est d'une somme liquide, elle donne le droit au créancier de l'opposer à son débiteur en compensation, jusqu'à due concurrence de celle qu'il devroit à son débiteur. Nous traiterons de cette compensation *infrà, part. 3, chap. 4.*

3° L'obligation sert au créancier de fondement aux autres obligations que des fidéjusseurs pourroient contracter envers lui pour la personne qui l'a contractée. Nous parlerons de ces fidéjusseurs, *part. 2, chap. 6.*

4° Elle sert de matière à la novation lorsqu'il en intervient. *Voyez* ce qui concerne les novations, *infrà, part. 3, chap. 2.*

Nous avons ici à traiter seulement du premier et du principal effet de l'obligation, qui est le droit qu'elle donne au créancier de poursuivre par les voies judiciaires le paiement de ce qui lui est dû. Il faut à cet égard distinguer le cas auquel l'obligation consiste à donner quelque chose, et celui auquel elle consiste à faire ou à ne pas faire quelque chose.

§. I. Du cas auquel l'obligation consiste à donner.

151. Le droit que cette obligation donne au créancier de poursuivre le paiement de la chose que le débiteur

s'est obligé de lui donner, n'est pas un droit qu'elle lui donne dans cette chose, *jus in re*; ce n'est qu'un droit contre la personne du débiteur pour le faire condamner à donner cette chose; *jus ad rem. Obligationum substantia non in eo consistit, ut aliquod corpus nostrum, aut servitutem nostram faciat, sed ut alium nobis obstringat ad dandum vel faciendum;* l. 3, ff. *de obligat. et act.*

La chose que le débiteur s'est obligé de donner continue donc de lui appartenir, et le créancier ne peut en devenir propriétaire que par la tradition réelle ou feinte que lui en fera le débiteur en accomplissant son obligation.

Jusqu'à cette tradition le créancier n'a que le droit de demander la chose; et il n'a ce droit que contre la personne du débiteur qui a contracté l'obligation envers lui, ou contre ses héritiers et successeurs universels, parceque l'héritier succéde à tous les droits actifs et passifs du défunt, et par conséquent à ses obligations; et parceque les successeurs universels du débiteur succédant à ses biens, succédent aussi par conséquent à ses dettes, qui sont une charge de ses biens.

152. De là il suit que si mon débiteur, depuis qu'il a contracté envers moi l'obligation de me donner une chose, a fait passer cette chose à un tiers à titre singulier, soit de vente, soit de donation, je ne pourrai point demander cette chose à ce tiers acquéreur, mais seulement à mon débiteur, qui, faute de me la pouvoir donner, ne l'ayant plus, sera condamné en mes dommages et intérêts résultants de l'inexécution de son obligation.

La raison est que, suivant nos principes, l'obligation ne donnant au créancier aucun droit dans la chose qui lui est due, je n'ai aucun droit dans la chose qui m'étoit due, que je puisse poursuivre contre celui dans les mains de qui elle se trouve. Le droit que donne l'obligation étant un droit que le créancier n'a que contre le débiteur et ses successeurs universels, je ne puis avoir aucune action contre le tiers acquéreur de cette chose, qui, étant un acquéreur à titre singulier, n'a point succédé aux obligations de celui qui s'est obligé envers moi. *L. Quoties*, 15, *Cod. de R. vind.; Paul. sent. V.* 11, 4.

Par la même raison, si mon débiteur a légué la chose qu'il s'étoit obligé de me donner, et qu'il meure, il en aura, par sa mort, transféré la propriété au légataire, suivant la régle de droit qui porte que *Dominium rei legatæ statim à morte testatoris transit à testatore in legatarium :* car en étant, suivant nos principes, demeuré propriétaire, il a pu lui en transférer la propriété. Ce sera donc au légataire qu'elle devra être délivrée; et je n'aurai en ce cas qu'une action en dommages et intérêts contre les héritiers de mon débiteur. L. 32, ff. *Locat.*

153. Observez néanmoins que si le débiteur, lorsqu'il a fait passer à un tiers la chose qu'il s'étoit obligé de me donner, n'étoit pas solvable, je pourrois agir contre le tiers acquéreur pour faire rescinder l'aliénation qui lui en a été faite en fraude de ma créance, pourvu qu'il ait été participant de la fraude, *conscius fraudis,* s'il étoit acquéreur à titre onéreux : s'il étoit acquéreur à titre gratuit, il ne seroit pas même nécessaire pour cela qu'il eût été participant de la fraude. *Tit.* ff. *his quæ in fraud. cred.*

Observez aussi que si la vente m'a été faite par un acte devant notaire, et que la chose vendue soit un héritage ou autre immeuble, j'ai un droit d'hypothéque sur cet héritage pour l'exécution de l'obligation que mon vendeur a contractée envers moi; et je puis poursuivre ce droit d'hypothéque contre ce second acheteur que je trouve en possession de cet héritage. Il peut, à la vérité, me renvoyer à la discussion des biens de mon vendeur, pour les dommages et intérêts qui me sont dus, résultants de l'inexécution de l'obligation qui a été contractée envers moi; mais si cette discussion est infructueuse par l'insolvabilité de mon vendeur, le second acheteur sera obligé de délaisser l'héritage sur mon action hypothécaire, si mieux il n'aime me payer mes dommages et intérêts.

154. Quoiqu'une obligation personnelle ne donne par

elle-même au créancier envers qui elle est contractée, aucun droit dans la chose qui en fait l'objet, néanmoins il y a certaines obligations à l'exécution desquelles la chose qui en fait l'objet est affectée; et cette affectation donne un droit dans la chose au créancier, pour poursuivre l'exécution de l'obligation contre les tiers détenteurs de cette chose. Telle est l'obligation qui résulte de la clause de réméré, par laquelle l'acheteur d'un héritage s'oblige envers le vendeur de le lui rendre lorsqu'il y voudra rentrer, en le remboursant de tout ce qu'il lui en a coûté. L'héritage qui fait l'objet de cette obligation de l'acheteur est affecté à l'exécution de cette obligation, et le vendeur peut en poursuivre l'exécution contre un tiers détenteur de l'héritage. Mais ce n'est pas l'obligation qui produit ce droit d'affectation : l'obligation n'est par elle-même capable de donner du droit que contre la personne qui l'a contractée : ce droit d'affectation résulte de ce que le vendeur, en aliénant son héritage, est censé s'y être retenu ce droit d'affectation aux obligations que l'acheteur contractoit envers lui par rapport à cet héritage.

Ce droit d'affectation est bien plus fort que le droit d'hypothèque. Le créancier d'un corps certain affecté à l'accomplissement de sa créance, peut faire condamner le possesseur à lui délaisser précisément la chose, sans que le possesseur puisse le renvoyer contre le débiteur principal, et sans qu'il puisse lui offrir à la place de la chose les dommages et intérêts résultants de l'inexécution de l'obligation.

155. A l'égard des voies qu'a le créancier pour obliger le débiteur ou ses héritiers et successeurs universels à lui donner ce qui lui est dû, il y en a deux; la voie de commandement et d'exécution, et celle de simple demande.

La première consiste à faire au débiteur, à sa personne ou à son domicile, par un sergent, un commandement de payer; et à saisir, sur son refus, ses meubles ou même ses immeubles, et à les faire vendre pour être payé sur le prix.

Pour que le créancier ait cette voie de commandement

et exécution, il faut que trois choses concourent. 1° Il faut que la dette soit d'une somme d'argent certaine et liquide, ou d'une certaine quantité d'espèces *fongibles*, comme de blé, de vin, etc. Observez que quoiqu'on puisse saisir pour une dette de ces espèces, lorsque la quantité due est liquide, on doit néanmoins surseoir à la vente jusqu'après l'appréciation. *Ordonnance de 1667, tit. 33, art. 2.*

Il faut 2° ordinairement * que le créancier ait un titre exécutoire, c'est-à-dire un acte devant notaire, revêtu de ses formes, par lequel le débiteur se soit obligé de payer, ou un jugement de condamnation qui ne soit pas suspendu par un appel ou une opposition. *Voyez notre* Introduction au titre 20 de la coutume d'Orléans, *chap. 2, §. 1.*

Il faut 3° que ce soit contre la personne même qui s'est obligée par acte devant notaire, ou qui a été condamnée, que le créancier procède par voie d'exécution. Quoique les héritiers de cette personne succèdent à ses obligations, le créancier ne peut procéder contre eux que par la voie de demande, jusqu'à ce qu'ils aient passé titre nouvel devant notaires, ou que le créancier ait obtenu contre eux un jugement de condamnation.

Lorsque ces trois choses concourent, le créancier a la voie d'exécution, et il ne lui est pas permis de prendre la voie de la demande.

La voie de simple demande est celle que doit prendre le créancier qui n'a pas la voie d'exécution : elle consiste à assigner le débiteur devant le juge compétent, et à obtenir contre lui sentence de condamnation.

156. Lorsque la chose due est un corps certain, et que le débiteur, condamné par sentence à donner la chose, a cette chose en sa possession, le juge, sur le requis du créancier, doit lui permettre de la saisir et de s'en mettre en possession; et il ne suffit pas au débiteur d'offrir, en ce cas, les

---

* J'ai dit *ordinairement*, parceque dans notre coutume d'Orléans un créancier de loyers de maison, de fermes d'héritage, ou d'arrérages de rente foncière, peut, sans titre exécutoire, procéder par voie d'exécution pour trois termes. *Orléans, art. 406.*

dommages et intérêts résultants de l'inexécution de son obligation. *Voyez* à cet égard notre *Traité du Contrat de Vente, n.* 67.

§. II. Du cas auquel l'obligation consiste à faire ou à ne pas faire.

157. Lorsque quelqu'un s'est obligé à faire quelque chose, cette obligation ne donne pas au créancier le droit de contraindre le débiteur précisément à faire ce qu'il s'est obligé de faire, mais seulement celui de le faire condamner en ses dommages et intérêts, faute d'avoir satisfait à son obligation.

C'est en cette obligation de dommages et intérêts que se résolvent toutes les obligations de faire quelque chose; car *Nemo potest præcisè cogi ad factum.*

158. Lorsque quelqu'un s'est obligé à ne pas faire quelque chose, le droit que donne cette obligation au créancier est celui de poursuivre en justice le débiteur, en cas de contravention à son obligation, pour le faire condamner aux dommages et intérêts résultants de la contravention.

Si ce qu'il s'étoit obligé de ne pas faire, et qu'il a fait au préjudice de son obligation, est quelque chose qui puisse se détruire, le créancier peut aussi conclure contre son débiteur à la destruction. Par exemple, si mon voisin s'est obligé envers moi à ne pas fermer son avenue, pour m'y laisser le passage libre, et qu'au préjudice de cette obligation il l'ait fermée par une barrière ou par un fossé, je puis faire ordonner qu'il sera tenu de retirer sa barrière, ou de combler son fossé, et que faute par lui de le faire dans un certain temps, je serai autorisé à faire à ses dépens combler le fossé, ou enlever la barrière.

ARTICLE III.

Des dommages et intérêts résultants, soit de l'inexécution des obligations, soit du retard apporté à leur exécution.

159. On appelle *dommages et intérêts*, la perte que quel-

qu'un a faite, et le gain qu'il a manqué de faire : c'est la définition qu'en donne la loi 13, ff. *Rat. rem hab. Quantùm meâ interfuit; id est quantùm mihi abest, quantùmque lucrari potui.*

Lors donc que l'on dit que le débiteur est tenu des dommages et intérêts du créancier, résultants de l'inexécution de l'obligation, cela veut dire qu'il doit indemniser le créancier de la perte que lui a causée, et du gain dont l'a privé l'inexécution de l'obligation.

160. Il ne faut pas néanmoins assujettir le débiteur à indemniser le créancier de toutes les pertes indistinctement que lui a occasionées l'inexécution de l'obligation, et encore moins de tous les gains que le créancier eût pu faire, si le débiteur eût satisfait à son obligation. Il faut à cet égard distinguer différents cas et différentes espèces de dommages et intérêts; et il faut même, selon les différents cas, apporter une certaine modération à la taxation et estimation de ceux dont il est tenu.

Lorsqu'on ne peut reprocher au débiteur aucun dol, et que ce n'est que par une simple faute qu'il n'a pas exécuté son obligation, soit parcequ'il s'est engagé témérairement à ce qu'il ne pouvoit accomplir, soit parcequ'il s'est mis depuis, par sa faute, hors d'état d'accomplir son engagement; dans ces cas le débiteur n'est tenu que des dommages et intérêts qu'on a pu prévoir, lors du contrat, que le créancier pourroit souffrir de l'inexécution de l'obligation; car le débiteur est censé ne s'être soumis qu'à ceux-ci.

161. Ordinairement les parties sont censées n'avoir prévu que les dommages et intérêts que le créancier, par l'inexécution de l'obligation, pourroit souffrir par rapport à la chose même qui en a été l'objet, et non ceux que l'inexécution de l'obligation lui a occasionés d'ailleurs dans ses autres biens. C'est pourquoi, dans ce cas, le débiteur n'est pas tenu de ceux-ci, mais seulement de ceux soufferts par rapport à la chose qui a fait l'objet de l'obligation; *damni et interesse, propter ipsam rem non habitam.*

Par exemple, supposons que j'ai vendu à quelqu'un un cheval, que je me suis obligé de lui livrer dans un certain temps, et que je n'ai pu lui livrer. Si dans ce temps les chevaux étoient augmentés de prix ce que l'acheteur a été obligé de payer de plus qu'il n'avoit acheté le mien, pour en avoir un autre de pareille qualité, est un dommage dont je suis obligé de l'indemniser : car c'est un dommage qu'il a souffert *propter rem ipsam non habitam*, qui n'a rapport qu'à la chose qui a fait l'objet du contrat, que j'ai pu prévoir qu'il pourroit souffrir, le prix des chevaux, comme de toutes les autres marchandises, étant sujet à varier. Mais si cet acheteur étoit un chanoine, qui, faute d'avoir le cheval que je m'étois engagé à lui livrer, et n'en ayant pu trouver d'autres, n'a pu arriver à temps au lieu de son bénéfice pour gagner ses gros fruits, je ne serai pas tenu de la perte que ce chanoine a faite de ses gros fruits, quoique ce soit l'inexécution de mon obligation qui la lui a causée ; car c'est un dommage qui est étranger à ce qui a fait l'objet de mon obligation, qui n'a pas été prévu lors du contrat, et à la réparation duquel on ne peut pas dire que je me sois soumis en contractant.

Pareillement, si j'ai donné à loyer pour dix-huit ans une maison que je croyois de bonne foi m'appartenir, et qu'après dix ou douze ans mon locataire en ait été évincé par le propriétaire, je serai tenu des dommages et intérêts de mon locataire, résultants des frais qu'il aura été obligé de faire pour son délogement, comme aussi de ceux résultants de ce que le prix des loyers de maison étant augmenté depuis le bail, il aura été obligé de louer une maison plus cher pendant le temps qui restoit à expirer du bail : car ces dommages et intérêts ont un rapport prochain à la jouissance de la maison qui a fait l'objet de mon obligation, et sont soufferts par le locataire *propter ipsam rem non habitam*.

Mais si ce locataire a, depuis le bail, établi un commerce dans la maison que je lui ai louée, et que son délogement lui ait fait perdre des pratiques et causé un tort dans son commerce, je ne serai pas tenu de ce dommage, qui est étranger, et qui n'a pas été prévu lors du contrat.

A plus forte raison, si, dans le délogement, quelques meubles précieux de mon locataire ont été brisés, je ne serai pas tenu de ce dommage; car c'est l'impéritie des gens dont il s'est servi, qui en est la cause, et non l'éviction qu'il a soufferte; elle en est seulement l'occasion.

162. Quelquefois le débiteur est tenu des dommages et intérêts du créancier, quoique extrinsèques, savoir, lorsqu'il paroît que par le contrat ils ont été prévus, et que le débiteur s'en est ou expressément ou tacitement chargé, en cas d'inexécution de son obligation. Par exemple, j'ai vendu mon cheval à un chanoine, et il y avoit une clause expresse dans le marché, par laquelle je me suis obligé de le lui livrer assez à temps pour qu'il pût arriver au lieu de son bénéfice, et à temps pour gagner ses gros fruits. Si, dans ce cas, j'ai manqué par ma faute, quoique sans dol, à remplir mon obligation, et que ce chanoine n'ait pu facilement trouver d'autre cheval, ni d'autre voiture, je serai tenu même des dommages extrinsèques résultants de la perte qu'il a faite de ses gros fruits: car, par la clause du marché, le risque de ce dommage a été prévu et exprimé, et je suis censé m'en être chargé.

Pareillement, si j'ai loué ma maison à quelqu'un en sa qualité de marchand, ou si je l'ai louée pour y faire auberge, et que le locataire soit évincé dans sa jouissance, les dommages et intérêts dont je suis tenu envers lui ne se borneront pas aux frais du délogement, et à ceux qui peuvent résulter de l'augmentation du prix des loyers, comme nous avons dit qu'ils devoient s'y borner dans l'espèce ci-devant rapportée : la perte qu'il pourra faire de ses pratiques, s'il n'a pu trouver d'autre maison dans le quartier, y devra aussi entrer pour quelque chose : car lui ayant loué ma maison pour y faire une boutique ou une auberge, cette espèce de dommage est un dommage dont le risque a été prévu, et auquel je suis censé m'être tacitement soumis.

163. Voici un autre exemple de notre distinction. Une personne m'a vendu des pièces de bois; je m'en suis servi pour étayer mon bâtiment, qui s'est écroulé par le défaut des pièces de bois, qui étoient pourries. Si le vendeur n'étoit pas homme du métier, et qu'il m'ait vendu de bonne foi ces pièces de bois, dont il ignoroit le défaut, les dommages et intérêts résultants de ce que les bois qu'il m'a vendus se sont trouvés défectueux, ne consisteront qu'à me faire une déduction sur le prix de ce que je les ai achetés de trop, en achetant pour bon ce qui étoit défectueux; mais ils ne s'étendront pas à la perte que j'ai faite par la ruine de mon bâtiment : car le vendeur qui m'a vendu le bois de bonne foi, et qui n'étoit pas plus obligé de s'y connoître que moi, n'est pas censé s'être chargé de ce risque. L. 13, ff. *de act. empt.*

Mais si celui qui m'a vendu ces étais est un homme du métier, si c'est un charpentier qui m'a vendu ces étais pour étayer mon bâtiment, il sera tenu envers moi des dommages et intérêts résultants de l'écroulement de mon bâtiment par le défaut de ces étais; et il ne sera pas reçu à alléguer qu'il les croyoit bons et suffisants : car, quand il diroit vrai, cette ignorance de sa part ne seroit pas excusable dans un homme qui fait profession publique d'un état et d'un art : *Imperitia culpæ annumeratur*; l. 132, ff. *de R. J.* En me vendant ces étais pour étayer mon bâtiment, et en me les vendant dans sa qualité de charpentier, il est censé s'être rendu responsable que les étais seroient suffisants, et s'être chargé du risque de mon bâtiment, s'ils ne l'étoient pas. *Molin. tract. de eo quod interest*, n. 51.

Observez néanmoins qu'il ne doit être tenu que du risque dont il s'est chargé. C'est pourquoi, si ce charpentier m'a vendu ces étais pour soutenir un certain bâtiment, et que je m'en sois servi pour soutenir un bâtiment plus considérable, non seulement ce charpentier ne sera pas tenu de la ruine de ce bâtiment, dans le cas auquel ces étais eussent été suffisants pour le soutien du petit bâtiment pour lequel ils étoient destinés, parcequ'en ce cas ce charpentier n'étoit en faute d'aucune façon; mais même dans le cas auquel il auroit été en faute, ses étais étant absolument défectueux et insuffisants, même pour le soutien du petit bâtiment pour lequel ils étoient destinés, il ne sera tenu de mes dommages et intérêts résultants de la ruine de mon grand bâtiment, que jusqu'à concurrence de la valeur du petit bâtiment : car ne m'ayant vendu ses étais que pour le soutien du petit bâtiment, il n'a entendu se charger du risque des dommages et intérêts que je souffrirois, que jusqu'à la valeur du petit bâtiment; il ne doit pas par conséquent, suivant nos principes, être tenu au-delà. Peut-être auroit-il été plus avisé, s'il eût cru courir un plus grand risque, et qu'il les eût vendus pour le soutien du grand bâtiment. *Molin. ibid. n.* 62.

Par une semblable raison, Dumoulin décide que lorsqu'un charpentier m'a vendu des étais pour le soutien de mon bâtiment, qui s'est écroulé par le défaut et l'insuffisance de ces étais, les dommages et intérêts dont il est tenu se bornent à la ruine du bâtiment, et ne s'étendent pas à la perte que j'ai faite des meubles qui étoient dedans, et qui se sont brisés ou perdus dans les ruines : car cet ouvrier, en me vendant ces étais pour le soutien de mon bâtiment, n'a entendu répondre que de la conservation du bâtiment : ce n'est que de ce risque qu'il s'est chargé, et non du risque de la perte de mes meubles, qu'il n'a pas pu prévoir que j'y laisserois, étant ordinaire de démeubler les maisons qu'on étaie. C'est pourquoi ce charpentier ne doit pas être tenu de la perte de ces meubles, à moins qu'il ne se fût chargé expressément de ce risque. *Molin. ibid. n.* 63 et 64.

Il n'en est pas de même d'un entrepreneur avec qui j'ai fait marché pour me construire une maison, laquelle, quelque temps après qu'elle a été construite, s'est écroulée par défaut de construction. Ces dommages et intérêts dont est tenu envers moi cet entrepreneur ignorant, faute d'avoir rempli comme il devoit son obligation, s'étendent non seulement à la perte que j'ai faite de la maison, mais même à celle des meubles qui étoient dans la maison, et qu'on n'a pu sauver : car cet entrepreneur, en s'obligeant de me construire une maison pour m'y loger, ou un locataire, n'a pu ignorer qu'on y porteroit des meubles, et qu'on n'y pouvoit loger qu'avec ces meubles; et par conséquent il s'est chargé du risque des meubles. *Molin. ibid. n.* 64.

164. A l'égard des dommages et intérêts dont est tenu un débiteur faute d'avoir rempli son obligation, dans le cas auquel on ne peut lui reprocher aucun dol, il nous reste à observer que quand les dommages et intérêts sont considérables, ils ne doivent pas être taxés et liquidés en rigueur, mais avec une certaine modération.

C'est sur ce principe que Justinien, *en la loi unique,* Cod. *de sentent. quæ pro eo quod interest,* ordonne que les dommages et intérêts, *in casibus certis,* c'est-à-dire, comme l'explique Dumoulin, *ibid. n.* 42, *et seq.* lorsqu'ils ne se rapportent qu'à la chose qui a fait l'objet de l'obligation, ne puissent pas être taxés au-delà du double de la valeur de cette chose, icelle valeur comprise.

La décision de cette loi peut s'appliquer à l'espèce suivante. J'ai acheté, pour le prix de quatre mille livres, une maison de vignes dans une province éloignée. Lors de mon acquisition, le vin, qui fait tout le revenu de cet héritage, étoit à très vil prix dans cette province, parcequ'il n'y avoit alors aucun débouché pour l'exporter : depuis mon acquisition, le roi a fait faire un canal qui en procure l'exportation, et qui en fait monter le prix au quadruple et plus : ce qui a porté la valeur de mon héritage, qui n'étoit que de quatre mille livres, à plus de seize mille livres. Il est évident que si je viens à être évincé de cet héritage, mes dommages et intérêts résultants de cette éviction, qui ne sont autre chose que *id quanti mihi hodie interest hunc fundum habere licere,* montent, dans la vérité, à plus de seize mille livres. Néanmoins, suivant cette loi, pour tous les dommages et intérêts qui me sont dus, tant pour la plus value de l'héritage que pour le remboursement des loyaux coûts de mon acquisition, le vendeur qui m'a vendu de bonne foi cet héritage, ne doit pas être condamné envers moi à plus grande somme qu'à huit mille livres, la restitution du prix de ces quatre mille livres comprise; la condamnation des dommages et intérêts, qui, comme dans cette espèce, sont dus seulement *propter ipsam rem non habitam et in casu certo*, ne devant jamais, suivant cette loi, excéder le double du prix de la chose qui a fait l'objet de l'obligation.

Le principe sur lequel cette décision est fondée, est que les obligations qui naissent des contrats ne peuvent se former que par le consentement et la volonté des parties. Or le débiteur, en s'obligeant aux dommages et intérêts qui résulteroient de l'inexécution de son obligation, est censé n'avoir entendu ni voulu s'obliger que jusqu'à la somme à laquelle il a pu vraisemblablement prévoir que pourroient monter au plus haut lesdits dommages et intérêts, et non au-delà : donc, lorsque ces dommages et intérêts se trouvent monter à une somme excessive, à laquelle le débiteur n'a pu jamais penser qu'ils seroient dans le cas de monter, ils doivent être réduits et modérés à la somme à laquelle on pouvoit raisonnablement penser qu'ils pourroient monter au plus haut, le débiteur étant censé n'avoir pas consenti de s'obliger à davantage. *Molin. tract. de eo quod interest*, n. 60.

Cette loi de Justinien, en tant qu'elle borne la modération des dommages et intérêts excessifs, *précisément* au double de la valeur de la chose, est en cela une loi arbitraire qui n'a pas autorité de loi dans nos provinces. Mais le principe sur lequel elle est fondée, qui ne permet pas qu'un débiteur à qui on ne peut reprocher aucun dol, soit tenu des dommages et intérêts résultants de l'inexécution de son obligation au-delà de la somme jusqu'à laquelle il a pu penser qu'ils pourroient monter au plus haut, étant un principe fondé dans la raison et l'équité naturelle, nous

devons le suivre, et modérer conformément à ce principe
les dommages et intérêts, lorsqu'ils se trouvent excessifs,
en laissant cette modération à l'arbitrage du juge.

165. Il est évident que la réduction des dommages et
intérêts au double du prix de la chose qui a fait l'objet de
l'obligation primitive, n'a d'application qu'à ceux qui sont
dus par rapport à la chose seulement, et qu'elle n'en peut
recevoir à l'égard de ceux que le créancier a soufferts
extrinsecùs dans ses autres biens, lorsque le débiteur s'y
est expressément ou tacitement soumis : car ces dommages
et intérêts n'étant pas dus pour raison de la chose qui a
fait l'objet de l'obligation primitive, ne peuvent se régler
sur la valeur de cette chose; et ils montent quelquefois au
décuple et plus de cette chose. Par exemple, les dommages
et intérêts dont est tenu envers moi un tonnelier qui m'a
vendu de mauvais tonneaux, résultants de la perte que
j'ai faite du vin que j'y avois mis, peuvent monter à plus
que le décuple de la valeur des tonneaux : car en me vendant en sa qualité de tonnelier les tonneaux, il s'est rendu
responsable de leur bonté, et il s'est tacitement chargé du
risque de la perte du vin, qui peut monter à dix ou vingt
fois plus que le prix des tonneaux. Cette espèce de dommage ne concernant pas les tonneaux, mais le vin qu'on
mettra dedans, ne doit pas se régler sur le prix des tonneaux. *Molin. ibid. n.* 49.

Néanmoins, même à l'égard de ces dommages extrinséques, on doit user de modération lorsqu'ils se trouvent
excessifs, et l'on ne doit pas condamner le débiteur au-delà de la somme à laquelle il a pu penser qu'ils pourroient monter au plus haut. Par exemple, si j'ai mis dans
un tonneau un vin étranger, ou une autre liqueur d'un
prix immense, qui est perdue par le vice du tonneau, le
tonnelier qui me l'a vendu ne doit pas être condamné à
m'indemniser de cette perte en entier, mais seulement
jusqu'à concurrence du prix d'un tonneau du meilleur
vin du pays; car, en me vendant le tonneau, il n'a pas entendu se charger d'autre risque, n'ayant pu prévoir que

j'y mettrois une liqueur d'un prix plus considérable. *Molin. ibid. n.* 60.

Par la même raison, l'entrepreneur de ma maison, qui s'est écroulée par le vice de la construction, est bien tenu envers moi, comme nous l'avons dit ci-dessus, de la perte des meubles qui se sont perdus ou brisés sous les ruines; mais s'il s'étoit perdu des pierreries ou des manuscrits d'un prix immense, il ne devroit pas être chargé en entier de cette perte; il est tenu seulement jusqu'à concurrence du prix auquel peuvent ordinairement monter les meubles d'une personne de mon état.

166. Les principes que nous avons établis jusqu'à présent n'ont pas lieu lorsque c'est le dol de mon débiteur qui a donné lieu à mes dommages et intérêts. En ce cas le débiteur est tenu indistinctement de tous les dommages et intérêts que j'ai soufferts, auxquels son dol a donné lieu, non seulement de ceux que j'ai soufferts par rapport à la chose qui a fait l'objet du contrat, *propter rem ipsam*, mais de tous les dommages et intérêts que j'ai soufferts par rapport à mes autres biens, sans qu'il y ait lieu de distinguer et de discuter en ce cas si le débiteur doit être censé s'y être soumis : car celui qui commet un dol s'oblige, *velit*, *nolit*, à la réparation de tout le tort que ce dol causera. *Molin. ibid. n.* 155.

Par exemple, si un marchand m'a vendu une vache qu'il savoit être infectée d'une maladie contagieuse, et qu'il m'ait dissimulé ce vice, cette dissimulation est un dol de sa part, qui le rend responsable du dommage que j'ai souffert, non seulement dans la vache même qu'il m'a vendue, et qui a fait l'objet de son obligation primitive, mais pareillement de ce que j'ai souffert dans tous mes autres bestiaux auxquels cette vache a communiqué la contagion; *l.* 13, ff. *de act. empt.* : car c'est le dol de ce marchand qui m'a causé tout ce dommage.

167. A l'égard des autres dommages que j'ai soufferts, qui sont une suite plus éloignée et plus indirecte du dol de mon débiteur, en sera-t-il tenu? Par exemple, si, en

retenant la même supposition, la contagion qui a été communiquée à mes bœufs par la vache qui m'a été vendue, m'a empêché de cultiver mes terres : le dommage que je souffre de ce que mes terres sont demeurées incultes, paroît aussi une suite du dol de ce marchand qui m'a vendu une vache pestiférée ; mais c'est une suite plus éloignée que ne l'est la perte que j'ai soufferte de mes bestiaux par la contagion : ce marchand sera-t-il tenu de ce dommage ? *Quid*, si la perte que j'ai faite de mes bestiaux, et le dommage que j'ai souffert du défaut de culture de mes terres, m'ayant empêché de payer mes dettes, mes créanciers ont fait saisir réellement et décréter mes biens à vil prix, le marchand sera-t-il tenu aussi de ce dommage ? La règle qui me paroît devoir être suivie en ce cas, est qu'on ne doit pas comprendre dans les dommages et intérêts dont un débiteur est tenu pour raison de son dol, ceux qui non seulement n'en sont qu'une suite éloignée, mais qui n'en sont pas une suite nécessaire, et qui peuvent avoir d'autres causes. Par exemple, dans l'espèce ci-dessus proposée, ce marchand ne sera pas tenu des dommages que j'ai soufferts par la saisie réelle de mes biens : ce dommage n'est qu'une suite très éloignée et très indirecte de son dol, et il n'y a pas une relation nécessaire : car quoique la perte de mes bestiaux, que son dol m'a causée, ait influé dans le dérangement de ma fortune, ce dérangement peut avoir eu d'autres causes.

Cela est conforme à la doctrine de Dumoulin, *ibid. n.* 179, où, en parlant des dommages dont est tenu le locataire d'une maison, qui y a mis le feu par malice, il dit : *Et adhuc in doloso intelligitur venire omne detrimentum tunc et proximè secutum, non autem damnum posteà succedens ex novo casu, etiam occasione dictæ combustionis, sine quâ non contigisset ; quia istud est damnum remotum, quod non est in consideratione.*

La perte que j'ai soufferte par le défaut de culture de mes terres, paroît être une suite moins éloignée du dol de ce marchand ; néanmoins je pense qu'il n'en doit pas être tenu, ou du moins qu'il n'en doit pas être tenu en entier. Ce défaut de culture n'est pas une suite absolument nécessaire de la perte de mes bestiaux, que m'a causée le dol de ce marchand : je pouvois, nonobstant cette perte de mes bestiaux, obvier à ce défaut de culture en faisant cultiver mes terres par d'autres bestiaux que j'aurois achetés, ou, si je n'avois pas le moyen, que j'aurois loués ; ou en affermant mes terres, si je n'avois pas le moyen de les faire valoir moi-même. Néanmoins, comme, en ayant recours à ces expédients, je n'aurois pas retiré autant de profit de mes terres que si je les avois fait valoir par moi-même, avec mes bœufs que j'ai perdus par le dol de ce marchand, cela peut entrer pour quelque chose dans les dommages et intérêts dont il est tenu.

168. Les dommages et intérêts qui résultent du dol du débiteur, diffèrent encore des dommages et intérêts ordinaires, en ce que *la loi unique, cod. de sent. quæ pro eo quod interest, etc.*, et la modération qui, suivant l'esprit de cette loi, est observée à l'égard des dommages et intérêts ordinaires, n'ont pas lieu à l'égard de ceux qui résultent du dol du débiteur. La raison de différence en est évidente. Cette modération, qui se pratique à l'égard des dommages et intérêts ordinaires, est fondée sur ce principe que nous avons exposé ci-dessus, qu'un débiteur ne peut être censé avoir voulu s'obliger pour dommages et intérêts, à une plus grande somme que celle à laquelle il a pu penser que pourroient monter au plus haut les dommages et intérêts auxquels il se soumettoit, en cas d'inexécution de son obligation. Or ce principe ne peut avoir d'application aux dommages et intérêts qui résultent du dol, parceque quiconque commet un dol, s'oblige indistinctement, *velit, nolit*, à la réparation du tort que son dol causera.

Il doit néanmoins être laissé à la prudence du juge, même en cas de dol, d'user de quelque indulgence sur la taxation des dommages et intérêts.

Ces décisions ont lieu, soit que le dol ait été commis *delinquendo*, soit qu'il ait été commis *contrahendo*. Molin. *ibid. n.* 155.

169. Il nous reste à dire un mot des dommages et intérêts qui résultent du retard apporté par le débiteur à l'exécution de son obligation.

Un débiteur est tenu non seulement des dommages et intérêts du créancier, qui résultent de l'inexécution absolue de son obligation, lorsqu'il ne l'a pas accomplie : il est pareillement tenu de ceux qui résultent du retard qu'il a seulement apporté à l'accomplir, depuis qu'il a été mis en demeure de le faire.

Ces dommages et intérêts consistent dans la perte que le créancier a soufferte, et dans le gain dont il a été privé par ce retard; pourvu que cette perte et cette privation de gain en aient été des suites nécessaires.

On les estime dans toute la rigueur, et on les étend à quelque espèce de dommages et intérêts que ce soit, lorsque c'est par dol et par une contumace affectée, que le débiteur a apporté du retard à l'accomplissement de son obligation.

Mais lorsqu'on ne peut lui reprocher que de la négligence, ces dommages et intérêts doivent s'estimer avec beaucoup plus de modération, et ne doivent être étendus qu'à ceux qui ont pu être prévus lors du contrat, et auxquels le débiteur s'est expressément ou tacitement soumis.

170. Telles sont les règles générales. On en suit une particulière à l'égard du retard apporté par un débiteur dans l'accomplissement des obligations qui consistent à donner une certaine somme d'argent. Comme les différents dommages et intérêts, qui peuvent résulter du retard de l'accomplissement de cette espèce d'obligation, varient à l'infini, et qu'il est aussi difficile de les prévoir que de les justifier, il a été nécessaire de les régler comme par une espèce de forfait, à quelque chose de fixe. C'est ce qu'on a fait en les fixant aux intérêts de la somme due au taux de l'ordonnance. Ces intérêts commencent à courir contre le

débiteur, du jour qu'il a été mis en demeure, jusqu'au paiement, parcequ'ils sont le prix commun du profit légitime que le créancier auroit pu retirer de la somme qui lui étoit due, si elle lui avoit été payée.

En conséquence de cette espèce de forfait, quelque grand que soit le dommage que le créancier ait souffert du retard que le débiteur a apporté au paiement de la somme due, soit que ce retard ait procédé d'une simple négligence, soit qu'il ait procédé d'un dol et d'une contumace affectée, le créancier ne peut demander d'autre dédommagement que ces intérêts.

Mais d'un autre côté il n'est pas assujetti, pour pouvoir les exiger, à justifier du dommage que le retard du paiement lui a causé.

171. Notre principe souffre exception à l'égard des lettres de change. Lorsque celui sur qui une lettre de change est tirée, a été refusant de la payer au jour de l'échéance, le propriétaire de la lettre qui la fait protester, peut, par forme de dommages et intérêts du retard qu'il a souffert, exiger du tireur et des endosseurs le rechange, quand même il excéderoit l'intérêt ordinaire de l'argent. On appelle *rechange* le profit qu'il a payé à des banquiers sur le lieu, afin d'avoir de l'argent pour des lettres de change, à la place de celui qu'il devoit recevoir sur le lieu. *Voyez notre Traité des lettres de change, n. 64.*

172. Telles sont les régles pour le for extérieur : mais dans le for de la conscience, si le créancier n'a souffert aucuns dommages du retard du paiement de la somme qui lui étoit due, c'est-à-dire, si ce retard ne lui a causé aucune perte, et ne l'a privé d'aucun gain, il ne doit pas exiger ces intérêts; car ces intérêts sont accordés comme un dédommagement, et il n'en peut être dû à celui qui n'a souffert aucun dommage.

Vice versâ, si le dommage que le retard a causé au créancier est plus grand que ces intérêts; selon les régles du for de la conscience, lorsque le débiteur, par dol et par une contumace affectée, a été en demeure de payer ce

I. 13

qu'il pouvoit payer facilement, il doit indemniser le créancier entièrement de tous les dommages qu'il sait lui avoir causés par sa demeure injuste; et il ne suffit pas qu'il paie les intérêts du jour de sa demeure.

Il en est autrement lorsqu'il n'y a pas de dol de la part du débiteur dans sa demeure. La raison de différence est que, hors le cas du dol, un débiteur n'est tenu que des dommages et intérêts auxquels il est censé avoir consenti de se soumettre, lesquels, dans ce cas-ci, sont les intérêts de la somme depuis la demeure.

Une autre différence entre le for extérieur et celui de la conscience, c'est que, dans celui-ci, il n'est pas toujours nécessaire qu'il y ait une interpellation judiciaire pour que le débiteur soit mis en demeure, et que les intérêts courent contre lui : car si mon créancier m'avertit qu'il a besoin de son argent, et que ce créancier, à ma prière, par égard pour moi, et pour ne pas faire tort à mon crédit, n'ait pas recours à l'interpellation judiciaire, comptant sur ma bonne foi, et sur la promesse que je lui fais de l'indemniser, de même que s'il y avoit eu recours; je suis, dans ce cas, au for de la conscience, suffisamment mis en demeure par cet avertissement, et je suis tenu des intérêts qui courront depuis. C'est mal à propos que l'auteur des Conférences de Paris sur l'Usure, *tom.* 1, *page* 379 *et suiv.* proscrit ces intérêts comme usuraires. Il n'y a d'intérêts usuraires que ceux qui sont exigés comme la récompense du prêt, qui doit être gratuit : mais ceux-ci ont une cause juste, savoir le dédommagement du tort que je cause à mon créancier par le retard que j'apporte à l'exécution de mon obligation. Cet auteur se fonde sur ce raisonnement : Nous ne tenons, dit-il, que de la loi les biens et les droits que nous avons : or nos lois n'accordent aux créanciers le droit de percevoir les intérêts des sommes qui leur sont dues, que lorsqu'ils sont adjugés par sentence sur une demande judiciaire : donc, conclut cet auteur, sans une interpellation judiciaire, un créancier n'a pas le droit de percevoir des intérêts des sommes qui lui sont dues, et il ne peut en conscience les recevoir.

La réponse est, que si le créancier ne peut, dans le for extérieur, exiger des intérêts sans une interpellation judiciaire, c'est qu'il ne peut sans cela justifier la demeure en laquelle a été son débiteur de le payer; cette interpellation judiciaire étant la seule preuve de cette demeure, qui soit reçue dans les tribunaux. Mais si dans la vérité son débiteur a été en demeure de le payer, il a le droit de recevoir de lui les intérêts, pour dédommagements du tort que lui a causé la demeure de son débiteur; et il tient ce droit de la plus respectable de toutes les lois, savoir, de la loi naturelle, qui oblige tous les débiteurs à remplir leurs obligations, et à dédommager leur créancier du tort qu'il a souffert par le retard qu'ils y ont apporté. Lorsqu'un créancier, par égard pour son débiteur, n'a pas recours à la voie de l'interpellation judiciaire, qui pourroit ruiner le crédit de son débiteur, c'est un bon office qu'il rend à son débiteur; ce créancier ne doit pas souffrir d'avoir rendu ce bon office à son débiteur : *officium suum nemini debet esse damnosum.* C'est une absurdité que de vouloir que le créancier qui ménage son débiteur, soit, pour l'avoir ménagé, de pire condition que s'il avoit exercé les voies de rigueur.

SECONDE PARTIE.

Des différentes espèces d'obligations.

———

CHAPITRE PREMIER.

Exposition générale des différentes espèces d'obligations.

§. I.

PREMIÈRE DIVISION.

173. La première division des obligations se tire de la nature du lien qu'elles produisent. Les obligations, considérées sous ce regard, se divisent en obligations naturelles et civiles tout ensemble, en obligations seulement civiles, et en obligations seulement naturelles.

On appelle *obligation civile* celle qui est un lien de droit, *vinculum juris*, et qui donne à celui envers qui elle est contractée, le droit d'exiger en justice ce qui y est contenu.

On appelle *obligation naturelle* celle qui, dans le for de l'honneur et de la conscience, oblige celui qui l'a contractée à l'accomplissement de ce qui y est contenu.

174. Les obligations sont ordinairement civiles et naturelles tout ensemble. Il y en a néanmoins quelques unes qui sont obligations civiles seulement, sans être en même temps obligations naturelles, et à l'accomplissement desquelles le débiteur peut être contraint en justice, quoiqu'il n'y soit pas obligé dans le for de la conscience.

Telle est l'obligation qui résulte d'un jugement de condamnation rendu par erreur de droit ou de fait, et dont il n'y a pas d'appel. Celui qui est condamné par ce jugement est obligé envers celui au profit de qui le jugement est rendu, à lui payer ce qui est porté par la condamnation; et il peut y être contraint par les voies judiciaires, quoiqu'il ne le doive pas dans la vérité et selon le for de la conscience : c'est l'autorité de la chose jugée qui forme cette obligation. Le serment décisoire produit une pareille obligation. Lorsque la partie à qui l'on demandoit une chose, s'est rapportée au serment décisoire du demandeur qui a juré que la chose lui étoit due, ce serment oblige le défendeur à payer à ce demandeur la chose qu'il a juré lui être due, quoique dans la vérité, et selon le for de la conscience, elle ne lui soit pas due.

175. Il y a aussi des obligations qui sont seulement des obligations naturelles, sans être obligations civiles. Ces obligations, dans le for de l'honneur et de la conscience, obligent celui qui les a contractées à les accomplir; mais la loi civile refuse l'action à celui envers qui elles sont contractées, pour en poursuivre en justice l'exécution.

Ces obligations ne sont qu'improprement obligations; car elles ne sont pas un lien de droit, *vinculum juris*. Elles n'imposent pas à celui qui les a contractées une véritable nécessité de les accomplir, puisqu'il ne peut y être contraint par celui envers qui il les a contractées : et c'est néanmoins dans cette *nécessité* que consiste le caractère de l'obligation *, vinculis juris quo necessitate adstringimur :* elles sont seulement *pudoris et œquitatis vinculum.*

Nous traiterons en particulier de cette espèce d'obligation dans le chapitre suivant.

§. II.

DEUXIÈME DIVISION.

176. La seconde division des obligations se tire des différentes manières dont elles peuvent être contractées. On les divise en pures et simples, et en conditionnelles.

Les *pures* et *simples* sont celles qui ne sont suspendues par aucune condition, soit qu'elles aient été contractées sans aucune condition, soit que la condition sous laquelle elles ont été contractées ait été accomplie.

Les obligations *conditionnelles* sont celles qui sont suspendues par une condition qui n'est pas encore accomplie, et sous laquelle elles ont été contractées.

177. On appelle obligations pures et simples, dans un sens plus étroit, celles qui sont contractées sans aucune des modalités ou modifications qui vont être rapportées. Ces modalités sont, la condition résolutoire, le temps limité pour la durée de l'obligation ; le terme et le lieu du paiement, la faculté de payer à un autre qu'au créancier, celle de payer une autre chose à la place de celle qui fait l'objet de l'obligation. L'alternative entre plusieurs choses qui font l'objet de l'obligation, la solidité entre plusieurs créanciers ou entre plusieurs débiteurs d'une même obligation, font encore des modalités des obligations.

Toutes ces différentes modalités font autant de différentes espèces d'obligations dont nous traiterons au chapitre troisième.

§. III.

TROISIÈME, QUATRIÈME ET CINQUIÈME DIVISIONS.

178. Ces divisions se prennent de la qualité des différentes choses qu'en font l'objet.

Il y a des obligations de donner et des obligations de faire : *Stipulationum quædam in dando, quædam in faciendo* ; l. 3, ff. *de verb. obl.*

Les obligations de faire comprennent aussi celles par lesquelles quelqu'un s'est obligé de ne pas faire quelque chose.

Il y a cette différence entre les obligations de donner et les obligations de faire, que celui qui s'est obligé de donner une chose, peut, lorsqu'il l'a en sa possession, être précisément contraint à la donner ; le créancier peut, malgré lui, en être mis en possession par autorité de justice : au lieu que celui qui s'est obligé à faire quelque chose, ne peut être contraint précisément à le faire ; mais faute par lui de remplir cette obligation, elle se convertit en une obligation de payer les dommages et intérêts résultants de l'inexécution; et ces dommages et intérêts consistent dans la somme d'argent à laquelle ils sont liquidés et estimés par des experts nommés par les parties ou par le juge.

179. On distingue encore les obligations ou dettes, en dettes liquides et non liquides. Les dettes liquides sont les dettes d'une certaine chose, *obligatio rei certæ.* Gaïus en donne cette définition : *Certum est quod ex ipsâ pronun-tiatione apparet, quid, quale, quantumque sit;* l. 74, §. 1, *ff. de verb. obl.* Telles sont les dettes d'un corps certain ou d'une certaine somme d'argent, d'une certaine quantité de blé, de vin, etc.

Une dette n'est pas liquide, lorsque la chose ou la somme qui est due n'est pas encore constatée : *Ubi non apparet quid, quale, quantumque est in stipulatione;* l. 75, *ff. dict. tit.*

Telles sont les dettes de dommages et intérêts, jusqu'à ce qu'ils aient été liquidés, et par conséquent toutes les obligations qui consistent à faire ou à ne pas faire quelque chose, *d. l.* 75, §. 7, puisqu'elles se résolvent en obliga-tions de dommages et intérêts. Les dettes d'une chose indéterminée, les dettes alternatives, jusqu'à ce que le débiteur ait fait son choix, ou qu'ayant été mis en demeure de le faire, il ait été référé au créancier, sont aussi des dettes non liquides; *d. l.* 75, §. 1., §. 8. Voyez *in Pand. Justin. tit. de verb. obl.* nº 78, 79, 80, 81.

Il y a plusieurs différences entre les dettes liquides et celles qui ne le sont pas. Le créancier d'une dette liquide, lorsqu'il a un titre exécutoire, peut procéder par comman-dement et par saisie des biens de son débiteur : le créancier d'une dette qui n'est pas liquide, ne le peut. La créance d'une somme liquide peut être opposée en compensation d'une autre dette liquide : une créance qui n'est pas encore liquide, ne peut être opposée en compensation.

Observez à l'égard des dettes de grains et autres choses *quæ in quantitate consistunt,* qu'on distingue la liquidation de l'appréciation. La dette est *liquide* lorsque la quantité de ces choses qui est due est constante, *cùm constat quan-*

tûm debeatur; et elle donne au créancier qui a un titre exécutoire, le droit de saisir les effets de son débiteur : mais il ne peut les vendre jusqu'à l'appréciation, c'est-à-dire, jusqu'à ce qu'on ait évalué à quelle somme d'argent monte la quantité de ces espéces, qui est due. *Ordonnance de 1667, tit. 33, art. 2.*

180. On divise encore, les obligations en obligations d'un corps certain et en obligations d'une chose indéterminée, d'un certain genre de choses : c'est ce qu'on appelle *obligatio generis.*

Nous traiterons *ex professo* de ces obligations en la section première du chapitre 4.

181. Enfin on divise les obligations en dividuelles et en individuelles, suivant que la chose qui lui est due est susceptible de parties, au moins intellectuelles, ou ne l'est pas. Nous en traiterons *ex professo* audit chapitre 4, section 2.

§. IV.

SIXIÈME DIVISION.

182. On divise les obligations en obligations principales et en obligations accessoires. Cette division se tire de l'ordre qu'ont entre elles les choses qui en font l'objet.

L'obligation *principale* est l'obligation de ce qui fait le principal objet de l'engagement qui a été contracté entre les parties.

On appelle obligations *accessoires*, celles qui sont comme des suites et des dépendances de l'obligation principale.

Par exemple, dans le contrat de vente d'un héritage, l'obligation principale que le vendeur contracte, est l'obligation de livrer cet héritage à l'acheteur, et de le garantir de tous troubles et de toutes évictions : *obligatio præstandi emptori rem habere licere.*

L'obligation de lui remettre les titres et enseignements qui concernent cet héritage ; celle d'apporter de la bonne foi dans le contrat, et le soin convenable à la conservation de la chose, sont des obligations accessoires.

Observez que ces termes d'obligation principale et d'obligation accessoire se prennent aussi dans un autre sens, que nous verrons *infrà*, §. 6.

§. V.

SEPTIÈME DIVISION.

183. On distingue les obligations en obligations primitives et en obligations secondaires; et cette division se tire de l'ordre dans lequel elles sont censées contractées.

L'obligation *primitive*, qu'on peut aussi appeler *obligation principale*, est celle qui a été contractée principalement, en premier lieu, et pour elle-même.

L'obligation *secondaire* est celle qui est contractée en cas d'inexécution d'une première obligation.

Par exemple, dans le contrat de vente, l'obligation que contracte le vendeur de livrer et garantir la chose vendue, est l'obligation primitive: celle de payer à l'acheteur les dommages et intérêts, faute de pouvoir lui livrer ou garantir la chose, est une obligation secondaire.

184. Il y a deux espèces d'obligations secondaires.

La première est celle des obligations secondaires qui ne sont qu'une suite naturelle de l'obligation primitive, qui, sans qu'il soit intervenu aucune convention particulière, naissent naturellement de la seule inexécution de l'obligation primitive, ou du retard apporté à son exécution.

On peut apporter pour exemple l'obligation des dommages et intérêts en laquelle se convertit naturellement et de plein droit l'obligation primitive qu'un vendeur a contractée de livrer ou de garantir une chose, en cas d'inexécution de cette obligation; comme aussi l'obligation des intérêts qui naît du retard apporté à l'obligation de payer une certaine somme d'argent.

Les obligations secondaires de la seconde espèce sont celles qui naissent d'une clause apposée au contrat, par laquelle la partie qui s'engage à quelque chose, promet de donner une certaine somme, ou quelque autre chose, au cas qu'elle ne satisfasse pas à son engagement.

On appelle ces clauses, *clauses pénales*, et les obligations qui en naissent, *obligations pénales*, lesquelles sont accessoires à l'obligation primitive et principale, et sont contractées pour en assurer l'exécution. Nous en traiterons *ex professo* au chapitre 5.

185. Les obligations secondaires peuvent encore se subdiviser en deux espèces.

Il y a une espèce d'obligations secondaires, dans lesquelles se convertissent entièrement les obligations primitives, lorsqu'elles ne sont point exécutées : telle est l'obligation de dommages et intérêts, dont il a été parlé ci-devant. Lorsqu'un vendeur ne satisfait pas à son obligation primitive de livrer ou de garantir la chose vendue, cette obligation primitive se convertit entièrement dans l'obligation secondaire de payer les dommages et intérêts de l'acheteur ; cette obligation secondaire est subrogée à la primitive qui ne subsiste plus.

Il y a une autre espèce d'obligations secondaires, qui ne font qu'accéder à l'obligation primitive sans la détruire, lorsque le débiteur apporte du retard à son exécution : telle est l'obligation des intérêts, qui naît de la demeure de payer la somme principale.

§ VI.

HUITIÈME DIVISION.

186. Les obligations, considérées par rapport aux personnes qui les contractent, se divisent en obligations principales et en obligations accessoires.

L'obligation *principale* en ce sens, est celle de celui qui s'oblige comme principal obligé, et non pour aucun autre.

Les obligations *accessoires* sont celles des personnes qui s'obligent pour une autre; telles que sont celles des cautions, et de tous ceux qui accèdent à l'obligation d'un autre. Nous en traiterons au chapitre 6.

§. VII.

NEUVIÈME, DIXIÈME, ONZIÈME ET DOUZIÈME DIVISIONS.

187. Les obligations, considérées par rapport aux sûretés et aux voies qu'a le créancier de s'en procurer le paiement, se divisent en obligations privilégiées et non privilégiées, en obligations hypothécaires, et en obligations chirographaires, en obligations exécutoires et non exécutoires; enfin en obligations par corps, et en obligations civiles et ordinaires.

Les obligations privilégiées sont celles pour lesquelles le créancier a un privilège sur tous les biens, ou sur certains biens du débiteur, pour être payé par préférence aux autres créanciers. *Voyez ce que nous avons dit de ces privilèges, en notre introduction au titre 20 de la Coutume d'Orléans, chap. 2, §. 9; et en l'introduction au titre 21, §. 16.*

Les obligations non privilégiées sont celles pour lesquelles il n'y a pas de privilège.

188. Les obligations hypothécaires sont celles qui sont contractées sous l'hypothèque des biens du débiteur, qui en sont susceptibles.

Les obligations chirographaires sont celles qui ne sont accompagnées d'aucune hypothèque. *Voyez sur le droit d'hypothèque l'introduction au titre 20 de la Coutume d'Orléans, chap. 1.*

189. Les obligations exécutoires sont celles pour le paiement desquelles le créancier a un titre exécutoire contre le débiteur. *Voyez* suprà, *n.* 155.

190. Enfin les obligations par corps sont celles au paiement desquelles le débiteur peut être contraint par l'emprisonnement de sa personne, jusqu'à ce qu'il ait payé. Les autres obligations qui ne sont pas sujettes à cette contrainte,

par opposition à celles-ci, sont appelées *obligations civiles et ordinaires*.

Sur les obligations qui sont sujettes ou non à la contrainte par corps, *voyez l'Ordonnance de 1667, tit. 34, et le Commentaire de M. Jousse.*

CHAPITRE II.

De la première division des obligations, en obligations civiles et en obligations naturelles.

191. Nous avons suffisamment vu jusqu'à présent quelle est la nature des obligations civiles; il nous reste à traiter, en ce chapitre, des obligations naturelles.

Les principes de notre droit sont, à cet égard, différents de ceux du droit romain.

On appeloit dans le droit romain *obligation naturelle*, celle qui étoit destituée d'action, c'est-à-dire, qui ne donnoit pas à celui envers qui elle étoit contractée, le droit d'en demander en justice le paiement.

Telles étoient toutes celles qui naissoient des simples conventions, qui n'étoient revêtues ni de la qualité de contrat, ni de la forme de la stipulation.

Ces obligations étoient très favorables : *Quid enim tam congruum fidei humanæ, quàm ea quæ inter eos placuerunt servare ?* L. 1, ff. *de pact.* Si elles étoient destituées d'action, ce n'étoit que par une raison tirée de la politique des patriciens, qui, pour leur intérêt particulier, avoient jugé à propos de faire dépendre le droit d'action des formules, dont ils avoient seuls la connoissance dans les premiers temps, afin d'obliger les plébéiens à avoir recours à eux dans leurs affaires, et de les tenir par-là dans leur dépendance. C'est pourquoi, à cela près qu'elles étoient destituées d'action, elles avoient tous les autres effets que peut avoir une obligation civile. Non seulement le paiement de ce qui étoit dû par une obligation purement naturelle, étoit un paiement valable, et non sujet à répétition ; mais suivant les principes du droit romain , je pouvois, contre l'action de mon créancier, opposer la compensation de ce qu'il me devoit de son côté par une obligation purement naturelle. L. 6, ff. *de comp.* Suivant les mêmes principes, des fidéjusseurs pouvoient contracter une obligation civile qui accédât à une obligation purement naturelle ; l. 16, §. 3, ff. *de fidej.* ; et une obligation purement naturelle pouvoit servir de matière à une novation en une autre obligation civile. L. 1, §. 1 , ff. *de novat.*

192. Selon les principes de notre droit françois, qui n'a pas admis la distinction du droit romain entre les simples pactes et les contrats, ces obligations naturelles du droit romain sont, dans notre droit, de véritables obligations civiles.

Celles qu'on peut appeler dans notre droit *obligations purement naturelles*, sont 1° celles pour lesquelles la loi dénie l'action, par rapport à la défaveur de la cause d'où elles procèdent. Telle est la dette due à un cabaretier pour dépenses faites par un domicilié du lieu dans son cabaret. *Coutume de Paris*, art. 128.

2° Celles qui naissent des contrats des personnes qui, ayant un jugement et un discernement suffisans pour contracter, sont néanmoins, par la loi civile, inhabiles à contracter. Telle est l'obligation d'une femme sous puissance de mari, qui a contracté sans être autorisée.

193. Ces obligations qui naissent d'une cause improuvée par les lois, ou qui ont été contractées par des personnes à qui la loi ne permet pas de contracter, n'auroient pas eu, par le droit romain même, le nom d'obligations naturelles : c'est pourquoi je ne pense pas qu'elles doivent avoir parmi nous les effets que le droit romain donnoit aux obligations purement naturelles.

Par exemple, un cabaretier ne doit pas être admis à opposer contre l'action de son créancier, ce que ce créancier lui doit pour dépenses faites en son cabaret ; le débiteur d'une femme ne peut, contre l'action de cette femme,

opposer la compensation de ce que cette femme lui doit
par un contrat qu'elle a fait avec lui, étant sous puissance de mari, et sans être autorisée, si ce n'est que le
contrat eût tourné au profit de cette femme.

194. Pareillement des fidéjusseurs ne s'obligent pas
valablement envers un cabaretier pour une dette de cabaret : car la défaveur de la cause de la dette, qui fait dénier
l'action au cabaretier, milite également à l'égard des fidéjusseurs comme à l'égard du principal obligé.

Lorsque c'est la seule qualité de la personne qui a porté
la loi à annuler l'obligation, comme lorsqu'une femme
sous puissance de mari s'est obligée sans être autorisée, il
y auroit plus de raison de douter si l'action devroit être
déniée contre les fidéjusseurs ; car c'est par une raison qui
est personnelle à la femme, que la loi dénie l'action contre
elle. Néanmoins il faut décider que l'obligation des fidéjusseurs n'est pas plus valable que celle de la femme : car
la loi rendant nulle celle de la femme, elle ne subsiste
aucunement, si ce n'est dans le for de la conscience : la
loi civile la méconnoît et la déclare nulle ; et par conséquent elle ne peut pas être un sujet suffisant auquel puissent accéder d'autres obligations. Si, suivant les principes
du droit romain, des fidéjusseurs peuvent accéder à une
obligation naturelle, c'est que les obligations naturelles
n'étoient pas des obligations que la loi improuvât et qu'elle
déclarât nulles : elles étoient seulement destituées d'action. Mais les lois romaines décident que des fidéjusseurs
ne peuvent accéder à des obligations que la loi réprouve
et annulle. C'est sur ce principe qu'elles décident, que
des fidéjusseurs ne peuvent s'obliger valablement pour
une femme qui se seroit obligée contre la prohibition du
sénatusconsulte velléien ; *quia totam obligationem senatus
improbat;* l. 16, §. 1, ff. *ad sc. Vell.* l. 14, *Cod. dict. tit.*
Par la même raison, on doit décider que des fidéjusseurs
ne peuvent accéder à l'obligation qu'une femme mariée a
contractée sans être autorisée, ni à toutes les autres obligations qui ne sont appelées obligations purement natu-

relles que parcequ'elles sont improuvées par la loi civile. C'est aussi l'avis de Lebrun, *Traité de la Communauté*, liv. 2, ch. 1, sect. 5, n. 17.

195. Le seul effet de nos obligations purement naturelles, est que lorsque le débiteur a payé volontairement, le paiement est valable, et n'est pas sujet à répétition, parcequ'il a eu un juste sujet de payer ; savoir, celui de décharger sa conscience. Ainsi on ne peut pas dire qu'il a été fait *sine causâ* : d'où il suit qu'il ne peut y avoir lieu aux actions qu'on appelle *condictio sine causâ*, et *condictio indebiti*.

Observez néanmoins que pour que le paiement fait par une femme, d'une dette qu'elle a contractée sans l'autorité de son mari, soit valable, il faut ou qu'elle l'ait fait en viduité, ou qu'elle l'ait fait avec l'autorité de son mari, si elle étoit encore sous sa puissance : car en ce cas elle n'est pas plus capable de payer sans l'autorité de son mari, que de contracter.

196. Nous avons parlé jusqu'à présent des obligations que la défaveur de leur cause, ou l'inhabilité civile de la personne qui les a contractées, rend obligations purement naturelles. Une obligation civile, lorsque le débiteur a acquis contre l'action qui en résulte quelque fin de non recevoir, *putà*, par l'autorité de la chose jugée ou du serment décisoire, ou par le laps du temps requis par la prescription, peut aussi être regardée comme obligation purement naturelle, tant que la fin de non recevoir subsiste et qu'elle n'est pas couverte. *Voyez sur ces fins de non recevoir*, infrà, *art.* 3, *ch.* 8.

197. On ne doit pas confondre les obligations naturelles dont nous avons parlé dans ce chapitre, avec les obligations imparfaites dont il a été parlé au commencement de ce traité. Celles-ci ne donnent aucun droit à personne contre nous, même dans le for de la conscience. Par exemple, si j'ai manqué de rendre à mon bienfaiteur un service que la reconnoissance m'obligeoit à lui rendre, ce qu'il souffre de ce que j'ai manqué à ce devoir, ne le rend pas pour cela mon créancier, même dans le for de la con-

science. C'est pourquoi s'il me devoit une certaine somme pour laquelle je n'aurois plus d'action contre lui, parceque ma créance seroit prescrite, il ne laisseroit pas d'être obligé, dans le for de la conscience, de me payer, sans qu'il pût rien compenser de ce qu'il a souffert de mon ingratitude. Au contraire, les obligations naturelles dont nous avons traité dans ce chapitre, donnent à la personne envers qui nous les avons contractées, un droit contre nous, non pas, à la vérité, dans le for extérieur, mais dans le for de la conscience. C'est pourquoi, si j'ai fait une dépense de 100 l. dans un cabaret du lieu de mon domicile, ce cabaretier est vraiment mon créancier de cette somme, non dans le for extérieur, mais dans le for de la conscience; et si j'avois de mon côté une créance de pareille somme contre lui qui fût prescrite, il pourroit, dans le for de la conscience se dispenser de me la payer, en la compensant avec celle qu'il a contre moi.

CHAPITRE III.

Des différentes modalités sous lesquelles les obligations peuvent être contractées.

ARTICLE PREMIER.

Des conditions suspensives, et des obligations conditionnelles.

198. Une obligation conditionnelle est celle qui est suspendue par la condition sous laquelle elle a été contractée, qui n'est pas encore accomplie.

Pour faire connoître ce que c'est qu'une obligation conditionnelle, nous verrons, 1° ce que c'est qu'une condition suspensive, et quelles sont les différentes espèces de conditions; 2° ce qui peut faire une condition suspensive; 3° quand une condition est censée accomplie ou réputée pour accomplie. 4° Nous traiterons de l'indivisibilité de l'accomplissement des conditions; 5° de l'effet des conditions. 6º Nous verrons si, lorsque l'obligation été contractée sous plusieurs conditions, il faut que t ites soient accomplies pour que l'obligation ait son effet.

§. I. Qu'est-ce qu'une condition, et ses différentes espèces?

199. Une condition est le cas d'un évènement futur et incertain, qui peut arriver ou ne pas arriver, duquel on fait dépendre l'obligation.

200. On distingue les conditions sous lesquelles une obligation peut être suspendue, en positives et en négatives.

La condition positive est celle qui consiste dans le cas auquel quelque chose qui peut arriver, ou ne pas arriver, arrivera; comme celle-ci, *si je me marie.*

La condition négative est celle qui consiste dans le cas auquel quelque chose qui peut arriver, ou ne pas arriver, n'arrivera pas; comme celle-ci, *si je ne me marie pas.*

201. On distingue encore les conditions en potestatives, casuelles et mixtes.

La condition potestative est celle qui est au pouvoir de celui envers qui l'obligation est contractée; comme si je m'oblige envers mon voisin de lui donner une somme, s'il abat dans son champ un arbre qui me bouche la vue.

La condition casuelle est celle qui dépend du hasard, et n'est nullement au pouvoir du créancier, telles que sont celles-ci : *si j'ai des enfants; si je n'ai point d'enfants; si un tel navire arrive à bon port des Indes;* etc.

La condition mixte est celle qui dépend du concours de la volonté du créancier, et de celle d'un tiers, comme celle-ci, *si vous épousez ma cousine.*

§. II. Ce qui peut faire une condition qui suspende une obligation.

202. Pour qu'une condition ait l'effet de suspendre une obligation, il faut, 1º que ce soit la condition d'une chose

future : une obligation contractée sous la condition d'une chose passée ou présente, quoique ignorée des contractants, n'est pas proprement une obligation conditionnelle. Par exemple, si après que la Loterie de Piété a été tirée, et avant que la liste soit arrivée, j'ai promis à quelqu'un de lui donner une certaine somme si le gros lot m'étoit échu ; ou si j'ai promis à quelqu'un une certaine somme, au cas que le pape soit actuellement vivant ; ces obligations ne sont pas conditionnelles : mais ou elles ont d'abord toute leur perfection, s'il se trouve que j'ai effectivement le gros lot ou que le pape est vivant ; ou, au contraire, il n'y aura jamais eu d'obligation contractée, s'il se trouve que le gros lot ne m'est point échu, ou que le pape est mort.

C'est ce que décide la loi 100 ; ff. *de verb. obl. Conditio in præteritum non tantùm in præsens tempus relata, statim aut perimit obligationem, aut omninò non differt ; adde ll.* 37, 38, 39, ff *de r. cred.*

Néanmoins, quoique la chose soit effectivement due, le créancier ne peut pas l'exiger, jusqu'à ce qu'il se soit rendu certain du fait, et qu'il l'ait notifié au débiteur.

203. Il faut, 2° que la condition soit d'une chose qui peut arriver ou ne pas arriver. La condition d'une chose qui arrivera certainement, n'est pas proprement une condition, et ne suspend pas l'obligation ; mais elle en diffère seulement l'exigibilité, et n'équipolle qu'à un terme de paiement.

Il faut néanmoins à cet égard distinguer entre les obligations qui sont contractées par des actes entre vifs, par lesquels nous contractons tant pour nous que pour nos héritiers, et entre celles qui naissent des dispositions faites au profit d'une certaine personne, et non de ses héritiers, tels que sont les legs et les substitutions portées par des testaments ou par des donations entre vifs.

A l'égard de ces dispositions, quoique le fait qui y est mis pour condition doive certainement arriver, s'il est incertain quand il arrivera, et si ce sera du vivant du légataire ou substitué, il peut faire une véritable condition. La raison est

qu'une telle disposition n'étant faite qu'à la personne même
du légataire ou substitué, le droit qui en résulte ne pouvant être acquis que par la personne même du légataire
ou du substitué, la condition qui est apposée ne pouvant
conséquemment s'accomplir utilement que du vivant du
légataire ou substitué, il suffit qu'il soit incertain si la condition arrivera de son vivant, quoiqu'il soit certain qu'elle
arrivera un jour, pour que la disposition soit conditionnelle, puisqu'il est incertain si le legs sera dû. C'est sur
ces principes que la loi 1, §. 2, ff. *de cond. et dem.* décide
que si j'ai grevé mon héritier d'un legs, *lorsqu'il mourroit*, le
legs est conditionnel. Au contraire, dans les actes entre vifs
par lesquels nous contractons tant pour nous que pour
nos héritiers, le cas d'une chose qui doit certainement
arriver, quoiqu'il soit incertain quand elle arrivera, ne
peut jamais faire une condition qui suspende l'obligation;
parceque les conditions des obligations contractées par
ces actes, pouvant s'accomplir utilement en quelque
temps que ce soit, aussi bien après la mort de la personne
envers qui elle est contractée, que de son vivant, comme
nous le verrons *infrà, n.* 208; la dette contractée sous la
condition d'une chose qui doit certainement arriver, ne
peut être incertaine, ni par conséquent conditionnelle.

204. Il faut, 3° pour qu'une condition soit valable,
et qu'elle suspende l'obligation, que ce soit la condition
d'une chose possible, licite, et qui ne soit pas contraire aux
bonnes mœurs.

La condition d'une chose impossible, illicite, ou contraire aux bonnes mœurs, sous laquelle quelqu'un promettroit quelque chose, rend l'acte absolument nul, lorsqu'elle est *in faciendo*; et il n'en naît aucune obligation;
l. 1, §. 11, ff. *de ob. et act.;* l. 31, *d. tit.;* l. 7, ff. *de verb.*
oblig.; comme si je vous avois promis une somme sous
cette condition, *si vous faites un triangle sans angles*, ou
sous celle d'aller tout nu dans les rues.

Il en est autrement dans les testaments. Les legs qui
seroient faits sous de pareilles conditions, n'en sont pas

14.

moins valables, et la condition est regardée comme non écrite, ce que la faveur des dernières volontés a fait établir; l. 3, ff. *de cond. et dem.*; l. 104, §. 1, ff. *de legat.* 1o.

Lorsque la condition impossible est *in non faciendo*, comme si je vous avois promis une somme *si vous n'arrêtiez pas le cours du soleil*, elle ne rend pas nulle l'obligation sous laquelle elle est contractée. Cette condition n'a aucun effet, et l'obligation est pure et simple; l. 7, ff. *de verb. oblig.* Mais la condition de ne pas faire une certaine chose qui est contraire aux mœurs ou aux lois, peut rendre l'acte nul, parcequ'il est contraire à la justice et à la bonne foi de stipuler une somme pour s'abstenir d'une chose dont nous sommes d'ailleurs obligés de nous abstenir.

205. Pour qu'une condition soit valable, et suspende l'obligation sous laquelle elle est contractée, il faut, 4° qu'elle ne détruise pas la nature de l'obligation : telle est la condition qui feroit dépendre l'obligation de la pure et seule volonté de la personne qui s'engage; comme si je promettois de donner quelque chose à quelqu'un, si cela me plaisoit, *si voluero* : car l'obligation étant *juris vinculum quo necessitate adstringimur*, et renfermant essentiellement une nécessité de donner ou de faire quelque chose, rien n'est plus contraire à sa nature, que de la faire dépendre de la pure volonté de celui qu'on supposeroit la contracter; et par conséquent une telle condition ne suspend pas, mais détruit l'obligation, qui pèche en ce cas par le défaut de lien dont nous avons déjà parlé *suprà*, n. 47 et 48 : *Nulla promissio potest consistere, quæ ex voluntate promittentis statum capit*; l. 108, §. 1, ff. *de verb. oblig.*

Il est contraire à l'essence de l'obligation qu'elle dépende de la pure et seule volonté de celui qu'on supposeroit l'avoir contractée ; mais elle peut dépendre de la pure et seule volonté d'un tiers. C'est pourquoi je puis valablement contracter l'obligation de donner ou de faire quelque chose, si une certaine personne tierce y consent; l. 43, et l. 44, *de verb. oblig.*

§. III. Quand les conditions sont-elles censées accomplies?

206. Les conditions positives s'accomplissent lorsque la chose qui fait la matière de la condition arrive.

Lorsqu'une condition consiste à donner ou à faire quelque chose, il faut, pour l'accomplissement de la condition, que celui à qui elle a été imposée ait donné ou fait la chose, de la manière dont il est vraisemblable que les parties l'ont entendu. C'est pourquoi, si j'ai contracté quelque engagement envers vous, au cas que vous donniez une certaine somme à un tel, si ce tel est un mineur, vous n'avez pas accompli la condition, lorsqu'au lieu de donner cette somme au tuteur de ce mineur, vous l'avez donnée à ce mineur, qui l'a dissipée; l. 68, ff. *de solut.* : car il est évident que mon intention, en vous imposant cette condition, a été que vous donneriez cette somme au mineur, de manière qu'il en pût profiter, en la mettant ès mains de son tuteur, et que vous ne l'abandonneriez pas à la discrétion de ce mineur.

Notre principe, que les conditions doivent s'accomplir de la manière dont les parties ont vraisemblablement voulu et entendu qu'elles le fussent, sert à décider la question que font les docteurs, Si les conditions doivent s'accomplir littéralement, *in formâ specificâ*? Il faut dire qu'ordinairement elles doivent s'accomplir *in formâ specificâ*; qu'elles peuvent néanmoins s'accomplir *per æquipollens*, lorsque, *pro subjectâ materiâ*, il paroît que telle a été vraisemblablement l'intention des parties : et cette intention se présume lorsque celui en faveur de qui est la condition, n'a pas d'intérêt qu'elle soit accomplie d'une manière plutôt que d'une autre.

Par exemple, si j'ai contracté quelque obligation envers vous sous cette condition, si dans un tel temps vous me donnez cent louis d'or; vous êtes censé accomplir cette condition en m'offrant en argent blanc la somme de deux mille quatre cents livres, à laquelle montent les cent louis d'or, m'étant indifférent de recevoir cette somme en argent ou en or; avec d'autant plus de raison, qu'on ne considère dans la monnoie que la valeur que le prince lui a donnée, et non les corps qui n'en sont que le signe. *Arg. l. 1, in fin.* ff. *de cont. empt.*

207. Les conditions devant s'accomplir de la manière dont les parties contractantes l'ont entendu, on demande si, lorsque la condition consiste dans quelque fait, soit du créancier, soit du débiteur, soit d'une personne tierce, la condition ne peut être accomplie que par la personne elle-même, ou si elle peut l'être par les héritiers de la personne, et par quelque autre que ce soit, qui fasse pour elle, et en son nom, ce qui est porté par la condition. La décision de la question dépend de la nature du fait, et de l'examen de l'intention qu'ont eue les parties contractantes. Si le fait mis en condition est un fait personnel, si c'est le fait d'une *telle personne*, plutôt que le fait seul et en lui-même, que les parties ont eu en vue, en ce cas la condition ne peut être accomplie que par la personne elle-même. Par exemple, si je me suis engagé envers mon domestique de lui donner une certaine récompense s'il restoit dix ans à mon service, il est évident que le service de ce domestique, qui fait l'objet de la condition, est un fait personnel, et qu'une telle condition ne peut être accomplie que par lui-même. Il en est de même de l'obligation que j'ai contractée envers l'élève d'un célèbre peintre, de lui donner une certaine somme, si son maître me faisoit un certain tableau : c'est encore un fait personnel qui fait l'objet de cette condition, et elle ne peut être accomplie que par le peintre lui-même.

Mais si le fait, soit du créancier, soit du débiteur, soit d'un tiers, qui a été mis pour condition, n'est pas un fait personnel; si c'est un fait que les parties contractantes ont considéré seul et en lui-même, et non comme le fait d'une telle personne; en ce cas la condition peut s'accomplir non seulement par la personne elle-même, mais encore par ses héritiers, ou autres successeurs. Par exemple, je me suis obligé à vous payer une certaine somme, *si dans l'année vous faisiez abattre sur votre héritage un bois qui faisoit geler mes vignes.* Cette condition peut s'accomplir par vos héritiers; car ce fait n'est pas un fait qui vous fût personnel. Il est évident qu'en opposant cette condition à mon obligation, j'ai considéré le fait seul et en lui-même, n'ayant eu d'autre intention, sinon que le bois fût abattu, m'étant indifférent par qui. Pareillement, si je vous ai acheté un héritage sous la condition qu'un tel se désisteroit d'un droit de servitude qu'il prétendoit, la condition s'accomplira si le successeur de ce voisin donne ce désistement.

208. Les conditions des actes entre vifs, par lesquels nous contractons tant pour nous que pour nos héritiers, peuvent s'accomplir utilement après la mort de celui envers qui l'obligation est contractée, aussi bien que de son vivant; *Instit. tit. de verb. oblig.* §. 5. En cela ces actes diffèrent des legs et autres semblables dispositions, lesquelles demeurent caduques, quand celui au profit de qui elles sont faites meurt avant que la condition sous laquelle elles sont faites ait été accomplie; l. 59, ff. *de cond. et dem.*

La raison de différence est, que celui qui fait un legs à quelqu'un, ne lègue qu'à la personne du légataire : d'où il suit que l'accomplissement de la condition qui n'arrive qu'après la mort, ne peut donner ouverture au legs; car il ne peut y avoir ouverture à ce legs au profit du légataire qui n'est plus, ni au profit des héritiers du légataire, qui ne sont pas ceux à qui le testateur a voulu léguer. Au contraire, dans les actes entre vifs, celui qui stipule quelque chose, est censé le stipuler tant pour lui que pour ses héritiers : *Qui paciscitur, sibi hæredique suo paciscitur.* L'obligation qui résulte de l'acte est contractée envers lui et envers ses héritiers : d'où il suit que la condition sous laquelle l'obligation a été contractée, quoiqu'elle ne s'accomplisse qu'après sa mort, doit donner ouverture à l'obligation.

Cynus, Barthole, et la plupart des anciens docteurs, ont soutenu que notre principe sur l'accomplissement des conditions des actes entre vifs souffroit exception à l'égard des conditions potestatives, c'est-à-dire, de celles qui consistent dans quelque fait qui est au pouvoir de celui envers qui l'obligation est contractée. Ces auteurs ont prétendu qu'elles ne pouvoient s'accomplir après sa mort. Si cette décision étoit restreinte aux conditions potestatives, qui consistent dans quelque fait du créancier qui soit personnel, elle ne pourroit souffrir aucune difficulté. Il est évident, par ce qui vient d'être dit ci-dessus, qu'elles ne peuvent s'accomplir après sa mort : mais il est faux que toutes les conditions potestatives indistinctement ne puissent s'accomplir après la mort du créancier, et il n'y a aucune raison solide sur laquelle l'opinion de ces docteurs puisse être établie. Ils ne la fondent que sur quelques textes de droit, qui ne sont rien moins que décisifs, et qu'il seroit trop long de rapporter et de réfuter : il suffira de répondre à la loi 48, ff. *de verb. oblig.* qui est le principal fondement de cette opinion. Il y est dit que dans une stipulation, ces termes, *cùm petiero*, *dabis*, sont différents de ceux-ci, *si petiero*, et qu'ils ne renferment pas une condition : *Admonitionem magis quàm conditionem habet hæc stipulatio; et ideò*, ajoute Ulpien, *si decessero priùs quàm petiero, non videtur defecisse conditio*. De ces derniers mots, nos docteurs argumentent ainsi : Ulpien dit que lorsque les parties ont employé ces termes, *cùm petiero*, la mort du créancier arrivée avant qu'il ait donné la demande, n'empêche pas l'effet de la convention, parceque ces termes, *cùm petiero*, ne renferment pas une condition. Donc, concluent-ils, si les parties s'étoient servies de termes qui renfermassent une condition, tels que ceux-ci, *si petiero*, il en auroit été autrement; et la mort du créancier arrivée avant qu'il eût donné la demande, auroit fait défaillir la condition, et fait tomber la convention : donc la condition, *si petiero*, ne peut s'accomplir utilement que du vivant du créancier : donc les conditions potestatives ne peuvent s'accomplir utilement que du vivant du créancier. Je réponds que cette dernière conséquence est mal tirée : ces docteurs, contre les règles de la logique, concluent du

particulier au général. Je conviens que la *condition*, SI PE-
TIERO, *ne peut s'accomplir après la mort du créancier*, parcequ'il paroît que dans cette condition, c'est le fait personnel du créancier, c'est la demande que la personne
même du créancier fera, que les parties ont entendu mettre pour condition; autrement cette condition n'auroit pas
de sens : mais de ce que la condition, *si petiero*, ne peut
s'accomplir après la mort du créancier, il ne s'ensuit pas
que les autres conditions potestatives qui renferment un
fait qui n'est pas personnel, ne puissent s'accomplir utilement après la mort du créancier. Cette question a été
traitée avec grande étendue par Covarruvias, *Quæstiones
practicæ*. 39.

209. Lorsque la condition renferme un temps préfix,
dans lequel elle doit être accomplie, comme si je me suis
obligé de vous donner une certaine somme *si un tel navire
étoit cette année de retour dans les ports de France* ; il faut
que la chose arrive dans le temps préfix; et lorsque le
temps est expiré sans que la chose soit arrivée, la condition est censée défaillie, et l'obligation contractée sous
cette condition est entièrement évanouie.

Mais si la condition ne renferme aucun temps préfix
dans lequel elle doive être accomplie, elle peut l'être en
quelque temps que ce soit; et elle n'est pas censée défaillie,
jusqu'à ce qu'il soit devenu certain que la chose n'arrivera
point.

On s'écarte de cette règle lorsque la condition consiste
dans quelque chose que doit faire celui envers qui je me
suis obligé sous cette condition, et que j'ai intérêt qui soit
faite; comme si j'ai promis à mon voisin de lui donner une
somme *s'il abattoit un arbre qui me nuit* : car en ce cas je
puis assigner celui envers qui je me suis obligé, pour qu'il
lui soit préfixé un certain temps dans lequel il accomplira
la condition, et qu'à faute par lui de le faire, je serai déchargé purement et simplement de mon obligation.

210. Les conditions négatives ou ont un temps préfix,
ou n'en ont point. Lorsqu'elles ont un temps préfix, elles

existent lorsque ce temps est expiré sans que la chose soit arrivée. Par exemple, si je vous ai promis quelque chose *si un tel navire n'étoit pas de retour cette année dans nos ports*, la condition aura existé lorsque l'année sera expirée sans que le navire soit arrivé. Elles peuvent s'accomplir avant l'expiration de ce temps, lorsqu'il devient certain que la chose n'arrivera pas.

Si la condition négative n'a point de temps préfix, elle n'est censée accomplie que lorsqu'il sera devenu certain que la chose n'arrivera pas. Par exemple, si je me suis obligé de vous donner quelque chose *si un tel navire n'arrive pas des Indes à bon port*, la condition de mon obligation n'existera que lorsqu'il sera devenu certain que le navire ne reviendra pas, *putà*, par les nouvelles certaines qu'on aura eues de son naufrage.

211. Si néanmoins la condition consiste dans quelque chose qui soit au pouvoir du débiteur, et qui intéresse celui au profit de qui l'obligation a été contractée; comme si quelqu'un s'est obligé envers moi de me donner une certaine somme s'il ne faisoit pas abattre sur son héritage un arbre qui nuit à mes vignes; je pense que celui qui s'est obligé sous cette condition peut être assigné pour voir dire, que faute par lui de faire une telle chose dans le temps qui lui sera imparti par le juge, il sera condamné à payer ce qu'il s'est obligé de donner au cas qu'il ne le fît pas : et s'il ne le fait pas dans le temps qui lui aura été imparti, cette condition négative sera censée avoir existé, et il pourra en conséquence être condamné à payer la somme qu'il s'est obligé de payer sous cette condition.

Cette décision néanmoins n'a pas paru sans difficulté aux jurisconsultes romains : les deux écoles étoient partagées de sentiment sur la question; l. 115, §. 2, ff. *de verb. oblig.* Celui des Sabiniens, que j'ai suivi, me paroît plus conforme à l'esprit et à la simplicité de notre droit françois.

212. C'est une règle commune à toutes les conditions

des obligations, qu'elles doivent passer pour accomplies lorsque le débiteur qui s'est obligé sous cette condition en a empêché l'accomplissement : *Quicunque sub conditione obligatus, curaverit ne conditio existeret, nihilominus obligatur* ; l. 85, §. 7, ff. *de verb. oblig. Pro impletâ habetur conditio cùm per eum fiat qui, si impleta esset, debiturus esset;* l. 81, §. 1, ff. *de cond. et dem.* Ceci est une conséquence de cette règle de droit : *In omnibus causis pro facto accipitur id in quo per alium mora fit, quominùs fiat;* l. 39, ff. *de reg. juris.*

On ne peut néanmoins dire que c'est par le fait du débiteur qu'une condition n'a pas été accomplie, et qu'elle doit en conséquence être réputée pour accomplie, lorsque ce n'est qu'indirectement, et sans dessein d'en empêcher l'accomplissement, qu'il y a mis obstacle. C'est pour cela que Paul dit, à l'égard des conditions apposées aux legs : *Non omne ab hæredis personâ interveniens impedimentum pro expletâ conditione cedit;* l. 38, ff. *de statu lib.*

Par exemple, si un testateur à qui j'ai succédé vous avoit légué une maison, *si dans l'année de son décès vous donniez au créancier de Pierre une certaine somme pour laquelle il le retenoit en prison;* et qu'étant votre créancier de mon chef de sommes considérables, j'aie saisi vos meubles pour en être payé; quoique la saisie que j'ai faite vous ait mis hors d'état de donner la somme au créancier de Pierre, et d'accomplir la condition apposée à votre legs, je ne serai pas néanmoins censé en avoir proprement par mon fait empêché l'accomplissement, et elle ne sera pas réputée pour accomplie; car ce n'est qu'indirectement que je l'ai empêché : la saisie que j'ai faite n'a pas été faite dans le dessein de vous empêcher d'accomplir la condition; je n'ai voulu autre chose qu'exiger par une voie légitime les sommes que vous me deviez.

Observez aussi à cet égard une différence entre les conditions dont l'accomplissement est momentané, et celles qui ne s'accomplissent que par une succession de temps. Les premières sont réputées pour accomplies aussitôt que le créancier conditionnel s'étant présenté pour accomplir la condition, en a été empêché par le débiteur : il n'en est pas de même des autres. Par exemple, si je m'étois obligé à quelque chose envers un vigneron, sous la condition qu'il me feroit dix journées; et que s'étant présenté pour travailler, je l'eusse renvoyé; la condition ne seroit réputée pour accomplie qu'en partie, et pour une journée seulement : elle ne seroit réputée pour entièrement accomplie que lorsqu'il s'y seroit présenté à dix jours différents; l. 20, §. 5, ff. *dicto titulo.*

213. A l'égard de la règle touchant les conditions potestatives, qu'elles doivent passer pour accomplies lorsqu'il n'a pas tenu à celui à qui un défunt a laissé quelque chose sous cette condition; c'est une règle qui a lieu pour les dernières volontés, et qui ne doit pas s'appliquer aux conditions des engagements contractés par des actes entre vifs. Par exemple, si quelqu'un vous a légué une certaine somme, si dans l'année de son décès vous donniez la liberté à votre nègre Jacques; la condition est censée accomplie, et le legs vous est dû, si la mort de Jacques, arrivée peu après celle du testateur, vous a empêché d'exécuter et d'accomplir la condition; l. 54, §, 2, ff. *de leg.* 1°. Mais si quelqu'un, par une condition entre lui et vous, s'est obligé, sous une pareille condition, à vous donner une certaine somme, je ne pense pas que la somme vous fût due, si la mort survenue de ce nègre vous avoit empêché d'accomplir la condition.

La raison de cette différence est, que les dernières volontés sont susceptibles d'une interprétation plus étendue. Au contraire, les contrats ne doivent être étendus que *quantùm sonant*; et l'interprétation, dans le doute, se fait toujours contre celui envers qui l'obligation est contractée; *Ambiguitas contra stipulatorem est*; l. 26, ff. de *r. dub.*; parcequ'il doit s'imputer si l'acte n'est pas assez clairement expliqué, n'ayant tenu qu'à lui, puisqu'il étoit présent, de s'expliquer mieux; l. 39, ff. *de pact*; l. 99, *de verb. oblig.* C'est pourquoi, suivant ce principe, lorsque, par un acte entre vifs, quelqu'un s'est obligé envers moi sous cette condition, que j'affranchirois mon nègre; dans le doute si l'obligation a été contractée, même pour le cas auquel il ne tiendroit pas à moi de l'affranchir, l'interprétation doit se faire contre moi; et je ne pourrai exiger ce qui m'a été promis sous cette condition, quoique la mort du nègre, arrivée avant que j'aie pu l'accomplir, m'ait empêché de l'accomplir. Cette décision auroit lieu, quand même j'aurois déja fait quelques préparatifs, comme si j'avois rappelé le nègre d'une campagne éloignée où il étoit, pour l'affranchir devant le juge de mon domicile, et qu'il fût mort en chemin : je ne pourrois pas exiger ce qui m'a été promis sous la condition de son affranchissement; je pourrois seulement demander à être indemnisé de la dépense que j'aurois faite pour le faire revenir.

214. Il en est de même de la règle qui concerne les conditions mixtes. Si quelqu'un m'a promis une certaine somme si j'épousois une telle sa cousine, je ne pense pas que la somme me fût due, si j'étois prêt à l'épouser, et qu'elle le refusât, quoique si l'on m'eût fait un legs sous une telle condition, la condition passât pour accomplie; l. 31, ff. *de cond. et dem.*

§. IV. De l'indivisibilité de l'accomplissement des conditions.

215. L'accomplissement des conditions est indivisible, même quand ce qui fait l'objet de la condition est quelque chose de divisible. Par exemple, que quelqu'un m'ait légué un certain héritage, si je donnois une certaine somme à son héritier; ou que par une transaction quelqu'un se soit obligé de me laisser un héritage litigieux entre lui et moi, si je lui donnois dans un certain temps une certaine somme. Quoique cette condition ait pour objet quelque chose de divisible, n'y ayant rien de plus divisible qu'une somme d'argent, néanmoins l'accomplissement de cette condition est indivisible, en ce sens que le legs qui m'a été fait sous cette condition, et l'obligation qui a été contractée envers moi sous cette condition, sera en suspens jusqu'à l'accom-

plissement total de la condition, sans que l'accomplissement partiel puisse donner pour partie ouverture au legs, ni faire naître pour partie l'obligation; l. 23; l. 56, ff. *de cond. et dem.*

C'est pourquoi, si l'on a légué à Pierre un héritage, au cas qu'il donnât à l'héritier dix mille livres, et que Pierre meure après en avoir donné seulement cinq, le legs devient caduc pour le total; *d. l. 56*; et l'héritier de Pierre peut seulement répéter les cinq mille livres, *condictione sine causâ*; si mieux n'aime néanmoins l'héritier du testateur acquitter le legs pour partie : car c'est en faveur de cet héritier du testateur, débiteur du legs, que la condition est regardée comme indivisible; *Molin. tract. de div. et ind. p. 3, n. 457.*

Il en seroit de même si le legs avoit été fait à Pierre, ou à son défaut à ses enfants, et que Pierre étant prédécédé, l'un des enfants substitué au legs eût payé à l'héritier du testateur sa part de dix mille livres : la condition ne serait censée aucunement accomplie, et il ne pourroit rien demander jusqu'à ce que le surplus eût été payé; *d. l. 56.*

Il en seroit autrement si le legs avoit d'abord été fait à deux légataires sous cette condition. Le testateur ayant d'abord imposé la condition à deux légataires, est censé, en la leur imposant, l'avoir divisée et partagée entre eux, *d. l. 56.*

216. Dumoulin décide pour l'indivisibilité de la condition dans l'espèce suivante.

Quatre héritiers d'un débiteur ont été condamnés à payer une certaine somme, avec surséance de deux ans pour le paiement, *s'ils donnent caution dans le mois.* Dumoulin soutient que les trois héritiers qui ont donné caution dans le mois, chacun pour leur part, ne jouiront pas du terme, si leur cohéritier n'a pas pareillement donné caution pour sa part. Sa raison est, que le créancier est, dans cette espèce, la partie la plus favorable, puisque c'est lui qui souffre d'un terme non convenu qui est accordé à ses débiteurs ; d'où il suit que la condition sous laquelle le terme a été accordé par le juge ; doit être interprétée en sa faveur, et à la rigueur contre les débiteurs ; *Molin. Tr. de div. et ind. p. 3, n.* 534 *et seq.*

Si le quatrième héritier, au lieu de donner caution pour sa part, l'a payée, il n'est pas douteux que les trois qui ont donné caution chacun pour leur part, doivent jouir de la surséance accordée par la sentence : le créancier, en ce cas, a caution pour tout ce qui est dû ; *Molin. ibid. n.* 542.

217. La condition apposée à un legs se divise lorsque le legs n'a effet que pour partie. Par exemple, si l'on m'a légué une chose sous la condition de donner à quelqu'un une certaine somme, et que ce legs soit réduit au tiers, parceque le surplus n'appartenoit pas au testateur, qui se croyoit néanmoins propriétaire du total ; non seulement je ne serai tenu que de donner le tiers de cette somme pour accomplir la condition ; mais si j'avois déja donné le total, j'aurois la répétition du surplus. *Voyez* l. 43 ; l. 44, §. 9, ff. *de cond. et dem.*

§. V. De l'effet des conditions.

218. L'effet de la condition est de suspendre l'obligation jusqu'à ce que la condition soit accomplie, ou réputée pour accomplie. Jusque-là il n'est encore rien dû ; mais il y a seulement espérance qu'il sera dû : *Pendente conditione nondùm debetur, sed spes est debitum iri.* C'est pourquoi le paiement fait par erreur avant l'accomplissement de la condition, est sujet à répétition, *condictione indebiti* ; l. 16, ff. *de cond. ind.*

219. Si la chose qui faisoit l'objet de l'obligation conditionnelle périt entièrement avant l'accomplissement de la condition, inutilement la condition s'accomplira-t-elle par la suite : car l'accomplissement de la condition ne peut pas confirmer l'obligation de ce qui n'existe plus, ne pouvant pas y avoir d'obligation sans une chose qui en soit le sujet. Que si la chose existe au temps de l'accom-

plissement de la condition, l'accomplissement de la condition a cet effet, que la chose est due en l'état où elle se trouve : le créancier profite de l'augmentation survenue en la chose, si elle est augmentée; et il souffre de la détérioration et diminution qui y est survenue, pourvu que cela soit arrivé sans la faute du débiteur; l. 8, ff. *de per. et com. rei vend.*

220. Cet accomplissement de la condition a un effet rétroactif au temps que l'engagement a été contracté; et le droit qui résulte de l'engagement est censé avoir été acquis à celui envers qui il a été contracté, dès le temps du contrat; l. 18; l. 144, §. 1, ff. *de regul. juris.*

De là vient que si le créancier meurt avant l'existence de la condition, quoiqu'il n'eût point encore un droit de créance formé, mais une simple espérance; néanmoins si la condition existe depuis sa mort, il sera censé avoir transmis à son héritier le droit de créance résultant de l'engagement contracté envers lui; parcequ'au moyen de l'effet rétroactif de la condition, le droit sera censé lui avoir été acquis dès le temps du contrat, et par conséquent avoir été transmis à son héritier.

Il en est autrement des conditions apposées aux legs. La raison de cette différence est, que le legs n'étant fait qu'à la personne du légataire, la condition ne peut exister qu'à son profit; au lieu que celui qui contracte étant censé contracter pour lui et pour ses héritiers, la condition peut exister au profit des héritiers, même après la mort du créancier; *suprà*, n. 208; *V. Cuj. ad d. l.* 18.

221. C'est encore une suite de l'effet rétroactif des conditions, que si l'engagement conditionnel a été contracté par un acte qui donne hypothèque, l'hypothèque sera censée acquise du jour du contrat, quoique la condition n'ait existé que long-temps après.

222. Quoique le créancier conditionnel n'ait encore aucun droit avant l'accomplissement de la condition, néanmoins il est reçu à faire tous les actes conservatoires du droit qu'il espère avoir un jour. Par exemple, il peut

former opposition au décret des héritages qui seroient hypothéqués à sa créance, si la condition sous laquelle elle a été contractée s'accomplissoit. Il sera même mis en ordre pour cette créance conditionnelle ; mais il ne pourra toucher la somme pour laquelle il aura été colloqué, qu'après l'accomplissement de la condition. Le créancier pur et simple sur qui le fonds manqueroit, si la collocation de ce créancier conditionnel étoit confirmée par l'accomplissement de la condition, touchera, en attendant, à sa place, en lui donnant caution de rapporter à son profit, en cas d'accomplissement de la condition.

§. VI. Lorsqu'une obligation a été contractée sous plusieurs conditions, est-il nécessaire que toutes s'accomplissent ?

223. Cette question se décide par une distinction. Lorsque plusieurs conditions ont été apposées par une particule disjonctive, comme lorsque je me suis engagé à quelque chose envers vous, *si un tel vaisseau arrive à bon port, ou si je suis nommé à tel emploi ;* il suffit que l'une des conditions soit accomplie, pour que l'obligation soit parfaite. Mais lorsque les conditions ont été apposées avec une particule conjonctive, comme lorsqu'il est dit, *si un tel vaisseau arrive, et si je suis nommé à un tel emploi ,* il faut que toutes les conditions s'accomplissent ; et si une seule manque d'être accomplie, l'obligation s'évanouit ; l. 129, ff. *de verb. oblig.*

Observez néanmoins que dans les testaments, et même dans les actes entre vifs, les particules disjonctives se prennent dans un sens copulatif, lorsqu'il est évident qu'elles ont été prises en ce sens par le testateur ou par les contractants ; comme lorsqu'un père ou autre parent a grevé de substitution son fils ou autre parent en ces termes, *s'il meurt sans enfants ou sans avoir disposé, etc.* Il est évident que dans cette substitution, soit qu'elle soit portée par un testament ou par une donation entre vifs, la particule disjonctive *ou* a été entendue par le testateur ou donateur dans un sens copulatif, et que la substitution ne doit être ouverte que par l'accomplissement des deux conditions. *Facit l. 6, Cod. inst. et subst.*

Des conditions résolutoires, et des obligations résolubles sous une certaine condition, et de celles dont la durée est limitée à un certain temps.

224. Les conditions résolutoires sont celles qui sont apposées, non pour suspendre l'obligation jusqu'à l'accomplissement, mais pour la faire cesser lorsqu'elles s'accomplissent. Une obligation contractée sous une condition résolutoire, est donc parfaite dès l'instant du contrat : le créancier en peut poursuivre le paiement. Mais si, avant qu'elle ait été acquittée, ou que le débiteur ait été mis en demeure de l'acquitter, la condition sous laquelle on est convenu qu'elle devroit se résoudre s'accomplit, l'obligation cessera.

Cette différence entre les conditions résolutoires et les suspensives, dont il a été parlé en l'article précédent, s'éclaircira par un exemple. Vous avez prêté à Pierre, par mon ordre, une somme de mille écus, et je me suis engagé de vous la rendre, si un tel navire, sur lequel il a un gros intérêt, arrive à bon port des Indes. Cette condition est une condition suspensive, qui suspend mon obligation : je ne suis pas encore débiteur, jusqu'à ce qu'elle ait été accomplie par le retour du vaisseau. Mais si je me suis engagé pour Pierre envers vous, *jusqu'au retour du vaisseau*, c'est-à-dire à la charge que mon obligation ne durera que jusqu'au retour du vaisseau, la condition du retour du vaisseau n'est en ce cas qu'une condition résolutoire, qui n'empêche pas que mon engagement ne soit parfait dès l'instant du contrat, et qu'en conséquence vous ne puissiez exiger de moi le paiement de cette somme. Tout l'effet de cette condition est que si le vaisseau arrive avant que j'aie acquitté, ou que j'aie été mis en demeure d'acquitter mon obligation, l'accomplissement de la condition fera cesser mon obligation.

225. De même que la durée d'une obligation peut être limitée jusqu'à l'événement d'une certaine condition, elle peut aussi être limitée jusqu'à un certain temps. Par exemple, si je me suis rendu caution envers vous pour Pierre pendant trois ans, je serai déchargé de mon obligation lorsque ce temps sera expiré.

226. Observez néanmoins que lorsque le débiteur, avant l'expiration du temps, ou avant l'accomplissement de la condition qui devoit résoudre son obligation, a été mis, par une interpellation judiciaire, en demeure de l'accomplir, son obligation ne peut plus se résoudre de cette manière; L. 59, §. 5, ff. mand. La raison en est évidente : le créancier ne doit pas souffrir de la demeure injuste en laquelle son débiteur a été d'acquitter son obligation, lorsqu'elle subsistoit, et ce débiteur ne doit pas profiter de sa demeure.

Voyez infrà, *part.* 3, *ch.* 7, *art.* 2, ce que nous disons de la manière dont s'éteignent les obligations par une condition résolutoire, ou par l'expiration d'un terme résolutoire.

ARTICLE III.

Du terme de paiement.

227. Une obligation peut être contractée ou avec un terme, ou sans terme. Lorsqu'elle est contractée sans terme, le créancier en peut aussitôt exiger le paiement : lorsqu'elle renferme un terme, il ne peut l'exiger qu'après l'expiration du terme.

§. I. Ce que c'est que terme de paiement, et ses différentes espèces.

228. Le terme est un espace de temps accordé au débiteur pour s'acquitter de son obligation.

Il y a des termes exprimés qui résultent d'une convention expresse, comme lorsque je me suis obligé de vous payer une certaine somme dans un certain temps : il y en a qui résultent tacitement de la nature des choses qui sont l'objet de l'engagement, ou du lieu auquel on est convenu

15.

que la chose sera payée. Par exemple, si un entrepreneur s'est engagé à me bâtir une maison, je dois attendre la saison convenable pour exiger de lui qu'il remplisse son engagement : si quelqu'un s'est obligé à Orléans de faire tenir une chose à Rome à mon correspondant, l'engagement renferme tacitement le terme du temps qui est nécessaire pour envoyer cette chose à Rome.

229. Le terme est de droit, ou de grace. Il est de droit, lorsqu'il fait partie de la convention qui a formé l'engagement, y étant renfermé ou expressément, ou du moins tacitement : il est de grace, lorsqu'il n'en fait pas partie; *putà*, lorsqu'il a été accordé depuis par le prince ou par le juge, à la réquisition du débiteur.

§. II. *De l'effet du terme, et en quoi il diffère de la condition.*

230. Le terme diffère de la condition, en ce que la condition suspend l'engagement que doit former la convention : le terme, au contraire, ne suspend pas l'engagement, mais diffère seulement l'exécution. Celui qui a promis sous condition n'est pas débiteur, jusqu'à l'échéance de la condition; il y a seulement espérance qu'il pourra l'être : d'où il suit, que si par erreur il payoit avant la condition, il pourroit répéter ce qu'il a payé, comme chose non due, ainsi que nous l'avons vu en l'article précédent.

Au contraire, celui qui doit à un certain terme qui n'est pas encore échu, est vraiment débiteur; et s'il payoit avant le terme, il ne pourroit répéter, parcequ'il auroit payé ce qu'il devoit effectivement : mais quoiqu'il soit débiteur, on ne peut, jusqu'à l'échéance du terme, exiger de lui ce qu'il doit.

Quelquefois néanmoins le verbe *devoir* se prend plus strictement pour ce qui peut actuellement s'exiger, et en ce sens on dit : *Qui a terme, ne doit rien.*

231. Le terme diffère l'exigibilité de la dette jusqu'à ce qu'il soit entièrement révolu. Ainsi, si j'ai promis de payer une somme cette année, on ne pourra pas encore

l'exiger de moi le dernier jour de l'année; car ce dernier jour fait partie du terme; l. 42, ff. *de verb. oblig.*

232. Cet effet du terme, d'empêcher le créancier d'exiger la dette jusqu'à ce qu'il soit expiré, est commun au terme de droit et au terme de grace.

Le terme de droit a un autre effet qui lui est particulier, savoir, qu'il empêche la compensation de la dette jusqu'à ce qu'il soit expiré.

Par exemple, je vous ai prêté, au premier janvier 1780, mille écus que vous vous êtes obligé de me payer au premier janvier 1781. Depuis, vous êtes devenu héritier de mon créancier d'une pareille somme de mille écus que je dois sans terme. Vous me demandez le paiement de cette somme au mois de juillet 1780 : je ne pourrai vous opposer en compensation la dette de mille écus que vous me devez, payable au premier janvier 1781 ; car la compensation étant un paiement, ce seroit de ma part vouloir vous obliger à me payer avant le terme, ce qui est contre la teneur de la convention.

Il n'en est pas de même du terme de grace : il arrête bien les poursuites du créancier, mais il n'exclut pas la compensation. Par exemple, je vous ai prêté, au premier janvier 1780, mille écus payables à volonté, et vous avez obtenu du prince ou du juge, terme jusqu'au premier janvier 1781 : si, parceque vous êtes devenu héritier de mon créancier d'une pareille somme, vous me la demandez au mois de juillet 1780, le terme de grace qui vous a été accordé n'empêchera pas que je ne puisse vous opposer la compensation de pareille somme que vous me devez. Ce terme de grace n'a d'effet que pour arrêter les poursuites de rigueur, et non pas pour arrêter la compensation : *Aliud est enim diem obligationis non venisse, aliud humanitatis gratiâ tempus indulgeri solutionis*; l. 16, §. 1, ff. *de compens.*

233. Il nous reste à observer touchant l'effet du terme, qu'étant présumé apposé en faveur du débiteur, L. 17, ff.

de R. J., le débiteur peut bien se défendre de payer avant l'expiration du terme; mais le créancier ne peut se défendre de recevoir, si le débiteur veut payer; l. 70, *de solut.*; l. 17, *de regul. juris*; à moins qu'il ne paroisse par les circonstances, que le temps du paiement a été convenu en faveur du créancier aussi bien qu'en faveur du débiteur.

Le terme de paiement porté par les lettres de change, est réputé apposé aussi bien en faveur du créancier propriétaire de la lettre, que du débiteur. *Déclaration du 28 novembre* 1712.

§. III. Des cas auxquels la dette peut être exigée avant le terme.

234. Le terme accordé par le créancier au débiteur, est censé avoir pour fondement la confiance en sa solvabilité : lors donc que ce fondement vient à manquer, l'effet du terme cesse.

235. De là il suit, 1° que lorsque le débiteur a fait faillite, et que le prix de ses biens est distribué entre les créanciers, le créancier peut toucher, quoique le terme de la dette ne soit pas expiré. C'est encore une différence entre le terme et la condition ; car le créancier conditionnel en ce cas n'a pas droit de toucher, mais seulement d'obliger les autres créanciers qui toucheront, à s'obliger de rapporter à son profit, si par la suite la condition existe.

236. Observez que si, entre plusieurs débiteurs solidaires, il y en a qui font faillite, le créancier peut bien exiger de ceux-ci la dette avant le terme; mais il ne peut pas l'exiger de celui qui est solvable. Le solvable doit jouir du terme, et il n'est pas même obligé pour cela de donner une caution à la place de ses codébiteurs faillis. C'est ce qui a été jugé par un arrêt du 29 février 1592, rapporté par Anne Robert, IV, 6. La raison est que ce débiteur qui est demeuré solvable, ne peut pas, sans son fait, être obligé à plus qu'à ce à quoi il a bien voulu s'obliger. On ne peut donc pas l'obliger à donner une caution qu'il ne s'est pas obligé de donner : la faillite de ses codébiteurs étant le fait de ses codébiteurs, et non le sien, elle ne peut lui

préjudicier, suivant la règle, *nemo ex alterius facto præ-gravari debet.*

De là il suit, 2° que le créancier hypothécaire qui a formé opposition au décret de l'héritage, ou au sceau de l'office qui lui étoit hypothéqué, et qui se trouve en ordre d'être utilement colloqué, peut exiger, sur le prix dudit héritage ou office, le paiement de sa créance, quoique le terme de ce paiement ne soit pas encore échu; parceque son droit d'hypothéque sur laquelle étoit appuyée sa confiance qui l'avoit porté à accorder terme à son débiteur, venant à s'éteindre, l'effet du terme doit cesser.

§. IV. Du terme joint aux conditions.

237. Les conventions comprennent quelquefois une condition et un terme. Il faut, en ce cas, examiner si le terme n'est apposé qu'à la condition, ou s'il l'est aussi à la disposition. Au premier cas, lorsque la condition est accomplie, on n'attend plus l'échéance du terme pour exiger la dette. Par exemple, s'il est dit, *si je me marie d'ici à trois ans, vous me paierez* 100 *liv*, et que je me marie six mois après, je pourrai aussitôt exiger les 100 liv. sans attendre l'expiration du terme de trois ans. Pareillement, si nous sommes convenus que vous me donneriez une certaine somme au cas que je n'allasse pas en Italie avant le mois de mai, la somme pourra vous être demandée aussitôt qu'il sera devenu constant par ma mort que je n'irai pas en Italie; l. 10, ff. *de verb. oblig.*; sans qu'il soit besoin d'attendre jusqu'au mois de mai; parceque ce terme n'a été apposé qu'à la condition, et non pas à la disposition. Mais si au contraire il étoit dit : *Si je me marie d'ici au premier janvier* 1781, *pour lors vous me donnerez* 100 *liv.*; ce mot, *pour lors*, fait entendre que le terme est apposé à la disposition aussi bien qu'à la condition : c'est pourquoi, quoique j'aie accompli la condition en me mariant, je ne pourrai exiger la somme promise qu'après l'expiration du terme; l. 4, §. 1, ff. *de cond. et dem. Vide Pand. Just. tit. de verb. oblig.* n. 111; et *tit. de cond. et dem.* n. 10 et 11.

ARTICLE IV.

Du lieu convenu pour le paiement.

238. Lorsque la convention porte un certain lieu où le paiement doit se faire, ce lieu est censé convenu pour l'utilité du créancier, comme pour celle du débiteur : c'est pourquoi le débiteur ne peut obliger le créancier de recevoir ailleurs. *Is qui certo loco dare promisit, nullo alio loco quàm in quo promisit, solvere invito stipulatore potest;* l. 9, ff. *de eo quod certo loco.*

Mais, suivant les principes du droit romain, le créancier pouvoit demander le paiement à son débiteur dans un autre lieu que celui convenu pour le paiement; *putà,* au lieu du domicile de ce débiteur, ou au lieu du contrat, lorsqu'il l'y trouvoit, en se faisant raison l'un à l'autre du dommage que l'un ou l'autre souffroit de ce que le paiement ne se faisoit pas au lieu convenu. C'étoit la matière de l'action *de eo quod certo loco. Vid. tit.* ff. *de eo quod certo loco.*

239. Cette action n'est pas d'usage parmi nous, et le créancier ne peut pas plus obliger le débiteur de payer ailleurs qu'au lieu convenu, que le débiteur ne peut obliger le créancier de recevoir ailleurs. Automne , *d. tit.* dit : *Hic titulus non servatur in Galliâ.*

De là il suit que lorsque le créancier n'est pas demeurant au lieu où doit se faire le paiement, il y doit avoir un domicile élu, où le paiement puisse lui être fait; autrement il ne peut mettre son débiteur en demeure. Ce domicile élu doit être notifié au débiteur, ou par la convention, ou par une signification juridique. Faute par le créancier d'avoir ce domicile, le débiteur qui veut payer, peut l'assigner pour qu'il en élise un; sinon il sera permis au débiteur de consigner sur le lieu.

240. Le débiteur ne peut pas, à la vérité, être obligé de payer ailleurs qu'au lieu désigné; mais faute par lui de payer audit lieu, on peut, si la créance est exécutoire,

exécuter les biens, en quelque lieu qu'ils soient; et même si elle est consulaire, on peut l'emprisonner par-tout où on le trouve, ainsi qu'il a été jugé par arrêt, rapporté par Mornac, *ad l.* 1, ff. *de eo quod certo loco.*

241. Il reste à observer que si la convention porte deux différents lieux de paiement, et que ce soit par une particule conjonctive, le paiement doit se faire pour moitié dans l'un desdits lieux, et pour moitié dans l'autre; l. 2, §. 4, ff. *de eo quod certo loco......* Si c'est par une disjonctive, le paiement doit se faire pour le total en l'un de ces deux lieux, au choix du débiteur. *Generaliter definit Scævola petitorem habere electionem ubi petat; reum ubi solvat, scilicet ante petitionem;* l. 2, §. 3, ff. *d. t. Voyez*, sur le lieu où le paiement doit se faire, ce qui sera dit *p.* 3, *chap.* 1, *art.* 5.

ARTICLE V.

Des obligations contractées avec la clause de pouvoir payer à une personne indiquée, ou avec celle de pouvoir payer certaine chose à la place de la chose due.

242. Régulièrement le paiement d'une dette ne peut se faire à un autre qu'au créancier, sans son consentement. C'est donc une qualité accidentelle d'une obligation, lorsqu'elle est contractée avec faculté de payer à une autre personne indiquée par la convention. *Voyez tout ce que nous en dirons part.* 3, *chap.* 1, *art.* 2, §. 4.

243. On ne peut pas non plus régulièrement payer au créancier, sans son consentement, une autre chose que celle qui est due et qui fait l'objet de l'obligation. Néanmoins l'obligation se contracte quelquefois avec la faculté de payer quelque autre chose à la place de celle qui est due; comme lorsque j'ai donné mes vignes à un vigneron pour 300 liv. de ferme par chacun an, qu'il pourra me payer en vin de sa récolte, sur le prix qu'il se vendra dans le pays à la vendange. Quoique ce soit une somme de 300 liv. qui me soit due par mon fermier, il peut néanmoins me payer du vin à la place.

Pareillement si quelqu'un m'a légué sa maison, si mieux n'aimoit son héritier me payer 3,000 liv. à la place; l'héritier, en acceptant la succession, contracte envers moi, *ex quasi contractu*, l'obligation de me donner la maison du défunt, mais avec la faculté de pouvoir me payer 3,000 liv. à la place.

244. On ne doit point confondre ces obligations avec les obligations alternatives, dont nous traiterons en l'article suivant. Dans celles-ci, toutes les choses promises sous l'alternative sont toutes dues; mais dans l'obligation contractée avec la faculté de payer une chose à la place de celle qui fait l'objet de l'obligation, il n'y a qu'une chose due. Celle que le débiteur a la faculté de payer n'est pas due; elle n'est pas *in obligatione*, elle n'est que *in facultate solutionis*; comme dans l'exemple du legs de la maison du testateur, fait avec la faculté de payer 3,000 liv. à la place, il n'y a que la maison qui soit due.

De là il suit, 1° que le créancier n'a droit de demander que cette maison, et non pas les 3,000 liv., quoique le débiteur puisse, avant et depuis la demande de la maison, payer les 3,000 liv.

De là il suit, 2° que si la maison périt et est engloutie par un tremblement de terre, le débiteur est entièrement libéré.

De là il suit, 3° que la créance qui résulte de ce legs, est une créance immobiliaire, quand même le débiteur prendroit le parti de me payer une somme de 3,000 liv. pour se libérer : car la nature d'une créance se règle par la nature de la chose due, et non de celle qui peut être payée à la place de la chose due. C'est pourquoi si ce legs m'avoit été fait par mon aïeul pendant une communauté de biens avec ma femme, j'aurois le remploi de 3,000 liv. payées durant cette communauté par l'héritier, cette somme étant le rachat de la créance d'une maison, et par conséquent d'une créance immobiliaire, laquelle provenant d'un legs à moi fait par mon aïeul, m'étoit propre.

ARTICLE VI.

Des obligations alternatives.

245. Une obligation alternative est celle par laquelle quelqu'un s'oblige à donner ou à faire plusieurs choses, à la charge que le paiement d'une chose l'acquittera de toutes : comme si je me suis obligé de vous donner un tel cheval ou vingt écus ; ou bien si je me suis obligé de vous bâtir une maison, ou de vous payer cent pistoles, etc.

Lorsque quelqu'un s'est obligé à payer deux différentes sommes d'argent sous une particule disjonctive, l'obligation n'est pas pour cela alternative, et il n'est débiteur que de celle qui est la moindre : *Si ita stipulatus fuero decem aut quinque dari spondes, quinque debentur*; l. 12, ff. *de verb. oblig.*

246. Pour qu'une obligation soit alternative, il faut que deux ou plusieurs choses aient été promises sous une disjonctive. Lorsque plusieurs choses ont été promises sous une conjonctive, il y a autant d'obligations que de choses ; l. 29, ff. *de verb. oblig.*; et le débiteur n'est totalement libéré que par le paiement de toutes : mais lorsqu'elles ont été promises sous une alternative, quoiqu'elles soient toutes dues, néanmoins il n'y a qu'une seule obligation, l. 27, ff. *de leg,* 2°, qui peut être acquittée par le paiement de l'une de ces choses : *Alterius solutio totam obligationem interimit. Adde gloss. ad* l. 25, ff. *de pecun. const.*

247. Le débiteur a le choix de la chose qu'il voudra payer ; l. 25, ff. *de contr. empt.*; à moins qu'on ne soit convenu que ce sera le créancier qui l'aura. C'est une conséquence de la règle d'interprétation rapportée *suprà*, n. 97.

Le débiteur peut bien payer l'une des choses qu'il voudra ; mais il ne peut pas payer partie de l'une et partie de l'autre. Par exemple, s'il s'est obligé de me donner

60 liv., ou vingt mines de blé, ou bien vingt écus, ou un
certain arpent de terre, il ne pourra pas me donner la
moitié de la somme et la moitié de l'arpent de terre, ou
de la quantité de blé; mais il faut qu'il me donne ou
toute la somme, ou toute la quantité de blé, ou tout
l'arpent de terre. Pareillement lorsque le créancier a le
choix, il ne peut exiger partie de l'une des choses et
partie de l'autre; l. 8, §. 1, ff. *de leg.* 1°.

Dans les rentes et pensions annuelles alternatives,
comme s'il étoit dû une rente de trente livres ou d'un
muid de blé par chacun an, le débiteur peut choisir
chaque année l'une des deux choses : quoiqu'il ait payé
la première année la somme d'argent, il peut opter pour
la seconde année le muid de blé, *et vice versâ ;* l. 21, §. 6,
ff. *de act. empt.*

248. Du principe par nous établi, que les choses comprises dans une obligation alternative sont toutes dues,
sans néanmoins qu'aucune soit due déterminément, il
suit, 1°. que pour que la demande du créancier soit régulière, il doit demander les deux choses, non pas à la
vérité conjointement, mais sous l'alternative sous laquelle
elles lui sont dues. S'il demandoit seulement une de ces
choses, sa demande ne seroit pas régulière, parcequ'aucune des deux ne lui est due déterminément; mais les
deux lui sont dues sous une alternative. Si néanmoins,
par une clause particulière, le choix étoit accordé au
créancier, il pourroit demander seulement l'une des deux
choses.

249. Il suit, 2° qu'une obligation n'est pas alternative
lorsque l'une des deux choses qui ont été promises n'étoit
pas susceptible de l'obligation qui a été contractée; mais
en ce cas l'obligation est une obligation déterminée de
celle qui en étoit susceptible. C'est sur ce fondement qu'il
est décidé en la loi 72, §. 4, ff. *de solut.*, que si quelqu'un
m'a promis sous une alternative deux choses, dont l'une
m'appartenoit déja, il n'a pas la faculté de me la payer
au lieu de l'autre, quoiqu'elle ait cessé depuis de m'appar-

tenir; parceque cette chose n'étant pas, lors du contrat, susceptible de l'obligation qui a été contractée envers moi, *cùm res sua nemini deberi possit*, il n'y a que l'autre qui me soit due.

250. Il suit, 3° de notre principe, que lorsque plusieurs choses sont dues sous une alternative, l'extinction de l'une desdites choses n'éteint point l'obligation : car toutes étant dues, l'obligation subsiste dans celles qui restent, et elles ne peuvent cesser d'être dues que par le paiement d'une.

Par la même raison, si le créancier desdites choses, qui l'est *ex causâ lucrativâ*, devenoit propriétaire de l'une desdites choses *ex aliâ causâ lucrativâ*, l'obligation qui ne peut subsister à l'égard de la chose dont il est devenu propriétaire, subsiste à l'égard des autres; l. 16, *de verb. oblig.*

Lorsque l'une des deux choses dues sous une alternative est périe, le débiteur est-il, en ce cas, recevable à offrir le prix de la chose qui est périe, pour éviter de payer celle qui est restée? Non; car la chose qui est périe n'existant plus, n'est plus due; celle qui reste est la seule qui reste due, et par conséquent la seule qui puisse être payée; l. 2, §. 3, v. *qui Stichum*, ff. *de eo quod certo loco*; l. 34, §. 6, ff. *de contr. empt*; l. 95, §. 1, ff. *de solut.* La loi 47, §. 3, ff. *de leg.* 1° semble contraire à cette décision. Il est dit, que deux esclaves ayant été légués sous une alternative, et l'un d'eux étant mort, l'héritier étoit tenu de donner celui qui restoit; et il y est ajouté, *ou peut-être le prix de celui qui étoit mort, fortassis vel mortui pretium.* Mais cette décision, comme l'observe fort bien Dumoulin, *tract. de divid. et individ. part. 2, n. 150*, doit être restreinte au cas auquel il paroîtroit par des circonstances, que telle a été la volonté du testateur, ce qu'indique le terme *fortassis.*

251. Il n'importe que l'une des deux choses comprises sous l'alternative soit périe sans le fait ni la faute du débiteur, et avant aucune demeure de sa part, ou qu'elle soit périe par sa faute ou depuis sa demeure. En l'un et l'autre

cas, celle qui reste est la seule chose qui demeure due, et le débiteur n'est pas reçu à offrir le prix de celle qui ne subsiste plus; *d. l. 95, §. ff. de solut. Nec obstat* que lorsqu'une chose est périe par la faute du débiteur ou depuis sa demeure, elle est censée continuer d'être due, par le prix que le débiteur doit en ce cas à la place de la chose; *l. 82, §. 1, ff. de verb. oblig. et passim.* La réponse est, que ce qui n'a été établi qu'en faveur du créancier dans le cas de l'obligation d'une chose déterminément due, ne peut être opposé au créancier dans le cas de l'obligation alternative : la faute ni la demeure du débiteur ne doivent pas préjudicier au créancier. Or elles lui préjudicieroient et changeroient sa condition, si le débiteur, qui peut encore accomplir son obligation dans l'une des deux choses qui restent, étoit recevable à offrir en argent le prix de celle qui est périe; prix que le créancier ne seroit pas tenu de recevoir si les deux choses subsistoient.

252. Lorsque les deux choses sont péries successivement par la faute du débiteur ou depuis sa demeure, le débiteur, quoiqu'il eût le choix de donner celle des deux qu'il voudroit, n'a pas de même le choix de payer le prix de celle des deux qu'il voudra; car par l'extinction de la première, il est demeuré débiteur déterminément de celle qui restoit : c'est pourquoi il doit déterminément le prix de celle qui est périe la dernière.

Lorsque la première périe a péri par sa faute, et que celle qui restoit a péri aussi, mais sans sa faute et avant qu'il ait été mis en demeure; quoique, selon la subtilité, il parût devoir être quitte des deux, néanmoins l'équité veut qu'il soit tenu, en ce cas, du prix de celle qui a péri par sa faute; *d. l. 95, §. 1.*

253. Lorsque par la convention le choix a été accordé au créancier, il a le choix de la chose qui reste, ou du prix de celle qui est périe par la faute du débiteur; autrement cette faute lui seroit nuisible, si celle qui est périe étoit plus précieuse. *Voyez* Molin. *Tr. de div. et ind. p. 2, n. 152, 154.*

254. Il suit, 4° de notre principe, que tant que les choses dues sous une alternative subsistent, l'obligation demeure indéterminée et incertaine; et elle n'est déterminée à l'une des choses comprises en l'obligation, que par le paiement qui en est fait. D'où il suit aussi que lorsqu'un immeuble et une chose mobiliaire sont dues sous une alternative, la nature de cette créance est en suspens. Si le débiteur donne l'immeuble, la créance sera réputée avoir été une créance immobiliaire : s'il donne le meuble, elle sera réputée avoir été mobiliaire. En cela l'obligation alternative diffère de l'obligation déterminée d'une certaine chose, avec faculté d'en donner une autre à la place. *Voyez* suprà, *n.* 244, *in fine.*

255. Un testateur ayant légué à quelqu'un par son testament un certain tableau déterminément, il a depuis, par un codicile, changé cette disposition, en léguant au même légataire ce tableau, *ou une somme de cinq cents livres.* Ce codicile ne s'étant pas d'abord trouvé lors de la mort du testateur, l'héritier a délivré au légataire le tableau qu'il croyoit lui devoir déterminément : depuis, le codicile s'étant trouvé, et l'héritier ayant reconnu qu'il ne devoit le tableau que sous l'alternative d'une somme de 5oo liv., il assigne le légataire en répétition du tableau, aux offres de lui payer la somme d'argent. Y est-il fondé? Les deux écoles chez les Romains ont été partagées sur cette question. Celse, qui étoit de l'école des Proculéiens, décide en la loi 19, ff. *de leg.* 2° pour la négative. La raison de cette décision est que les choses comprises sous une obligation alternative étant toutes dues, le paiement qui a été fait au légataire du tableau légué, est le paiement d'une chose due, et par conséquent est un paiement valable, qui ne peut être sujet à répétition.

Au contraire, Julien, qui étoit de l'école des Sabiniens, décide en la loi 32, §. *fin.* ff. *de cond. indeb.* qu'il y a lieu à la répétition, lorsqu'un débiteur a payé une chose qu'il croyoit par erreur devoir déterminément, quoiqu'il ne fût débiteur que d'une chose indéterminée d'un certain genre, ou qu'il fût débiteur de cette chose, mais sous l'alternative d'une autre chose.

La raison sur laquelle est fondée cette décision, est que l'erreur innocente en laquelle a été le débiteur sur la qualité de son obligation, ne doit point lui préjudicier ni aggraver son obligation, en le dépouillant du choix qu'il avoit de payer la somme à la place du tableau. A l'égard de la raison alléguée pour l'opinion contraire, on y répond en disant qu'il y a lieu à la répétition qu'on appelle *condictio indebiti*, non seulement lorsqu'on a payé ce qui n'étoit dû en aucune manière, mais aussi lorsqu'on a payé plus qu'il n'étoit dû ; l. 1, §. 1, Cod. *de cond. ind. et passim*. Or ce plus s'estime, *non solùm quantitate debiti, sed et causâ. Instit. tit. de act.* §. 34, vers. *hnic autem*. C'est pourquoi, dans l'espèce proposée, celui qui a payé une chose comme due déterminément, quoiqu'il ne la dût que sous l'alternative d'une autre chose, a payé plus qu'il ne devoit ; et ce paiement doit être sujet à répétition, en offrant l'autre chose qu'il avoit droit de payer à la place de celle qu'il a payée. Cette dernière opinion est bien plus équitable que la première : elle restitue à chacun ce qui lui appartient. C'est pourquoi Dumoulin décide très bien, *Tr. de div. et ind.* p. 2, n. 135 *et seq.* qu'elle doit être suivie.

256. Dumoulin, *n.* 139 *et seq.* apporte un tempérament à cette décision, qui est que lorsque le créancier n'a pas induit le débiteur dans l'erreur en laquelle il étoit, et qu'il a reçu de bonne foi, la répétition ne pourra avoir lieu contre lui qu'autant que le créancier n'en souffrira aucun préjudice, et qu'il sera remis au même état qu'il étoit avant le paiement. La raison est que cette action n'est fondée que sur une raison d'équité : *Hæc condictio ex bono et æquo introducta* ; l. 66, ff. *de condictione in deb.* Elle n'est fondée que sur cette règle d'équité, qui ne permet pas que quelqu'un s'enrichisse aux dépens d'autrui. C'est pourquoi elle n'a lieu que jusqu'à concurrence de ce qu'en a profité celui qui a reçu ; l. 65, §. 7 et 8, ff. *dict. tit.* Suivant ces principes, il faut décider dans l'espèce proposée,

que si le légataire a vendu de bonne foi la chose qui lui a été délivrée, l'héritier ne peut avoir répétition contre lui que pour ce qu'il l'a vendue de plus que la somme que l'héritier avoit droit de lui payer à la place.

Suivant les mêmes principes, si le débiteur a payé au créancier une somme d'argent qu'il croyoit lui devoir déterminément, quoiqu'il ne la dût que sous l'alternative d'une autre chose, le débiteur ne doit pas être facilement admis à répéter cette somme, en offrant de donner l'autre chose, quand le créancier a dépensé cette somme, et qu'il n'y a pas une grande disproportion de valeur entre la somme qu'il a reçue et l'autre chose.

257. Il y a une autre question sur laquelle les deux écoles ont été partagées. Celui qui devoit deux choses sous une alternative, trompé par une expédition de notaire, qui avoit écrit *et* au lieu d'*ou* qui se trouve dans l'original, a payé les deux choses à-la-fois et en même temps : depuis il a découvert qu'il ne devoit que l'une desdites choses, à son choix. Il n'est pas douteux qu'il a droit de répéter l'une desdites choses : mais peut-il répéter l'une des deux qu'il voudra? Celse, cité par Ulpien en la loi 26, §. 13 *in fin.* ff. *de cond. ind.*, pensoit que c'étoit en ce cas le créancier qui avoit le choix de retenir celle qu'il voudroit. Julien, au contraire, au rapport de Justinien en la loi *penult. Cod. hoc. titulo*, pensoit que le débiteur avoit droit de répéter celle des deux qu'il voudroit. L'opinion de Celse étoit apparemment fondée sur ce raisonnement : Les choses qui sont comprises dans une obligation alternative étant toutes deux dues, le débiteur qui les a payées l'une et l'autre, ne peut dire d'aucune des deux déterminément qu'elle ne fût pas due. Il ne peut donc répéter aucune des deux déterminément, comme non due : il a seulement la répétition de l'une des deux indéterminément, comme ayant payé plus qu'il ne devoit en payant les deux, quoiqu'il ne dût que l'une des deux. Le créancier devenant à son tour débiteur par rapport à la restitution qui est due de l'une des deux, c'est à lui, en qualité de débiteur, que

doit appartenir le choix de rendre celle des deux qu'il voudra. Ce raisonnement, sur lequel l'opinion de Celse est fondée, n'est qu'une pure subtilité.

L'opinion de Julien est fondée sur l'équité. L'action *condictio indebiti* est une espèce de restitution en entier que l'équité accorde contre un paiement erroné. Or il est de la nature de toutes les restitutions contre un acte, que les parties soient remises au même état qu'elles étoient auparavant : d'où il suit que le débiteur qui a payé les deux choses, ignorant qu'il n'étoit tenu de payer que celle des deux qu'il voudroit, doit être admis par cette action dans le droit qu'il avoit avant le paiement, de ne payer que celle qu'il voudroit, et par conséquent de répéter celle des deux qu'il voudra. Cette dernière opinion, comme plus équitable, a été embrassée par Papinien, et enfin confirmée par la constitution de Justinien, *l. penult. Cod. d. tit.*

Observez que le débiteur n'a en ce cas le droit de répéter l'une des deux choses qu'il a payées, que tant que les deux choses subsistent. Si l'une des deux avoit cessé de subsister depuis le paiement, il n'y auroit plus lieu à la restitution, comme l'a décidé Julien en la loi 32, ff. *d. t.* La raison en est évidente : l'action *condictio indebiti* remet les parties au même état que si le paiement n'avoit pas été fait, et qu'il fût encore à faire. Or, s'il étoit encore à faire, le débiteur ne pourroit se dispenser de payer celle qui se trouveroit rester la seule chose due; elle doit donc en ce cas rester *in soluto* par-devers le créancier, et le débiteur ne la peut répéter.

Sur l'indivisibilité du paiement des obligations alternatives, voyez ce qui est dit *infra, p. 3, ch. 1, art. 6, §. 3.*

ARTICLE VI.

Des obligations solidaires entre plusieurs créanciers.

258. Régulièrement lorsque quelqu'un contracte l'obligation d'une seule et même chose envers plusieurs, chacun de ceux envers qui il l'a contractée, n'est créancier

de cette chose que pour sa part; mais elle peut se contracter envers chacun d'eux pour le total, lorsque telle est
l'intention des parties; de manière que chacun de ceux
envers qui l'obligation est contractée soit créancier pour
le total, et que néanmoins le paiement fait à l'un d'eux
libère le débiteur envers tous : c'est ce qu'on appelle solidité d'obligation. On appelle ces créanciers *correi credendi*,
correi stipulandi.

259. On peut apporter pour exemple de cette obligation solidaire, celle qui naît d'une disposition testamen-
taire, qui auroit été faite en ces termes : Mon héritier
donnera aux carmes ou aux jacobins une somme de
cent livres. L'héritier ne doit dans cette espèce qu'une
seule somme : mais il doit cette somme entière à chacun
des deux couvents, qui en sont cocréanciers solidaires; de
manière néanmoins que le paiement de cette somme qu'il
fera à l'un des deux couvents, le libérera envers les deux;
l. 16, ff. *de legat.* 2º. Cette solidité entre plusieurs créanciers est d'un usage très rare parmi nous : il ne faut pas
la confondre avec l'indivisibilité d'obligation, dont nous
parlerons *infrà*.

260. Les effets de cette solidité entre créanciers, sont,
1º que chacun des créanciers étant créancier du total,
peut par conséquent demander le total, et, si l'obligation
est exécutoire, contraindre le débiteur pour le total. 2º La
reconnoissance de la dette faite envers l'un des créanciers interrompt la prescription pour le total de la dette,
et par conséquent profite aux autres créanciers; l. *fin*,
Cod. de duobus reis. 3º Le paiement fait à l'un des créanciers éteint toute la dette : car ce créancier l'étant pour
le total, le paiement du total lui est valablement fait, et
ce paiement libère le débiteur envers tous. Car quoiqu'il
y ait plusieurs créanciers, il n'y a néanmoins qu'une
dette, que doit éteindre le paiement total qui est fait à
l'un des créanciers.

Il est au choix du débiteur de payer auquel il voudra
des créanciers solidaires, tant que la chose est entière :

mais si l'un d'eux avoit prévenu par des poursuites, le débiteur ne pourroit plus payer qu'à lui. *Ex duobus reis stipulandi, si semel unus egerit, alteri promissor offerendo pecuniam, nigil agit;* l. 16, ff de duobus reis.

4°. Chacun des créanciers l'étant pour le total, peut, avant qu'il ait été prévenu par les poursuites de quelqu'un de ses créanciers, faire remise de la dette au débiteur, et le libérer envers tous : car de même que le paiement du total fait à l'un des créanciers solidaires libère le débiteur envers tous, de même la remise du total, qui tient lieu de paiement, faite par l'un des créanciers, doit le libérer envers tous : *Acceptilatione unius tollitur obligatio;* l. 2, ff. *de duob. reis.*

ARTICLE VIII.

De la solidité de la part des débiteurs.

§. I. Ce que c'est qu'obligation solidaire de la part des débiteurs.

261. Une obligation est solidaire de la part de ceux qui l'ont contractée, lorsqu'ils s'obligent chacun pour le total, de manière néanmoins que le paiement fait par l'un d'eux libère tous les autres.

Ceux qui s'obligent de cette manière sont ceux qu'on appelle *correi debendi.*

De même que la solidité de la part des créanciers consiste en ce que l'obligation d'une même chose contractée envers plusieurs personnes est contractée envers chacun d'eux, pour le total, aussi totalement que si chacun d'eux en étoit le seul créancier, sauf néanmoins que le paiement fait à l'un d'eux libère envers tous les autres; de même la solidité de la part des débiteurs consiste en ce que l'obligation d'une même chose est contractée par chacun, pour le total, aussi totalement que si chacun d'eux en étoit le seul débiteur, de manière néanmoins que le paiement fait par l'un d'eux libère tous les autres.

262. Pour qu'une obligation soit solidaire, il ne suffit pas toujours que chacun des débiteurs soit débiteur de toute la chose; ce qui arrive à l'égard de l'obligation indi-

visible et non susceptible de parties, quoiqu'elle n'ait
pas été contractée solidairement : il faut que chacun des
débiteurs *totum et totaliter debeat;* c'est-à-dire qu'il faut
que chacun se soit obligé aussi totalement à la prestation
de la chose, que s'il eût seul contracté l'obligation.

263. Il faut surtout que les débiteurs se soient obligés
à la prestation de la même chose. Ce ne seroit donc pas
une obligation solidaire de deux personnes, mais ce
seroient deux obligations, si deux personnes s'obligeoient
envers une autre à différentes choses.

Mais pourvu qu'ils soient obligés chacun totalement
à une même chose, quoiqu'ils soient obligés différemment, ils ne laissent pas d'être codébiteurs solidaires,
correi debendi : *putà*, si l'un s'est obligé purement et simplement, et l'autre s'est obligé seulement sous condition,
ou a pris un temps de paiement; ou s'ils se sont obligés à
payer en différents lieux ; l. 7 ; l. 9, §. 2, ff. *de duobus reis.*

On dira peut-être qu'il répugne qu'une seule et même
obligation ait des qualités opposées ; qu'elle soit pure et
simple à l'égard de l'un des débiteurs, et conditionnelle
à l'égard de l'autre. La réponse est que l'obligation solidaire est une, à la vérité, par rapport à la chose qui en
fait l'objet, le sujet et la matière; mais elle est composée
d'autant de liens qu'il y a de personnes différentes qui
l'ont contractée ; et ces personnes étant différentes entre
elles, les liens qui les obligent sont autant de liens différents, qui peuvent par conséquent avoir des qualités différentes. C'est ce que veut dire Papinien, lorsqu'il dit :
*Et si maximè parem causam suscipiunt, nihilominùs in cujus-
que personâ, propria singulorum consistit obligatio;* d. l. 9,
§. 2. L'obligation est une par rapport à son objet, qui est
la chose due : mais par rapport aux personnes qui l'ont
contractée, on peut dire qu'il y a autant d'obligations qu'il
y a de personnes obligées.

264. Lorsque plusieurs personnes contractent une dette
solidairement, ce n'est que vis-à-vis du créancier qu'elles
sont chacune débitrices du total : mais entre elles la dette

se divise, et chacune d'elles en est débitrice *pour soi*, quant à la part seulement qu'elle a eue à la cause de la dette. Supposons, par exemple, que deux personnes ont emprunté ensemble une somme d'argent, qu'elles se sont obligées solidairement de rendre ; ou qu'elles ont acheté une chose, au paiement de laquelle elles se sont obligées solidairement envers le vendeur : si elles ont partagé entre elles également la somme empruntée ou la chose achetée, chacune d'elles, quoique débitrice du total vis-à-vis du créancier, n'est, vis-à-vis de son codébiteur, débitrice *pour soi* que de moitié. Si elles l'avoient partagée inégalement, *putà*, que l'une d'elles eût retiré les deux tiers de la somme empruntée, ou eût eu les deux tiers dans la chose achetée, et que l'autre n'en eût eu que le tiers, celle qui auroit eu les deux tiers seroit débitrice *pour soi* des deux tiers, et l'autre seulement du tiers. Si l'une d'elles profite seule du contrat, et que l'autre ne se soit obligée solidairement avec elle que pour lui faire plaisir, celle d'entre elles qui a seule profité, est la seule débitrice : l'autre, quoique débitrice principale vis-à-vis du créancier, n'est vis-à-vis de son codébiteur, avec qui elle s'est obligée pour lui faire plaisir, que ce qu'est une caution vis-à-vis du débiteur principal qu'elle a cautionné.

Pareillement, si la dette solidaire procède d'un délit commis par quatre particuliers, chacun est bien débiteur solidaire vis-à-vis de la personne contre qui le délit a été commis ; mais entre eux chacun est débiteur pour la part qu'il a eue au délit, c'est-à-dire, chacun pour son quart.

§. II. En quel cas l'obligation de plusieurs débiteurs est réputée solidaire.

265. La solidité peut être stipulée dans tous les contrats, de quelque espèce qu'ils soient ; l. 9, ff. *de duob. reis.* Mais régulièrement elle doit être exprimée ; sinon, lorsque plusieurs ont contracté une obligation envers quelqu'un, ils

sont présumés ne l'avoir contractée chacun que pour leur part. C'est ce que décide Papinien en la loi 11, §. 2, ff. *de duob. reis*; et c'est ce qui a été confirmé par Justinien en la Novelle 99. La raison est que l'interprétation des obligations se fait, dans le doute, en faveur des débiteurs, comme il a été déja vu ailleurs. Suivant ce principe, dans l'espéce d'un héritage qui appartient à quatre propriétaires, trois l'ayant vendu solidairement, et ayant promis de faire ratifier la vente par le quatrième propriétaire; il a été jugé que le quatrième, en ratifiant, n'étoit pas censé avoir vendu solidairement, parce que les trois autres avoient bien promis pour lui, qu'il accéderoit au contrat de vente; mais il n'étoit pas exprimé qu'il y accéderoit solidairement.

266. Il y a néanmoins certains cas dans lesquels la solidité entre plusieurs débiteurs d'une même chose a lieu, quoiqu'elle n'ait pas été expressément stipulée.

Le premier cas est lorsque des associés de commerce contractent quelque obligation pour le fait de leur commerce.

Cette décision est de notre droit françois; *Ordonn. du commerce de* 1673, *t.* 4, *art.* 7.

Deux marchands qui achètent ensemble une partie de marchandises, quoiqu'ils n'aient d'ailleurs aucune société entre eux, sont censés associés pour cet achat, et comme tels, ils sont obligés solidairement, quoique la solidité ne soit pas exprimée. Bornier, sur ledit article, rapporte un arrêt du parlement de Toulouse qui l'a ainsi jugé, et cela a passé en maxime; *voyez* suprà, *p.* 1, *ch.* 1, *art.* 5, *n.* 83.

267. Le second cas auquel plusieurs débiteurs d'une même chose sont obligés solidairement, quoique la solidité n'ait point été exprimée, est celui de l'obligation que contractent plusieurs tuteurs qui se chargent d'une même tutelle; ou de celles que contractent plusieurs personnes qui se chargent de quelque administration publique; tels que sont des échevins, des fabriciers, des administrateurs d'hôpitaux. Ces charges sont solidaires, suivant la disposition des lois qui sont à cet égard suivies parmi nous, s'il n'y a quelque usage contraire.

Les lois romaines accordoient aux tuteurs qui n'avoient pas géré, le bénéfice d'ordre et de discussion, qui consistoit à pouvoir renvoyer le mineur sorti de tutelle, à discuter à leurs risques celui des tuteurs qui avoit géré. Elles accordoient aussi aux tuteurs qui avoient géré conjointement, le bénéfice de division, lorsqu'ils étoient tous solvables. Mais ces exceptions accordées aux tuteurs et autres administrateurs, ne sont pas en usage parmi nous. C'est pourquoi, lorsque Dumoulin, *tract. de divid. et individ.*, *p.* 3, 166, dit que les tuteurs ont ce bénéfice de division pour le paiement du reliquat de leur compte de tutelle, hors le seul cas auquel ils sont débiteurs *ex dolo*, cela doit s'entendre en ce sens qu'ils ont ce bénéfice suivant les lois romaines, et dans les lieux où les lois romaines sont à cet égard pratiquées.

268. Le troisième cas d'obligation solidaire est à l'égard de ceux qui ont concouru à un délit : ils sont tous obligés solidairement à la réparation.

Ils ne peuvent opposer aucune exception de discussion, ni de division, en étant indignes.

269. Il peut résulter aussi des testaments une obligation solidaire, lorsque le testateur a expressément déclaré qu'il chargeoit solidairement ses héritiers ou autres successeurs, de la prestation du legs.

Même sans que la solidité ait été exprimée par le testament, ceux que le testateur a chargés du legs sont obligés solidairement, lorsque le testateur s'est servi d'une disjonctive pour les en charger; comme lorsqu'il a dit : *Mon fils Pierre, ou mon fils Jacques, donneront dix écus à un tel.* C'est ce qui est décidé en la loi 8, §. 1, ff. *de leg.* 1. *Si ita scriptum sit* : L. Titius hæres meus, aut Mævius hæres meus, decem Seio dato : *cum utro velit, Seius aget, ut si cum uno actum sit et solutum, alter liberetur, quasi si duo rei promittendi in solidum obligati fuissent.* Néanmoins Dumoulin prétend, *tract. de div. et ind. p.* 3, *n.* 153, 154, 155, que cette obligation n'est pas une obligation parfaitement solidaire : qu'il est bien vrai que chacun des grevés est tenu pour le total de la prestation du legs, et qu'en cela ils ressemblent à des codébiteurs solidaires ; mais qu'ils ne sont pas de véritables codébiteurs solidaires, et que leur obligation n'a pas les autres effets des obligations solidaires. Par exemple, si deux héritiers étoient grevés de cette manière du legs d'un corps certain qui fût péri par le fait de l'un d'eux, il ne pense pas que l'autre fût tenu de cette perte, comme le seroit un codébiteur solidaire ; *infrà, n.* 273. En cela Dumoulin s'écarte de l'opinion commune, enseignée par Barthole sur ladite loi, et par les autres docteurs qui reconnoissent dans l'espèce de cette loi une vraie obligation solidaire. Dumoulin se fonde sur ces termes, *quasi si duo rei, etc.;* ce qui indique, dit-il, que les deux héritiers ne sont pas, dans l'espèce de la loi, véritablement *correi*, l'adverbe *quasi* étant *adverbium improprietatis*. J'inclinerois plus pour l'opinion de Barthole : ces héritiers étant, dans cette espèce, débiteurs du total, non par la qualité de la chose due, mais par la volonté du testateur, qui a voulu qu'ils fussent chargés chacun pour le total de la prestation du legs, leur obligation me paroît avoir tous les caractères d'une vraie obligation solidaire, et je ne vois rien qui l'en différencie. Le terme *quasi* ne me paroît pas devoir être pris *pro adverbio improprietatis* ; mais il me paroît être pris pour *quemadmodùm*, en ce sens : Ces deux héritiers sont obligés solidairement de même que s'ils étoient obligés solidairement par une stipulation. Car ce n'est pas seulement par les stipulations qu'on peut contracter des obligations solidaires; *non tantùm verbis stipulationis, sed et cæteris contractibus duo rei promittendi fieri possunt;* l. 9, ff. *de duobus reis* ; et les testaments, ainsi que les contrats, peuvent former ces obligations.

§. III. Des effets de la solidité entre plusieurs débiteurs.

270. Ces effets sont, 1º que le créancier peut s'adresser à celui qu'il voudra des débiteurs solidaires, et exiger de lui, soit par demande, si la dette ne gît qu'en action, soit par voie de contrainte, si elle gît en exécution, le total de ce

qui lui est dû. C'est une conséquence nécessaire de ce que chacun des débiteurs solidaires est débiteur du total.

Je ne pense pas même que les codébiteurs qui se sont obligés solidairement aient entre eux le bénéfice de division; c'est-à-dire, que l'un deux, à qui le créancier demande le total, soit recevable, en offrant sa part, à demander que le créancier soit renvoyé contre les autres débiteurs pour chacun leur part, lorsqu'ils sont solvables. Les actes de notaires portent ordinairement la clause de renonciation au bénéfice de division; et quand il n'y auroit point de clause de renonciation à cette exception de division, je ne pense pas qu'elle eût lieu. La loi 47, ff. *locati*, dit qu'il est plus juste de la leur refuser : *Quanquam fortassè sit justius*, etc.

Il est vrai que la Novelle l'accorde aux codébiteurs solidaires qui se sont rendus caution l'un de l'autre, *alternâ fidejussione obligatis* : mais je ne vois pas qu'on la suive parmi nous. On n'accorde au débiteur solidaire qui est poursuivi pour le total, d'autre bénéfice que celui de pouvoir requérir la subrogation, ou cession des actions du créancier contre ses codébiteurs solidaires. *Voyez* sur cette subrogation, *infrà, p. 3, ch. 1, art. 6, §. 2.*

271. Observez que le choix que fait le créancier de l'un des débiteurs contre lequel il exerce ses poursuites, ne libère pas les autres, tant qu'il n'est pas payé : il peut laisser ses poursuites contre celui qu'il a poursuivi le premier, et agir contre les autres; ou, s'il veut, les poursuivre tous en même temps, l. 28, *cod. de fidej.*

272. 2° L'interpellation qui est faite à l'un des débiteurs solidaires interrompt le cours de la prescription contre tous les autres; *l. fin. Cod. de duobus reis.* C'est encore une conséquence de ce que chacun des débiteurs est débiteur du total. Car le créancier, en l'interpellant, l'a interpellé pour le total de la dette. Il a donc interrompu la prescription pour le total de la dette, même à l'égard des débiteurs qu'il n'a pas interpellés, lesquels ne pourroient opposer une prescription contre le créancier, que sur ce qu'il n'au-

roit pas usé de son droit pour la dette dont ils sont tenus : mais ils ne peuvent le prétendre, puisque la dette dont ils sont tenus est la même que celle pour laquelle leur codébiteur a été interpellé pour le total.

273. 3° Par la même raison, lorsque la chose düe a péri par le fait ou la faute de l'un des débiteurs solidaires, ou depuis qu'il a été mis en demeure, la dette est perpétuée non seulement contre ce débiteur, mais contre tous ses codébiteurs, qui sont tous solidairement tenus de payer au créancier le prix de cette chose : car la dette de chacun d'eux étant une seule et même dette, elle ne peut pas subsister à l'égard de l'un, et être éteinte à l'égard des autres : c'est ce que décide la loi *penult. ff. de duob. reis. Ex duobus reis ejusdem Stichi promittendi factis, alterius factum alteri quoque nocet.* Par exemple, si Pierre et Paul m'ont vendu solidairement un certain cheval, et qu'avant qu'il m'ait été livré, il soit mort par la faute de Pierre, Paul demeurera débiteur aussi bien que Pierre, et je pourrai lui demander la valeur du cheval aussi bien qu'à Pierre, sauf à lui son recours contre Pierre : au lieu que s'ils avoient vendu sans solidité, Pierre seul seroit tenu de sa faute; et Paul, par la mort du cheval, quoique arrivée par la faute de Pierre, seroit entièrement quitte de son obligation, et ne demeureroit pas moins créancier de la moitié du prix pour lequel le cheval a été vendu, de même que si le cheval étoit mort par un cas purement fortuit; *Mol., tract. de div. et ind., p.* 3, *n.* 126.

Observez que le fait, la faute ou la demeure de l'un des débiteurs solidaires préjudicie, à la vérité, à ses codébiteurs, *ad conservandam et perpetuendam obligationem;* c'est-à-dire, à l'effet qu'ils ne soient pas déchargés de leur obligation par la perte de la chose, et qu'ils soient tenus d'en payer le prix : c'est en ce sens que la loi *penult. ff. de duob. reis,* dit : *Alterius factum alteri quoque nocet.* Mais la faute, le fait ou la demeure de l'un d'eux ne préjudicie pas aux autres *ad augendam ipsorum obligationem;* c'est-à-dire, qu'il n'y a que celui qui a commis la faute, ou qui a été mis en demeure, qui doive être tenu des dommages et intérêts qui peuvent résulter de l'inexécution de l'obligation, outre la valeur de la chose due. Quant à l'autre débiteur, qui n'a commis aucune faute, et qui n'a pas été mis en demeure, il n'est tenu d'autre chose que de payer le prix de la chose qui a péri par la faute ou depuis la demeure de son codébiteur : son obligation ayant bien pu être perpétuée, mais non pas augmentée par la faute ou la demeure de son codébiteur. Par la même raison, il n'y a que celui qui a été mis en demeure, qui doive être tenu des intérêts et autres dommages dus par le retard et la demeure. C'est en ce sens que la loi 32, §. penult. ff. de usuris, dit : *Si duo rei promittendi sint, alterius mora alteri non nocet.*

Dumoulin restreint la décision de cette loi aux dommages et intérêts qui n'ont pas été expressément stipulés. S'ils l'avoient été, ils en seroient tous tenus, le fait ou la demeure de l'un d'eux faisant exister la condition de l'inexécution de l'obligation sous laquelle ils s'étoient tous obligés auxdits dommages et intérêts; *Mol. ibid. n.* 127.

274. 4° Le paiement qui est fait par l'un des débiteurs libère tous les autres. C'est une conséquence de ce que la dette solidaire n'est qu'une seule dette d'une même chose, dont il y a plusieurs débiteurs.

Non seulement le paiement réel, mais toute autre espèce de paiement doit avoir cet effet. C'est pourquoi, par exemple, si l'un des débiteurs solidaires, poursuivi par le créancier, lui a opposé, en compensation de la somme qui lui étoit demandée, une pareille somme que lui devoit le créancier, ses codébiteurs seront libérés par cette compensation, comme par le paiement réel qu'il en auroit fait.

Pierre et Paul sont mes débiteurs solidaires d'une somme de 1,000 livres; depuis je suis devenu débiteur envers Pierre d'une pareille somme de 1,000 livres : si j'ai poursuivi Pierre pour le paiement de 1,000 livres à moi dues par Pierre et Paul, et qu'il m'ait opposé la compensation de 1,000 livres que je lui devois, suivant ce que nous venons de dire, cette compensation équipollant au

paiement, la dette de 1,000 livres qui m'étoit due solidairement par Pierre et par Paul, est, par cette compensation,
éteinte vis-à-vis de l'un et de l'autre. Mais si je n'ai pas
poursuivi Pierre, et que je poursuive Paul pour le paiement de cette somme, Paul pourra-t-il opposer en
compensation la dette de 1,000 livres que je dois à son
codébiteur? Papinien, en la loi 10, ff. *de duobus reis*,
décide pour la négative : *Si duo rei promittendi socii non
sint, non proderit alteri, quòd stipulator alteri reo pecuniam
debet.*

Néanmoins Domat, en ses lois civiles, *p.* 1, *l.* 3, *t.* 3, *s.* 1,
art. 8, décide contre ce texte, que Paul pourra opposer la
compensation de ce que je dois à Pierre pour la part dont
Pierre vis-à-vis de Paul est tenu de la dette, et non pour
le surplus. Sa raison est que Pierre ne me devant plus cette
part dont il étoit tenu de la dette, au moyen de la compensation de la dette qu'il a droit de m'opposer, Paul ne doit
pas être obligé de payer pour Pierre cette part dont Pierre
est quitte par la compensation. Cette raison n'est pas tout-
à-fait concluante : car lorsqu'un débiteur solidaire paye le
total de la dette, ce n'est que vis-à-vis de ses codébiteurs
qu'il est censé payer pour eux les parts dont ils sont chacun
tenus de la dette, les codébiteurs solidaires n'étant entre eux
tenus de la dette que pour leur part : mais un débiteur solidaire étant vis-à-vis du créancier débiteur du total, lorsqu'il paye le total, ce n'est point vis-à-vis du créancier qu'il
paye les parts de ses codébiteurs; il paye ce qu'il doit lui-
même, et par conséquent il ne peut opposer en compensation que ce qui lui est dû à lui-même, et non ce qui est
dû à ses codébiteurs; et c'est sur cette raison qu'est fondée
la décision de Papinien. On peut dire en faveur de celle
de Domat, qu'elle évite un circuit : car lorsque Paul m'aura payé pour le total la dette qu'il me doit solidairement
avec Pierre, Paul aura recours contre Pierre pour la part
dont il en étoit tenu; et pour cette part il saisira entre mes
mains ce que je dois à Pierre, et me fera rendre, jusqu'à
concurrence de cette part, ce que j'aurai reçu. Cette der-

nière raison doit faire suivre dans la pratique la décision de Domat.

275. La remise que le créancier feroit de la dette à l'un des débiteurs solidaires, libéreroit aussi les autres, s'il paroissoit que le créancier, par cette remise, a eu intention d'éteindre la dette en total.

S'il paroissoit que son intention a été seulement d'éteindre la dette quant à la part pour laquelle celui à qui il en a fait remise en étoit tenu vis-à-vis de ses codébiteurs, et de décharger du surplus de la dette la personne de ce débiteur, la dette ne laissera pas de subsister pour le surplus dans les personnes de ses codébiteurs.

Quid, si le créancier, par la décharge qu'il a donnée à ce débiteur, avoit déclaré expressément qu'il entendoit décharger seulement la personne de ce débiteur, et conserver sa créance entière contre les autres codébiteurs, pourroit-il, au moyen de cette protestation, exiger le total des autres débiteurs, sans aucune déduction de la part de celui qu'il a déchargé? Je pense qu'il ne le pourroit. La raison est que des débiteurs solidaires ne se seroient pas obligés solidairement, mais seulement pour leurs parts, s'ils n'eussent compté qu'en payant le total ils auroient recours contre leurs codébiteurs, et qu'ils auroient pour cet effet la cession des actions du créancier pour les autres parties. Ce n'est que sous la charge tacite de cette cession d'actions, qu'ils se sont obligés solidairement; et par conséquent le créancier n'a droit d'exiger de chacun d'eux le total qu'à la charge de cette cession d'actions. Dans cette espèce, le créancier s'étant mis par son fait hors d'état de pouvoir céder ses actions contre un des débiteurs qu'il a déchargé, et par conséquent s'étant mis hors d'état de remplir la condition sous laquelle il a droit d'exiger le to-tal, c'est une conséquence qu'il ne puisse plus demander à chacun le total. *Repellitur exceptione cedendarum actio-num.* Voyez ce qui est dit de la cession d'actions, *infrà*, *p.* 3, *ch.* 1, *art.* 6, §. 2.

Lorsqu'il y a plusieurs débiteurs solidaires, et que le

créancier en a déchargé un, perd-il entièrement la solidité ? ou peut-il agir contre chacun des autres solidairement, et sous la déduction seulement de la part de celui qu'il a déchargé, et de ce que celui qu'il a déchargé auroit été tenu de porter pour sa part, des portions de ceux d'entre eux qui seroient insolvables ? Par exemple, si j'avois six débiteurs solidaires ; que j'en aie déchargé un ; qu'il en reste cinq, dont un est insolvable ; ne puis-je agir contre chacun des autres que pour leur sixième ? ou puis-je agir contre chacun des solvables pour le total, sous la déduction seulement du sixième dont étoit tenu celui que j'ai déchargé, et de la part dont il auroit été tenu de la portion de l'insolvable ? Je pense que j'y serai bien fondé ; car ce débiteur contre qui j'agis ne peut prétendre contre moi d'autre déduction que de ce qu'il perd par le défaut de cession d'action contre celui que j'ai déchargé : or la cession d'action contre celui que j'ai déchargé ne lui auroit donné que le droit de répéter de lui sa portion, et de le faire contribuer à celle des insolvables, comme nous le verrons *infrà*, n. 281.

276. Lorsque l'un des débiteurs solidaires est devenu l'unique héritier du créancier, la dette n'est point éteinte contre les autres débiteurs : car la confusion *magìs personam debitoris eximit ab obligatione, quàm extinguit obligationem.* Mais ce débiteur, devenu héritier du créancier, ne peut l'exiger des autres débiteurs que sous la déduction de la part dont il en est tenu vis-à-vis d'eux ; et s'il y en a quelqu'un d'insolvable, il doit en outre porter sa part de la portion de l'insolvable. Il en est de même dans le cas inverse, lorsque le créancier est devenu l'unique héritier de l'un des débiteurs solidaires.

§. IV. De la remise de la solidité.

277. Le droit de solidité qu'a un créancier contre plusieurs débiteurs d'une même dette, étant un droit établi en sa faveur, il n'est pas douteux que, suivant la maxime, *cuique licet juri in suum favorem introducto renuntiare*, un

créancier majeur qui a la libre disposition de ses biens peut renoncer au droit de la solidité. Il y peut renoncer, soit en faveur de tous les débiteurs, en consentant que la dette soit divisée entre eux; soit en faveur de l'un des débiteurs qu'il déchargera de la solidité, en conservant son droit de solidité contre les autres, de manière néanmoins que la décharge qu'il a donnée à l'un d'entre eux, ne puisse préjudicier aux autres, comme il a été observé, n. 275.

Il peut y renoncer, soit par une convention expresse, soit tacitement.

Il est censé y avoir renoncé tacitement, lorsqu'il a admis quelqu'un des débiteurs à payer la dette *pour sa part* nommément. C'est la décision de la loi 18, *Cod. de pact.* Si *creditores vestros, ex* PARTE *debiti admisisse quemquam vestrûm pro suâ personâ solventem probaveritis, aditus rector provinciæ, pro suâ gravitate, ne alter pro altero exigatur, providebit.*

La raison est que lorsque le créancier donne quittance en ces termes à l'un de ses codébiteurs solidaires : *J'ai reçu d'un tel la somme de. . . . pour sa part*, il le reconnoît débiteur de la dette *pour une part*; et par conséquent il consent qu'il ne soit plus solidaire; étant deux choses opposées, d'être débiteur *pour une part*, et d'être débiteur solidaire.

Cette décision n'a pas lieu, si la quittance par laquelle le créancier déclare avoir reçu d'un tel *pour sa part*, porte une réserve de la solidité : car les termes formels par lesquels le créancier se réserve son droit de solidité, l'emportent sur la conséquence qu'on voudroit tirer des termes, *pour sa part*, employés dans sa quittance, pour en induire la renonciation à la solidité. Et quand même on accorderoit que ces termes, *pour sa part*, seroient aussi formels en faveur de la renonciation à la solidité, que la réserve expresse de la solidité formelle contre cette renonciation, Il ne s'en suivroit autre chose, sinon que ces termes, *pour sa part*, et ceux-ci, *sans préjudice de la solidité*, se détruiroient réciproquement, et que la quittance devroit être regardée comme si elle ne contenoit ni les uns ni les autres ; auquel cas elle ne peut préjudicier au droit de solidité. C'est le raisonnement d'Alciat, *ad d. l. 18.*

On opposera peut-être que dans cette quittance, ces termes, *sans préjudice de la solidité,* doivent s'entendre d'une réserve que le créancier fait de son droit de solidité contre les autres codébiteurs, et non contre celui à qui il donne quittance; on croira les concilier par ce moyen avec les termes, *pour sa part,* employés dans la quittance. Cette explication ne vaut rien. Lorsque dans une quittance, comme dans tout autre acte, on réserve des droits, sans dire contre qui, il est naturel que cela s'entende des droits qu'on a contre celui avec qui l'on traite, ou à qui l'on donne quittance, et non de ceux qu'on a contre d'autres. On concilie d'une façon plus naturelle ces termes, *pour sa part,* avec la réserve de solidité, en disant qu'en ce cas le créancier qui a réservé son droit de solidité, a entendu par ces termes, *pour sa part,* non une part pour laquelle ce débiteur seroit tenu vis-à-vis de lui créancier, mais la part pour laquelle ce débiteur est effectivement tenu de la dette vis-à-vis de ses codébiteurs; laquelle part le créancier a bien voulu recevoir de lui dans ce moment, sauf à exiger de lui le surplus, en vertu du droit de solidité qu'il a contre lui, et qu'il se réserve. C'est un des points jugés par un arrêt du 6 septembre 1712, rapporté au sixième tome du Journal des Audiences.

Lorsque la quittance porte, *sans préjudice de mes droits,* c'est la même chose que si elle portoit, *sans préjudice de la solidité :* car le droit de solidité est compris dans la généralité des termes, *sans préjudice de mes droits;* et c'est même le droit dont la réserve a le plus de rapport à la quittance que je donne, et qui sert de corrective aux termes *pour sa part,* employés dans ma quittance. *Alciat, ad dict. leg.*

Lorsque le créancier a donné à l'un de ses codébiteurs solidaires quittance purement et simplement d'une certaine somme, qui fait précisément celle dont le débiteur est tenu de la dette pour sa part vis-à-vis de ses codébiteurs, sans exprimer qu'il l'a reçue pour sa part, le créancier est-il censé avoir remis son droit de solidité? Je pense qu'il ne doit pas être censé l'avoir remis, et que la décision de la loi *Si creditores*, ci-dessus citée, doit être restreinte dans son cas, qui est celui auquel l'un des codébiteurs a été reçu expressément à payer pour sa part personnelle, *ex parte pro personâ suâ*, et que c'est de cette expression portée par la quittance que le créancier reçoit *pour la part* de ce débiteur, que se tire la présomption de la renonciation à la solidité. Mais si le créancier a bien voulu recevoir de l'un de ses débiteurs une partie de sa dette, que ce débiteur solidaire lui devoit pour le total, on ne doit pas de cela seul en conclure qu'il a voulu le décharger de la solidité : car il n'y a en ce cas aucune nécessité de tirer cette conséquence ; et on ne la doit pas tirer sans nécessité, personne n'étant présumé remettre ses droits : *nemo facilè donare præsumitur.* C'est ce qui est décidé en la loi 8, §. 1, *ff. de leg.* 1°. dans l'espéce de deux héritiers que le testateur avoit grevés solidairement de la prestation d'un legs. Pomponius décide que le légataire qui a demandé, ou même qui a reçu la part de l'un des codébiteurs, n'est pas censé pour cela l'avoir déchargé de la solidité, et qu'il peut exiger de lui le surplus. *Quid si ab altero partem petierit ? Liberum erit ab alterutro reliquum petere : idem erit et si alter partem solvisset.* Bacquet, *Traité des Droits de Justice, chap.* 21, *n.* 245; Basnage, *Traité des Hypothèq. part.* 2, 4, sont de notre avis.

Barthole prétend qu'il y a à cet égard une différence entre les débiteurs solidaires par testament, et ceux qui le sont par un acte entre vifs : mais cette distinction n'est fondée sur aucune raison solide.

Observez que ces termes de la loi, *idem erit et si alter partem solvisset,* doivent s'entendre du cas auquel le créancier, sans avoir fait aucune demande, reçoit volontairement de l'un des débiteurs solidaires la somme à laquelle monte ce que ce débiteur doit pour sa part, sans exprimer dans la quittance qu'il la reçoit *pour sa part*, comme il sera dit ci-après.

Lorsqu'un créancier a fait commandement à l'un des débiteurs solidaires de payer telle somme *pour sa part* de la dette, ou lorsqu'il l'a assigné pour payer *sa part* de la dette, est-il censé pour cela seul avoir divisé sa dette, et avoir déchargé ce débiteur de la solidité? Les docteurs sont partagés sur cette question : Balde est pour l'affirmative, et Barthole pour la négative. Pour l'affirmative, on dira qu'il paroît y avoir même raison de le décider dans ce cas, que dans le cas de la loi *Si creditores*, ci-dessus rapportée. Dans le cas de la loi, le créancier qui a exprimé en termes formels, dans la quittance qu'il a donnée à l'un des débiteurs solidaires, qu'il avoit reçu telle somme *pour sa part*, a, par ces termes, reconnu et consenti qu'il ne fût débiteur que pour sa part, et par conséquent qu'il ne fût plus débiteur solidaire, étant deux choses opposées, d'être débiteur *pour une part*, et d'être débiteur solidaire. Or, lorsqu'un créancier a exprimé dans le commandement fait à l'un des débiteurs solidaires, ou dans l'exploit de demande donné contre lui, qu'il lui demande une telle somme *pour sa part*; ne peut-on pas dire de même que par ces termes, *pour sa part*, il a consenti que ce débiteur ne fût plus solidaire? Par conséquent il paroît y avoir, dans ce cas, même raison de décider que le créancier l'a déchargé de la solidité, que dans le cas de la loi *Si creditores*. Au contraire, pour la négative, on a coutume d'alléguer la loi *Reos*, 23, *cod. de fid.* et la loi 8, §. 1, ff. *de leg.* 1°. ci-dessus citée. La loi *Reos* ne me paroît nullement décider cette question; mais la loi 8, §. 1, décide formellement qu'un débiteur solidaire n'est pas déchargé de la solidité par la demande que lui a faite le créancier de payer *sa part*; puisqu'elle décide que le créancier, nonobstant la demande, n'est pas exclus de demander le surplus à l'un ou à l'autre des débiteurs, et par conséquent, même à celui à qui il avoit d'abord demandé sa part : *Quid si ab altero partem petierit ? Liberum erit ab alterutro reliquum petere.* La raison est que les dettes étant contractées par le concours de volontés du créancier et du débiteur, la remise ne peut s'en faire que par un consentement contraire des mêmes parties; *part. 3, ch. 3, art.* 1, §. 3. D'où il suit qu'en supposant que la demande faite à l'un des débiteurs solidaires de payer *sa part*, renfermeroit une volonté du créancier de lui remettre la solidité, tant que la volonté du débiteur n'a pas concouru avec celle du créancier; tant que le débiteur n'a pas acquiescé à cette demande, et offert en conséquence de payer sa part, cette demande ne peut faire acquérir au débiteur aucun droit, ni le décharger de la solidité, ni par conséquent empêcher le créancier d'augmenter ses conclusions contre lui, et de lui demander le total de la dette. En cela, ce cas-ci diffère de la loi *Si creditores*, dans lequel la volonté du débiteur qui paye sa part de la dette au créancier, qui veut bien s'en contenter, concourt avec celle du créancier pour la remise du surplus.

Lorsque le débiteur, poursuivi pour le paiement de sa part, avant que le créancier ait augmenté ses conclusions contre lui, a payé sa part, ou seulement même offert de la payer, il me paroît qu'en ce cas il y a une entière parité de raison de décider, de même que dans le cas de la loi *Si creditores*, pour la décharge de la solidité. C'est pourquoi je pense que ces derniers termes de la loi 8, §. 1, ff. *de leg.* 1°. *idemque erit et si alter partem solvisset*, qui font un verset séparé dans ce paragraphe, doivent être restreints au cas d'un paiement volontaire fait sans que la quittance exprime que le créancier a reçu *pour sa part*, et ils ne doivent pas s'entendre d'un paiement fait en conséquence d'une poursuite contre le débiteur pour le paiement *de sa part*.

Pareillement, lorsque, sur la demande du créancier contre l'un des débiteurs solidaires pour le paiement *de sa part*, il est intervenu sentence qui le condamne à payer sa part, le créancier ne peut plus lui demander le surplus : la sentence de condamnation supplée à cet égard à la volonté du débiteur pour l'acceptation de la remise du sur-

plus; *cùm in judiciis quasi contrahamus, et judicatum quam-
dam novationem inducat.* C'est l'avis de Bacquet, *ibid. n.* 247.

278. Lorsqu'il y a plus de deux débiteurs solidaires, la
quittance donnée à l'un d'eux d'une somme, avec l'expression que c'est pour le paiement *de sa part*, décharge-t-elle de
la solidité tous les débiteurs, ou seulement celui à qui elle
est donnée? Les docteurs ont été encore partagés sur cette
question. Les anciens docteurs tenoient l'affirmative, et
se fondoient sur la loi *Si creditores*, ci-dessus citée. Pierre de
Létoile, dit *Stella*, célèbre professeur de l'université d'Orléans, a été le premier, au rapport d'Alciat, *ad d. leg.* qui
ait tenu la négative. Son sentiment paroît être le meilleur,
et le plus conforme aux principes du droit. La loi *Si creditores*, bien entendue, n'y est pas contraire. Cette loi est
fondée sur une convention qu'on présume tacitement intervenue pour la décharge de la solidité, entre le créancier
et celui des débiteurs à qui il a donné la quittance. Or
c'est un des principes de droit les plus constants, que les
conventions ne peuvent faire acquérir de droit qu'entre
les parties entre qui elles interviennent; *suprà, n.* 85 *et
seq.*: d'où il suit que celle-ci n'a pu procurer la décharge
de la solidité qu'au débiteur à qui le créancier a donné la
quittance, qui est le seul avec qui il a traité, et qu'elle n'a
pu la procurer aux autres débiteurs, avec lesquels le créancier n'a eu à cet égard aucune convention : la bonté que
le créancier a eue pour l'un de ses débiteurs, en l'admet-
tant à payer la dette pour sa part seulement, ne doit pas
lui être préjudiciable vis-à-vis des autres : *Bonitas creditoris*, dit Alciat, *ad h. l. non debet esse ei captiosa.* La loi *Si
creditores*, sur laquelle se fondent les anciens docteurs, n'a
aucun rapport à cette question : il y a même apparence
que dans l'espèce de cette loi, il n'y avoit que deux débiteurs solidaires; s'il y en avoit eu plusieurs, l'empereur
auroit dit : *Rector providebit ne unus pro cæteris exigatur.*
Ces termes, *ne alter pro altero exigatur*, désignent deux débiteurs seulement, et s'entendent en ce sens, *ne alter qui
solvit, pro altero qui nondùm solvit, exigatur.*

Cette décision doit être suivie, avec ce tempérament, que si parmi les débiteurs qui restent, il y en avoit quelqu'un d'insolvable, ces débiteurs devroient être déchargés de la part que celui qui a été déchargé de la solidité, auroit portée de l'insolvabilité : car s'ils ne devoient pas profiter de cette décharge, elle ne doit pas leur préjudicier. Il faut néanmoins avouer que Bacquet, *ibid. n.* 245, après avoir dit que l'opinion de Létoile lui paroît équitable, avoue que l'opinion contraire, qui est celle des anciens docteurs, est suivie au Châtelet de Paris : mais je crois que c'est une erreur qu'il faut réformer, si elle ne l'a déja été.

Lorsque le créancier a fait condamner l'un des débiteurs solidaires à payer *sa part* de la dette, on doit, suivant les mêmes principes, décider que cette sentence ne doit pas décharger de la solidité les autres débiteurs, *cùm res judicata aliis non prosit ;* et qu'ils peuvent seulement demander, dans le cas où il y auroit quelqu'un parmi eux d'insolvable, que le créancier leur fasse raison et déduction de la part que celui qu'il a déchargé auroit dû porter de cette insolvabilité.

279. Il nous reste une question, qui est de savoir si, lorsqu'il y a plusieurs débiteurs solidaires d'une rente, la quittance que le créancier a donnée à l'un d'eux d'une telle somme *pour sa part* des arrérages qui étoient lors échus, le décharge de la solidité pour l'avenir, ou seulement quant aux arrérages échus pour lesquels la quittance a été donnée ? Il faut décider qu'elle ne le décharge de la solidité que pour les arrérages échus, et pour lesquels la quittance a été donnée, et non pour l'avenir. Cette décision est fondée sur le principe ci-dessus établi, que *Nemo facilè præsumitur donare.* D'où il suit qu'on ne doit point tirer de la quittance donnée par le créancier, la conséquence qu'il a voulu décharger le débiteur de la solidité de la rente pour l'avenir, s'il n'y a nécessité de la tirer. Or il n'y a aucune nécessité : car de ce que le créancier a bien voulu permettre à ce débiteur de payer, *pour sa part,* les arrérages qui étoient échus, et pour lesquels il a

donné quittance *pour sa part*, il s'ensuit seulement que le créancier a voulu le décharger de la solidité pour lesdits arrérages; mais il ne s'ensuit nullement qu'il ait voulu le décharger de la solidité de la rente pour l'avenir. Ainsi le décide Alciat, *ad d. l.* Bacquet, *ibid. n.* 246.

Néanmoins si, pendant le temps requis pour la prescription, c'est-à-dire pendant un espace de trente ans, le débiteur avoit toujours été admis à payer les arrérages *pour sa part*, ce débiteur auroit acquis par prescription la décharge de la solidité, même pour l'avenir ; *Alciat, Bacquet, ibid.* Mais en ce cas même, comme l'observe Bacquet, *ibid.* ce débiteur n'auroit pas acquis le droit de racheter la rente seulement pour sa part : car de ce que le créancier a bien voulu le décharger de la solidité de la prestation des arrérages, il ne s'ensuit nullement qu'il ait pareillement consenti à la division du rachat de sa rente.

§. V. De la cession des actions du créancier, qu'a droit de demander un débiteur solidaire qui paye le total.

280. Le débiteur solidaire qui paye le total, peut n'éteindre absolument la dette que pour la part qu'il est tenu de payer pour soi, et sans recours. *Voyez* suprà, *n.* 264. Il a le droit de se faire céder les actions du créancier pour le surplus contre ses débiteurs; et au moyen de cette cession d'actions, il est censé en quelque façon plutôt acheter la créance du créancier pour le surplus contre ses codébiteurs, que l'avoir acquittée : *Creditor non in solutum accepit, sed quodammodo nomen creditoris vendidit;* l. 36, ff. *de fidejuss.*

Le créancier ne peut refuser cette subrogation ou cession de ses actions au débiteur solidaire qui paye le total, lorsqu'il la lui demande : et même s'il étoit mis hors d'état de pouvoir les céder contre quelqu'un, il donneroit atteinte à son droit de solidité, comme il a été dit *suprà.*

Il y a plus, lorsque le débiteur a, par l'acte de paiement, requis la subrogation, quand même le créancier la lui auroit expressément refusée, le débiteur, selon nos usages, ne laisse pas de jouir de cette subrogation, sans être obligé de poursuivre le créancier pour le contraindre à la lui accorder. La loi supplée en ce cas à ce que le créancier auroit dû faire, et subroge elle-même le débiteur qui a requis la subrogation, en tous les droits et actions du créancier.

Quid, si le débiteur avoit payé sans requérir la subrogation? Il ne pourroit plus par la suite se faire subroger aux actions du créancier : car le paiement pur et simple, qu'il auroit fait, ayant éteint entièrement la créance et toutes les actions et droits qui en résultent, on ne peut plus par la suite lui céder ce qui n'existe plus : *Si post solutum, sine ullo pacto, omne quod ex causâ tutelœ debetur, actiones post aliquod intervallum cessœ sint, nihil eâ cessione actum, cùm nullâ actio superfuit;* l. 76, ff. *de solut.*

Les docteurs, entre autres textes de droit, ont coutume de citer cette loi, pour décider que la subrogation ne se fait pas de plein droit, si elle n'est requise par le paiement que fait le débiteur solidaire, ou une caution, ou quelque autre personne que ce soit, qui paye ce qu'elle doit pour d'autres, ou avec d'autres ; et ce texte paroît effectivement le décider en termes assez formels. Néanmoins Dumoulin, en la première de ses leçons solennelles qu'il fit à Dôle, a prétendu, contre le sentiment de tous les docteurs, qu'un codébiteur solidaire, une caution, et généralement tous ceux qui payoient ce qu'ils devoient avec d'autres ou pour d'autres, étoient, en payant, subrogés de plein droit, quoiqu'ils n'eussent pas requis la subrogation. Sa raison étoit qu'ils doivent toujours être présumés n'avoir payé qu'à la charge de cette subrogation qu'ils avoient droit d'exiger, personne ne pouvant être présumé négliger ses droits, et y renoncer. Il prétend que cette loi 76 n'est pas, comme tous l'ont pensé, dans l'espèce d'un tuteur qui a payé le reliquat qu'il devoit solidairement avec ses cotuteurs, sans demander la subrogation contre eux ; mais qu'elle est dans l'espèce d'un ami d'un tuteur, qui avoit payé pour lui, et qui n'étoit pas obligé à la dette. Dumoulin prétend que ce n'est que dans ce cas qu'il n'y a pas de subrogation, lorsque la quittance n'en fait pas mention, parcequ'en ce cas le créancier n'étant pas obligé de céder ses actions, on ne peut supposer cette cession d'actions en ce cas, si elle n'est expressément convenue : mais toutes les fois que celui qui a payé avoit intérêt de payer, et avoit droit par conséquent de se faire subroger aux actions du créancier contre ceux pour qui ou avec qui il étoit débiteur de ce qu'il a payé, il doit toujours, dit Dumoulin, être censé avoir été subrogé, quoiqu'il n'ait pas requis la subrogation. Il fonde son opinion principalement sur la loi 1, §. 13, ff. *de tut. et rat.* qu'il entend dans un sens tout différent de celui dans lequel ce texte a toujours été entendu. Il est dit : *Si fortè quis ex facto alterius tutoris condemnatus præstiterit, vel ex communi gestu, nec ei mandatæ sunt actiones, constitutum est a D. Pio et ab imperatore nostro et patre ejus, utilem actionem tutori adversùs contutorem dandam :* au lieu que le texte s'entend ordinairement de l'action *utilis negotiorum gestorum*, que ces constitutions accordent en ce cas au tuteur contre ses cotuteurs; laquelle action avoit fait difficulté, parceque ce tuteur, en payant ce qu'il étoit condamné en son propre nom, *non contutoris, sed magis proprium negotium gessisse videbatur.* Dumoulin au contraire entend ce texte de l'action de tutelle que le mineur avoit contre l'autre tuteur, qui est appelée *utilis*, parceque la loi, *utilitate ita suadente*, à défaut d'une cession expresse, y subroge le tuteur qui a payé.

Cette opinion de Dumoulin n'a pas prévalu, et l'on a continué d'enseigner dans les écoles et de pratiquer au barreau qu'un codébiteur solidaire, de même que les cautions, et tous ceux qui payoient ce qu'ils devoient avec d'autres ou pour d'autres, n'étoient subrogés aux actions du créancier que lorsqu'ils avoient requis la subrogation. La raison est que, suivant un principe avoué par Dumoulin lui-même, il ne se fait pas de subrogation de plein droit, à moins que la loi ne s'en explique : *non transeunt actiones*, *nisi in casibus jure expressis.* Or Dumoulin ne peut trouver aucun texte de droit qui établisse en ce cas la subrogation : la loi 1, §. 13, ff. *de tut. et rat..... distr.* qui est le principal fondement de son opinion, ne l'établit point, n'y ayant aucune nécessité d'entendre ce texte dans le sens que Dumoulin l'entend d'une action *utilis tutelæ*, à laquelle le tuteur qui a payé soit subrogé ; et ce texte peut s'entendre, dans un sens beaucoup plus naturel, de l'action *utilis negotiorum gestorum.* Bien loin donc que ce texte établisse que la subrogation se fait en ce cas de plein droit, au contraire il suppose qu'elle ne se fait pas. C'est aussi le sens naturel que présente la loi 76, ff. *de solut.* Celui que Dumoulin donne à cette loi ne l'est point du tout. La loi 39, ff. *de fidej.* et la loi 11, *cod. d. tit.* souffrent encore moins de réplique. Ces lois décident que le fidéjusseur qui a manqué, en payant, de se faire subroger, n'a pas d'action contre ses cofidéjusseurs : ce qui suppose bien clairement qu'il n'est pas subrogé de plein droit sans requérir la subrogation ; car s'il l'étoit, il auroit été inutile de consulter l'empereur Alexandre, pour savoir s'il avoit une action. En vain dit-on, pour l'opinion de Dumoulin, que le débiteur solidaire ayant le droit de se faire subroger aux actions du créancier contre ses codébiteurs, ne doit pas être présumé avoir renoncé à ce droit, personne n'étant présumé renoncer à ses droits. La réponse est, que ce droit consistant dans une simple faculté qu'il a de requérir la subrogation, dont il peut user ou ne pas user, il ne suffit pas qu'il ne soit pas présumé avoir renoncé à son droit ; il faut qu'il paroisse avoir usé de cette faculté ; ce qui ne paroît pas, s'il ne l'a point déclaré. Le débiteur qui paye, ayant un autre motif pour payer que d'acquérir la subrogation, savoir, celui d'éviter les contraintes du créancier, et de libérer sa personne et ses biens, le paiement qu'il fait sans requérir la subrogation, établit seulement qu'il a voulu se libérer, et non pas qu'il a voulu acquérir la subrogation. D'ailleurs, quand on supposeroit une volonté de l'acquérir, cette volonté gardée au-dedans de lui ne seroit pas suffisante; son droit consistant dans la faculté de la requérir, la subrogation ne peut avoir lieu qu'il ne l'ait requise. Il est vrai que la loi l'accorde au défaut du créancier : mais pour qu'on puisse dire que c'est au défaut du créancier, il faut que le créancier ait été mis en demeure de l'accorder, par la réquisition qui lui en doit être faite. C'est par ces raisons que les auteurs modernes ont continué de suivre l'opinion commune.

Renusson, *Traité des Subrogations*, ch. 7, n. 68, et ch. 9, n. 7, tient cette dernière opinion : elle a été suivie aussi par la Jurisprudence des Arrêts. Il y en a un du 26 août 1706, rapporté au 5ᵉ tome du Journal des Audiences, qui a jugé qu'une caution ayant payé sans requérir la subrogation, n'étoit pas subrogée aux actions du créancier, et qu'en conséquence elle n'avoit aucune action contre la femme du débiteur qui s'étoit obligée envers le créancier à réintégrer son mari en prison, ou à payer pour lui.

Il y a néanmoins certains cas dans lesquels la subrogation a lieu de plein droit. *Voyez notre Introduction au titre 20 de la Coutume d'Orléans*, chap. 1, sect. 5.

281. Le débiteur solidaire qui, en payant, a requis la subrogation, est, pour le surplus de ce dont il étoit débiteur pour soi-même et sans recours, subrogé aux actions du créancier, non seulement contre ses codébiteurs, mais contre leurs cautions, s'ils en ont donné au créancier : il est subrogé à tous les privilèges, et à tous les droits d'hypothèque attachés aux actions du créancier; et il peut les exercer même contre les tiers, comme l'auroit pu le créancier, dont il est le *procurator in rem suam*.

Lorsqu'il y a plusieurs codébiteurs, comme par exemple lorsqu'une obligation a été contractée solidairement par quatre particuliers, c'est une question controversée entre les docteurs, si l'un des quatre, qui a payé le total de la créance, avec subrogation, peut agir solidairement contre chacun de ses codébiteurs, sous la déduction seulement du quart dont il étoit tenu pour soi-même, et pour lequel il n'a pu être subrogé; ou s'il ne peut agir contre chacun d'eux que pour leur quart? La question a été jugée anciennement pour la première opinion. Effectivement, il semble d'abord que le débiteur étant, par subrogation, le *procurator in rem suam* du créancier, il peut exercer les actions du créancier solidairement contre chacun des débiteurs, de la même manière que le créancier le pourroit lui-même. Néanmoins les nouveaux arrêts ont jugé pour la deuxième opinion. L'auteur du Journal du Palais, *t.* 1, *p.* 615 de l'édition de 1701, en rapporte un du 22 février 1650, qui a été suivi d'un autre du 5 septembre 1674. La raison est qu'autrement il se feroit un circuit d'actions : car celui de mes codébiteurs à qui j'aurois fait payer le total de la créance, ma part déduite, auroit droit, en payant, d'être pareillement subrogé aux actions du créancier, sous la déduction de la part dont il est lui-même tenu ; et en vertu de cette subrogation, il auroit droit d'exiger de moi, sous la déduction de sa part, ce qu'il m'auroit payé, puisque je suis tenu moi-même de la solidité. Je ne pourrois pas dire, pour me défendre de ce circuit, que je ne suis plus débiteur, ayant payé le créancier ; car, au moyen de la subrogation, le paiement que j'ai fait n'a éteint la dette que pour la part dont j'en étois tenu pour moi-même, et non pour le surplus : au moyen de la subrogation, j'ai plutôt acquis la créance du créancier pour le surplus, que je ne l'ai acquittée. Mais étant remboursé par mon codébiteur qui auroit aussi requis la subrogation, cette créance pour le surplus, et sous la déduction de la part dont il est lui-même tenu, passeroit en la personne de ce codébiteur : ce ne seroit plus moi, mais lui qui seroit le *procurator in rem suam* du créancier, et qui, en cette qualité, auroit droit d'exercer contre moi les actions du créancier pour ce surplus, et de me faire rendre ce qu'il m'a payé.

Lorsque, ayant payé le total avec subrogation, il se trouve entre mes codébiteurs quelqu'un qui est insolvable, et de qui je ne puis recouvrer la part pour laquelle il est tenu de la dette, cette insolvabilité doit se répartir entre ceux qui sont solvables et moi; l'équité ne permet pas qu'ayant acquitté seul la dette commune, je porte seul cette insolvabilité.

§. VI. Des actions que le débiteur solidaire qui a payé sans subrogation, peut avoir de son chef contre ses codébiteurs.

282. Quoiqu'un débiteur solidaire ait omis, en payant, de requérir la subrogation, il n'est pas néanmoins dépourvu de tout recours, et il a de son chef contre chacun de ses codébiteurs une action pour répéter la part dont chacun desdits codébiteurs est tenu de la dette.

Cette action est différente, selon les différentes causes d'où procède la dette.

Lorsque la dette solidaire est contractée par plusieurs personnes pour une affaire commune; comme lorsque plusieurs personnes ont fait en commun l'acquisition d'un héritage, au paiement du prix duquel ils se sont obligés solidairement; ou lorsqu'elles ont emprunté une somme qu'elles ont employée à des affaires communes, ou qu'elles ont partagée entre elles, et à la restitution de laquelle elles se sont obligées solidairement; dans ces cas et autres semblables, celui des débiteurs solidaires qui a payé le total, a contre chacun de ses codébiteurs l'action *pro socio*.

Il a cette action contre chacun d'eux pour la part que chacun d'eux a eue à l'affaire commune qui a donné lieu à cette dette, chacun d'entre eux devant être tenu de la dette pour cette part.

Si quelqu'un d'entre eux étoit insolvable, celui qui a payé le total a en outre action contre chacun de ceux qui sont solvables, pour être payé de ce que chacun d'eux doit porter de cette insolvabilité; et chacun d'eux en doit porter au *prorata* de la part qu'il a eue dans la société : car l'insolvabilité d'un associé est une perte pour la société; cette perte doit tomber par conséquent sur chacun des associés, pour la part qu'il a dans la société.

Ceci s'éclaircira par un exemple. *Finge.* Six personnes, Pierre, Paul, Jacques, André, Jean et Thomas acquièrent une partie de marchandises ensemble, pour la somme de 1,000 liv., au paiement duquel prix ils s'obligent solidairement envers le vendeur. Par le partage qu'ils en font entre eux, Pierre prend la moitié pour son compte, en se chargeant de la moitié du prix; les cinq autres partagent l'autre moitié par égales portions. Thomas paye au créancier tout le prix sans subrogation; André est insolvable. Thomas, qui a payé la dette en entier, a recours contre ses codébiteurs solvables, 1° pour la part dont chacun d'eux étoit tenu dans la dette, savoir, contre Pierre pour 500 liv., et contre Paul, Jacques et Jean pour chacun 100 liv.; et de plus il aura recours contre chacun desdits quatre codébiteurs solvables, pour la portion que chacun d'eux doit porter dans celle de l'insolvable, suivant la répartition qui en devoit être faite entre eux, au *prorata* de ce dont chacun étoit tenu de la dette. Ainsi la portion dont Pierre est tenu de la dette, étant quintuple de celle dont chacun des autres débiteurs en est tenu, il doit porter dans les 100 liv., portion de l'insolvable, une part qui soit le quintuple de celle que chacun des autres débiteurs solvables en doit porter; et pour cet effet, il faut diviser cette somme de 100 liv. en neuf parts ou neuvièmes, ce qui fait pour chaque neuvième 11 liv. 2 den. et deux neuvièmes de denier. Pierre en doit porter cinq neuvièmes, qui montent à 55 liv. 1 sou. Thomas, qui a acquitté la dette, aura donc encore recours contre Pierre pour 55 liv. 1 sou, et contre chacun des trois autres, Paul, Jacques et Jean, pour 11 liv. 2 den.; et il fera confusion sur lui du restant.

Lorsque l'affaire, pour laquelle la dette a été contractée par plusieurs qui sont obligés solidairement, ne concerne que l'un d'entre eux, quoiqu'ils soient tous vis-à-vis du créancier débiteurs principaux, néanmoins entre eux, celui que l'affaire concerne est le seul débiteur principal, et les autres sont comme ses cautions. Par exemple, si Pierre, Jacques et Jean empruntent une somme d'argent, qu'ils s'obligent solidairement de rendre, et que Pierre ait retenu la somme d'argent, Pierre est vis-à-vis de ses codébiteurs le seul débiteur principal : si c'est lui qui a acquitté la dette, il n'a aucun recours contre ses codébiteurs, qui ne se sont rendus débiteurs avec lui que pour lui faire plaisir. Au contraire, si c'est Jacques qui a acquitté la dette, Jacques aura l'action *mandati* contre Pierre, pour la répéter en entier de lui ; de même qu'une caution a l'action *mandati* contre le débiteur principal, lorsqu'elle a acquitté la dette.

Mais en cas d'insolvabilité de Pierre, Jacques, qui a payé le total, aura-t-il action contre Jean pour en répéter de lui la moitié ? Cela dépend de la décision de la question, si le fidéjusseur a action contre ses cofidéjusseurs. Voyez cette question *infrà*, *ch.* 6, *sect.* 7, *art.* 4.

Lorsque la dette solidaire a pour cause une donation ; *putà*, lorsque deux ou trois personnes ont par contrat de mariage donné à quelqu'un certaine somme, qu'elles se sont obligées solidairement de lui payer, et que l'une d'elles a payé le total, il ne peut pas en ce cas y avoir lieu à l'action *pro socio* contre les codébiteurs : car on peut bien contracter société en achetant ensemble, en vendant ensemble, mais non pas en donnant ensemble, la société étant par sa nature un contrat qui se fait *lucri in commune quærendi causâ*. L'action qu'a en ce cas contre ses codébiteurs celui qui a payé le total, est l'action *mandati* : car dans cette espèce, chacun des donateurs n'est donateur et débiteur pour lui-même que de sa part. Il l'est du surplus pour ses codonateurs, comme leur caution et leur mandataire ; il a par conséquent contre eux pour ce surplus l'action *mandati*, telle que l'a une caution.

Lorsque la dette solidaire procéde d'un délit, *putà*, lorsque plusieurs ont été condamnés solidairement envers quelqu'un au paiement d'une certaine somme pour la réparation civile d'un délit qu'ils ont commis ensemble ; celui qui a payé le total ne peut avoir contre ses codébiteurs ni l'action *pro socio*, ni l'action *mandati* : *Nec enim ulla societas maleficiorum* ; l. 1, §. 14, ff. *tut. et rat. Nec societas, aut mandatum flagitiosæ rei ullas vires habet*, l. 35, §. 2, *contr. empt. Rei turpis nullum mandatum est;* l. 6, §. 3, ff. *mand.* Selon les principes scrupuleux des jurisconsultes romains, le débiteur qui a payé le total, n'a en ce cas aucun recours contre ses codébiteurs.

Notre pratique françoise, plus indulgente, accorde en ce cas une action à celui qui a payé le total, contre chacun de ses codébiteurs, pour répéter de lui sa part : voyez Papon, l. 24, t. 12, n. 4. Cette action ne naît pas du délit qu'ils ont commis ensemble ; *nemo enim ex delicto consequi potest actionem;* elle naît du paiement qu'il a fait d'une dette qui lui étoit commune avec ses codébiteurs, et de l'équité, qui ne permet pas que ses codébiteurs profitent à ses dépens de la libération d'une dette dont ils étoient tenus comme lui. C'est une espéce d'action *utilis negotiorum gestorum,* fondée sur les mêmes raisons d'équité sur lesquelles est fondée l'action que nous donnons dans notre jurisprudence au fidéjusseur qui a payé contre ses cofidéjusseurs. Voyez ce qui en est dit *infrà, ch.* 6, *sect.* 7, *art.* 4.

CHAPITRE IV.

De quelques espéces particulières d'obligations considérées par rapport aux choses qui en font l'objet.

Entre les divisions des obligations par rapport aux choses qui en font l'objet, que nous avons rapportées *suprà, ch.* 1, §. 3, nous avons dit qu'il y avoit des obligations d'une chose certaine, comme d'un tel cheval ; et des obligations d'une chose incertaine et indéterminée d'un certain genre, *putà,* celle d'un cheval indéterminément.

Nous avons dit aussi qu'il y avoit des obligations divisibles, et d'autres indivisibles. Nous traiterons ici dans une première section de l'espéce particulière d'obligation d'une chose indéterminée d'un certain genre ; dans une seconde section, des obligations divisibles et indivisibles.

SECTION PREMIÈRE.

De l'obligation d'une chose indéterminée d'un certain genre.

283. Ce qui est absolument indéterminé ne peut être l'objet d'une obligation; *suprà, n.* 131. Par exemple, si je vous ai promis de vous donner *quelque chose*, sans dire quoi, il ne résulte de cette promesse aucune obligation. Mais on peut contracter l'obligation d'une chose indéterminée d'un certain genre de choses; comme lorsqu'on s'oblige envers quelqu'un de donner un cheval, un lit garni, une paire de pistolets, sans déterminer quel cheval, quel lit, quels pistolets. L'individu qui fait l'objet de ces obligations est indéterminé; mais le genre dans lequel cet individu est à prendre, est certain et déterminé : ces obligations sont indéterminées *quoad individuum,* quoiqu'elles aient *quoad genus* un objet déterminé.

Ces obligations sont plus ou moins indéterminées, suivant que le genre dans lequel la chose est à prendre, est plus ou moins général. Par exemple, si quelqu'un s'est obligé de me donner un cheval de ses haras, l'obligation étant restreinte à ses haras, est moins indéterminée que s'il s'étoit simplement obligé à me donner un cheval.

Dans ces obligations, chacune des choses comprises sous le genre dans lequel la chose due est à prendre, est *in facultate solutionis,* pourvu qu'elle soit bonne, loyale et marchande, *sed non in obligatione :* car il n'y a, à la vérité, aucun individu que le débiteur ne puisse payer; mais il n'y en a aucun proprement qui puisse lui être demandé.

Il y a bien une des choses de ce genre qui est due, car l'obligation doit avoir un objet; mais cette chose n'est aucun des individus *in concreto*; c'est une chose de ce genre, considérée *in abstracto,* par une idée transcendante qui fait abstraction des individus qui composent le genre; c'est une chose incertaine, indéterminée, qui ne se déterminera que par le paiement valable qui sera fait de l'un des individus.

Il est vrai que cette chose ainsi considérée, jusqu'à ce qu'elle soit déterminée par le paiement, est une chose qui ne subsiste que dans l'entendement : mais nous avons vu *suprà*, que des êtres intellectuels pouvoient être l'objet des obligations, les obligations étant elles-mêmes des êtres intellectuels.

Cette idée que nous donnons après Dumoulin, *Tract. de div. et indiv. p. 2, quæst.* 5, de l'objet de l'obligation d'une chose d'un genre certain, paroît plus naturelle et plus véritable que celle de ceux qui pensent que ces obligations ont pour objet tous les individus renfermés sous le genre, de manière que chacun de tous ces individus est dû, *non quidem determinatè*, mais sous une espèce d'alternative, sous cette espèce de condition, *si alia res ejus generis non solvatur.*

Il suit de ces principes, 1° que lorsqu'une chose d'un certain genre est due indéterminément, le créancier n'est pas fondé à demander déterminément quelqu'une des choses comprises sous ce genre; mais il doit demander en général et indéterminément une de ces choses.

Il suit, 2° que la perte des choses de ce genre qui survient depuis l'obligation, ne tombe pas sur le créancier : car les choses qui périssent ne sont pas celles qui lui étoient dues; et il suffit qu'il en reste quelqu'une pour que l'obligation subsiste.

Observez néanmoins que si le débiteur, pour s'acquitter de son obligation, avoit offert au créancier une des choses de ce genre, bonne, loyale et marchande, et avoit, par une sommation judiciaire, mis le créancier en demeure de la recevoir; la perte qui arriveroit depuis sur cette chose devroit tomber sur le créancier, le débiteur ne devant pas souffrir de la demeure en laquelle le créancier a été; la dette, d'indéterminée qu'elle étoit, ayant été, par les offres, déterminée à la chose offerte; l. 84, §. 3. ff. *de leg.* 1°.

284. Sur les choses que le débiteur d'une chose d'un certain genre peut valablement offrir pour s'acquitter de son obligation, observez qu'il faut qu'elles soient bonnes et loyales ; l. 33, *in fine*, ff. *de solut*; c'est-à-dire qu'elles n'aient aucun défaut notable. Par exemple, celui qui est débiteur d'un cheval indéterminément, n'est pas recevable à offrir un cheval borgne, boiteux, galeux, poussif, etc., ni un cheval d'une vieillesse extrême. Au reste, pourvu que la chose n'ait aucun défaut notable, et qu'il en puisse transférer la propriété irrévocable au créancier, il peut donner telle chose qu'il voudra ; l. 72, §. 5, ff. *de solut*.

285. Pourra-t-il donner une chose qui n'auroit pas pu être valablement promise au créancier envers qui l'obligation a été contractée? Par exemple, si je me suis obligé à vous donner un cheval indéterminément, puis-je m'acquitter de mon obligation en vous donnant un cheval qui vous appartenoit lors du contrat, et qui, ayant été depuis par vous vendu, me seroit parvenu. Dumoulin décide pour l'affirmative; et en cela cette obligation diffère de celle par laquelle je vous aurois promis ce cheval sous l'alternative d'une autre chose : car, dans ce dernier cas, mon obligation n'ayant pu subsister par rapport à une chose qui vous appartenoit, il n'y avoit que l'autre qui fût due; et elle est par conséquent la seule que je puisse payer. Mais dans l'obligation d'un cheval indéterminément, aucun individu n'étant dû, et les chevaux n'étant tous *qu'in facultate solutionis*, plutôt *qu'in obligatione*, il suffit qu'au temps du paiement, le cheval que je vous donne pour m'acquitter de mon obligation ne vous appartienne plus, et qu'il m'appartienne, pour qu'il puisse vous être valablement payé. C'est ce que décide nettement Marcellus en la loi 72, §. 4, ff. *de solut*. *Et qui hominem dari stipulatus est, unum etiam ex his qui tunc stipulatori servierunt dando, promissor liberatur*.

Il faut néanmoins convenir que la loi 66, §. 3, ff. *de leg. 2*, qui est de Papinien, décide le contraire : *Quum*

*duobus testamentis homo generatim legatur, qui solvente
altero, legatarii factus est, quamvìs posteà sit alienatus, ab
altero hærede idem solvi non poterit, eademque ratio stipulationis est; hominis enim legatum, orationis compendio,
singulos homines continet; utque ab initio non consistit in his
qui legatarii fuerunt, ita frustrà solvitur cujus dominium
posteà legatarius adeptus est, tametsi dominus esse de-
sierit.*

Dumoulin, *Tract. de div. et indiv.* p. 2, n. 102, suivant
l'usage dans lequel il est d'asservir les lois à ses décisions, donne la torture à cette loi. Il dit que la décision
de cette loi doit être restreinte dans son espèce particulière de deux legs faits d'une chose d'un certain genre
par deux testateurs à la même personne, ou de deux
promesses gratuites d'une chose d'un certain genre, revêtues de la forme de la stipulation, faites par deux donateurs à une même personne : que c'est par une raison
particulière que dans cette espèce la même chose qui a
été payée au légataire ou au donataire, en exécution du
premier legs ou de la première donation, ne peut plus
être payée en exécution de l'autre legs ou donation, *ne
scilicet videretur offendi juris regula : Non possunt duæ
causæ lucrativæ in eâdem re et in eâdem personâ concur-
rere :* mais qu'on ne doit pas faire de cette loi une décision générale : que dans toutes les obligations d'une
chose d'un certain genre, les choses de ce genre qui, lorsque l'obligation a été contractée, appartenoient à celui envers qui elle a été contractée, ou qui lui ont appartenu
depuis, doivent être censées exceptées de cette obligation, et ne pouvoir en conséquence lui être payées, quoiqu'elles ne lui appartiennent plus. Enfin il dit que dans
cette loi, ces termes, *hominis legatum, orationis compendio, singulos homines continet,* ne signifient pas que tous
les esclaves du monde sont chacun *in obligatione legati,*
sous cette condition, *si alius non solvatur ;* mais qu'ils
signifient seulement que tous les esclaves du monde
sont *in facultate solutionis,* et que le legs ne peut être

acquitté et exécuté *in singulis hominibus.* Cette interprétation me paroît contraire au sens naturel du texte : j'aime mieux, en reconnoissant une vraie antinomie entre cette loi et la loi 72, comme l'ont reconnu Ant. Faber et Bachovius, abandonner la décision de Papinien, comme fondée sur le faux principe que l'obligation d'une chose d'un certain genre renferme, *alternatè et orationis compendio,* celle de tous les individus qui en sont susceptibles, et m'en tenir à la décision de Marcellus, en la loi 72, §. 4, ci-dessus citée, par les raisons ci-dessus rapportées. Cujas, sur ces lois, a pris un parti diamétralement opposé à celui de Dumoulin : car pour le concilier, et pour faire dire à Marcellus, dans la loi 72, *de solut.*, la même chose que dit Papinien en la loi 66, ff. *de leg.* 1°, il fait un changement dans le texte de cette loi 66 : mais la fin du paragraphe démontre la fausseté de cette innovation dans le texte, qui d'ailleurs est faite sans fondement.

286. Lorsque le débiteur d'une chose d'un certain genre a payé une certaine chose qu'il croyoit par erreur être due déterminément, il en a la répétition, en offrant d'en donner une autre : car n'ayant pas donné cette chose en paiement de son obligation d'une chose d'un certain genre, mais comme se persuadant faussement qu'il devoit cette chose déterminément, il a payé ce qu'il ne devoit pas, et par conséquent *locus est condictioni indebiti;* l. 32, §. 3, ff. *de cond. indeb.*

Sur l'indivisibilité de paiement des obligations d'un certain genre, *voyez* infrà, *part. 3, chap. 1, art. 6, §. 3.*

287. Soit que l'obligation soit *generis generalissimi,* comme lorsque quelqu'un s'est obligé de donner un cheval en général; soit que l'obligation soit *generis subalterni, aut generis limitati,* comme lorsque quelqu'un s'est obligé de donner un de ses chevaux, tout ce que nous avons dit jusqu'à présent a lieu, pourvu que la convention ne contienne aucune clause qui ôte le choix au débiteur.

Mais lorsque, par une clause particulière de la convention, le choix est accordé au créancier; comme lorsque quelqu'un s'est obligé envers moi de me donner un des chiens de sa meute à mon choix; en ce cas, quoique cette convention renferme principalement l'obligation pure et simple d'un chien indéterminé, néanmoins on peut dire aussi qu'en vertu de la clause qui m'accorde le choix, chacun des chiens de la meute du débiteur m'est dû, sous une espèce de condition, au cas que je le choisisse; puisqu'en vertu de cette clause, il n'y en a aucun que je n'aie droit d'exiger. C'est pourquoi le débiteur est en ce cas obligé de me les conserver tous jusqu'à ce que j'aie fait mon choix; il ne peut jusqu'à ce temps, sans contrevenir à son obligation, disposer d'aucuns. *Arg.* l. 3, ff. *qui et à quib. man. Si indistinctè homo sit legatus, non potest hæres, quosdam manumittendo, evertere jus electionis; nam quodam modo singuli sub conditione legati videntur.*

On ne peut pas dire de même lorsque le débiteur a le choix, que chaque individu est compris dans l'obligation, au cas que le débiteur choisisse de le donner plutôt que les autres : car ce n'est pas dans la faculté de payer une chose plutôt que d'autres, mais dans le droit de l'exiger, que consiste l'obligation. C'est la différence qu'établit Dumoulin, *Tract. de div. et indiv.* p. 2, *n.* 112, 113, 114, entre le cas auquel le choix est donné au créancier, et le cas auquel il est donné au débiteur.

SECTION II.

Des obligations dividuelles, et des obligations individuelles.

ARTICLE PREMIER.

Quelles obligations sont dividuelles, et quelles obligations sont individuelles.

§. I. Qu'est-ce qu'une obligation dividuelle, et une obligation individuelle?

288. Une obligation dividuelle est celle qui peut se diviser.

Une obligation individuelle est celle qui ne peut se diviser. Une obligation n'en est pas moins dividuelle, quoiqu'elle soit actuellement indivisée; car il suffit, pour qu'elle soit dividuelle, qu'elle *puisse* se diviser, Molin. *Tract. de div. et indiv. p.* 3, *n.* 7 *et seq.*

Par exemple, lorsque j'ai contracté seul envers vous l'obligation de vous payer une somme de mille écus, cette obligation est indivisée; mais elle est dividuelle, parcequ'elle peut se diviser, et qu'elle se divisera en effet entre mes héritiers, si j'en laisse plusieurs, et que je meure avant que de l'avoir acquittée.

Pareillement l'obligation solidaire que contractent plusieurs personnes de payer à quelqu'un une somme de dix écus, n'en est pas moins une obligation dividuelle. L'effet de la solidité est qu'elle ne soit pas actuellement divisée entre les débiteurs solidaires: mais leur obligation n'en est pas moins une obligation dividuelle, parcequ'elle peut se diviser, et qu'elle se divisera en effet entre leurs héritiers.

289. Il faut voir à présent quelles sont les obligations qui peuvent se diviser, et quelles sont celles qui ne le peuvent pas.

Une obligation peut se diviser et est dividuelle lorsque la chose due, qui en fait et la matière et l'objet, est susceptible de division et de parties pour lesquelles elle puisse être payée; et au contraire l'obligation est individuelle, et ne peut se diviser, lorsque la chose due n'est pas susceptible de division et de parties, et ne peut être payée que pour le total.

La division dont il est ici question n'est pas la division physique qui consiste *in solutione continuitatis*, telle que celle d'une planche qu'on scie en deux; mais c'est une division *civile*, et propre au commerce des choses.

Il y a deux espèces de divisions civiles; l'une qui se fait en parties réelles et divisées, l'autre qui se fait en parties intellectuelles et indivisées. Lorsqu'on partage un arpent de terre en deux, en plantant une borne au milieu, c'est une division de la première espèce : les parties de cet arpent qui sont séparées l'une de l'autre par la borne, sont des parties réelles et divisées.

Lorsqu'un homme qui étoit propriétaire de cet arpent de terre, ou de quelque autre chose, meurt, et laisse deux héritiers qui en demeurent propriétaires chacun pour une moitié indivisée, c'est une division de la seconde espéce. Les parties qui résultent de cette division, et qui appartiennent à chacun des héritiers, sont des parties indivises qui ne sont point réelles, et qui ne subsistent qu'*in jure et intellectu.*

Les choses qui ne sont pas susceptibles de la première espéce de division ne laissent pas de l'être de la seconde. Par exemple, un cheval, un plat d'argent, ne sont pas susceptibles de la première espéce de division; car ces choses ne sont pas susceptibles, sans la destruction de leur substance, de parties réelles et divisées: mais elles sont susceptibles de la seconde espéce de division, parceque ces choses peuvent appartenir à plusieurs personnes pour une partie indivisée.

Il suffit qu'une chose soit susceptible de cette seconde division, quoiqu'elle ne le soit pas de la première, pour que l'obligation de donner cette chose soit une obligation divisible. C'est ce qui résulte de la loi 9, §. 1, ff. *de solut.* où il est dit: *Qui Stichum debet, parte Stichi datâ, in reliquam partem tenetur.* Suivant ce texte, l'obligation de donner l'esclave *Stichus* est une obligation divisible, puisqu'elle peut, au moins du consentement du créancier, s'acquitter pour partie, quoique cet esclave ne soit pas susceptible de la première division. *Molin. ibid. p.* 1, *n.* 5; *p.* 2, *n.* 200 et 201.

Les choses indivisibles sont celles qui ne sont susceptibles ni de parties réelles, ni même de parties intellectuelles: tels sont la plupart des droits de servitudes prédiales, *quæ pro parte acquiri non possunt.*

L'obligation de donner une chose de cette nature est une obligation indivisible. *Molin. p.* 2, *n.* 201.

290. La même régle que nous venons d'exposer pour

juger si les obligations *in dando* sont divisibles ou indivisibles, doit aussi servir à l'égard des obligations *in faciendo
vel in non faciendo*. Plusieurs docteurs avoient pensé que
ces obligations étoient indivisibles indistinctement : mais
Dumoulin, *ibid. p. 2, n. 2o3 et seq.*, a démontré qu'elles
n'étoient pas moins divisibles que les obligations *in dando*,
à moins que le fait qui en est l'objet ne fût de nature à ne
pouvoir s'acquitter par partie, comme lorsque je me suis
obligé à bâtir une maison, etc. Mais si le fait qui est l'objet
de l'obligation peut être acquitté par partie, comme si je
me suis obligé à vous faire posséder une chose qui peut
être possédée par parties, l'obligation sera divisible : c'est
la cinquième des clefs de Dumoulin : *Omnis obligatio etiam
facti dividua est, nisi quatenùs de contrario apparet.* Molin.
ibid. et p. 3, n. 112.

Pareillement l'obligation *in non faciendo* sera divisible
lorsque ce que je me suis obligé de ne pas faire peut se
faire pour une partie, et ne pas se faire pour l'autre partie :
telle est l'obligation *ampliùs non agi ad aliquid dividuum ;*
comme lorsque je me suis engagé envers vous à ne point
inquiéter le possesseur d'un héritage à qui vous devez garantie : c'est une obligation *in non faciendo*, qui est divisible ;
car on y peut satisfaire pour partie. Je puis y contrevenir
pour partie en revendiquant une partie seulement de cet
héritage, et y satisfaire en partie, en m'abstenant de re-
vendiquer l'autre partie.

291. Observez que c'est la chose même ou le fait même
qui fait l'objet de l'obligation, qu'on doit considérer pour
décider si l'obligation est divisible ou indivisible, et non
pas l'utilité qui revient au créancier de l'obligation contractée à son profit, ni le détriment, *onus et diminutio patri-
monii*, qui en résulte pour le débiteur ; autrement il n'y
auroit aucune obligation qui ne fût divisible. C'est pourquoi, par exemple, si les deux propriétaires d'une maison
se sont obligés envers les deux propriétaires de la maison
voisine, d'imposer sur leur maison une servitude utile à la
maison voisine, cette obligation est individuelle, parceque

le droit de servitude qui en fait l'objet est quelque chose d'indivisible, quoique l'utilité qui en résulte pour chacun de ceux envers qui elle est contractée, et le détriment qu'en souffrent ceux qui l'ont contractée, s'évalue à une somme qui est divisible. C'est ce qu'enseigne Dumoulin, *ibid. p.* 2, *n.* 119 : *Cùm hic effectus*, dit-il, *sit quid remotum et separatum à substantiâ obligationis et rei debitæ, non dicitur obligatio dividua vel individua penès effectum, sed secundùm se et secundùm naturam rei immediatè in eam deductæ.*

§. II. Des différentes espéces d'indivisibilité.

292. Dumoulin, *ibid. p.* 3, *n.* 57 *et seq. et n.* 75, distingue fort bien trois espéces d'indivisibilité ; celle qui est absolue, et qu'il appelle *individuum contractu* ; celle qu'il appelle indivisibilité d'obligation, *individuum obligatione* ; et celle qu'il appelle indivisibilité de paiement, *individuum solutione.*

L'indivisibilité absolue, que Dumoulin appelle *individuum contractu*, est lorsqu'une chose est par sa nature non susceptible de parties, tellement qu'elle ne pourroit pas être stipulée ou promise pour partie : tels sont les droits de servitudes réelles, comme par exemple un droit de passage. Il est impossible de concevoir des parties dans un droit de passage ; et par conséquent on ne pourroit stipuler ni promettre ces sortes de choses pour partie.

293. La seconde indivisibilité est celle que Dumoulin appelle *individuum obligatione.* Tout ce qui est *individuum contractu* l'est *obligatione* : mais il y a certaines choses qui, quoiqu'elles eussent pu absolument être stipulées ou promises pour partie, et par conséquent quoiqu'elles ne soient pas *individuæ contractu*, néanmoins dans la manière dont elles ont été considérées par les parties contractantes, sont quelque chose d'indivisible, et qui ne peut par conséquent être dû par parties.

On peut apporter pour exemple de cette indivisibilité l'obligation de la construction d'une maison ou d'un bateau. Cette obligation n'est point indivisible *contractu* ; car il n'est pas impossible qu'elle se contracte par partie. Je puis convenir avec un maçon qu'il me construira pour partie la maison que j'ai dessein de faire construire; *putà*, qu'il en élevera les murs jusqu'au premier plancher. Mais quoique la construction d'une maison ne soit pas indivisible *contractu*, elle est ordinairement indivisible *obligatione :* car lorsque quelqu'un fait marché avec un architecte de lui construire une maison, la construction de la maison, qui fait l'objet de l'obligation, est, de la manière qu'elle est considérée par les parties contractantes, quelque chose d'indivisible, *et quod nullam recipit partium præstationem.* Il est vrai que cette construction ne peut se faire que par parties et successivement: mais ce n'est pas le fait passager de la construction qui fait l'objet de l'obligation, c'est l'ouvrage même consommé; c'est *domus construenda.* Ne pouvant donc y avoir de maison qu'elle n'ait été entièrement construite, la forme et qualité de maison ne pouvant résulter que de la consommation de l'ouvrage, et ne pouvant pas y avoir de parties de ce qui n'existe pas encore, il s'ensuit que l'obligation de construire une maison ne peut s'accomplir que par la construction entière de la maison, et conséquemment que cette obligation n'est pas susceptible de parties, et ne peut s'accomplir par parties: c'est ce que veut dire le jurisconsulte en la loi 80, §. 1, ff. *ad leg. Falcid.* en laquelle, pour prouver que l'obligation de construire un ouvrage, comme un théâtre, des bains, est individuelle, il rapporte cette raison : *Neque enim ullum balneum, aut theatrum, aut stadium fecisse intelligitur, qui ei propriam formam quæ ex consummatione contingit, non dederit.*

Par la même raison, il est dit en la loi 85, §. 2, ff. *de verb. oblig.* que l'obligation de la construction d'un ouvrage est individuelle : *Singuli hæredes in solidum tenentur, quia operis effectus in partes scindi non potest. Opus,* dit Dumoulin, *fit pro parte realiter et naturaliter; sed si illud* OPUS FIERI *referas ad effectum et præstationem ejus quod debetur, tunc verum non erit per partes fieri, quia parte fabricæ factâ, non est debitor liberatus in eâ parte; simplex enim fabricatio et operatio transiens non debetur, sed opus effectum cujus pars non est, fabricæ pars, cùm nullæ sint partes domûs quæ nondùm est; nec sum stipulatus fabricam, sed fieri domum, id est tale opus sub tali formâ consummatum, quod ante perfectionem non subsistit, nec ullas actu partes habet.* Molin. *Tract. de divid. et individ.* p. 3, n. 76. On peut encore ici rapporter la loi 5, ff. *de verb. signif.* qui dit que, *opere locato conducto significari non* ἔργον, *id est operationem, sed* ἀποτέλεσμα, *id est ex opere facto corpus aliquod factum.*

Certaines circonstances avec lesquelles est contractée l'obligation d'une chose peuvent aussi en rendre l'obligation indivisible, quoique la chose en soi, et détachée de ces circonstances, soit très divisible. Telle est l'obligation que je contracterois envers quelqu'un de lui fournir une place de terre pour y construire un pressoir qu'il y entend placer: car quoique la place de terre que j'ai promise soit quelque chose en soi de divisible, néanmoins étant due, non comme une place de terre *simpliciter,* mais comme une place de terre destinée à placer un pressoir, elle devient sous cette vue quelque chose d'indivisible, parcequ'on n'en peut rien retrancher sans qu'elle cesse d'être une place propre à placer un pressoir, et sans qu'elle cesse par conséquent d'être la chose qui fait l'objet de l'obligation. *Molin.* p. 2, n. 314.

294. En bref, l'obligation indivisible *naturâ et contractu* est l'obligation d'une chose qui en elle-même, par sa nature, et sous quelque espèce qu'on la considère, n'est pas susceptible de parties : l'obligation indivisible *obligatione* est l'obligation d'une chose qui, considérée sous le respect sous lequel elle fait l'objet de l'obligation, n'est pas susceptible de parties.

Il est évident que ces obligations qui sont indivisibles, soit *contractu,* soit *obligatione,* le sont aussi *solutione;* car on ne peut payer par parties ce qui n'est pas susceptible de parties.

295. Il y a une troisième espèce d'indivisibilité qu'on appelle *individuum solutione tantùm.*

C'est celle qui ne concerne que le paiement de l'obligation, et non l'obligation même, lorsque la chose due est par elle-même divisible et susceptible de parties, et peut être due pour parties, soit aux différents héritiers du créancier, soit par les différents héritiers du débiteur, mais ne peut être payée par parties.

Nous rapporterons plusieurs exemples de cette espèce d'indivisibilité en l'article suivant, où nous traiterons de la nature et des effets des obligations divisibles, à la classe desquelles appartiennent proprement les obligations dans lesquelles se rencontre cette espèce d'indivisibilité, puisqu'elle ne concerne pas l'obligation même, quoique néanmoins la loi 2, §. 1, ff. *de verb. oblig.* en fasse une troisième espèce mitoyenne entre les obligations dividuelles et les individuelles.

§. III. Plusieurs espèces particulières d'obligations à l'égard desquelles on demande si elles sont divisibles ou indivisibles.

De l'obligation de livrer une pièce de terre.

296. L'obligation de livrer une pièce de terre, *fundum tradi,* est une obligation divisible; car cette tradition peut se faire par parties; on peut livrer une partie de cette pièce de terre. Le fait qui fait l'objet de cette obligation étant donc un fait divisible, on ne peut douter, selon les principes que nous avons établis, que cette obligation ne soit divisible. Notre décision se trouve confirmée par les textes de droit : car quoique l'obligation d'un *commodataire* soit l'obligation de remettre une chose, *obligatio rem tradi,* néanmoins la loi 3, §. 3, ff. *commod.* décide que les héritiers en sont régulièrement tenus, pour la part seulement dont ils sont héritiers; ce qui est le caractère des obligations divisibles : *Hæredes ejus qui commodatum accepit, pro eâ parte quâ hæres est, convenitur.* Il est vrai

que cette obligation du *commodataire*, quoique divisible *quoad obligationem*, est indivisible au moins *quoad solutionem* : mais on peut facilement donner des exemples d'obligations *tradi rem*, *fundum tradi*, qui soient divisibles, même *quoad solutionem* : tel est celui que donne Dumoulin, *p.* 2, *n.* 305. Je transige avec ma partie adverse sur la demande en revendication d'un certain héritage qu'elle a donnée contre moi, et je m'oblige par cette transaction envers elle à le lui délaisser sans aucune garantie de ma part ; cette obligation, qui est une obligation *fundum tradi*, est divisible, même *quoad solutionem* ; et si je meurs avant que d'avoir fait le délai, et laissant quatre héritiers, chacun de mes héritiers s'acquitte de cette obligation, en abandonnant l'héritage pour la part à laquelle il a succédé.

La loi 72, ff. *de verborum oblig.* paroît néanmoins diamétralement contraire à notre décision : car l'obligation *fundum tradi* y est en termes formels rapportée comme un exemple d'obligation indivisible, avec les obligations *fossam fodiri*, *insulam fabricari*, *vel si quid simile*, qui sont indivisibles, *tam obligatione quàm solutione.* Dumoulin, *p.* 2, *n.* 278, *ad n.* 359, après avoir rapporté dix-sept opinions différentes de docteurs pour la conciliation de cette loi, rapporte la sienne, à laquelle il faut se tenir. Il pense avec raison que cet exemple d'obligation *fundum tradi* ne doit pas s'entendre indistinctement de toute obligation par laquelle on s'oblige à livrer une pièce de terre, mais seulement de l'obligation par laquelle on s'oblige de livrer une pièce de terre, avec des circonstances qui en rendent l'obligation indivisible ; comme, par exemple, si voulant bâtir ma maison, et n'ayant point de chantier pour y placer les matériaux nécessaires que je veux faire venir pour cela, je conviens avec mon voisin qu'il me donnera l'usage d'une pièce de terre qu'il a près de ma maison, pour me servir de chantier : cette obligation est une obligation *fundum tradi*, *non simpliciter*, *sed ad certum usum finemque principaliter consideratum in contra-*

hendo ; et cette fin rend indivisible cette obligation *fundum tradi ;* car une obligation est indivisible lorsque ce qui en fait l'objet n'est pas susceptible de prestation particulière, *cùm id jus quod in obligationem deductum est, non nisi in solidum præstari potest :* ce qui se rencontre dans l'espèce proposée ; car cette pièce de terre devant m'être fournie pour me servir de chantier, elle ne me peut être fournie pour cette fin que pour le total, puisqu'une partie qui ne seroit pas assez grande pour placer mes matériaux, ne pourroit servir à la fin pour laquelle elle doit m'être fournie. Dumoulin rapporte d'autres exemples, 312, 313, 314, 315.

De l'obligation d'une corvée ou journée.

297. L'obligation d'une journée est indivisible, de la même manière que l'obligation de construire une maison : car quoique le service d'une journée ne soit pas en soi quelque chose d'indivisible, néanmoins l'obligation s'en contracte comme d'une chose indivisible, et qui ne peut s'acquitter pour partie : c'est pourquoi Ulpien dit : *Nec promitti, nec solvi, nec deberi, nec peti pro parte poterit opera ;* l. 15, ff. *de oper. libert.*

Pareillement Pomponius, en la loi 3, §. 1, ff. *de oper. libert.* décide que le service d'une journée ne peut s'acquitter par partie, par celui d'un certain nombre d'heures, et qu'en conséquence le débiteur d'une journée qui auroit travaillé jusqu'à midi, et se seroit retiré, n'auroit aucunement acquitté son obligation, et demeureroit débiteur de la journée : *Non pars operæ per horas solvi potest, quia id est officii diurni, neque ei liberto, qui sex horis duntaxat meridianis præsto fuisset, liberatio ejus diei contigit.* Mais après qu'il aura acquitté la journée dont il demeure débiteur, il pourra demander le prix de sa demi-journée qu'il ne devoit pas.

Au reste, Dumoulin, *p. 2, n. 355 et seq.*, remarque fort bien que cette indivisibilité de l'obligation d'une journée n'est qu'une indivisibilité *d'obligation,* et non une indivisibilité absolue, ou une indivisibilité *contractu :* car rien n'empêche qu'on ne puisse contracter l'obligation d'une partie de journée, comme d'une demi-journée. Il est vrai que la loi 15, §. 1, *de oper. libert.* dit : *Nec promitti pro parte opera potest.* Mais c'est une pure subtilité. Le jurisconsulte prend *opera* pour *officium diurnum,* selon la définition de la loi 1, ff. *d. tit.* qu'il regarde, selon cette idée, comme indivisible, parceque si vous divisez, ce n'est plus *officium diurnum,* c'est *officium horarium.*

De l'obligation de faire quelque ouvrage.

298. Nous entendons ici par ouvrage, *effectio transiens in opus specificum permanens,* suivant l'expression de Dumoulin, *p.* 2, *n.* 361; et nous avons déja vu ci-dessus, *n.* 292, que l'obligation de faire un ouvrage pris en ce sens, telle que l'obligation de construire une maison, de faire une statue, un tableau, étoit une obligation indivisible, non de cette indivisibilité absolue que nous avons appelée avec Dumoulin indivisibilité *contractu,* mais de la simple indivisibilité d'*obligation.*

De l'obligation de donner une certaine somme léguée pour la construction d'un hôpital, ou pour quelque autre fin.

299. L'obligation qui résulte de ce legs est divisible, puisque c'est l'obligation de donner une somme d'argent. Ce qui est ajouté dans le testament, *pour bâtir un hôpital,* n'exprime que le motif qui a porté le testateur à faire ce legs ; c'est *ratio legandi:* mais ce motif n'étant point uni à la disposition, *ratio legandi non cohæret legato,* l. 72, §. 6, ff. *de cond. et dem.* ne peut par conséquent influer sur la nature du legs, ni sur l'obligation qui en résulte.

Si le testateur avoit chargé ses héritiers de bâtir un hôpital dans une certaine ville, et d'y employer une certaine somme d'argent ; l'obligation qui auroit pour objet la construction de l'hôpital seroit indivisible. C'est à cette dernière espèce que doit s'appliquer la loi 11,

§. 23, ff. *de leg.* 3°. *Voyez* Dumoulin, *p.* 2, *n.* 368 *et seq.*

ARTICLE II.

De la nature et des effets des obligations divisibles.

§. I. Principes généraux.

300. Une obligation est appelée *divisible*, comme nous l'avons déja remarqué, non parcequ'elle est actuellement divisée, mais parcequ'elle se peut diviser. C'est pourquoi, quelque divisible que soit la chose due, l'obligation, avant qu'elle ait été divisée, est indivise, et ne peut être acquittée par parties, comme nous le verrons *infrà, p.* 3, *ch.* 1, *art.* 3, §. 2.

Il faut donc bien prendre garde à ne point confondre l'indivision et l'indivisibilité; c'est la première des clefs de Dumoulin, *Tr. de div. et indiv. p.* 3, *n.* 7 *et seq.* *n.* 112.

Cette division de l'obligation se fait ou du côté du débiteur, ou du côté du créancier, ou quelquefois de l'un et de l'autre côté ensemble. L'obligation se divise du côté du créancier, lorsqu'il laisse plusieurs héritiers. Chacun des héritiers est créancier seulement de sa part : d'où il suit qu'il ne peut exiger cette créance que pour cette part; qu'il ne peut donner de quittance que pour cette part, à moins qu'il n'ait une procuration de ses cohéritiers pour recevoir la leur : de là il suit pareillement que le débiteur peut payer séparément à chacun de ces héritiers la portion qui lui est due.

L'obligation se divise pareillement du côté du débiteur, lorsqu'il laisse plusieurs héritiers : chacun des héritiers de ce débiteur n'est tenu de la dette que pour sa part; et ordinairement chacun des héritiers peut obliger le créancier à recevoir la dette pour cette part.

§. II. Modifications du premier effet de la division de l'obligation du côté du débiteur.

301. Le principe que nous avons établi, que dans les

obligations divisibles, chaque héritier du débiteur n'est tenu de la dette que pour la part dont il est héritier, reçoit plusieurs exceptions et modifications.

La première est à l'égard des dettes hypothécaires. En ce cas, lorsque les héritiers du débiteur sont possesseurs d'immeubles hypothéqués à la dette; quoique la dette se divise entre eux, et qu'en conséquence ils ne soient tenus de l'action personnelle qui résulte de l'obligation du défunt, que pour la part dont ils sont ses héritiers; néanmoins ils peuvent être poursuivis hypothécairement pour le total de cette dette, comme possesseurs des biens qui y sont hypothéqués. Voyez ce que nous avons dit à ce sujet, *en notre introduction au titre 20 de la coutume d'Orléans, ch. 1, sect. 3.*

302. La deuxième est à l'égard des dettes d'un corps certain que le défunt a laissé dans sa succession. Lorsque le défunt a laissé des héritiers de différentes espéces, les uns aux meubles et acquêts, les autres aux propres, tous ne sont pas tenus de la dette de ce corps certain; il n'y a que les héritiers du patrimoine duquel il fait partie, qui en soient tenus. La raison est que le défunt n'en seroit tenu lui-même, s'il vivoit actuellement, qu'autant qu'il le posséderoit encore, ou qu'il auroit cessé par son fait ou sa faute de le posséder; ses héritiers du patrimoine, dont le corps certain ne fait point partie, qui ne l'ont par conséquent jamais possédé, ni cessé de le posséder, ne peuvent donc être tenus de la dette de ce corps certain, n'en pouvant être tenus que comme le défunt qu'ils représentent le seroit : il n'y a donc que les héritiers du patrimoine dans lequel se trouve ce corps certain, qui en puissent être tenus.

Mais si, par le partage entre les héritiers de ce patrimoine, ce corps certain dû par le défunt à quelqu'un, a été compris dans le lot échu à l'un d'eux, les autres ne sont pas pour cela déchargés de cette dette, quand même ils auroient chargé celui d'entre eux au lot duquel ce corps certain est échu, d'acquitter la dette lorsqu'elle deviendroit exigible : car ayant été une fois tenus de cette dette, ils n'ont pu par leur fait, en comprenant ce corps certain dans la masse des biens qu'ils ont partagés entre eux, se décharger de l'obligation de le délivrer au créancier.

303. La troisième modification concerne encore les dettes d'un corps certain. Quoique la dette d'un corps certain divisible se divise entre les héritiers du débiteur qui succèdent à l'espèce des biens dont il fait partie, et que même après le partage par lequel ce corps certain est échu dans le lot de l'un d'eux, chacun de ses héritiers continue d'en être débiteur pour sa part, comme nous venons de le voir ci-dessus; néanmoins celui dans le lot duquel il est tombé, peut être poursuivi pour le paiement du total, et condamné envers le créancier au paiement du total, pourvu que le jugement soit rendu avec ses cohéritiers, ou par défaut contre eux, s'il n'a pas été chargé de cette dette par le partage.

La raison qu'en rend Dumoulin, est que, quoique l'action qui naît de cette dette soit divisée contre chacun des héritiers du débiteur, néanmoins comme l'exécution de cette action doit se faire pour le total sur celui d'entre eux qui par le partage en est devenu seul possesseur, il s'ensuit qu'il peut être condamné à la délivrance de cette chose pour le total ; *Quia quamvis actio merè sit personalis, tamen executio judicati in rem scripta est, et divisio non debet impedire vim futuri judicii, nec executionem in rem et in ejus possessorem, salvo contrà hæredes recursu.* Molin. p. 2, n. 84.

Cette décision a lieu, lorsque c'est en sa qualité d'héritier et par le partage de la succession que cet héritier pour partie du débiteur, se trouve posséder en entier la chose due. Il en seroit autrement si c'étoit de son chef qu'il la possédât : il n'en seroit pas en ce cas débiteur, et il ne pourroit être condamné à la payer que pour la part pour laquelle il est héritier. On peut tirer argument de la loi 86, §. 3. ff. *de leg.* 1°. *Si fundus ab omnibus hæredibus legatus sit, qui unius hæredis esset ; is cujus fundus esset, non ampliùs quàm partem suam præstabit, cæteri in reliquas partes tenebuntur.*

Nous venons de voir que lorsque l'héritier pour partie du débiteur d'un corps certain, se trouvoit, en cette qualité d'héritier, être en possession pour le total de cette chose, il pouvoit être condamné à la prestation du total, pourvu que la sentence fût rendue avec ses cohéritiers, suivant que l'enseigne Dumoulin, *ibid. n.* 84. Cet auteur va plus loin, *ibid. p.* 3, *n.* 242 ; car il décide que l'héritier peut y être condamné, même sans que ses cohéritiers aient été mis en cause, lorsqu'il est évident qu'ils ne pourroient avoir aucuns moyens de défense. C'est ce qu'il décide dans l'espèce d'un vendeur qui, ayant vendu une chose livrable dans le mois, et ayant reçu le prix, seroit mort dans ce terme, laissant plusieurs héritiers : il décide que la vente et le paiement du prix étant constants, celui des héritiers par devers qui la chose se trouve, doit, après l'expiration du terme, être condamné à la livrer, sans qu'il soit reçu à mettre en cause ses cohéritiers.

304. La quatrième modification est, lorsque la dette consiste dans la simple restitution d'une chose dont le créancier est propriétaire, et dont le débiteur n'avoit que la simple détention. Quoique la chose soit divisible, et qu'en conséquence la dette le soit aussi ; néanmoins celui des héritiers du débiteur par devers qui est la chose, est tenu, pour le total, de cette restitution. Par exemple, si l'on vous a prêté ou donné en dépôt une bibliothèque, quoique cette dette soit divisible, celui de vos héritiers par devers qui elle se trouvera, sera tenu pour le total, de la restitution de cette bibliothèque : *Hæres ejus qui commodatum accepit, pro eâ parte quâ hæres est, convenitur, nisi fortè habuit totius rei facultatem restituendæ, nec faciat : tunc enim condemnatur in solidum, quia hoc boni judicis arbitrio conveniat;* l. 3, §. 3, ff. commod.

La raison est que cet héritier qui a par devers lui la

chose entière, ayant la faculté de la rendre, et n'ayant pas besoin d'attendre pour cela le consentement de ses cohéritiers, qui n'ont aucun droit dans cette chose, et auxquels la restitution qu'il en fera ne peut être qu'avantageuse, en les déchargeant de l'obligation en laquelle ils sont de faire cette restitution, la bonne foi ne permet pas qu'il refuse cette restitution : c'est ce qu'insinue le jurisconsulte par ces termes, *quia hoc boni judicis arbitrio conveniat.* Si cet héritier n'est tenu que pour sa part héréditaire, *ex primâ et primitivâ obligatione depositi aut commodati, quæ dividua est,* il est tenu pour le total de cette restitution qui est en son pouvoir, *ex obligatione accessoriâ præstandi bonam fidem,* l'obligation de la bonne foi étant une obligation indivisible; *neque enim bona fides potest præstari pro parte.* C'est encore une des clefs de Dumoulin : *Lex 12 tabularum,* dit-il, *non dividit obligationes, etiam dividuas, quatenùs respiciunt bonam fidem ; undè obligatio, etiam dividua, ad officium bonæ fidei obligat in solidum, concurrente facultate præstandi, et quatenùs concurrit, et quandocumquè hoc contigerit.* Molin. p. 3, n. 112.

305. Une cinquième modification, est que celui des héritiers par le fait ou la faute duquel la chose est périe, est tenu du total de la dette. La raison se tire du principe de Dumoulin, qui est que l'obligation principale *rem dividuam dandi,* est divisible à la vérité; mais l'obligation accessoire *præstandi bonam fidem et diligentiam,* qui y est jointe, est indivisible : chacun des héritiers est à cet égard tenu *in solidum ; nec enim pro parte diligentia præstari potest :* d'où il suit que celui des héritiers qui y a manqué, et par le fait ou la faute duquel la chose est périe, doit être tenu pour le total. Suivant ces principes, si quelqu'un s'est obligé envers moi à me laisser jouir d'un héritage, soit par un bail à ferme qu'il m'en a fait, soit par la vente qu'il m'a faite d'un droit d'usufruit de cet héritage, et qu'il ait laissé quatre héritiers; si l'un des héritiers, sans avoir aucun droit de son chef dans cet héri-

tage, me trouble injustement dans la jouissance du total
de cet héritage, il sera tenu pour le total de mes dommages et intérêts, et non pas seulement pour la part dont
il est héritier : car quoique l'obligation principale de me
faire jouir soit divisible, l'obligation accessoire *præstandi
bonam fidem*, qui oblige de n'apporter aucun trouble, est
indivisible, et passe par conséquent à chacun des héritiers pour le total : ainsi l'héritier qui y contrevient doit
être tenu des dommages et intérêts pour le total.

De là cette maxime, qu'un héritier ne peut être, à la
vérité, poursuivi pour une dette divisible, que quant à
la part pour laquelle il est héritier, lorsqu'il n'est poursuivi qu'en sa seule qualité d'héritier, et pour le fait du
défunt ; mais qu'il peut être poursuivi pour le total, lorsqu'il est poursuivi pour son propre fait. *Multùm refert
unum hæredum debitoris teneri secundariâ obligatione ut
hæredem tantùm ; id est ex facto vel non facto defuncti tantùm ; an verò ut ipsum, id est ex suo facto proprio vel non
facto.* Molin. p. 3, n. 5.

3o6. A l'égard des autres héritiers qui n'ont concouru
par aucun fait ni faute de leur part, à la perte de la chose
due, ils sont libérés ; car cet héritier est tenu de la dette,
comme le défunt en étoit tenu. Le défunt auroit été libéré
par la perte de la chose arrivée sans sa faute ; l'héritier
doit donc pareillement être libéré par la perte de la chose
arrivée sans la faute du défunt, et sans la sienne propre.
L'héritier est bien tenu des faits du défunt, puisqu'il succède aux obligations du défunt ; mais il n'est pas tenu du
fait de ses cohéritiers : c'est ce qui est décidé par les lois
9 et 10, ff. depos. *In depositi actione, si de facto defuncti
agatur, adversùs unum ex pluribus hæredibus pro parte hæreditariâ agere debeo ; si verò ex suo delicto, pro parte non
ago ; meritò, quia æstimatio refertur ad dolum quem in solidum ipse admisit, nec adversùs cohæredes qui dolo carent,
actio competit.* Paul décide la même chose pour le prêt à
usage ; l. 17, §. 2, commod. Molin. p. 3, n. 439 et 440.

Si on avoit stipulé une peine en cas que la chose ne fût

pas rendue ; en ce cas, quoiqu'elle ait péri par la faute de
l'un d'eux, et sans le fait ni la faute des autres, ils ne
laisseront pas d'être tenus de la peine, chacun pour leur
part : car l'obligation de payer la somme convenue pour
la peine, est une seconde obligation que le défunt a contractée, et qui est conditionnelle ; elle a pour condition
l'inexécution de la première. Les héritiers du défunt ont
chacun, quant à la part pour laquelle ils sont héritiers
du défunt, succédé à cette seconde obligation sous la
même condition : ils sont donc tenus, chacun pour leur
part héréditaire, de payer cette somme, dans le cas de
l'existence de la condition, c'est-à-dire dans le cas où la
première obligation ne seroit pas exécutée, soit par le fait
ou la faute du défunt, soit par celle de quelqu'un de ses
héritiers ; sauf leur recours contre celui de leurs cohéritiers par le fait de qui la chose a péri. C'est ce qu'enseigne
Dumoulin, qui dit que les cohéritiers de celui par le fait
de qui la chose est périe, sont tenus en ce cas de la peine :
*Non immediatè ex facto et culpâ dolosi, sed ejus occasione
et tanquam ex eventu conditionis, ex obligatione defuncti
quæ in eos sub eâ conditione descendit.* Molin. d. n. 440.

C'est de ce cas qu'entend parler Paul en la loi 44, §. 5,
ff. *fam. erc.* lorsqu'il dit : *Si reliqui propter factum unius
teneri cæperint, tanquam conditio stipulationis hæreditariæ
extiterit, habebunt familiæ erciscundæ judicium cum eo
propter quem commissa sit stipulatio.*

Observez que pour que la contravention de l'un des
héritiers rejaillisse sur ses cohéritiers, il faut qu'il y ait
une seconde convention expresse, par laquelle le défunt
se soit obligé au paiement d'une certaine peine, en cas
d'inexécution de l'obligation principale ; ou par laquelle il
se soit obligé aux dommages et intérêts, en cas de contravention par lui *ou ses héritiers.* Mais il ne suffit pas
pour cela qu'il soit dit à la fin de l'acte, que toutes les
parties se sont obligées à tout le contenu de l'acte, à peine
de tous dépens, dommages et intérêts ; car cette clause
ne contient pas une seconde obligation : *Hæc clausula*

n'hil novi addit, cùm sit ex stylo communi ad confirmandum tantùm, secundùm materiam subjectam, et ejus limites; ibid. 442.

On opposera peut-être contre la distinction de Dumoulin, que dans toutes les conventions qui contiennent une obligation principale, on doit toujours sous-entendre une seconde convention tacite accessoire de la première, par laquelle le débiteur s'engage aux dommages et intérêts, en cas de contravention par lui ou par ses héritiers à l'obligation principale; que cette seconde convention tacite doit avoir le même effet que si elle étoit exprimée. La réponse est qu'il est faux qu'on doive supposer cette seconde convention, lorsqu'elle n'est pas exprimée. Si le débiteur qui contrevient à son obligation principale, est tenu des dommages et intérêts résultants de sa contravention, ce n'est pas en vertu d'aucune seconde convention qu'on doive supposer, par laquelle il seroit obligé à ces dommages et intérêts; c'est uniquement parceque cette obligation des dommages et intérêts est renfermée dans l'obligation principale, et que cette obligation principale, *ex propriâ naturâ*, se convertit contre le contrevenant en une obligation de dommages et intérêts. Mais en ce cas, lorsque c'est l'un des héritiers du débiteur qui contrevient à l'obligation, les autres héritiers qui n'y ont pas contrevenu, ne sont tenus d'aucuns dommages et intérêts; ces héritiers étant bien tenus des faits du défunt qu'ils représentent, et de leur propre fait, mais n'étant point tenus des faits de leur cohéritier, comme il a déja été ci-dessus observé.

307. Lorsque la chose est périe par le fait ou le dol de plusieurs d'entre les héritiers, chacun d'eux en est tenu solidairement: *Nec enim*, dit Dumoulin, *qui peccavit, ex eo relevari debet, quòd peccati habet consortem.*

Si néanmoins ces héritiers avoient, chacun par un fait particulier, perdu ou diverti différentes parties de la chose due, chacun ne seroit tenu que de la perte ou divertissement de cette partie; car en ce cas, *unusquis-*

que non in solidum, sed in parte duntaxat dolum amisit.
C'est ce que décide Marcellus en la loi 22, ff. *deposit.*
*Si duo hæredes rem apud defunctum depositam dolo interve-
nerint, quodam casu in partes duntaxat tenebuntur ; nam
si diviserunt decem millia, quæ apud defunctum fuerant, et
quina millia singuli abstulerint, et uterque solvendo est, in
partes adstricti erunt : quòd si quæ species dolo eorum in-
terversa fuerit, in solidum conveniri poterunt ; nam certè
verum est in solidum quemque dolo fecisse.*

Observez à l'égard de la première espéce de la loi 22,
qu'il est dit, *si uterque solvendo est ;* car si l'un des deux
héritiers étoit insolvable, celui des deux qui auroit été
solvable, auroit été en faute, non seulement par rapport à sa moitié, mais même par rapport à l'autre moitié, n'ayant pas dû partager la somme donnée en dépôt
au défunt, avec son cohéritier insolvable. Si l'obligation
de restituer la somme étoit une obligation divisible, l'o-
bligation accessoire de la garder et de la conserver avec
bonne foi, étoit une obligation indivisible, dont chacun
d'eux étoit tenu pour le total, et à laquelle l'héritier solvable a contrevenu, non seulement par rapport à la moitié
qu'il a dû payer, mais aussi par rapport à l'autre qu'il a
laissée à la merci de son cohéritier insolvable.

308. Une sixième exception est que quoiqu'une obligation soit divisible, l'un des héritiers du débiteur peut
en être tenu pour le total, soit par une convention, soit
par le testament du défunt qui l'en aura chargé, ou par
l'office du juge qui fait le partage des biens de la succession. En tous ces cas, l'un des héritiers est tenu de la
dette pour le total, sans que les autres héritiers cessent
d'en être tenus avec lui, chacun pour leur part.

309. Il résulte de toutes ces modifications, que *aliud est
unum ex pluribus sive principalibus sive hæredibus teneri in
solidum, aliud obligationem esse individuam.* C'est la troisième des clefs de Dumoulin, *part.* 3, *n.* 112.

310. Hors ces cas, chaque héritier du débiteur n'est tenu
des dettes divisibles, que pour la part dont il est héritier;

et il n'est pas même tenu subsidiairement du surplus, en cas d'insolvabilité de ses cohéritiers. La loi 2, *Cod. de hœred. act.* qui décide que chaque héritier n'est tenu des dettes du défunt que pour sa part, ne distingue point si tous les héritiers sont solvables ou non. Cela est pris même de l'idée d'héritier. Un héritier est celui qui succède aux droits actifs et passifs, c'est-à-dire aux dettes et obligations du défunt. Celui qui n'est héritier que pour partie, n'y succède que pour cette partie ; il n'est donc tenu que pour cette partie : l'insolvabilité de ses cohéritiers qui survient, ne le rend pas successeur pour le total aux droits du défunt ; il ne l'est toujours que pour sa part, et par conséquent il ne doit être tenu des dettes que pour sa part.

On oppose que les dettes étant une charge des biens, elles doivent être acquittées pour le total sur les biens que retient cet héritier en partie. La réponse est que l'universalité totale des biens est chargée du total des dettes ; mais les portions de cette universalité ne sont chargées que d'une pareille portion des dettes. On insiste, et on dit : Si le débiteur avoit dissipé la moitié de ses biens, l'autre moitié qui lui resteroit seroit chargée du total des dettes : donc, lorsque l'un des héritiers du débiteur a dissipé sa moitié, l'autre moitié qui appartient à l'autre héritier doit pareillement être chargée du total des dettes. Je nie la conséquence. Lorsque le débiteur a dissipé la moitié de ses biens, ce qui lui reste est le total des biens de la personne obligée au total de la dette, et par conséquent le total des dettes est une charge de ce qui reste des biens : mais lorsque mon cohéritier a dissipé la moitié qui lui est échue, celle que j'ai n'est toujours que la portion d'un héritier pour moitié, lequel n'est tenu personnellement des dettes que pour cette moitié : cette portion ne doit donc être chargée que de la moitié des dettes. On insiste encore, et on dit que le créancier ne doit pas souffrir de la multiplicité des héritiers que son débiteur laisse : donc la dissipation de la moitié de ces biens, que fait l'un des héritiers, ne doit pas lui faire perdre la moitié de sa dette, puisque, si le débiteur ou l'unique héritier du débiteur eût perdu cette moitié de biens, le créancier ne perdroit rien de sa dette. La réponse est, que ce n'est que *ex accidenti* que le créancier souffre en ce cas de la multiplicité des héritiers qu'a laissés le débiteur : il pouvoit n'en pas souffrir en arrêtant les biens de la succession avant le partage, ou en veillant à se faire payer.

Cette décision, que l'héritier pour partie n'est pas tenu des dettes pour les portions de ses cohéritiers devenus insolvables, quand même sa portion seroit plus que suffisante pour payer le total, étant tirée des principes de la raison naturelle, et de la nature même de la qualité d'héritier, elle doit avoir lieu dans le for de la conscience aussi-bien que dans le for extérieur. *Molin. part.* 2, *n.* 82.

311. Ce principe, qu'un héritier n'est pas tenu de l'insolvabilité de ses cohéritiers, reçoit plusieurs exceptions. La première, qui ne souffre pas de difficulté, est lorsque c'est par le dol et le fait d'un héritier que le créancier n'a pu se faire payer par les autres héritiers devenus insolvables ; *putà*, parceque cet héritier s'est fait passer pour le seul héritier. *Molin. ibid. n.* 85 *in fine.*

Dumoulin apporte pour second cas d'exception celui auquel un père laisseroit pour héritiers deux enfants, dont l'un auroit dissipé d'avance ce qu'il auroit reçu en avancement de sa succession, et auquel, au moyen de ce qu'il est tenu de la précompter sur sa part, il seroit revenu beaucoup moins dans l'actif des biens délaissés par le père, que n'est la part des dettes de cette succession, dont il est tenu en se portant héritier. L'autre enfant doit répondre en ce cas, envers les créanciers de la succession, de la part des dettes dont est tenu son frère insolvable, quoique les créanciers n'aient pas eu la précaution d'arrêter les biens de la succession avant le partage. La raison est que cet enfant ayant recueilli presque tout l'actif des biens délaissés par le défunt, au moyen de ce que son frère a été tenu de précompter ce qu'il avoit reçu du vivant du père commun, il est juste qu'il ne profite pas, aux dépens des créanciers de la succession, de ce que son frère s'est mal-à-propos porté héritier : il y a lieu en ce cas de présumer une collusion entre les deux frères, et que c'est dans la vue de se décharger d'une portion des dettes, et d'en frauder les créanciers, que l'héritier solvable a engagé son frère insolvable à se porter héritier. *Hoc est injustum*, dit Dumoulin, *nec suspicione collusionis vacat.* Ibid. n. 93 in fine.

Cet auteur, *n.* 92, apporte pour troisième exception le cas auquel le créancier auroit fait un prêt au défunt, qui auroit été la cause de la fortune du défunt; en ce cas l'héritier solvable étant en quelque façon redevable au créancier de ce qu'il recueille pour sa part une succession opulente, ne doit pas laisser perdre au créancier la part de cette créance dont est tenu son cohéritier insolvable. Cette décision de Dumoulin souffre difficulté. J'avoue que la gratitude exige cela; mais la gratitude ne forme que des obligations imparfaites, qui n'obligent pas dans le for extérieur.

§. III. Du second effet de la division de la dette, qui consiste en ce qu'elle peut être payée par parties.

312. Nous avons vu qu'un des effets de la division de la dette, soit que ce fût du côté du créancier, soit que ce fût du côté du débiteur qu'elle fût arrivée, étoit que le paiement de la dette pouvoit se faire par parties; savoir, pour les parties qui sont dues à chacun des héritiers du créancier, et pour celles dues par chacun des héritiers du débiteur. Ce principe a aussi ses exceptions et ses modifications, *non propter individuitatem obligationis, sed propter incongruitatem solutionis*, dit Dumoulin; c'est-à-dire, non parceque le paiement partiel d'une obligation divisible n'est pas toujours, absolument parlant, possible; car puisque la chose due a des parties, c'est une conséquence nécessaire qu'elle puisse être payée par parties; mais si le paiement de ces obligations ne doit pas quelquefois se faire par parties, c'est parceque le paiement partiel n'est pas toujours équitable : *aliud quippe individuitas obligatio-*

nis, aliud incongruitas solutionis. C'est la quatrième des clefs de Dumoulin, *p.* 3, *n.* 112.

313. Le premier cas auquel le paiement partiel d'une dette, quoique divisible, n'est pas valable, est le cas des dettes alternatives, ou de choses indéterminées. Par exemple, si celui qui est débiteur *d'une telle maison, ou d'une somme de dix mille livres,* laisse deux héritiers, l'un des héritiers ne sera pas admis à payer la moitié d'une de ces deux choses jusqu'à ce que l'autre héritier paie aussi l'autre moitié de la même chose : car si l'un des héritiers ayant payé la moitié, par exemple, de la maison, l'autre vouloit payer la moitié de la somme, il en résulteroit un préjudice au créancier qui doit recevoir en paiement l'une des deux choses entières, et non pas deux moitiés de deux différentes choses. Par cette même raison, quand même le créancier auroit volontairement reçu la moitié de l'une des deux choses, *putà*, la moitié de la somme, ce paiement ne recevra sa perfection, même pour cette moitié, que lorsqu'on lui aura payé l'autre moitié ; et si par la suite on lui donne la maison, il y aura lieu à la répétition de ce qui auroit été payé en argent ; *infrà, p.* 3, *n.* 525.

Il en est de même des dettes de choses indéterminées : comme si le défunt devoit indéterminément un arpent de terre, l'un de ses héritiers n'est pas recevable à offrir au créancier la moitié d'un certain arpent de terre, jusqu'à ce que l'autre héritier donne aussi en paiement la moitié d'un autre arpent ; autrement il en résulteroit un préjudice au créancier à qui il est dû un arpent entier, et qui a intérêt d'avoir un arpent entier plutôt que la moitié de deux différents arpens. C'est ce qui résulte des lois 85, §. 4, et l. 2, §. 2, ff. *de verb. oblig.* Molin. *p.* 2, *n.* 125.

Cette indivision de paiement doit avoir lieu non seulement lorsque la dette a été divisée du côté du débiteur, mais aussi pareillement lorsqu'elle l'a été du côté du créancier qui a laissé plusieurs héritiers : car il est de l'intérêt de ces héritiers du créancier de recevoir une seule chose qui leur est due, qui ne soit commune qu'entre eux, plutôt que des portions de différentes choses qu'ils auroient chacun en commun avec des étrangers. *Molin. ibid. p.* 2, *n.* 130.

Lorsque l'un des héritiers du débiteur a été libéré pour sa part de la dette, soit par la remise que le créancier lui en a faite, soit autrement, rien n'empêche alors que l'autre héritier ne puisse payer l'une des choses qu'il voudra pour la moitié qu'il doit; *d. l.* 2, §. 3. La raison qui empêchoit le paiement partiel cesse; car il n'y a plus lieu de craindre que le paiement se fasse en portion de différentes choses.

Observez que dans le texte cité, après ces mots, *si tamen hominem stipulatus, cum uno ex hœredibus egero*, il faut suppléer, *et victus fuero per injuriam judicis.* Voyez Cuj. *ad l.* Molin. *ibid. p.* 2, *n.* 188.

Observez aussi que l'indivision de paiement d'une dette alternative cesse d'avoir lieu lorsque cette dette, par l'extinction de l'une des deux choses, cesse d'être alternative, et devient déterminée à la chose qui reste : rien n'empêche en ce cas que cette chose puisse être payée par parties, soit par les différents héritiers du débiteur, soit aux différents héritiers du créancier.

314. Le second cas auquel le paiement d'une obligation, quoique divisible et divisée entre plusieurs héritiers du débiteur, ne peut se faire par parties, est lorsqu'on en est convenu en contractant l'obligation, ou depuis. On pourroit néanmoins douter si cette convention est valable, parceque la loi 56, §. 1, *de verb. oblig.* décide qu'une personne ne peut, en contractant, faire qu'un de ses héritiers soit obligé à sa dette pour une plus grande part que celle pour laquelle il sera héritier. *Te et Titium hœredem tuum decem daturum spondes: Titii persona supervacuè comprehensa est; sive enim solus hœres extiterit, in solidum tenebitur; sive pro parte, eodem modo quo cœteri cohœredes ejus.* C'est-à-dire qu'il sera tenu, nonobstant cette clause de la stipulation,

pour la part seulement dont il sera héritier: et la raison est, que n'étant héritier du contractant que pour cette part, et étant par conséquent étranger à l'égard des autres parts, il n'a pu être obligé pour les autres parts par la promesse du contractant, suivant le principe de droit, que *Nemo nisi de se promittere potest, non de extraneo.*

Nonobstant cela, Dumoulin décide avec raison qu'on peut valablement convenir qu'une dette ne pourra être acquittée par parties par les différents héritiers du débiteur ; et il remarque fort bien que cette convention est bien différente de l'espèce de la loi ci-dessus rapportée, laquelle tombe sur la substance même de l'obligation, au lieu que cette convention ne concerne que la manière dont le paiement s'en fera: *Non concernit substantiam obligationis, sed modum ; undè quemadmodùm potest in præjudicium hæredum determinari locus et tempus solutionis, ita et modus.* Molin. *ibid. part.* 2, *n.* 30 *et* 31. Cette convention n'empêche pas que l'un des héritiers du débiteur ne soit tenu que pour sa part de la dette ; mais l'effet est qu'il ne peut faire le paiement que de la chose entière, conjointement avec ses cohéritiers ; de manière que les offres qu'il feroit de donner sa part seroient insuffisantes pour satisfaire, même pour sa part, à l'obligation dont il est tenu, si ses cohéritiers n'offrent également la leur. *Voyez* infrà, *n.* 316.

315. Cette convention, que la dette ne pourra être payée par parties, empêche bien que les héritiers du débiteur ne la puissent payer par parties ; mais elle n'empêche pas qu'elle ne puisse être payée par parties aux différents héritiers du créancier.

Le débiteur ne peut même valablement payer à chacun d'eux que sa part ; et s'il payoit le total à l'un d'eux, il ne seroit pas libéré envers les autres.

Néanmoins on peut aussi convenir que l'un des héritiers du créancier pourra exiger le total, et qu'on pourra lui payer le total ; auquel cas le paiement qui lui est fait libère le débiteur envers tous les héritiers du créancier, dont celui à qui le paiement est fait est comme le préposé pour leurs parts, ou comme *adjectus solutionis gratiâ*. Molin. *ibid. n.* 33.

316. Le troisième cas auquel la dette, quoique divisée entre les héritiers du débiteur, ne doit point s'acquitter par parties, est lorsque, sans qu'il y ait de convention, il résulte de la nature de l'engagement, ou de la chose qui en fait l'objet, ou de la fin que l'on s'est proposée dans le contrat, que l'esprit des contractants a effectivement été que la dette ne pût s'acquitter par parties. Cela se présume facilement lorsque la chose qui fait l'objet de la convention est susceptible, à la vérité, de parties intellectuelles, et est par conséquent divisible, mais ne peut être divisée en parties réelles. *Molin. part.* 3, *n.* 223.

Cela se présume même à l'égard des choses qui peuvent se partager en parties réelles, lorsqu'elles ne peuvent l'être sans qu'il en résulte un préjudice au créancier.

Par exemple, si j'ai acheté ou pris à ferme un certain héritage; quoique cet héritage soit susceptible de parties, néanmoins un des héritiers de celui qui me l'a vendu ou donné à ferme ne seroit pas reçu à m'offrir sa part indivise ou divisée de cet héritage, pour s'acquitter envers moi de son obligation, si ses cohéritiers n'étoient aussi de leur côté prêts à me délivrer les leurs, parceque la division de cet héritage me porteroit préjudice : je ne l'ai acheté ou pris à ferme que pour l'avoir en total, ou pour en jouir en total, et je n'en aurois ni acheté ni pris à ferme une partie.

La fin que les contractants se sont proposée, peut aussi empêcher le paiement partiel, même des dettes d'une somme d'argent. Par exemple, si par une transaction vous vous êtes obligé à me payer une somme de mille écus, avec déclaration que c'est pour me tirer de prison, où j'étois détenu pour ladite somme par un créancier, et que peu après vous soyez mort laissant quatre héritiers; un de ces héritiers ne sera pas reçu à m'offrir séparément le quart de ladite somme, qui ne peut me procurer la mainlevée de ma personne, qui a été l'objet du contrat, et que je ne pourrois pas conserver sûrement en prison, en attendant le païement du surplus. *Molin. part.* 2, *n.* 4o.

317. Dans tous les cas ci-dessus rapportés, dans lesquels une obligation, quoique en elle-même divisible, ne peut néanmoins s'acquitter par parties, le créancier ne peut, à la vérité, mettre les héritiers de son débiteur en demeure, qu'en donnant la demande contre tous; la demande qu'il feroit à l'un d'eux de lui payer le total ne seroit pas valable, et ne le mettroit pas en demeure, puisque l'obligation étant divisible, il ne doit pas le total : mais, quoique l'un des héritiers ne soit débiteur que de la partie pour laquelle il est héritier, et ne puisse être poursuivi pour le total, néanmoins l'indivision de paiement empêche qu'il ne puisse valablement offrir la part dont il est débiteur, si le surplus n'est offert en même temps par ses cohéritiers. C'est pourquoi de telles offres partielles non seulement ne mettent pas le créancier en demeure de recevoir, et n'arrêtent pas le cours des intérêts, si la dette est de nature à en produire; mais si l'héritier qui a fait ces offres avoit été auparavant mis en demeure par une demande donnée contre tous les héritiers, ces offres imparfaites ne purgeroient pas sa demeure, et n'empêcheroient pas qu'il ne fût sujet, vis-à-vis du créancier, à toutes les peines de la demeure; sauf son recours contre ses cohéritiers. *Molin. part.* 2, *n.* 243.

Observez qu'une rente constituée qui n'est point accompagnée d'hypothèque, se divise entre les héritiers du débiteur comme les autres dettes : chacun des héritiers n'est tenu de la continuer et d'en payer les arrérages que quant à la part pour laquelle il est héritier; mais la faculté du rachat sous laquelle elle a été constituée, ne se divise pas. Nous avons traité cette matière dans notre Traité du contrat de constitution de rente, *chap.* 7, *art.* 3. *Voyez* Dumoulin, *Tract. de div. et ind. part.* 2, *n.* 207, 209; *et part.* 3, *n.* 23 *et seq.*

§. IV. Du cas auquel la division de la dette se fait tant de la part du créancier que de celle du débiteur.

318. Lorsque la dette a souffert division tant de la part du créancier que de celle du débiteur, *putà*, si le créancier a laissé quatre héritiers, et que le débiteur en ait pareillement laissé quatre, chacun des héritiers du débiteur, qui, par la division arrivée du côté du débiteur, n'est tenu que du quart de la dette, peut payer divisément, et pour le quart seulement dont il est débiteur, le quart qui est dû à chacun des héritiers du créancier; c'est-à-dire qu'il paiera à chacun d'eux le quart du quart, qui est un seizième au total.

§. V. Si la réunion des portions, soit des héritiers du créancier, soit des héritiers du débiteur, en une seule personne, fait cesser la faculté de payer la dette par parties.

319. La décision de cette question dépend du principe suivant. La division de la dette, qui se fait par la mort du créancier ou du débiteur qui laisse plusieurs héritiers, ne fait pas d'une dette plusieurs dettes; mais elle assigne seulement à chacun des héritiers, soit du créancier, soit du débiteur, des portions dans cette dette, qui n'avoit pas de portions auparavant, mais qui en étoit susceptible. C'est en cela seul que consiste cette division; il n'y a toujours qu'une seule dette, *unum debitum :* la loi 9, ff. *de pactis,* le dit en termes formels. Effectivement, les différents héritiers du créancier ne sont créanciers que de la dette qui a été contractée envers le défunt; les différents héritiers du débiteur ne sont débiteurs que de celle qui a été contractée par le défunt. Il n'y a donc toujours qu'une dette : mais (et c'est en cela que consiste la division) cette dette, qui étoit indivisée et ne contenoit aucunes portions, tant qu'il n'y avoit qu'une personne qui fût débiteur, et une seule qui fût créancier, se trouve avoir des portions, et être due par portions, soit à chacun des héritiers du créancier, soit par chacun des héritiers du débiteur.

De ce principe naît la décision de la question. Les portions de la dette dans lesquelles consiste la division de cette dette, étant produites par la multiplicité des personnes à qui la dette est due, lorsque le débiteur a laissé plusieurs héritiers, ou par la multiplicité des personnes par qui la dette est due, lorsque le débiteur en a laissé plusieurs, il s'ensuit que lorsque cette multiplicité de personnes cesse, il cesse d'y avoir des parties dans la dette; *cessante causâ, cessat effectus;* et par conséquent la division de la dette cesse, et elle ne peut plus être payée par portions.

Si donc un débiteur ou un créancier a laissé plusieurs héritiers, et que le survivant des héritiers ait été lui-même seul héritier de tous les prédécédés, la dette cessera de pouvoir être payée par portions, parceque ne se trouvant plus qu'un seul créancier et un seul débiteur de la dette, il n'y a plus de portions dans la dette.

En vain dit-on que le débiteur ayant une fois acquis le droit de payer par portions, lorsque le créancier a laissé plusieurs héritiers, il ne peut plus le perdre; que l'obligation en laquelle chacun des héritiers du créancier étoit de recevoir sa portion séparément, doit passer au survivant qui a succédé à toutes les obligations des prédécédés. Cela seroit vrai, si cette faculté de payer par portions étoit intrinsèque à l'obligation, et n'étoit pas, au contraire, uniquement dépendante de la circonstance extrinsèque de la multiplicité des personnes à qui ou par qui la dette est due : ainsi cette circonstance cessant, son effet doit cesser. *Voyez* Dumoulin, *p.* 2, *n.* 18 *et seq.*

Cette décision n'a pas lieu lorsque le dernier survivant de plusieurs héritiers du débiteur a recueilli à la vérité les successions des prédécédés, mais sous bénéfice d'inventaire; car ce bénéfice empêchant la confusion des patrimoines des successions et de celui de l'héritier bénéficiaire, empêche aussi la réunion des portions de la dette. Le survivant doit séparément et diversement la portion dont il est tenu de la dette de son chef, et celle dont il est

tenu comme héritier bénéficiaire des prédécédés, puisqu'il est tenu de l'une sur ses propres biens, et qu'il n'est
tenu des autres que sur les biens des successions bénéfi-
ciaires des prédécédés. Or, étant tenu séparément et diversement de ces différentes portions de la dette, c'est
une conséquence naturelle qu'il a droit de les acquitter
séparément; c'est l'avis de Dumoulin, *p.* 2, *n.* 22.

320. La réunion des portions des héritiers du créancier
en une seule personne fait cesser la faculté de payer par
portions, de quelque manière que cette réunion se fasse,
non seulement lorsque l'un de ces héritiers est devenu
héritier de tous les autres, mais aussi lorsqu'il a acquis
par cession les droits de tous les autres.

Quid, s'il n'y avoit point de cession? L'un des héritiers
qui auroit seulement la procuration de tous les autres
cohéritiers pour exiger la dette, ou même un tiers qui
auroit cette procuration de tous, pourroit-il refuser le
paiement d'une portion? Il semble qu'il ne le pourroit :
car il n'y a point en ce cas de réunion : il y a effectivement plusieurs personnes à qui la dette est due pour la
portion de chacune d'elles, et par conséquent il semble
que la dette peut se payer par portions. Nonobstant cette
raison, Dumoulin, *p.* 2, *n.* 25, décide que ce procureur
de tous les héritiers peut refuser de recevoir le paiement
de la dette par portions. En voici la raison. De même que
quand la dette se divise entre les héritiers du débiteur,
cette division se fait pour l'intérêt de ces héritiers, afin
qu'ils ne soient tenus chacun de la dette que pour leur
portion héréditaire, et qu'ils puissent s'en libérer en
payant cette portion; de même, lorsque la dette se divise
entre les héritiers du créancier, la division ne se fait en ce
cas qu'en faveur et pour l'intérêt des héritiers du créancier, afin que chacun d'eux n'ait pas besoin d'attendre ses
cohéritiers pour exiger et recevoir sa portion. Ces cohéritiers du créancier peuvent donc ne pas user du droit
qu'opère cette division de la dette, qui n'est qu'en leur
faveur, suivant cette maxime de droit, *Unicuique liberum*

est juri in *favorem suum introducto renuntiare;* et par conséquent celui qui a la procuration de tous les héritiers peut
refuser de recevoir la dette par portions.

321. Tout ce que nous avons dit jusqu'à présent a lieu
lorsque les portions de plusieurs héritiers d'un seul créancier ou d'un seul débiteur se réunissent en une même
personne. Il faut décider autrement, lorsqu'une dette a
d'abord été contractée envers deux créanciers ou par deux
débiteurs, sans solidité, et pour chacun leur portion. En
ce cas il y a deux dettes vraiment distinctes et séparées;
et elles ne cessent pas de l'être, quoique l'un des deux
créanciers, ou l'un des deux débiteurs, ait succédé à l'autre : c'est pourquoi le pouvoir de les payer séparément
subsiste toujours. *Molin. ibid. n.* 29.

§. VI. Différence entre la dette de plusieurs corps certains, et celle de
plusieurs choses indéterminées, touchant la manière dont elles se
divisent.

322. Lorsque la dette est de plusieurs corps certains et
déterminés, *putà* d'un tel arpent de terre et d'un tel autre
arpent, et que la dette vient à se diviser, *putà* par la mort
du créancier, qui a laissé deux héritiers; la division se
fait *in partes singularum rerum.* Le débiteur ne doit pas
l'un des deux arpents à l'un des héritiers, et l'autre arpent
à l'autre héritier; mais il doit à chacun des héritiers la
moitié dans l'un et dans l'autre arpent, sauf à ces héritiers
à les partager entre eux.

Il en est autrement lorsque la dette est de deux choses
indéterminées; *putà*, si, dans l'espèce proposée, un débiteur eût dû, non pas un tel arpent, mais deux arpents
indéterminément. En ce cas il devroit à chacun des héritiers du créancier un arpent, et non pas la moitié de deux
arpents; la division ne se fait pas *in partes singularum
rerum,* mais numéralement : *Numero dividitur obligatio.*
C'est la décision des lois 54, ff. *de verb. obl.;* et 29, ff. *de
solut.*

ARTICLE III.

De la nature et des effets des obligations individuelles.

§. I. Principes généraux sur la nature des obligations individuelles.

323. L'obligation individuelle étant l'obligation d'une chose ou d'un fait qui n'est susceptible ni de parties réelles, ni de parties intellectuelles, c'est une conséquence nécessaire que lorsque deux ou plusieurs personnes ont contracté une dette de cette espèce, quoiqu'elles ne l'aient pas contractée solidairement, et *tanquam correi debendi*, néanmoins chacun des obligés est débiteur du total de la chose ou du fait qui fait l'objet de l'obligation : car il ne peut pas en être débiteur pour une part seulement, puisqu'on suppose que cette chose ou ce fait n'est pas susceptible de parties.

Par la même raison, lorsque la personne qui a contracté une pareille dette a laissé plusieurs héritiers, chacun des héritiers est débiteur du total de la chose, ne pouvant pas être débiteur pour partie de ce qui n'en est pas susceptible : *Ea quæ in partes dividi non possunt, solida à singulis hæredibus debentur*; l. 192, ff. de reg. jur.

Pareillement, lorsque le créancier d'une pareille dette a laissé plusieurs héritiers, la chose est due pour le total à chacun des héritiers, ne pouvant pas l'être pour partie, puisqu'elle n'en est pas susceptible.

324. En cela l'indivisibilité d'obligation convient avec la solidité; mais elle en diffère principalement en ce que, dans l'indivisibilité d'obligation, ce qui fait que chacun des débiteurs est débiteur du total venant de la qualité de la chose due qui n'est pas susceptible de parties, cette indivisibilité est une qualité réelle de l'obligation, qui passe avec cette qualité aux héritiers, et qui fait que chacun des héritiers du débiteur est débiteur pour le total. Au contraire, la solidité venant du fait des personnes qui se sont obligées chacune pour le total, cette solidité est une qualité personnelle qui n'empêche pas que cette obli-

gation solidaire ne se divise entre les héritiers de chacun
des débiteurs solidaires qui l'ont contractée, et entre les
héritiers du créancier envers qui elle a été contractée :
c'est ce qu'explique parfaitement Dumoulin avec son
énergie ordinaire : *In correis credendi vel debendi qualitas,
distributiva seu multiplicativa solidi, personalis est, et non
transit in hærede nec ad hæredes, inter quos activè vel passivè
dividitur; sed qualitas solidi in individuis realis est, quia non
personis ut illa correorum, sed obligationi ipsi et rei debitæ
adhæret, et transit ad hæredes, et in singulorum hæredum
hæredes singulos in solidum; p. 2, n. 222.*

325. De là naît une autre différence entre l'indivisibilité et la solidité. Celle-ci ne procédant pas de la qualité
de la chose due, mais du fait personnel des codébiteurs
qui ont contracté chacun toute l'obligation, non seulement ces codébiteurs sont débiteurs de la chose pour le
total, mais ils en sont débiteurs *totaliter*. Quoique l'obligation primitive qu'ils ont contractée solidairement vienne
à se convertir, par son inexécution, en une obligation secondaire, ils sont tenus solidairement de cette obligation secondaire comme ils l'étoient de la primitive. Par
exemple, si deux entrepreneurs se sont obligés envers
moi solidairement à me construire une maison dans un
certain temps; en cas d'inexécution de cette obligation
primitive, ils seront tenus chacun solidairement de dommages et intérêts, en laquelle l'obligation primitive s'est
convertie.

Au contraire, lorsque l'obligation n'est pas solidaire, mais
indivisible, comme lorsque plusieurs personnes se sont obligées sans solidité à quelque chose d'indivisible; en ce cas
l'indivisibilité ne procédant que de la qualité de la chose
due qui n'est pas susceptible de parties, les débiteurs d'une
telle obligation sont, à la vérité, chacun débiteurs du total,
ne pouvant pas être débiteurs de parties d'une chose qui
n'est pas susceptible de parties : *singuli solidum debent:* mais
ne s'étant pas obligés solidairement, *non debent totaliter.*
Aliud est, dit Dumoulin, *p. 3, n. 112, quem teneri ad*

totum, aliud totaliter. N'étant débiteur pour le total qu'à cause de la qualité de la chose due qui n'est pas susceptible de parties, si l'obligation primitive vient à se convertir en l'obligation secondaire d'une chose divisible, ces débiteurs n'en seront tenus chacun que pour leur part. Par exemple, si deux entrepreneurs se sont, sans solidité, obligés envers moi à me construire une maison; quoiqu'ils soient tenus chacun pour le total de l'obligation primitive, parcequ'elle a pour objet un fait qui n'est pas susceptible de parties, néanmoins, en cas d'inexécution de cette obligation, ils ne seront tenus chacun que pour leur portion de l'obligation secondaire des dommages et intérêts, en laquelle l'obligation primitive s'est convertie; parceque ces dommages et intérêts consistent dans une somme d'argent, qui est divisible. Il résulte de là que: *Longè aliud est plures teneri ad idem in solidum, et aliud obligationem esse individuam.* C'est encore une clef de Dumoulin, *ibid.*

Il faut dire la même chose à l'égard de plusieurs créanciers ou de plusieurs héritiers d'un créancier d'une chose indivisible. Ils sont créanciers du total, *singulis solidum debetur*; mais ils ne le sont pas *totaliter*, comme le sont des créanciers solidaires qu'on appelle *correi credendi*; et *Aliud est pluribus deberi idem in solidum, aliud obligationem esse individuam.* Tout ceci va s'éclaircir *in decursu*, dans les paragraphes suivants.

326. De ce principe, que *Aliud est debere totum, aliud est debere totaliter*, il suit qu'une obligation indivisible ne laisse pas de pouvoir souffrir retranchement. Par exemple, si mon parent, par son testament, m'a grevé envers Pierre d'un droit de servitude sur mon héritage; qu'il ne reste dans sa succession, toutes charges acquittées, que la somme de deux cents livres, et que ce droit de servitude soit de la valeur de trois cents livres; quoique ce legs et l'obligation qui en résulte soient indivisibles, le droit de servitude qui en fait l'objet étant indivisible, néanmoins, comme je ne suis pas tenu de cette obligation *totaliter*, mais seulement jusqu'à concurrence de deux

cents livres qui restent de net dans la succession, ce legs et cette obligation, quoique indivisibles, souffriront retranchement, non pas, à la vérité, par rapport à la chose même qui est léguée et qui n'est pas susceptible de parties, mais par rapport à sa valeur : c'est pourquoi je devrai au légataire un droit entier de servitude, mais à la charge qu'il ne pourra l'exiger qu'en me faisant raison de la somme qu'il vaut de plus que celle de deux cents livres, jusqu'à concurrence de laquelle seulement je suis tenu du legs; *arg. l.* 76, *ff. de leg.* 2°.

§. II. De l'effet de l'indivisibilité de l'obligation *in dando aut in faciendo*, par rapport aux héritiers du créancier.

327. Lorsque l'obligation est indivisible, chaque héritier du créancier étant créancier de toute la chose, il en résulte que chacun des héritiers peut donner la demande pour toute la chose contre le débiteur.

Par exemple, si quelqu'un s'est engagé envers moi de me faire constituer, pour l'utilité de mon héritage, un droit de passage sur le sien, ou sur quelque autre héritage voisin; ce droit étant indivisible, chacun de mes héritiers pourra donner la demande pour le total contre le débiteur; *l.* 2, §. 2, *ff. de verb. oblig.*

Pareillement, si quelqu'un s'est engagé envers moi à me faire un tableau ou à me bâtir une maison, chacun de mes héritiers peut lui demander qu'il lui fasse le tableau en entier, ou qu'il bâtisse toute la maison.

Mais comme chacun de mes héritiers, quoique créancier de toute la chose, n'en est pas néanmoins créancier *totaliter*; si, sur la demande de toute la chose, que l'un de mes héritiers aura donnée contre le débiteur, ce débiteur, faute d'exécuter son obligation, est condamné en des dommages et intérêts, il ne pourra l'être envers cet héritier que pour la part dont il est héritier; car, quoique créancier de toute la chose, il n'en est néanmoins créancier que comme mon héritier pour partie. S'il a droit de demander toute la chose, c'est que la chose ne peut être demandée pour partie, n'en étant pas susceptible; mais l'obligation de cette chose indivisible se convertissant, par l'inexécution, en une obligation de dommages et intérêts, laquelle est divisible, mon héritier pour partie ne peut prétendre dans lesdits dommages et intérêts que la part pour laquelle il est héritier; l. 25, §. 9, ff. *fam. ercisc.*

En cela les héritiers du créancier d'une dette indivisible sont différents des créanciers solidaires qu'on appelle *correi credendi*. Chacun de ceux-ci étant créancier, non seulement de toute la chose due, mais l'étant *totaliter*; si, sur la demande du créancier, le débiteur ne remplit pas son obligation, il doit être condamné envers lui en total aux dommages et intérêts.

328. De ce que l'héritier pour partie d'une dette indivisible, quoique créancier de toute la chose, ne l'est pas néanmoins *totaliter*, il s'ensuit aussi qu'il ne peut pas faire remise en entier de la dette, comme le pourroit un créancier solidaire; l. 13, §. 12, ff. *de accept.*

C'est pourquoi si le créancier d'une dette indivisible a laissé deux héritiers, et que l'un d'eux ait fait remise au débiteur de la dette en ce qui le concerne, le débiteur ne sera pas libéré envers l'autre. Néanmoins cette remise aura effet. L'autre héritier pourra, à la vérité, demander au débiteur la chose entière; mais il ne le pourra qu'en offrant de lui faire raison de la moitié de l'estimation de cette chose; car la chose due, quoique indivisible en soi, a néanmoins une estimation, laquelle est divisible, et à laquelle on peut en ce cas avoir recours : c'est une modification que reçoit en ce cas l'indivisibilité de la dette.

Il ne suffiroit pas au débiteur d'offrir à celui qui n'a pas remis son droit, la moitié du prix de la chose due; car cet héritier est créancier de la chose même; et son cohéritier, en faisant remise de son droit, n'a pu préjudicier à celui de cet héritier. C'est ce qu'enseigne Dumoulin, *Tr. de div. et ind.* p. 3, n. 189 : *Stipulator servitutis reliquit duos hœredes, quorum unus accepto fecit promissori... debet alteri hœredum totam servitutem, sed non totaliter, utpote deducendâ æstimatione dimidiæ partis... sed cujus est electio? Breviter dico creditoris, videlicet alterius hæredis, quia cohæres etiam vendendo et pretium recipiendo nocere non potuit, nisi in refusione pretii, si hic hæres noluit jus suum vendere; igitur gratis remittendo non potest in plus nocere.*

329. La même chose doit avoir lieu lorsque le débiteur est devenu héritier pour moitié du créancier; l'autre lui demandera la chose entière, en offrant de lui faire raison de la moitié de l'estimation.

330. Tout ce que nous avons dit de plusieurs héritiers du créancier d'une dette indivisible, reçoit application à l'égard de plusieurs créanciers non solidaires envers qui une pareille dette auroit été contractée.

§. III. De l'effet des obligations indivisibles *in dando aut in faciendo*, par rapport aux héritiers du débiteur.

331. Lorsque la dette est indivisible, chacun des héritiers du débiteur étant débiteur de la chose entière, il en résulte qu'on peut donner la demande contre chacun des héritiers pour la chose entière. Mais comme il n'en est pas débiteur *totaliter*, qu'il ne l'est que comme héritier en partie du débiteur, et conjointement avec ses cohéritiers, il suit de là qu'étant assigné, il peut demander un délai pour appeler et mettre en cause ses cohéritiers, et qu'il ne doit être condamné seul que faute par lui de les avoir appelés en cause. Dumoulin fonde cette décision sur la loi 11, §. 23, ff. *de leg.* 3° : *Si in opere civitatis faciendo relictum sit, unumquemque hæredem in solidum teneri D. Marcus et Verus Proculæ rescripserunt : tempus tamen cohæredi Proculæ, quem Procula vocari desideravit, ut secum curaret opus fieri, præstiterunt, intrà quod mittat ad opus faciendum, postquàm solam Proculam voluerunt facere, imputaturam sumptum cohæredi.* Dumoulin, *p.* 3, *n.* 90 *et* 104, *et p.* 2, *n.* 469 *et seq.*

En cela ces cohéritiers sont différents des cobligés solidairement, qu'on appelle *correi debendi*, lesquels doivent chacun *totam rem et totaliter*, et ne sont pas reçus par conséquent (si ce n'est par une grace, qui, à la vérité, s'accorde toujours) à demander délai pour mettre leurs cohéritiers en cause; mais ils sont obligés de payer aussitôt qu'ils sont interpellés, et ne peuvent demander autre chose au créancier que la cession de ses actions contre leurs cooblligés, lorsqu'ils l'auront payé. Dumoulin établit cette différence, *p.* 3, *n.* 107.

332. Il y a plus. Lorsque l'héritier qui est assigné par le créancier d'une dette indivisible n'est héritier que pour une petite partie, et qu'il y a un héritier pour une plus grande partie; *putà*, si dans les Coutumes d'Anjou, de Touraine et autres semblables, le créancier assignoit un puîné qui n'est héritier que pour une petite partie, l'aîné noble étant héritier principal, en ce cas l'héritier assigné, non seulement peut demander délai pour assigner ses cohéritiers, mais il peut demander que ce soit le créancier lui-même qui appelle en cause ce principal héritier, aux offres que le puîné fera de contribuer à ce qui est demandé. *Molin. ibid. n.* 105.

333. Au surplus, sur l'effet de l'obligation indivisible, *in dando vel in faciendo*, par rapport aux héritiers du débiteur, il faut distinguer avec Dumoulin trois cas. Ou cette dette est de nature à ne pouvoir être acquittée que par le seul des héritiers du débiteur qui est assigné; ou elle est de nature à pouvoir être acquittée séparément, soit par celui qui est assigné, soit par chacun de ses cohéritiers; ou elle est de nature à ne pouvoir être acquittée que par tous conjointement.

On peut apporter pour exemple du premier la dette d'une servitude de vue ou de passage que le défunt a promis d'imposer sur un de ses héritages, qui est tombé par le partage à l'un de ses héritiers. Il n'y a que cet héritier à qui cet héritage est tombé par le partage, qui puisse acquitter cette dette, parcequ'une servitude ne peut être imposée que par le propriétaire de l'héritage. En ce cas il sera seul condamné à la prestation du droit de servitude; et il pourra être contraint à l'imposer, par une sentence qui ordonnera que, faute par lui de l'imposer, la sentence vaudra pour titre de constitution de la servitude; *Molin. p.* 3 , *n.* 100; sauf à lui son recours ou indemnité contre ses cohéritiers, s'il n'a pas été chargé par le partage de l'acquittement de cette dette.

334. On peut apporter pour premier exemple du second cas la dette d'une pareille servitude que le défunt se seroit engagé de faire avoir à quelqu'un sur l'héritage d'un tiers. La chose qui fait l'objet de cette obligation est une chose indivisible, et qui de sa nature peut être acquittée séparément par chacun des héritiers du débiteur; car il est possible à chacun d'eux, au moins *naturâ*, de s'accommoder avec le propriétaire de l'héritage, sur lequel le défunt a promis à son créancier de lui faire avoir un droit de servitude. Le créancier pourra donc demander ce droit de servitude pour le total à chacun des héritiers du débiteur, puisque ce droit étant indivisible, chacun d'eux est tenu de la dette pour le total. Mais comme cet héritier, quoique débiteur de ce droit de servitude pour le total, n'en est pas néanmoins tenu *totaliter*, et qu'il en est tenu conjointement avec ses cohéritiers, il peut demander délai pour les mettre en cause, afin que lui et ses héritiers conjointement fassent avoir au créancier le droit de servitude qui lui est dû; ou que faute de le lui faire avoir, ils soient tous condamnés aux dommages et intérêts du créancier : y étant tous condamnés, ils n'en seront tenus que pour leurs parts, parce que cette obligation de dommages et intérêts est divisible.

Que s'il néglige d'appeler ses cohéritiers, et qu'il demeure seul en cause, il sera condamné seul à faire avoir au demandeur le droit de servitude qui lui a été promis par le défunt; et à faute de ce, il sera condamné seul aux dommages et intérêts, sauf son recours contre ses cohéritiers. *Molin. p.* 2, *n.* 175 : car ayant négligé de les appeler en cause, il doit seul subir la condamnation : il est tenu en ce cas *quasi ex facto proprio*, pour s'être chargé seul de la cause, *et non tantùm quasi hœres.*

Observez que cette condamnation de dommages et intérêts doit avoir lieu, quand même les héritiers de celui qui a promis cette servitude seroient près de l'acheter du propriétaire de l'héritage sur lequel le défunt a promis de la faire imposer, et que ce propriétaire ne voudroit pas, à quelque prix que ce fût, l'accorder : car, comme nous l'avons déja vu ailleurs, il suffit que ce qui a été promis soit en soi possible, quoiqu'il ne soit pas au pouvoir du défunt qui l'a promis, et de ses héritiers, pour que l'obligation soit valable, et donne lieu, par son inexécution, à des dommages et intérêts : celui qui a contracté l'obligation doit s'imputer de s'être fait fort de ce tiers témérairement.

Un second exemple, est l'obligation que j'aurois contractée envers quelqu'un de lui faire bâtir un certain édifice sur son terrein. Cette obligation est indivisible ; le créancier peut conclure contre chacun de mes héritiers, à ce qu'il soit condamné à faire l'édifice entier. Mais comme chaque héritier, quoique débiteur de toute la construction de l'édifice, n'en est pas néanmoins débiteur solidaire, chacun d'eux a droit de requérir que ses cohéritiers soient mis en cause ; et étant tous en cause, faute par eux de remplir l'obligation, ils seront condamnés aux dommages et intérêts, chacun seulement pour sa part héréditaire.

Au reste, ceux qui étoient prêts à y concourir ne seront pas moins condamnés que ceux qui refuseroient de le faire, sauf leur recours entre eux ; parceque chacun d'eux est obligé à construire l'édifice entier, et que c'est une chose que chacun d'eux peut séparément faire.

Si l'un de mes héritiers assigné pour la construction entière de l'édifice, ne faisoit pas mettre en cause ses cohéritiers, il pourroit être condamné seul aux dommages et intérêts pour le total, en cas d'inexécution de l'obligation : c'est sa faute de n'avoir pas mis en cause ses cohéritiers.

335. Il reste à parler du troisième cas auquel la dette indivisible ne peut être acquittée que conjointement par tous les obligés. On peut apporter pour exemple le cas au-

quel quelqu'un, par une transaction, s'est obligé envers vous de vous constituer sur son héritage un droit de passage pour aller au vôtre, par l'endroit de son héritage qu'il vous indiqueroit. Si cet homme, avant d'avoir accompli cette obligation, est mort, et a laissé plusieurs héritiers entre lesquels cet héritage est commun, l'obligation d'imposer le droit de passage à laquelle ils succèdent, est une obligation indivisible, qui ne peut s'acquitter que conjointement par tous lesdits héritiers; un droit de servitude ne pouvant être imposé sur un héritage que par tous ceux qui en sont les propriétaires; l. 2, ff. *de serv.*; l. 18, ff. *comm. præd.*

Dans le cas de cette espèce d'obligation, si l'un des héritiers déclare qu'il est prêt, autant qu'il est en lui, à remplir l'obligation, et qu'il ne tienne qu'à l'autre héritier qu'elle soit accomplie, il n'y a que celui qui refuse qui doit être condamné aux dommages et intérêts résultants de l'inexécution; car celui qui offre n'est pas en demeure. *Molin. ibid. p. 3, n. 95.*

S'il y avoit eu une peine stipulée en cas d'inexécution de l'obligation, le cooligé ou le cohéritier qui n'avoit pas été en demeure, ne laisseroit pas d'être sujet pour sa part à la peine, par la demeure de l'autre, *non immediatè, sed ejus occasione, et tanquam ex conditionis eventu*, de même que dans les obligations divisibles, sauf son recours contre son cooligé.

336. Observez que la loi 25, §. 10, ff. *fam. erc.* ne contient rien de contraire à toutes les distinctions que nous avons faites jusqu'à présent : car, comme le remarque Dumoulin, *p. 3, n. 99*, ce texte ne suppose pas que l'héritier pour partie du débiteur d'une chose indivisible soit toujours et indistinctement tenu d'en payer l'estimation pour le total, en cas d'inexécution; mais il décide seulement, que dans le cas auquel il en seroit tenu, *putà*, lorsqu'il s'est laissé condamner sans appeler ses cohéritiers qui en étoient tenus comme lui, il a contre eux l'action *familiæ erciscundæ*, pour s'en faire faire raison au partage.

§. IV. De l'effet des obligations indivisibles *in non faciendo.*

337. Lorsque quelqu'un s'est obligé envers un autre à ne pas faire quelque chose ; si ce qu'il s'est obligé à ne pas faire est quelque chose d'indivisible, *putà,* s'il s'est obligé envers son voisin à ne le point empêcher de passer par ses héritages, la contravention faite par un seul de ses héritiers donne ouverture à l'action du créancier contre tous les héritiers, pour qu'il leur soit fait des défenses, et qu'ils soient condamnés en ses dommages et intérêts ; avec cette différence, que celui qui a fait la contravention y doit être condamné pour le total, *quia non tenetur tantùm tanquam hæres, sed tanquam ipse et ex facto proprio ;* et que les autres héritiers doivent être condamnés seulement quant à la part pour laquelle ils sont héritiers, et sauf leur recours contre celui qui a fait la contravention, pour qu'il soit tenu à payer à leur décharge, ou à les indemniser, s'ils ont été contraints de payer. Ils ne sont pas tenus solidairement comme celui qui a contrevenu, mais seulement pour leur part héréditaire : *quia tenentur tantùm ut hæredes.* C'est en ce sens que Dumoulin enseigne qu'on doit entendre la loi 2, §. 5; ff. *de verb. oblig. Si stipulatus fuero per te non fieri, neque per hæredem tuum, quominùs mihi ire agere liceat, et unus ex pluribus hæredibus prohibuerit, tenentur et cohæredes ejus ; sed familiæ erciscundæ repetent ab eo quod præstiterint.* Dumoulin, *p.* 3, *n.* 168 *et seq.*

Au reste, vis-à-vis du créancier, ceux qui n'ont point contrevenu sont tenus pour leur part de la contravention de leur cohéritier : et en cela les obligations *in non faciendo* diffèrent des obligations *in faciendo :* car lorsque l'obligation consiste à faire quelque chose d'indivisible, qui ne peut se faire séparément par chacun des deux héritiers du débiteur, mais qui doit être fait par les deux ensemble, et que l'un des deux se présente pour le faire, tandis que l'autre se refuse de concourir, nous avons vu ci-dessus, *n.* 335 , que, suivant le sentiment de Dumoulin, le créancier n'avoit point d'action contre celui qui n'étoit point en demeure, mais seulement contre celui qui avoit refusé.

La raison de différence est, que c'est la demeure du débiteur qui donne lieu à l'action dans les obligations *in faciendo* : d'où il suit qu'elle ne peut avoir lieu contre celui qui est prêt, *quantùm in se est*, à remplir l'obligation, et qui n'est point par conséquent en demeure. Au contraire, dans les obligations *in non faciendo*, c'est le fait même dont le débiteur a promis que lui et ses héritiers s'abstiendroient, qui donne lieu à l'action du créancier : c'est pourquoi il suffit que l'un des héritiers du débiteur ait fait cela, pour qu'il y ait lieu à l'action contre tous. On doit supposer que telle a été l'intention des contractants, parcequ'autrement celui envers qui le débiteur s'est obligé de ne pas faire quelque chose n'auroit pas ses sûretés; et il arriveroit que souvent, lorsqu'on auroit fait ce qu'il a été stipulé qu'on ne feroit pas, il ne pourroit agir contre personne, faute de savoir qui l'auroit fait, n'étant pas souvent facile, lorsqu'une chose est faite, de savoir par qui elle a été faite : au lieu que dans les obligations qui consistent à faire quelque chose, on ne peut ignorer celui qui est en demeure de le faire, par l'interpellation qui lui est faite.

Dumoulin, *part.* 1, *n.* 27, donne aux héritiers qui n'ont pas contrevenu, l'exception de discussion, par laquelle ils peuvent obliger le créancier à discuter préalablement à leurs risques celui qui a contrevenu.

CHAPITRE V.

Des obligations pénales.

338. L'obligation pénale est, comme nous l'avons déja vu, celle qui naît de la clause d'une convention par laquelle une personne, pour assurer l'exécution d'un premier engagement, s'engage, par forme de peine, à quelque chose,

en cas d'inexécution de cet engagement. Par exemple, si vous m'avez prêté un cheval pour faire un voyage, que je me suis obligé de vous rendre sain et sauf, et de vous payer cinquante pistoles si je ne vous le rendois pas sain et sauf, cette obligation que je contracte de vous payer cinquante pistoles, au cas que je ne vous le rende pas, est une obligation pénale.

Pour traiter cette matière avec ordre, après avoir exposé dans le premier article les principes généraux sur la nature des obligations pénales, nous verrons dans le second, quand il y a ouverture à la peine : nous examinerons dans le troisième si le débiteur peut, en s'acquittant pour partie de son obligation, éviter la peine pour partie : nous discuterons dans le quatrième si la peine est encourue pour le total, et par tous les héritiers du débiteur, par la contravention de l'un d'eux; et dans le cinquième, si la contravention faite envers l'un des héritiers du créancier fait encourir la peine pour le total, et envers tous lesdits héritiers.

ARTICLE PREMIER.

De la nature des obligations pénales.

PREMIER PRINCIPE.

339. L'obligation pénale étant, par sa nature, accessoire à une obligation primitive et principale, la nullité de celle-ci entraîne la nullité de l'obligation pénale. La raison est qu'il est de la nature des choses accessoires de ne pouvoir subsister sans la chose principale : *Quùm causa principalis non consistit, ne ea quidem quæ sequuntur locum obtinent ;* l. 129, §. 1, ff. *de regul. jur.* D'ailleurs, l'obligation pénale étant l'obligation d'une peine stipulée en cas d'inexécution de l'obligation primitive, si l'obligation primitive n'est pas valable, l'obligation pénale ne peut avoir lieu, parce qu'il ne peut pas y avoir de peine de l'inexécution d'une obligation qui, n'étant pas valable, n'a pu ni dû être exécutée.

La loi 69, ff. *de .verb. oblig.* contient un exemple de notre décision : vous m'aviez promis de me donner ou de me représenter un certain esclave que vous ignoriez être mort, et de me payer une certaine somme par forme de peine, en cas que vous manquassiez, ou de me le donner, ou de me le représenter. Ulpien décide que l'obligation de la peine n'est pas plus valable que l'obligation principale, qui, étant l'obligation d'une chose impossible, ne peut pas valoir. *Si homo mortuus sisti non potest, nec pœna rei impossibilis committetur, quemadmodùm si quis Stichum mortuum dare stipulatus, si datus non esset, pœnam stipuletur.*

340. Ce principe, que la nullité de l'obligation primitive entraîne celle de l'obligation pénale, reçoit exception dans le cas d'une obligation à l'accomplissement de laquelle celui envers qui elle a été contractée n'a aucun intérêt appréciable; *puta, cùm quis alteri stipulatus est.* Nous avons vu ci-dessus, *n.* 54, que cette obligation étoit nulle : néanmoins l'obligation pénale qui y est ajoutée est valable. *Alteri stipulari nemo potest.... Planè si quis velit hoc facere, pœnam stipulari conveniet, ut nisi ita factum sicut est comprehensum, committatur pœnæ stipulatio etiam ei cujus nihil interest, etc. Instit. tit. de inut. stip.* §. 18. La raison est que l'obligation principale n'est nulle en ce cas que parceque le débiteur y peut impunément contrevenir, celui envers qui elle a été contractée n'ayant en ce cas aucuns dommages et intérêts à prétendre en cas d'inexécution : l'obligation pénale qui est ajoutée purge ce vice, en empêchant le débiteur d'y pouvoir contrevenir impunément.

Pareillement, quoiqu'on ne puisse pas promettre valablement le fait d'autrui, l'obligation pénale ajoutée à une convention par laquelle quelqu'un a promis le fait d'un tiers est valable, parce que la clause pénale fait voir que celui qui a promis n'avoit pas simplement intention de promettre le fait de ce tiers, mais de se faire fort de ce tiers; et par conséquent il a promis *non de alio, sed de se. Suprà, n.* 56.

Frain, en son Recueil d'Arrêts du parlement de Bretagne, en rapporte un du 12 janvier 1621, qui a jugé suivant ce principe. Le parent d'un chanoine qui avoit offensé l'évêque de Saint-Malo, avoit promis à l'évêque que le chanoine, pendant quatre mois, ne paroîtroit pas dans la ville; et il s'étoit obligé à payer, en cas de contravention, une somme de 300 liv. Le cas étant arrivé, la convention fut jugée valable, et la peine encourue.

SECOND PRINCIPE.

341. La nullité de l'obligation pénale n'entraîne pas celle de l'obligation primitive. La raison est que l'accessoire ne peut, à la vérité, subsister sans le principal; mais le principal ne dépend pas de l'accessoire, et peut subsister sans lui. C'est ce que décide la loi 97, ff. *de verb. oblig. Si stipulatus sum te sisti, nisi stiteris, hippocentaurum dari, perindè erit atque si te sisti solummodò stipulatus essem ; et comme dit Paul en la loi 126, §. 3, dict. tit. Detractâ primâ stipulatione, prior manet utilis.*

TROISIÈME PRINCIPE.

342. L'obligation pénale a pour fin d'assurer l'exécution de l'obligation principale.

De là on doit conclure que la vue des contractants n'a été ni d'éteindre ni de résoudre par l'obligation pénale l'obligation principale, ni de la fondre dans l'obligation pénale; l. 122, §. 2, ff. *de verb. oblig.*

C'est pourquoi, quoiqu'il y ait eu ouverture à l'obligation pénale par la demeure en laquelle a été le débiteur d'exécuter l'obligation principale, le créancier peut, au lieu de demander la peine stipulée, poursuivre l'exécution de l'obligation principale; l. 28, ff. *de act. empt.*; l. 122, §. 2, ff. *de verb. oblig. et passim.*

C'est pourquoi, lorsqu'en stipulant une certaine somme, en cas d'inexécution d'une première obligation, l'intention des parties a été que dans ce cas, aussitôt que le débiteur auroit été mis en demeure de satisfaire à la première obligation, il ne fût plus dû autre chose que la somme convenue, une telle stipulation n'est pas une stipulation pénale; l'obligation qui en résulte n'est pas une obligation *pénale*, mais une obligation aussi principale qu'étoit la première, dont les parties ont eu intention de faire novation : c'est de cette espèce qu'il est parlé dans la loi 44, *§. fin. ff. de obl. et act.*

Sur la question de savoir quand on doit estimer que les parties ont eu cette intention de faire novation, voyez ce qui en est dit *infrà, part. 3, chap. 2, art. 4, §. 2.*

QUATRIÈME PRINCIPE.

343. Cette peine est stipulée dans l'intention de dédommager le créancier de l'inexécution de l'obligation principale : elle est par conséquent compensatoire des dommages et intérêts qu'il souffre de l'inexécution de l'obligation principale.

Il suit de là qu'il doit en ce cas choisir, ou de poursuivre l'exécution de l'obligation principale, ou la peine; qu'il doit se contenter de l'une ou de l'autre, et qu'il ne peut pas exiger les deux.

Néanmoins, comme l'obligation pénale ne peut donner aucune atteinte à l'obligation principale; si la peine que le créancier a perçue pour l'inexécution de l'obligation principale ne le dédommageoit pas suffisamment, il ne laisseroit pas, quoiqu'il ait perçu cette peine, de pouvoir demander les dommages et intérêts résultants de l'inexécution de l'obligation principale, en imputant et tenant compte sur lesdits dommages et intérêts, de la peine qu'il a déja perçue : c'est la décision des lois 28, *ff. de act. empt.*; 1 et 42, *ff. pro socio.*

Au reste, le juge ne doit pas être facile à écouter le créancier qui prétend que la peine qu'il a perçue ne le dédommage pas suffisamment de l'inexécution de la convention : car les parties ayant, par la fixation de la peine, réglé et fixé elles-mêmes les dommages et intérêts qui résulteroient de l'inexécution de la convention, le créancier, en demandant de plus gros dommages et intérêts, semble revenir contre une estimation qu'il a faite lui-même; en quoi il ne paroît pas recevable, à moins qu'il n'ait la preuve à la main, que le dommage par lui souffert excède la peine convenue, comme dans cette espèce : Si un marchand m'a prêté sa voiture, à la charge que je la lui rendrois un certain jour, auquel il en auroit besoin pour mener ses marchandises à une certaine foire, à peine de 3o liv., faute de la lui rendre au jour indiqué; ce marchand, à qui j'ai promis de la rendre, peut ne se pas contenter de cette somme de 3o liv., s'il a la preuve à la main qu'il a été obligé d'en louer une pour 5o liv., et que le prix commun des voitures pour aller à cette foire étoit de la somme de 5o liv. dans le temps auquel je devois lui rendre la sienne.

344. De même que la clause pénale n'ôte point à celui qui a stipulé la peine l'action qui naît de l'engagement principal, de même elle ne lui ôte pas non plus les exceptions et fins de non-recevoir qui en pourroient résulter.

Par exemple, si je suis convenu avec un mineur devenu majeur, qu'il ne reviendroit point contre la vente d'un héritage qu'il m'a faite en minorité, et que j'aie stipulé de lui par forme de peine une certaine somme, au cas qu'il contrevînt à la convention; s'il vient par la suite à m'assigner en entérinement de lettres de rescision contre cette aliénation, la clause pénale insérée dans notre traité n'empêchera pas que je ne puisse opposer contre sa demande la fin de non-recevoir qui résulte de l'engagement principal qu'il a contracté dans notre traité, de ne point revenir contre cette aliénation. Mais comme celui qui stipulé la peine ne peut pas percevoir et la peine et ce qui est renfermé dans l'engagement principal; si j'use de la fin de non-recevoir, et que je la fasse déclarer non-recevable, je ne pourrai plus exiger de lui la peine que j'ai stipulée; et *vice versâ*, si j'ai exigé de lui la peine, je ne pourrai pas user de la fin de non-recevoir. C'est ce qui résulte de la loi 10, §. 1, ff. *de pact.*

La décision de cette loi n'a rien de contraire à celle

la loi 122, §. 6, ff. *de verb. oblig.* rapportée *infrà* en l'article suivant, *n.* 349. Lorsque j'ai eu convention, sous une certaine peine, avec vous devenu majeur, que vous ne reviendriez pas contre la vente d'un héritage que vous m'aviez faite en minorité, l'objet de cette convention est de me procurer la libération d'une action rescisoire que vous aviez effectivement contre moi : c'est pourquoi, lorsqu'en vous opposant la fin de non-recevoir qui résulte de cette convention, et en vous faisant en conséquence déclarer non-recevable dans votre action, je me suis procuré la libération de cette action, je ne puis plus vous demander la peine ; autrement j'aurois tout à-la-fois et la chose et la peine, ce qui ne peut pas être. Telle est l'espèce de la loi 10, §. 1. ff. *de pact.* que nous venons de rapporter : celle de la loi 122, qui nous est opposée, est très différente. Après un partage qui est par lui-même valable, et non sujet à aucune action rescisoire, dans la crainte d'essuyer un procès, quoique mal fondé, nous sommes convenus, sous une certaine peine, de ne pas revenir contre. L'objet de cette convention n'est pas, comme dans l'espèce précédente, de me procurer la libération de quelque action rescisoire que vous eussiez contre ce partage, puisque vous n'en aviez aucune ; le seul objet de cette convention est de ne pas essuyer un procès : c'est pourquoi, si vous m'en avez fait un, quoique j'aie obtenu le congé de votre demande, il y aura lieu à la peine ; car la seule chose qui faisoit l'objet de notre convention, étant de ne pas essuyer un procès, quoique mal fondé, m'en ayant fait essuyer un, il est vrai de dire que vous m'avez privé de ce qui faisoit l'objet de notre convention, d'où il suit qu'il y a lieu à la peine.

345. Notre règle, que le créancier ne peut avoir tout à-la-fois le principal et la peine, souffre exception, non seulement lorsqu'il est dit expressément dans la clause pénale, que faute par le débiteur d'accomplir son obligation dans un certain temps, la peine sera encourue et due, sans préjudice de l'obligation principale ; ce qui s'expri-

moit par ces termes, *rato manente pacto; l. 16, ff. de trans.;*
mais même toutes les fois qu'il paroît que la peine est
stipulée pour réparation de ce que le créancier doit souffrir, non de l'inexécution absolue de l'obligation, mais du
simple retard dans l'exécution de l'obligation; car en ce
cas le créancier qui a souffert du retard peut recevoir le
principal et la peine.

CINQUIÈME PRINCIPE.

346. La peine stipulée en cas d'inexécution d'une obligation peut, lorsqu'elle est excessive, être réduite et
modérée par le juge.

Ce principe est tiré d'une décision de Dumoulin, en son
Traité *De eo quod interest*, n. 159 *et seq.* Il le fonde sur ce
que la nature de la peine est de tenir lieu des dommages
et intérêts qui pourroient être prétendus par le créancier,
en cas d'inexécution de l'obligation. Donc, dit-il, de même
que lorsque le créancier fait monter à une somme excessive les dommages et intérêts qu'il prétend souffrir de
l'inexécution de l'obligation, le juge doit la réduire; et
que la loi unique, *Cod. de sent. quœ pro eo quod interest
prof.* ne permet pas qu'elle excède le double de la valeur
de la chose qui a fait l'objet de l'obligation primitive ; de
même lorsque la peine stipulée au lieu de dommages et
intérêts est excessive, elle doit être réduite : car cette
peine peut bien, à la vérité, excéder la somme à laquelle
montent les dommages et intérêts, et être même due dans
le cas auquel le créancier n'en souffriroit aucuns, parcequ'elle est stipulée pour éviter la discussion du fait, si le
créancier a souffert effectivement, et à combien monte
ce qu'il a souffert; mais tenant lieu des dommages et intérêts du créancier, il est contre sa nature qu'elle puisse être
portée au-delà des bornes que la loi prescrit aux dommages et intérêts. Si la loi ci-dessus citée les restreint, et
ne permet pas qu'ils soient prétendus *ultrà duplum*, même
dans le cas auquel l'inexécution du contrat auroit effectivement causé une plus grande perte au créancier, qui par

ce moyen se trouve *versari in damno*, à plus forte raison on doit modérer la peine excessive à laquelle le débiteur s'est témérairement soumis, lorsque le créancier n'a pas souffert de perte, ou qu'il n'en a souffert qu'une beaucoup au-dessous de la peine stipulée, et par conséquent dans le cas auquel *certat de lucro captando*. Enfin Dumoulin se fonde sur le texte de ladite loi *un. Cod. de sent. pro eo quod interest*, etc. qui dans la généralité de ses termes paroît comprendre *interesse conventionale*, aussi bien que toute autre espèce de dommages et intérêts.

Azon a été d'une opinion contraire à celle de Dumoulin, et il décide qu'une peine conventionnelle, stipulée par forme de dommages et intérêts, n'est sujette à aucune modération. On peut dire, pour son sentiment, qu'il y a une différence entre l'intérêt conventionnel et les dommages et intérêts qui ne sont pas réglés par le contrat. A l'égard de ceux-ci, il est bien vrai que le débiteur, en contractant l'obligation primitive, est censé avoir contracté l'obligation secondaire des dommages et intérêts qui résulteroient de l'inexécution de l'obligation primitive; mais il y a lieu de présumer qu'il n'a pas entendu s'obliger *in immensum* aux dommages et intérêts, mais seulement *intrà justum modum*, et jusqu'à concurrence de la somme à laquelle il étoit vraisemblable qu'ils pussent monter; mais on ne peut pas dire la même chose de l'intérêt conventionnel; car *ubi est evidens voluntas, non relinquitur præsumptioni locus*. Quelque excessive que soit la somme stipulée par forme de peine, en cas d'inexécution de la convention, le débiteur ne peut disconvenir qu'il a entendu s'y obliger, lorsque la clause du contrat est expresse. Nonobstant ces raisons, la décision de Dumoulin paroît plus équitable. Lorsqu'un débiteur se soumet à une peine excessive, en cas d'inexécution de l'obligation primitive qu'il contracte, il y a lieu de présumer que c'est la fausse confiance qu'il a qu'il ne manquera pas à cette obligation primitive, qui le porte à se soumettre à une peine aussi excessive; qu'il croit ne s'engager à rien en s'y soumettant, et qu'il est dans la disposition de ne s'y pas soumettre, s'il croyoit que le cas de cette peine pût arriver ; qu'ainsi le consentement qu'il donne à l'obligation d'une peine aussi excessive, étant un consentement fondé sur une erreur et sur une illusion qu'il se fait, n'est pas un consentement valable : c'est pourquoi ces peines excessives doivent être réduites à la valeur vraisemblable à laquelle peuvent monter au plus haut les dommages et intérêts du créancier résultants de l'inexécution de l'obligation primitive. Cette décision doit avoir lieu dans les contrats commutatifs, parceque l'équité qui doit régner dans ces contrats, ne permettant pas que l'une des parties profite et s'enrichisse aux dépens de l'autre, il seroit contraire à cette équité que le créancier s'enrichît aux dépens du débiteur, en exigeant de lui une peine trop excessive et trop manifestement au-dessus de ce qu'il a souffert de l'inexécution de l'obligation primitive. La décision doit pareillement avoir lieu dans les donations, *cùm nemini sua liberalitas debeat esse captiosa*.

Le texte des Institutes, au titre *de inut. stip.* §. 20, non plus que la loi 38, §. 17, ff. *de verb. oblig.* ne décident rien contre la décision de Dumoulin ; car de ce qu'il y est dit : *Pœnam cùm quis stipulatur, non inspicitur quod intersit ejus, sed quæ sit quantitas in conditione stipulationis*, il s'ensuit seulement que la peine peut être due, quoique celui qui l'a stipulée ne souffre rien de l'inexécution de l'obligation primitive, ou souffre moins : mais il ne s'ensuit nullement que cette peine puisse être immense, et n'avoir aucune proportion avec ce qui fait l'objet de l'obligation primitive.

A l'égard de la loi 56, *de evict.* qui suppose qu'on peut stipuler dans un contrat de vente la restitution du triple, ou même du quadruple du prix en cas d'éviction, on y répond différemment. Noodt prétend que les mots *triplum aut quadruplum* sont un mauvais glossême qui n'est pas du texte, et qui en doit être retranché. Dumoulin, *ibid. n.* 167 *et seq.* répond mieux, en disant qu'il n'est pas question, dans cette loi, de ce qu'on peut valablement stipuler en cas d'éviction, et qu'ainsi l'on ne doit pas en conclure qu'on puisse toujours et indistinctement dans tous les contrats de vente stipuler valablement la restitution du triple ou du quadruple du prix en cas d'éviction; qu'on en doit seulement conclure que cette stipulation peut avoir lieu quelquefois dans les contrats de vente : et ces cas sont ceux dans lesquels une chose a été vendue non purement et simplement, mais dans les circonstances d'un risque de souffrir par l'acheteur une grosse perte dans ses autres biens, en cas d'éviction de la chose vendue, lequel risque a été prévu et connu par les parties contractantes, comme dans cette espèce : Je vends à un marchand, un peu avant le temps de la foire, une loge, avec déclaration par le contrat que c'est pour y mettre ses marchandises. Le risque que court l'acheteur, en cas d'éviction dans le temps de la foire, de ne plus trouver de loge dans la foire à acheter ni à louer, et par conséquent de ne pouvoir débiter ses marchandises, est le risque d'un dommage prévu au temps du contrat par les contractants, qui peut surpasser de beaucoup le prix de la loge, et auquel le vendeur se soumet : c'est pourquoi dans ce cas, les dommages et intérêts qui ne seroient pas fixés par le contrat, pourroient être estimés au-delà du double, du triple et du quadruple du prix de la chose vendue. Pareillement on peut, dans le même cas, stipuler une peine au-delà du double du prix de cette chose; et la peine n'est pas en ce cas jugée excessive, pour n'avoir pas de proportion avec le prix de la chose vendue, pourvu qu'elle en ait avec le dommage que l'acheteur a souffert de n'avoir pu débiter ses marchandises, puisque c'est pour tenir lieu de ce dommage qu'elle a été stipulée.

347. Il reste à observer que si la peine qui tient lieu de dommages et intérêts ordinaires est réductible lorsqu'elle est excessive, à plus forte raison les peines stipulées en cas de défaut de paiement d'une somme d'argent, ou autre chose qui se consomme par l'usage, doivent-elles être réduites au taux légitime des intérêts dont elles tiennent

lieu, ou même entièrement rejetées, dans les cas auxquels il n'est pas permis d'en stipuler.

Quand y a-t-il lieu à l'ouverture de l'obligation pénale?

§. I. Du cas auquel la clause pénale a été ajoutée à l'obligation de ne pas faire quelque chose.

348. Il est évident en ce cas qu'il y a ouverture à l'obligation pénale, et que la peine est due aussitôt que celui qui s'étoit obligé sous cette peine à ne pas faire quelque chose, a fait ce qu'il s'étoit obligé de ne pas faire.

349. Est-il nécessaire que le fait qui donne ouverture à l'obligation pénale, ait eu effet? Cela dépend de l'intention qu'ont eue les parties.

Supposons qu'en fin d'un acte de partage ou de transaction que nous avons fait, nous nous sommes promis réciproquement de ne pas revenir contre, sous peine par le contrevenant de payer une certaine somme à l'autre : depuis vous avez donné demande contre moi pour faire déclarer l'acte nul. Cette demande, quoiqu'elle n'ait pas eu d'effet, et que le congé en ait été prononcé, donne ouverture à la peine contre vous; *arg.* l. 122, §. 6, ff. *de verb. oblig.* La raison est qu'en stipulant de vous, sous une certaine peine, que vous ne reviendriez pas contre l'acte, ce que j'ai entendu n'étoit pas précisément que vous ne porteriez aucune atteinte à cet acte, lequel étant valable par lui-même, n'en étoit pas susceptible, quand même je ne l'aurois pas stipulé : ce que j'ai entendu stipuler de vous, étoit plutôt que vous ne me feriez pas de procès. Il suffit donc que vous m'ayez fait un procès, quoique vous y ayez succombé, pour qu'il y ait ouverture à la peine. On ne peut pas dire en ce cas, que dans cette espèce je me fais payer tout à-la-fois de l'obligation principale et de la peine, ce qui est contraire au quatrième principe que nous avons établi en l'article précédent : car l'obligation principale que vous avez contractée envers moi de ne pas revenir contre l'acte, et à laquelle l'obligation pénale étoit attachée, avoit pour objet que vous ne me feriez pas de procès. Je n'ai pas été satisfait, puisque vous m'en avez fait essuyer un; je puis donc exiger la peine.

Au contraire, si j'ai stipulé de vous, sous une certaine peine, que vous ne loueriez votre maison voisine de celle que j'occupe, à aucun ouvrier se servant de marteau, le bail que vous en auriez fait à un serrurier, s'il n'a pas été exécuté, ne donnera pas ouverture à la peine : car ce que je me suis proposé en stipulant cela de vous, étoit que vous ne me causeriez pas l'incommodité du bruit que font ces ouvriers. Le bail n'ayant pas été exécuté, ne m'a causé aucune incommodité; il ne doit donc pas donner lieu à la peine.

Par la même raison, Papinien décide en la loi 6, ff. *de serv. export.* que lorsqu'un esclave a été vendu à condition que l'acheteur ne l'affranchiroit point, et sous une certaine peine, s'il le faisoit, l'acte nul d'affranchissement ne donne pas ouverture à la peine.

§. II. Du cas auquel la clause pénale a été ajoutée à l'obligation de donner ou de faire quelque chose.

350. En ce cas il y a ouverture à la peine, lorsque le débiteur a été mis en demeure de donner ou de faire ce qu'il a promis. Les lois romaines font une distinction, si la convention contient un terme préfix dans lequel le débiteur doit donner ou faire ce qui a été convenu, ou si elle n'en contient point. Au premier cas, elles décident que la peine est due de plein droit aussitôt que le terme est expiré, sans qu'il soit besoin qu'il ait été fait aucune interpellation au débiteur; et qu'il ne pourroit pas en être déchargé en offrant, après l'expiration du terme, de satisfaire à l'obligation principale; l. 23, ff. *de obl. et act.*

L'expiration du terme paroissoit aux jurisconsultes romains tellement suffisante pour donner ouverture à la peine, sans qu'il fût besoin de constituer autrement en demeure le débiteur, qu'elle y donnoit ouverture, même dans le cas auquel le débiteur seroit mort auparavant, sans laisser aucuns héritiers, et par conséquent quoiqu'il ne se trouvât personne qui pût être constitué en demeure : c'est la décision de la loi 77, ff. *de verb. oblig.*

Il y a plus; la loi 113, ff. *de verb. oblig.* décide que lorsque l'obligation à laquelle la clause pénale a été ajoutée, consiste à faire dans un certain terme quelque ouvrage dont la construction exige un certain temps, la peine est due, même avant l'expiration du terme, aussitôt qu'il devient certain que l'ouvrage ne peut être fait dans le terme préfix; de manière que la prorogation du terme qui seroit depuis accordée au débiteur, ne le déchargeroit pas de la peine encourue avant cette prorogation.

Au second cas, lorsque l'obligation de donner ou faire quelque chose ne contient aucune préfixation de terme, en ce cas la loi 122, §. 2, décide qu'il n'y a ouverture à la peine que par la litiscontestation sur la demande du créancier.

Selon nos usages, soit que l'obligation primitive contienne un terme dans lequel elle doive être accomplie, soit qu'elle n'en contienne aucun, il faut ordinairement* une interpellation judiciaire, pour mettre le débiteur en demeure, et pour donner en conséquence ouverture à la peine.

Il nous reste à observer qu'il ne peut y avoir lieu à la peine lorsque c'est par le fait du créancier que le débiteur a été empêché de s'acquitter de son obligation; l. 122, §. 3, *de verb. oblig.*

ARTICLE III.

Si le débiteur peut, en s'acquittant par parties de son obligation, éviter la peine pour partie.

351. Un débiteur ne peut payer à son créancier, malgré lui, partie de ce qu'il lui doit, tant que son obligation, quoique divisible, est encore indivisée, suivant que nous

---

* J'ai dit *ordinairement*; car il y a des cas auxquels la peine, aussi bien que les dommages et intérêts, peuvent être encourus sans interpellation; *suprà*, n. 147.

le verrons *infrà*, *p.* 3, *ch.* 1, *art.* 3, §. 2. C'est pourquoi les offres qu'il feroit à son créancier de lui payer partie de ce qu'il lui doit, ne peuvent lui éviter aucune partie de la peine stipulée en cas d'inexécution, si le créancier refuse ce paiement partiel.

Mais si le créancier a volontairement reçu partie de sa dette, y aura-t-il lieu à la peine pour le total, en cas de défaut de paiement de la partie qui reste à payer? Ulpien, en la loi 9, §. 1, ff. *si quis caution. in jud.* décide qu'encore bien que, selon la subtilité du droit, il pût paroître que la peine doit en ce cas être encourue pour le total, néanmoins il est équitable qu'elle ne le soit que pour la même part qui reste à acquitter de l'obligation principale. La vraie raison de cette décision est celle que donne Dumoulin, et que nous avons ci-dessus rapportée; savoir, que la peine étant censée promise pour le dédommagement de l'inexécution de l'obligation principale, le créancier ne peut pas recevoir l'un et l'autre. Lors donc que le créancier a été payé pour une partie de l'obligation principale, il ne peut plus recevoir la peine pour cette partie; autrement il recevroit l'un et l'autre, ce qui ne se doit pas. C'est la dixième clef de Dumoulin, dans son Traité *de divid. et individ.*, *p.* 3, *n.* 112. *In omnibus sive individuis, sive dividuis, pœna non committitur, nisi pro parte contraventionis efficacis, nec potest exigi cum principali; sed creditor non tenetur partem principalis et partem pœnæ accipere.*

Ceci s'éclaircira par un exemple. En me vendant une métairie dénuée de bestiaux nécessaires pour la faire valoir, vous vous êtes obligé de me fournir deux paires de bœufs, à peine de 500 liv. de dommages et intérêts, au cas que vous manquassiez de me les fournir. Vous ne pourrez pas, dans cette espèce, m'obliger à recevoir une paire de bœufs, n'étant pas obligé de recevoir pour partie ce qui m'est dû; et conséquemment les offres que vous me feriez d'une paire de bœufs, si je ne veux pas la recevoir, n'empêcheront pas que vous ne soyez tenu envers moi de la peine entière de 500 liv. Mais si j'ai volontairement reçu une des paires de bœufs que vous me deviez, faute par vous de me fournir l'autre paire, je ne pourrai vous demander que la moitié de la peine; car ayant reçu une partie de ce qui faisoit l'objet de l'obligation principale, je ne puis avoir la peine entière, ne pouvant pas avoir l'un et l'autre.

352. Notre principe, que la peine n'est due qu'à proportion et quant à la part pour laquelle l'obligation principale n'est pas exécutée, a également lieu, soit que vous vous soyez engagé à une telle peine, au cas que vous fissiez telle chose; soit que vous me l'ayez promise, au cas qu'un tiers fît une telle chose. Par exemple, si vous vous êtes fait fort, sous peine de me payer cent écus, que Pierre ne revendiquera pas sur moi un certain héritage, la peine sera due seulement pour la moitié, si Pierre ne le revendique que pour moitié, à moins qu'il n'apparût d'une intention contraire des parties. *Molin. ibid. p.* 3, *n.* 531.

353. Ces décisions ont sur-tout lieu à l'égard des obligations de choses divisibles. Il sembleroit qu'elles ne pourroient recevoir d'application aux obligations de choses indivisibles; néanmoins elles s'y appliquent quelquefois.

1° Quoique l'exercice d'une servitude prédiale soit quelque chose d'indivisible, et qu'en conséquence l'obligation que contracte le possesseur de l'héritage servant, de souffrir l'exercice de la servitude, soit une obligation indivisible; néanmoins, lorsque cette servitude est limitée à une certaine fin pour laquelle elle a été constituée, laquelle fin se termine à quelque chose de divisible, la peine se divisera, si cette fin a été remplie pour partie; et elle n'aura lieu que pour la partie quant à laquelle elle n'aura pas été remplie : ceci va s'éclaircir par un exemple.

J'ai un héritage qui a un droit de servitude sur le vôtre, lequel droit consiste en ce que les possesseurs de l'héritage servant sont obligés, au temps des vendanges, de souffrir que mes gens transportent ma vendange par cet héritage, à peine de cent écus en cas de trouble fait à mon droit de servitude. Dans cette espèce, si, après avoir laissé passer la moitié de ma vendange, vous avez empéché le transport du surplus par votre héritage, vous n'avez encouru la peine de cent écus que pour moitié; car quoique la servitude de passage soit indivisible, et que l'obligation de souffrir l'exercice de cette servitude soit l'obligation de quelque chose d'indivisible, néanmoins, comme cette servitude est limitée à une fin, qui est le transport de ma vendange, et que ma vendange est quelque chose de divisible, on ne peut disconvenir que j'ai joui en partie de la fin pour laquelle la servitude a été imposée, et que vous m'en avez souffert jouir, en me laissant transporter par votre héritage la moitié de ma vendange. Je ne pourrai donc demander que la moitié de la peine; car je ne puis pas percevoir la peine pour le total, et jouir en partie de l'utilité de mon droit de servitude; je ne puis pas avoir tout à-la-fois l'un et l'autre. C'est ce qu'enseigne Dumoulin dans l'espèce que nous venons de rapporter; *quia*, dit-il, *hæc servitus de se individua, dividuatur ex accidenti, et ex fine dividuo... et debet judicari secundum regulam dividuorum. P. 3, n. 363.*

354. 2° Nos principes reçoivent encore quelque application, même à l'égard des obligations indivisibles, dans l'espèce suivante et autres semblables. Vous vous êtes engagé par un traité, sous une certaine peine, à me faire constituer un droit de servitude de passage sur un héritage dont vous avez l'usufruit, et qui est voisin du mien, en vous faisant fort des propriétaires. Trois des propriétaires ratifient, un seul refuse d'imposer la servitude. La peine, à la vérité, m'est due en entier; car le refus d'un seul propriétaire d'imposer la servitude, empêche qu'elle ne soit aucunement imposée, nonobstant la ratification des trois autres, un droit de servitude ne pouvant être imposé pour partie, et ne pouvant par conséquent être imposé que par tous les propriétaires : mais comme cette ratification, quoiqu'elle soit entièrement inutile pour imposer un droit réel de servitude sur l'héritage, a néanmoins un effet qui consiste à obliger personnellement ceux qui ont ratifié, à me laisser passer, je ne puis exiger toute

la peine qu'en me désistant de mon droit qui résulte de cette obligation; autrement je ne pourrai exiger qu'une partie de la peine, ne pouvant pas percevoir toute la peine, et en même temps percevoir quelque chose de l'obligation principale. *Molin. p.* 3, *n.* 472 et 473.

355. Notre principe, que la peine n'est due qu'à proportion de la part pour laquelle l'obligation principale n'a pas été exécutée, a lieu, quand même la peine consisteroit dans quelque chose d'indivisible. *Finge.* Je vous ai vendu un héritage dont vous m'avez payé le prix comptant, sauf cinquante pistoles que vous vous êtes obligé de me payer dans un an; et il a été convenu entre nous qu'à défaut de paiement de cette somme, vous m'accorderiez, à la place de cette somme, un droit de vue sur une maison à vous appartenante, voisine de la mienne. J'ai reçu de vous vingt-cinq pistoles: faute du paiement du surplus, je ne puis exiger la peine pour le total, mais seulement pour la moitié quant à laquelle l'obligation principale n'a pas été exécutée; et comme la peine consiste dans un droit de servitude, qui est quelque chose d'indivisible, et non susceptible de parties, il faudra qu'en vous demandant que vous m'accordiez ce droit de servitude, je vous offre de vous payer la moitié de la valeur, la peine ne m'étant due que pour moitié. *Molin. p.* 3, *n.* 523 *et suiv.* Voyez *suprà.*

ARTICLE IV.

Si la peine est encourue pour le total et par tous les héritiers du débiteur, par la contravention de l'un d'eux.

Il faut à cet égard distinguer entre les obligations indivisibles et les obligations divisibles.

§. I. Décision de la question à l'égard des obligations indivisibles.

356. Lorsque l'obligation primitive qui a été contractée sous une clause pénale est l'obligation d'une chose indivisible, la contravention faite à cette obligation par un seul des héritiers du débiteur donne ouverture à toute la

peine, non seulement contre celui qui a donné ouverture à la peine par sa contravention, mais même contre tous ses cohéritiers, qui sont tous tenus de cette peine pour la part dont ils sont héritiers; sauf leur recours contre celui qui, par sa contravention, a donné ouverture à la peine, pour en être par lui acquittés.

Par exemple, quelqu'un s'est obligé envers moi de me laisser passer sur son héritage, contigu à la maison que j'occupe, tant que j'occuperois cette maison, à peine de dix livres de dommages et intérêts en cas d'empêchement. Si l'un des héritiers de mon débiteur me bouche le passage, quoique sans la participation et contre le gré de ses cohéritiers, la peine entière des dix livres sera encourue; et elle le sera contre chacun des héritiers de mon débiteur, qui en seront tenus chacun pour leur part héréditaire : car ce qui fait l'objet de l'obligation primitive étant indivisible, n'étant pas susceptible de parties, la contravention qui est faite par l'un des héritiers du débiteur à cette obligation, est une contravention à toute l'obligation : elle doit par conséquent faire encourir toute la peine par tous ceux qui en sont tenus comme héritiers du débiteur, qui s'est obligé à cette peine en cas de contravention.

C'est la décision de Caton, en la loi 4, §. 1, ff. *de verb. oblig. Cato scribit: Pœnâ certæ pecuniæ promissâ, si quid aliter sit factum, mortuo promissore, si ex pluribus hæredibus unus contrà quàm cautum sit, fecerit, aut ab omnibus hæredibus pænam committi pro portione hæreditariâ, aut ab uno pro portione suâ. Ab omnibus, si id factum de quo cautum est individuum sit, veluti iter fieri; quia quod in partes dividi non potest, ab omnibus quodam modo factum videtur. Et plus bas: Omnes commisisse videntur, quod nisi in solidum peccari poterit, illam stipulationem per te non fieri quominùs mihi ire agere liceat.*

Le jurisconsulte Paul décide la même chose en la loi 85, §. 3, ff. *d. tit. Quoniam licèt ab uno prohibeor, non tamen in partem prohibeor;* et il ajoute, *sed cæteri familiæ erciscundæ judicio sarcient damnum.*

Les héritiers n'étant tenus de la peine chacun que pour la part dont il est héritier, sont en cela différents des débiteurs solidaires, qui sont débiteurs de la peine pour le total, lorsqu'elle est encourue par l'un d'eux, comme ils le sont du principal.

357. Le créancier peut-il demander la peine entière à celui des héritiers qui a fait la contravention? La raison de douter est que la loi ne le dit pas, et qu'elle dit au contraire que la peine est due par tous les héritiers, pour leur portion héréditaire seulement. On ajoute que la contravention de l'héritier ne donne ouverture à la dette de la peine qu'en tant que cette contravention est comme la condition sous laquelle l'obligation de la peine a été contractée par le défunt : cette dette de la peine qui a été contractée par le défunt, étant une dette du défunt, et une dette divisible, l'héritier n'en peut être tenu que quant à la portion pour laquelle il est héritier, et pour laquelle il succède en cette qualité aux dettes du défunt.

Il faut décider néanmoins que l'héritier qui contrevient à l'obligation indivisible contractée par le défunt, devient débiteur de la peine pour le total. On ne peut douter qu'il n'en soit tenu au moins obliquement et indirectement; car étant tenu d'acquitter ses cohéritiers des parts dont ils en sont tenus, le créancier doit être admis, pour éviter le circuit d'actions, à lui demander la peine, non seulement pour sa part, mais pour celle de ses cohéritiers dont il est tenu de les acquitter, et par conséquent pour le total.

Dumoulin, *p.* 3, *n.* 173 *et* 174, *et passim alibi*, va plus loin, et soutient que cet héritier doit la peine pour le total, non seulement obliquement, mais même directement; car l'obligation primitive étant supposée indivisible, il en est débiteur pour le total, et débiteur sous la peine convenue. Or, sa contravention à une obligation dont il est tenu pour le total, doit lui faire encourir toute la peine. Cela se prouve par un argument tiré de la loi 9, ff. *depos.* que nous avons ci-dessus rapportée. Il est décidé que l'héritier en partie du dépositaire, qui, par son fait, a causé la perte de la chose donnée en dépôt au défunt, est tenu pour le total des dommages et intérêts envers celui qui l'a donnée en dépôt. En effet, quoique l'obligation principale de restituer la chose déposée soit une obligation divisible, l'obligation accessoire de la prestation de la bonne foi pour la conservation de la chose déposée est une obligation indivisible, dont chacun des héritiers du dépositaire est tenu pour le total, et qui le rend débiteur pour le total des dommages et intérêts du créancier, lorsqu'il y contrevient. Si un héritier pour partie, qui contrevient par son fait à une obligation indivisible du défunt, est débiteur pour le total des dommages et intérêts, il doit l'être aussi pour le total de la peine, puisque la peine tient lieu des dommages et intérêts, et n'en est que la liquidation convenue par les parties elles-mêmes. Tel est le raisonnement de Dumoulin.

A l'égard de la première objection, tirée du paragraphe *Cato*, en voici la réponse. Lorsque Caton décide que, dans les obligations indivisibles, la contravention faite par l'un des héritiers fait encourir la peine contre chacun d'eux pour leurs portions héréditaires, il n'entend parler que des héritiers qui n'ont point participé à la contravention. A l'égard de la deuxième objection, qui consiste à dire que l'obligation de la peine étant une obligation divisible contractée par le défunt, chaque héritier ne peut être tenu que pour la part dont il est héritier. La réponse de Dumoulin est que cela est vrai, lorsque l'héritier n'en est tenu que comme héritier, *tanquam hæres;* mais lorsqu'il en est tenu *ut ipse et ex proprio facto*, il en est tenu pour le total; et c'est une de ses clefs pour décider les questions sur cette matière : *Aliud est teneri hæredem ut hæredem, aliud teneri ut ipsum. Tr. de div. et indiv.*, p. 3, n. 5 et 112.

358. Lorsque la contravention à une obligation indivisible est faite par un des héritiers du débiteur, l'héritier qui a fait la contravention étant tenu de la peine pour le total, il faut, par la même raison, décider que si la contravention a été faite par plusieurs héritiers, chacun d'eux

est solidairement tenu de la peine; car les contraventions de ses cohéritiers ne diminuent pas la sienne: *Nec qui peccavit, ex eo relevari debet, quòd peccati consortem habuit; multitudo peccantium non exonerat, sed potiùs aggravat.* Molin. *ibid. part.* 3, *n.* 148.

359. Tout ce que nous avons dit dans ce paragraphe à l'égard des héritiers du débiteur d'une dette indivisible, reçoit application à l'égard de plusieurs débiteurs principaux qui ont contracté ensemble sans solidité, et sous une peine, une obligation indivisible : la contravention faite par l'un d'eux oblige les autres à la prestation de la peine, chacun pour sa part virile, sauf leur recours; et elle oblige pour le total celui qui l'a faite. Lorsque la contravention a été faite par plusieurs, elle y oblige solidairement.

§. II. Décision de la question à l'égard des obligations divisibles.

360. Lorsque l'obligation primitive qui a été contractée sous une clause pénale, est l'obligation d'un fait divisible, Caton, au paragraphe ci-dessus cité, paroît décider que celui des héritiers du débiteur qui contrevient à cette obligation, encourt seul la peine pour la part dont il est héritier : *Si de eo cautum sit quod divisionem recipiat, veluti ampliùs non agi, eum hæredem qui adversùs ea facit, pro portione suâ solùm pœnam committere.*

On peut faire de cette manière l'espéce de la loi : Une personne s'est engagée envers moi, sous peine de 300 liv., à acquiescer à la sentence d'un arbitre qui avoit donné congé d'une demande par laquelle elle se croyoit être ma créancière de dix muids de blé. Un de ses héritiers, qui l'est pour une cinquième portion, a, contre la foi de cette convention, renouvelé la contestation, et m'a demandé sa cinquième portion de dix muids de blé, que l'arbitre avoit jugé que je ne devois pas : il encourt seul la peine convenue, et il ne l'encourt que pour la cinquième portion dont il est héritier. La raison est que l'obligation est divisible ; et cet héritier n'y ayant pu contrevenir que pour la part pour laquelle il en est tenu, il ne peut être tenu de la peine

que pour cette part : ses cohéritiers, qui, loin de contrevenir à cette obligation, y ont satisfait pour leur part, en
acquiesçant pour leur part à la sentence de l'arbitre, ne
peuvent être tenus de cette peine : le créancier qui est satisfait pour leur part de l'obligation principale, ne peut
exiger la peine pour leur part, ne pouvant être à-la-fois
payé de l'obligation principale et de la peine, comme on
l'a vu ci-dessus, *n.* 343 *et suiv.*

Le paragraphe 4, *Si sortem,* de la loi 5, *d. tit.* paroît contraire à cette décision de Caton. Il y est décidé que lorsque l'un des héritiers du débiteur a satisfait à l'obligation
pour la part dont il étoit tenu, il ne laisse pas d'encourir
la peine, si son cohéritier n'y satisfait pas pareillement ;
sauf à lui son recours contre ce cohéritier qui a fait encourir la peine, en ne satisfaisant pas de sa part à l'obligation : *Si sortem promiseris, et si ea soluta non esset, pœnam ; etiamsi unus ex hæredibus tuis portionem suam ex sorte
solverit, nihilominùs pœnam committet, donec portio cohæ-
redis solvatur....... Sed à cohærede ei satisfieri debet ; nec
enim aliud in his stipulationibus sine injuriâ stipulatoris constitui potest.*

Les interprètes, tant anciens que modernes, se sont ef-
forcés de concilier ces deux textes. Dumoulin rapporte
différentes conciliations des anciens interprètes, qu'il réfute toutes.

Il faut s'en tenir à celles de Cujas et de Dumoulin, *tr.
de div. et ind. p.* 1, *n.* 62 *et seq.* qu'on doit réunir en une,
et dire : Lorsque l'obligation est indivisible, *tam solutione
quàm obligatione,* lorsque l'intention des parties, en ajoutant la clause pénale, a été simplement d'assurer l'exécution de l'obligation, et non d'empêcher que le paiement
ne pût s'en faire par parties par les différents héritiers du
débiteur, sur-tout lorsque le fait qui fait l'objet de l'obligation primitive est tel que les différents héritiers du débiteur ne peuvent l'accomplir autrement que chacun pour
la part dont il est héritier ; en ce cas la décision de Caton
doit avoir lieu ; celui des héritiers du débiteur qui contre-

vient à l'obligation, doit seul encourir la peine, et pour la part seulement dont il est héritier. Le fait rapporté dans l'espèce du paragraphe *Cato*, *ampliùs non agi*, est de ces faits divisibles *tam solutione quàm obligatione*, et qui, par la nature des choses, ne peuvent s'accomplir par les différents héritiers de celui qui a contracté l'engagement, que pour la part dont chacun est héritier; car aucun de ces héritiers ne succédant que pour sa part au droit et à la prétention que le défunt s'est engagé de ne pas exercer, chacun des héritiers ne peut que pour sa part contrevenir à cet engagement ou l'exécuter, en renouvelant ou ne renouvelant pas cette prétention pour la part qu'il y a.

Au contraire, lorsque l'obligation est divisible, à la vérité, *quoad obligationem*, mais indivisible *quoad solutionem*, et que l'intention des parties a été, en ajoutant la clause pénale, que le paiement ne pût se faire que pour le total, et non par parties; en ce cas chacun des héritiers, en satisfaisant pour sa part à l'obligation primitive, n'évitera pas d'encourir la peine; et c'est à ce cas qu'on doit restreindre le paragraphe *Si sortem*, lequel se concilie avec le paragraphe *Cato*.

Dumoulin, *part. 1, n. 72*, donne pour exemple de la décision du paragraphe *Si sortem*, l'espèce d'un négociant qui a stipulé de son débiteur une certaine somme par forme de peine, au cas que la somme principale à lui due ne lui fût pas remise dans un certain lieu, au temps d'une certaine foire. Les offres que l'un des héritiers feroit de lui remettre sa part de ladite somme, ne doivent pas empêcher que la peine ne soit due pour le total, faute d'offrir le total; parceque ce négociant ne pouvant faire les affaires qu'il a à la foire, qu'avec le total de la somme qui lui est due, l'intention des parties a été, en stipulant la peine, qu'elle fût encourue pour le total, faute du paiement du total de la somme due, et nonobstant le paiement partiel qui en seroit fait : car ce paiement partiel ne peut réparer, même pour partie, le tort que le créancier souffre du retard du paiement du surplus; et c'est pour la réparation de ce tort que la peine a été stipulée. Observez aussi que dans l'espèce du paragraphe *Si sortem*, la peine est stipulée pour le retard de l'exécution, et non pour l'inexécution; c'est pourquoi le créancier doit recevoir le principal et la peine.

La loi 85, §. 6, *d. tit.* est aussi dans l'espèce d'une obligation divisible, à la vérité, *quoad obligationem*, mais indivisible *quoad solutionem* : il est dit dans l'espèce de cette stipulation : *Si fundus Titianus datus non erit, centum dari; nisi totus detur, pœna committitur centum ; nec prodest partes fundi dare cessante uno, quemadmodùm nec prodest ad liberandum pignus, partes creditori solvere.* Quoique l'obligation de donner *fundum Titianum* soit une obligation divisible *quoad obligationem*, néanmoins cette obligation, soit qu'elle naisse d'un contrat de vente, ou d'un contrat d'échange, ou de transaction, ou de quelque autre cause, est indivisible *quoad solutionem*, le créancier ayant intérêt de n'avoir pas le fonds Titien pour partie, et n'ayant entendu l'acquérir que pour le total : c'est pourquoi, si l'un des héritiers du débiteur est en demeure de donner sa part de cet héritage, les offres des autres héritiers de donner les leurs, la cession même qu'ils en auroient faite au créancier, qui ne l'auroit acceptée qu'en attendant, et comptant sur la cession du surplus, n'empêcheroient pas le créancier de pouvoir demander la peine pour le total, en offrant néanmoins de se désister des portions de l'héritage qu'il auroit reçues; car il ne peut avoir l'un et l'autre.

361. Dans le cas du paragraphe *Si sortem*, lorsque l'un des héritiers pour partie du débiteur, en ne satisfaisant pas à l'obligation primitive pour la part dont il étoit tenu, a fait encourir la peine contre les autres qui étoient prêts à y satisfaire pour leurs parts, encourt-il lui-même cette peine pour le total? Il ne l'encourt directement que pour la part dont il est héritier; car n'étant tenu de l'obligation primitive que pour cette part, il ne peut y avoir contrevenu lui-même que pour cette part; il ne peut donc encourir que pour cette part la peine, qui doit être propor-

tionnée à la contravention. En cela les obligations divisibles diffèrent des indivisibles. Mais quoiqu'il ne soit tenu
directement de la peine que pour sa part, il en est tenu
indirectement pour le total : car ses cohéritiers, qui étoient
prêts à accomplir l'obligation pour leur part, ayant encouru pour leur part la peine, par la demeure en laquelle
cet héritier a été d'y satisfaire pour la sienne, cet héritier
est tenu envers eux, *judicio familiæ erciscundæ*, de les en
acquitter; *d. §. Si sortem;* et pour éviter un circuit d'actions inutiles, le créancier peut être reçu à exiger de cet
héritier la peine, non seulement pour la part dont il est
tenu directement, mais aussi pour celles de ses cohéritiers,
dont il est tenu de les acquitter, et par conséquent pour
le total.

362. Nous avons parlé jusqu'à présent du cas auquel
l'héritier pour partie a manqué de satisfaire à une obligation divisible du défunt, pour la part dont il en étoit tenu;
l'espèce du paragraphe *Cato*, et celle du paragraphe *Si sortem*, quoique différentes entre elles, comme nous l'avons
observé, sont l'une et l'autre dans ce cas. On peut supposer
un autre cas, sur lequel nous n'avons aucun texte de droit;
c'est celui auquel l'héritier pour partie de celui qui auroit
contracté sous une clause pénale une obligation divisible,
contreviendroit pour le total, et non pas seulement pour
la part dont il est héritier, à cette obligation du défunt.

Par exemple, une personne a affermé son héritage à
quelqu'un, et laisse quatre héritiers, dont l'un a expulsé
le fermier pour le total. On fait sur cette espèce deux questions; la première, de savoir si en ce cas la peine est encourue pour le total par cet héritier; la seconde, si elle est encourue, non seulement contre lui, mais contre ses cohéritiers pour leur part héréditaire? La raison de douter sur
ces deux questions, est que cet héritier n'étant tenu comme
héritier, que pour la part dont il est héritier, de l'entretien du bail, il doit être regardé comme étranger pour les
autres parts : le trouble qu'il fait au fermier, il ne le fait
comme héritier que pour sa part; il le fait comme étran-

ger pour les autres parts : d'où l'on conclut que de même que le trouble qu'un étranger sans droit auroit apporté à la jouissance du fermier, n'auroit pas donné ouverture à la peine, ni contre cet étranger, qui auroit seulement été tenu des dommages et intérêts, ni contre les héritiers du bailleur, qui auroient seulement été tenus de faire remise au fermier de la ferme, à proportion du défaut de jouissance, en cas d'insolvabilité de celui qui a fait le trouble ; de même, dans cette espèce, la peine ne doit pas être encourue contre cet héritier en partie, si ce n'est pour la part dont il est héritier : il doit seulement être tenu des dommages et intérêts pour le surplus, et la peine ne doit pas non plus être encourue contre ses cohéritiers. Néanmoins Dumoulin, qui agite ces questions, *p.* 3, *n.* 412 *et seq.* décide que dans cette espèce la peine est encourue pour le total contre cet héritier en partie, et même qu'elle est encourue contre ses cohéritiers, pour la part dont chacun est héritier. Pour établir sa décision, et pour réfuter en même temps le raisonnement que nous venons de rapporter, il distingue dans cette obligation d'entretenir le bail, et dans toutes les autres obligations divisibles, deux espèces d'obligations ; la principale, telle qu'est, dans cette espèce, celle d'entretenir le bail, laquelle est divisible ; et l'obligation accessoire, qui est l'obligation de la prestation de la bonne foi, laquelle est indivisible, et dont en conséquence chaque héritier est tenu pour le total. L'héritier en partie du bailleur, qui expulse le fermier, n'étoit, à la vérité, tenu de l'obligation principale que pour sa part ; mais il étoit tenu pour le total et indivisément de la prestation de la bonne foi. Cette bonne foi l'obligeoit à n'apporter aucun trouble à la jouissance du fermier, non seulement pour sa part, mais même pour les autres parts. En expulsant le fermier du total de la jouissance, il ne doit donc pas être considéré comme ayant simplement péché en qualité d'étranger, par rapport aux autres parts, mais comme ayant contrevenu à l'obligation de la prestation de la bonne foi, dont il étoit tenu comme héritier, même par rapport aux autres parts. Cette contravention étant donc une contravention, même par rapport aux autres parts, et par conséquent pour le total, à une obligation héréditaire, contractée par le défunt sous la peine contenue en la convention, elle doit donner ouverture pour le total à la peine contre l'héritier qui y a contrevenu : telle est la décision de Dumoulin sur la première question. Dumoulin confirme cette décision par ce raisonnement : S'il étoit vrai, dit-il, que cet héritier, en expulsant totalement le fermier, ne dût être censé avoir contrevenu que pour sa part, et dût être considéré comme n'ayant péché que comme étranger pour les autres parts, il s'ensuivroit que le fermier n'auroit point, pour raison de cette contravention pour lesdites parts, l'hypothéque résultante de son bail sur les biens du défunt. Il s'ensuivroit que quoique le bail eût été passé sous un sceau attributif de juridiction, tel qu'est celui du Châtelet d'Orléans, le fermier ne pourroit traduire cet héritier, qui l'auroit expulsé, devant le bailli d'Orléans, si ce n'est pour la part dont il est héritier. Or c'est ce que personne ne s'avisera de dire. Donc cet héritier en partie, en expulsant le fermier, doit être réputé avoir contrevenu, non seulement pour sa part, mais pour les autres parts, et pour le total, à une obligation héréditaire; et par conséquent il doit encourir pour le total la peine convenue en cas de contravention.

A l'égard de la seconde question, Dumoulin, par la même raison, décide que la peine est encourue non seulement contre cet héritier, mais contre chacun de ses cohéritiers, pour la part dont ils sont héritiers : car par la clause pénale le défunt s'est obligé, lui et tous ses héritiers, au paiement de la peine, en cas de contravention à l'obligation primitive. Il suffit donc qu'il y ait eu une contravention pour que l'on puisse dire que la condition sous laquelle a été contractée cette obligation de la peine, a existé, et par conséquent pour que tous les héritiers du défunt en soient tenus.

Si le défunt avoit donné des cautions *in omnem causam*,

dont le cautionnement s'étendît tant à l'obligation primitive qu'à l'obligation pénale, le fait de cet héritier qui a expulsé le fermier, auroit obligé les cautions à la prestation de la peine : à plus forte raison doit-il obliger ses cohéritiers qui succèdent à cette obligation comme débiteurs principaux.

363. Cette décision sur la seconde question a lieu, quand même celui des héritiers qui a expulsé le fermier seroit seul tenu de l'obligation primitive de l'entretien du bail, comme dans cette espèce : J'ai fait bail d'un propre paternel à un fermier, sous la peine de 200 livres, au cas que je manquasse à le faire jouir. Je laisse un héritier de ce propre paternel, et plusieurs héritiers d'une autre ligne à mes autres biens. Cet héritier paternel empêche par son fait le fermier de jouir ; *putà*, en vendant l'héritage sans charger l'acquéreur de l'entretien du bail. Quoique cet héritier fût seul tenu de l'obligation primitive de l'entretien du bail, suivant les principes exposés ci-dessus, n. 302, cette obligation étant l'obligation d'un corps certain auquel il a seul succédé ; néanmoins sa contravention à cette obligation fera encourir la peine à tous les héritiers, pour la part dont chacun est héritier : car la dette de la peine est la dette d'une somme d'argent, contractée par le défunt sous la condition de cette contravention, à laquelle dette par conséquent tous les héritiers du défunt succèdent. Au reste, ils ont recours contre celui qui a fait la contravention. *Molin. part.* 3, *n.* 430.

364. Voici une autre espèce. Un usufruitier a fait un bail à ferme de l'héritage dont il avoit l'usufruit, en taisant sa qualité d'usufruitier et se portant pour propriétaire. Il y a une peine de 200 liv. stipulée au profit du fermier, au cas qu'il manque de le faire jouir. Il laisse quatre héritiers ; l'un desquels est propriétaire de l'héritage, qui, en sa qualité de propriétaire, expulse le fermier. Il y a lieu à la peine contre les quatre héritiers : mais celui qui l'a expulsé n'en est tenu que pour sa part, et n'est pas obligé, comme dans l'espèce précédente, à indemniser les autres ;

car ayant, en sa qualité de propriétaire, le droit de jouir de son héritage, il n'a pas péché contre la bonne foi; *Dolo non facit qui jure suo utitur*; il n'est tenu de l'inexécution du bail et de la peine qu'en sa qualité d'héritier, et par conséquent seulement pour sa part héréditaire. *Molin. ibid. n.* 432.

ARTICLE V.

Si la peine est encourue pour le total, et envers tous les héritiers du créancier, par la contravention faite envers l'un d'eux.

365. Paul, en la loi 2, §. *fin. de verb. oblig.* décide cette question dans l'espéce d'une stipulation pénale apposée à une obligation primitive indivisible. *Finge.* Vous vous êtes, par une transaction, obligé envers moi de me laisser passer moi et mes héritiers par votre parc, tant à pied qu'à cheval, et avec des bêtes de charge, à peine de 12 liv. en cas de contravention à votre obligation. J'ai laissé quatre héritiers. Vous avez empéché l'entrée du parc à l'un des quatre héritiers, et l'avez permise aux trois autres. Paul décide qu'en ce cas la contravention étant faite à une obligation indivisible, et non susceptible de parties, ne peut être une contravention partielle; qu'ainsi la peine à laquelle elle donne lieu, paroîtroit, selon la subtilité du droit, devoir être encourue pour le total au profit de tous les héritiers; néanmoins que, selon l'équité, qui doit en ce cas prévaloir à la subtilité, la peine ne doit être encourue qu'envers celui des héritiers à qui on refuse l'entrée, et qu'elle ne doit l'être que pour sa part héréditaire seulement. *Si stipulator decesserit, qui stipulatus erit sibi hæredique suo agere licere, et unus ex hæredibus ejus prohibeatur; si pœna sit adjecta, in solidum committetur; sed qui non sunt prohibiti, doli exceptione summovebuntur; d.* §. La raison est que l'équité ne permet pas que les trois héritiers à qui le débiteur a accordé l'entrée de son parc, puissent en même temps percevoir tout le fruit de l'exécution de l'obligation, et percevoir la peine stipulée pour l'inexécution de cette obligation, ni qu'ils puissent se plaindre

de la contravention que le débiteur a faite à son obligation envers leur cohéritier, à laquelle contravention ils n'ont aucun intérêt. *Non debet aliquis habere simul implementum obligationis, et pœnam contraventionis; et pœna quæ subrogatur loco ejus quod interest, non debet committi his qui non sunt prohibiti, et quorum nullâ interest cohæredem ipsorum esse prohibitum;* Molin. p. 1, n. 32 et 35. La loi 3, §. 1, d. tit. paroît contraire. La réponse est qu'Ulpien ne parle que selon la subtilité du droit.

La contravention faite à l'obligation par le débiteur envers l'un des héritiers, ne donnant lieu à la peine qu'envers cet héritier, et pour sa part héréditaire seulement, quoique l'obligation primitive fût indivisible; à plus forte raison doit-on décider la même chose, lorsque l'obligation primitive est une obligation divisible.

CHAPITRE VI.

Des obligations accessoires des fidéjusseurs, et autres qui accèdent à celle d'un principal débiteur.

Ce chapitre est divisé en huit sections, dont les sept premières concernent les cautionnemens. Nous traiterons dans la première, de la nature du cautionnement. Nous verrons dans la deuxième, quelles sont les différentes espèces de cautions. Dans la troisième, nous traiterons des qualités que doivent avoir les cautions. Nous verrons dans la quatrième, pour qui, envers qui, pour quelle espéce d'obligation, et comment se contractent les cautionnements. Dans la cinquième, à quoi ils s'étendent. Dans la sixième, nous traiterons des manières dont s'éteignent les cautionnements, et des différentes exceptions que la loi accorde aux cautions. Dans la septième, des actions qu'a de son chef la caution contre le débiteur principal et contre ses fidéjusseurs. La huitième et dernière section traite des autres espéces d'obligations accessoires.

SECTION PREMIÈRE.

De la nature du cautionnement. Définition des cautions ou fidéjusseurs, et les corollaires qui en dérivent.

366. Le cautionnement est un contrat par lequel quelqu'un s'oblige pour un débiteur envers le créancier, à lui payer en tout ou en partie ce que ce débiteur lui doit, en accédant à son obligation.

On appelle *caution* ou *fidéjusseur*, celui qui contracte une telle obligation.

Le cautionnement, outre le contrat qui intervient entre la caution et le créancier envers qui la caution s'oblige, renferme aussi assez souvent un autre contrat, qui est censé intervenir, au moins tacitement, entre la caution et le débiteur pour qui la caution s'oblige; et ce contrat est le contrat de mandat, qui est toujours censé intervenir lorsque c'est au su et au gré du débiteur principal que la caution s'oblige pour lui, suivant cette règle de droit : *Semper qui non prohibet pro se intervenire, mandare creditur*; l. 60, ff. *de R. J.* Lorsque le cautionnement a été fait à l'insu du débiteur qu'on a cautionné, il ne peut être censé renfermer aucun contrat entre la caution et ce débiteur; mais il est censé intervenir en ce cas entre eux l'espèce de quasi-contrat qu'on appelle *negotiorum gestorum*. Nous traiterons des obligations qui naissent de ce contrat de mandat, ou du quasi-contrat *negotiorum gestorum*, en la septième section de ce chapitre.

Le contrat qui intervient entre la caution et le créancier envers qui elle s'oblige, n'est pas de la classe des contrats bienfaisants; car le créancier ne reçoit, par ce contrat, rien au-delà de ce qui lui est dû : il ne se procure qu'une sûreté pour ce qui lui est dû, sans laquelle il n'auroit pas contracté avec le débiteur principal, ou ne lui auroit pas accordé le terme qu'il lui accorde : mais le cautionnement renferme un bienfait à l'égard du débiteur pour qui la caution s'oblige.

De la définition que nous venons de donner du cautionnement et des cautions, dérivent plusieurs corollaires.

367. L'obligation des fidéjusseurs étant, suivant notre définition, une obligation accessoire à celle du débiteur principal, il en résulte qu'il est de l'essence de l'obligation des fidéjusseurs qu'il y ait une obligation d'un principal débiteur qui soit valable : conséquemment si celui pour qui le fidéjusseur s'est obligé envers vous n'étoit pas votre débiteur, le fidéjusseur ne seroit pas obligé, l'obligation accessoire ne pouvant pas subsister sans une obligation principale, suivant cette règle de droit : *Cùm causa principalis non consistit, ne ea quidem quæ sequuntur locum habent;* l. 178, ff. *de R. J.*

368. Une seconde conséquence de notre définition, est que le fidéjusseur, en s'obligeant pour quelqu'un, ne le décharge point de son obligation, mais en contracte une qui accède à la sienne : en quoi le fidéjusseur est différent de celui qu'on appelle en droit *expromissor*, qui s'oblige envers le créancier ; de manière que le créancier l'accepte pour débiteur, à la place de l'autre qu'il décharge.

369. Il résulte de notre définition, que le fidéjusseur ne peut valablement s'obliger qu'à la prestation de la chose même à laquelle le débiteur principal est obligé, ou à la prestation d'une partie de cette même chose : c'est pourquoi si quelqu'un se rendoit caution envers moi pour cent muids de blé, en faveur d'une personne qui me doit 2,000 livres, ce cautionnement seroit nul ; l. 42, ff. *de fidejuss. Quia in aliam rem quàm quæ credita est fidejussor obligari non potest ; quia, non ut æstimatio rerum quæ mer-*

cis numero habentur in pecuniâ numeratâ fieri potest, ita pecunia quoque merce æstimanda est.

Contrà vice versâ, on peut valablement se rendre caution envers moi pour une somme de 2,000 liv. en faveur de celui qui me doit cent muids de blé: car l'argent étant l'estimation commune de toutes les choses, celui qui me doit une quantité de cent muids de blé, de valeur de 2,000 livres, me doit effectivement et véritablement 2,000 liv. ; et par conséquent celui qui s'oblige pour lui envers moi à me payer 2,000 liv. ne s'oblige pas à quelque chose de différent de ce qui m'est dû par mon principal débiteur.

370. Si quelqu'un s'étoit obligé envers moi à me donner un certain héritage, et qu'un autre le cautionnât pour l'usufruit de cet héritage, le cautionnement seroit-il valable? Oui; car l'usufruit étant un droit dans cet héritage qui m'est dû, fait, en quelque façon, partie de la chose qui m'est due; et par conséquent on ne peut pas dire que la caution se seroit obligée à quelque chose de différent de la chose due par le débiteur principal. C'est ce que décide Caïus en la loi 70, §. 2, ff. *de fidejuss. In eo*, dit-il, *videtur dubitatio esse, ususfructus pars rei sit an proprium quiddam? Sed cùm ususfructus, fundi jus est, incivile est fidejussorem ex suâ promissione non teneri.*

COROLLAIRE IV.

371. Il résulte de cette définition, que la caution ne peut valablement s'obliger à plus qu'à ce à quoi le débiteur principal est obligé; et comme le plus s'estime non seulement *quantitate*, mais aussi *die, loco, conditione, modo*, il en résulte que le fidéjusseur ne peut s'obliger à des conditions plus dures que le principal obligé : car l'obligation accessoire ne peut surpasser la principale; mais il peut s'obliger à des conditions moins dures. C'est ce que décide la loi 8, §. 7, ff. *de fidejuss. Illud commune est in universis qui pro aliis obligantur, quòd si fuerint in duriorem causam*

adhibiti, placuit eos omninò non obligari; in leviorem planè causam accipi possunt.

Il résulte de ce principe, que si quelqu'un s'est rendu caution pour une somme déterminée, *putà*, pour une somme de 300 liv., pour un débiteur dont la dette n'étoit pas encore liquidée, la fixation du cautionnement à la somme de 300 liv. doit être censée n'avoir été faite qu'en faveur de la caution, et à l'effet seulement que si, par la liquidation qui se feroit, la dette montoit à une plus grande somme, la caution n'en seroit tenue que pour 300 liv. Mais si par la liquidation la dette étoit liquidée à une somme moindre, *putà*, à 250 liv., la caution, qui ne peut devoir plus que le principal débiteur, ne sera débitrice que de la somme de 250 liv. : et si elle avoit payé celle de 300 liv. portée par son cautionnement, elle auroit la répétition de l'excédant.

Le créancier peut-il en ce cas, avant la liquidation de la dette, contraindre la caution au paiement de la somme de 300 liv. par provision, nonobstant qu'elle demande qu'il soit procédé à la liquidation de la dette, qu'elle soutient ne devoir pas monter à une si grande somme? La Coutume de Bretagne, *art.* 189, décide pour l'affirmative; mais cette décision ne doit pas être suivie hors de son territoire : car, suivant le principe que nous venons d'exposer, la caution ne pouvant pas être tenue à plus que le débiteur principal, elle ne doit pas être contraignable au paiement de la dette plutôt que le débiteur principal; celui-ci n'y étant contraignable qu'après la liquidation de la dette, *Ord. de* 1661, *tit.* 33, *art.* 2, la caution ne doit pas être contrainte au paiement plus tôt. D'Argentré, en sa note sur l'article de la Coutume ci-dessus cité, convient que sa disposition est contraire au droit, *contrà jus romanum*; et dans son commentaire sur l'*art.* 206 de l'ancienne Coutume, dont celui-ci est tiré, il dit : *Hic se authores consuetudinis produnt non jurisconsultos.*

372. Suivant ce principe, lorsque le débiteur principal

s'est obligé purement et simplement, la caution s'oblige valablement à payer dans un certain terme ou sous une certaine condition ; mais au contraire si le débiteur principal ne s'est obligé que sous une certaine condition qui soit encore pendante, ou dans un certain terme qui ne soit pas encore expiré, le fidéjusseur ne peut pas s'obliger à payer pour lui présentement et à la première réquisition du créancier. *Dict. l.* 8, §. 7.

Observez que si le cautionnement n'exprime rien, on y doit sous-entendre le terme ou la condition exprimée dans l'obligation principale ; de même qu'il est décidé en la loi 61, ff. *d. tit.*, que le lieu du paiement, exprimé dans l'obligation principale, est sous-entendu dans le cautionnement.

373. Si le principal débiteur est obligé de payer dans un terme, la caution peut s'obliger à payer dans le même terme ou dans un terme plus long ; mais elle ne peut s'obliger à payer dans un terme plus court.

De là il suit que lorsque le débiteur principal est obligé de payer dans un certain terme, et que la caution s'oblige sous une certaine condition à payer aussitôt que la condition sera accomplie, ce cautionnement ne sera pas valable si la condition vient à s'accomplir avant que le terme de paiement dans lequel le principal débiteur doit payer soit expiré ; l. 16, §. 5, *id. tit.* Car si le cautionnement étoit valable, la caution seroit obligée de payer avant que la dette pût être exigée du débiteur principal, et par conséquent *in duriorem causam*, ce qui ne se peut.

Lorsque le débiteur principal est obligé sous une condition, la caution peut bien s'obliger sous la même condition, et sous une autre conjointement ; car en ce cas la condition de la caution est meilleure que celle du débiteur, puisqu'elle ne peut être obligée que les deux conditions ne soient accomplies. Si la caution s'oblige sous l'alternative de la condition sous laquelle le débiteur principal s'est obligé, et d'une autre condition, ou simplement sous une condition différente, le cautionnement sera valable, si la condition sous laquelle le débiteur principal s'est obligé arrive la première ; mais si c'est l'autre qui arrive la première, le cautionnement ne sera pas valable, la caution ne pouvant pas être obligée avant que le débiteur principal le soit ; l. 77, *pp°* et §. 1, ff. *de fidejuss.*

374. Le lieu du paiement peut aussi rendre plus dure l'obligation : c'est pourquoi si la caution permettoit de payer dans un lieu plus éloigné que celui dans lequel le débiteur principal doit payer, le cautionnement ne seroit pas valable, comme fait à une condition plus dure que l'obligation principale. *Dict. l.* 16., §. 1 *et* 2.

375. Si quelqu'un dans nos colonies s'étoit obligé envers un autre de lui donner l'un ou l'autre de deux certains nègres, *putà*, Jacques ou Jean, lesquels fussent à-peu-près de même prix, le cautionnement par lequel la caution s'obligeroit pour le débiteur à donner Jean déterminément, seroit-il valable ? La loi 54, ff. *de fidejuss.*, décide qu'il est valable, et que la condition de la caution est, dans cette espéce, meilleure que celle du débiteur principal, puisque la caution peut être libérée par la mort du seul Jean, au lieu que le débiteur principal ne peut l'être que par la mort de l'un et de l'autre.

Contrà, si le débiteur principal s'étoit obligé à donner Jean déterminément, le cautionnement par lequel la caution s'obligeroit de donner Jean ou Jacques ne seroit pas valable, non seulement par la raison que nous avons dite, que cette obligation alternative est plus dure que l'obligation déterminée de Jean, mais encore par une autre raison, qui est que si la caution choisissoit de donner Jacques, il se trouveroit devoir autre chose que ce que devoit donner le débiteur principal, qui n'est débiteur que de Jean ; ce qui ne se peut. *Suprà, n.* 369. C'est la décision de la loi 8, §. 8, ff. *d. tit.*

Cela n'est pas à craindre dans l'espéce précédente, dans laquelle le débiteur principal a promis Jean ou Jacques, et la caution Jean déterminément : car dans cette espéce, si le débiteur principal offre Jacques au créancier, et le

constitue en demeure de le recevoir, en déterminant par
ce choix son obligation à l'obligation de donner Jacques, il
se libère de l'obligation de donner Jean, et il en libère par
conséquent son fidéjusseur ; *nam reo liberato, liberantur
fidejussores*. Le fidéjusseur, qui n'avoit accédé qu'à l'obligation de donner Jean, ne doit plus rien. Si au contraire
ce débiteur principal avoit offert Jean, il devroit la même
chose que son fidéjusseur : il ne peut donc point arriver
dans cette espèce que le débiteur principal et la caution
doivent différentes choses.

Si le débiteur principal s'étoit obligé à donner les nègres
Jean ou Jacques, *au choix du créancier*, la caution s'obligera valablement à donner l'un des deux *qu'elle voudra*;
d. l. 8, §. 10 : car le créancier conservant toujours son choix
contre le débiteur principal jusqu'au paiement, le débiteur sera toujours débiteur de l'une des deux choses, et
par conséquent de celle que la caution voudra.

376. C'est une question, si le cautionnement est entièrement nul, lorsque la caution s'est obligée à plus que le
débiteur principal, ou s'il est nul seulement en ce qu'il
excède l'obligation principale. Il paroît que les jurisconsultes romains ont pensé qu'il étoit entièrement nul, quoique Dumoulin, *ad l.* 51, *si stipulanti*, §. *sed si mihi*, *n.* 30 et
seq., ait voulu leur faire dire le contraire : cela résulte évidemment de ces termes de la loi 8, §. 7, ci-dessus citée ;
placuit eos omninò non obligari. Il est vrai qu'*Haloander*,
dans son édition, lit *non omninò*; mais c'est de son autorité privée qu'il a changé la leçon, contre la foi des exem-
plaires, et contre l'autorité des interprètes grecs, qui ont
traduit ces termes, *omninò non*, par οὐδὲν ὅλως, *id est*, *nullo
modo*. C'est ce qui résulte pareillement des autres textes
ci-dessus cités. La raison que rapporte Connanus, *Comment. Jur. n.* 68, de ce sentiment des jurisconsultes romains, est qu'un cautionnement étant essentiellement une
obligation accessoire de l'obligation principale, et étant de
l'essence d'une obligation accessoire de ne rien contenir
de plus que la principale, un cautionnement par lequel la

caution s'oblige à quelque chose de plus, pêche dans sa forme essentielle de cautionnement, et doit par conséquent être absolument nul. Ce raisonnement, sur lequel il y a lieu de penser que les jurisconsultes romains se sont fondés, est plus subtil que solide. De ce qu'un cautionnement est un accessoire de l'obligation principale, il s'ensuit seulement que lorsque la caution s'est obligée à plus, elle n'est pas valablement obligée à ce plus; mais rien ne doit empêcher qu'elle le soit jusqu'à concurrence de ce à quoi le débiteur principal s'est obligé: car en voulant s'obliger à une somme plus grande, elle a voulu s'obliger à la somme à laquelle le débiteur principal s'est obligé. C'est pourquoi les lois romaines n'étant suivies dans nos provinces qu'autant qu'on les trouve conformes à l'équité naturelle, je pense qu'on doit en ce point s'en écarter, et décider qu'une caution qui s'est obligée à une plus grande somme que celle portée par l'obligation principale, ou qui s'est obligée de payer présentement ce que le débiteur principal ne devoit qu'au bout d'un certain terme ou sous une certaine condition, est valablement obligée à payer la somme portée en l'obligation principale, aux termes et sous les conditions y portées. La Coutume de Bretagne, *art.* 118, a suivi ce sentiment; et Wissembach, *ad Tr. de fid. n.* 10, convient que, quoique contraire aux textes de droit, il est suivi dans la pratique.

377. Le principe que nous avons établi, que le fidéjusseur ne peut s'obliger à des conditions plus dures que ne l'est le débiteur principal, *in duriorem causam*, doit s'entendre par rapport à ce qui est dû, et à ce qui fait l'objet de l'obligation. Le fidéjusseur ne peut pas, à la vérité, devoir plus que le débiteur ne doit, *quantitate, die, loco, conditione, modo*; mais quant à la qualité du lien, il peut être plus étroitement et plus durement obligé.

Par exemple, 1° suivant les principes du droit romain, le fidéjusseur qui accède à une obligation purement naturelle est plus étroitement obligé que le débiteur principal, puisqu'il peut être contraint à payer, et que le débiteur principal ne le peut être, le créancier n'ayant point d'action contre lui.

2° Suivant les principes du même droit romain, lorsque quelqu'un a cautionné un débiteur qui a ce qu'on appelle *exceptionem competentiæ;* comme si quelqu'un a cautionné le père envers le fils créancier de son père; le fidéjusseur est plus étroitement obligé que ne l'est le débiteur principal, puisque le fidéjusseur peut être contraint dans toute la rigueur au paiement de toute la dette; au lieu que le débiteur principal ne le peut être que jusqu'à la concurrence de ce qui lui restera, en lui laissant ce qui lui est nécessaire pour sa subsistance; l. 173, ff. *de reg. jur.*

3° Le fidéjusseur d'un mineur est souvent plus étroitement obligé que le débiteur principal, qui peut, s'il a été lésé, être restitué contre son obligation; au lieu que le fidéjusseur est obligé sans espérance de restitution; l. 13, *de min.;* l. 1, *Cod. de fidejuss. minor.*

4° Suivant nos usages, une caution judiciaire est contraignable par corps, quoique le débiteur principal n'y soit pas sujet; *putà,* si c'est un prêtre, un mineur, une femme, un septuagénaire : il est par conséquent plus étroitement, et, quant à la qualité du lien, plus durement obligé.

COROLLAIRE V.

378. Il résulte de notre définition, que le cautionnement étant une obligation accessoire à celle du principal débiteur, l'extinction de l'obligation principale entraîne aussi l'extinction du cautionnement, puisqu'il est de la nature des choses accessoires de ne pouvoir subsister sans la chose principale. Toutes les fois donc que le débiteur principal est libéré, de quelque manière que ce soit, non seulement par le paiement réel qu'il auroit fait de la dette ou par la compensation de la dette, mais aussi par la remise qui lui en auroit été faite, le fidéjusseur est pareillement libéré : car l'essence du cautionnement étant que le fidéjusseur soit obligé pour un principal débiteur, il ne peut plus être obligé lorsqu'il n'y a plus de principal débiteur pour qui il soit obligé.

379. Pareillement la caution est libérée par la novation qui est faite de la dette : car la caution ne peut plus être tenue de la première dette pour laquelle elle a été caution du débiteur, puisqu'elle ne subsiste plus, ayant été éteinte par la novation. Elle ne peut non plus être tenue de la dette en laquelle a été convertie la première, puisque cette nouvelle dette n'est pas celle à laquelle elle a accédé : *Novatione legitimè perfectâ debiti in aliam speciem translati, prioris contractûs fidejussores, vel mandatores liberatos esse non ambigitur, si modò in sequenti se non obligaverint; l. 4, Cod. de fidejuss.*

380. Pareillement lorsque le débiteur principal devient seul héritier pur et simple du créancier; *aut vice versâ*, lorsque le créancier devient seul héritier pur et simple du débiteur principal; ou lorsqu'une même personne devient successivement héritière de l'une ou de l'autre, les fidéjusseurs sont libérés, parce qu'il ne reste plus de débiteur principal, par la confusion qui se fait des qualités de créancier et de débiteur, lesquelles se trouvant réunies en une même personne, se détruisent l'une l'autre, personne ne pouvant être créancier de soi-même, ni débiteur de soi-même.

Il en seroit autrement si le débiteur n'étoit devenu héritier du créancier que sous bénéfice d'inventaire, *aut vice versâ*; car un des effets du bénéfice d'inventaire étant d'empêcher la confusion des qualités et de distinguer la personne de l'héritier de la succession bénéficiaire, le débiteur héritier bénéficiaire du créancier demeurant toujours débiteur envers la succession bénéficiaire, ses cautions ne sont point libérées; car il y a un débiteur principal.

Lorsque le créancier succède à son débiteur, non à titre d'héritier, mais à titre de donataire universel, ou de légataire universel, ou de déshérence, ou de confiscation; comme dans tous ces cas il n'est pas tenu des dettes indéfiniment, mais seulement jusqu'à la concurrence de la valeur des biens auxquels il succède, la confusion ne se fait que jusqu'à cette concurrence : d'où il suit que les cautions ne sont déchargées que jusqu'à cette concurrence ; et que s'il n'y a pas dans les biens qu'a laissés le débiteur de quoi acquitter toute la dette, les cautions sont obligées de payer le surplus ; mais le créancier ne peut les poursuivre qu'il ne leur ait compté des biens du débiteur auquel il a succédé.

Lorsque le débiteur devient héritier pur et simple, à la vérité, du créancier, mais pour partie seulement, *aut vice versâ*, la confusion ne se faisant que quant à la portion pour laquelle il est héritier, ses cautions ne sont libérées que pour cette portion.

381. Lorsque le débiteur principal n'est pas libéré de plein droit, mais par quelque exception ou fin de non recevoir qu'il peut opposer contre la demande du créancier, les fidéjusseurs peuvent-ils opposer les mêmes fins de non recevoir que peut opposer le débiteur principal ? Il faut à cet égard distinguer entre les exceptions ou fins de non recevoir qu'on appelle *exceptiones in personam*, et celles qu'on appelle *exceptiones in rem*. Les exceptions *in personam* sont celles qui sont fondées sur quelque raison qui est personnelle au débiteur principal ; les exceptions *in rem* sont celles qui sont ainsi appelées, parcequ'elles ne sont pas fondées sur quelque raison qui soit personnelle au débiteur principal, mais sur la chose même, c'est-à-dire, sur la dette elle-même.

Ces exceptions *in rem* peuvent être opposées par les cautions, aussi bien que par le débiteur principal : *Rei cohærentes exceptiones etiam fidejussoribus competunt*, l. 7, §. 1, ff. *de except.*: et c'est de ces exceptions qu'il faut entendre ce qui est dit en la loi 19, ff. *d. tit. Omnes exceptiones quæ reo competunt, fidejussori quoque, etiam invito reo, competunt.*

Telle est l'exception de dol ou de violence ; telle est aussi l'exception de la chose jugée ou du serment décisoire, *d. l. §.* 1 : car ces exceptions étant fondées sur ce qui a été décidé par la sentence ou par le serment décisoire que la chose n'étoit pas due, sont des exceptions qui tombent sur la chose, et qui ne sont pas fondées sur quelque raison qui soit personnelle au principal débiteur; et par conséquent ce sont des exceptions, non *in personam*, mais *in rem*; et ces dernières exceptions peuvent être opposées par les cautions, aussi bien que par le débiteur principal avec qui la chose a été jugée, ou à qui l'on a déféré le serment. *Nec obstat regula juris*, que la chose jugée, non plus que le serment décisoire, ne peuvent acquérir de droit à des tiers qui n'ont pas été parties; l. 2, *Cod. Quib. res jud. non noc.*; l. 3, §. 3, ff. *de jurejur.*: car cette règle ne doit pas s'entendre de ceux dont le droit est essentiellement lié avec celui de la personne qui a été partie; tels que sont les cautions à l'égard du principal débiteur.

Lorsqu'un débiteur principal, par une transaction avec le créancier sur la légitimité de la dette, est convenu de la payer, mais à la charge qu'il auroit terme de trois ans; l'exception que cette convention donne contre le créancier, s'il faisoit des poursuites avant le terme, est aussi une exception *in rem*; car elle est fondée sur la chose même: elle est fondée sur le doute qu'il y avoit de la légitimité de la dette; doute sur lequel on a transigé. Cette exception peut par conséquent être opposée par les fidéjusseurs aussi bien que par le débiteur principal, quoiqu'ils n'aient pas été parties en la transaction. De là naît une question: on demande si le débiteur, par une nouvelle convention avec le créancier, peut, au préjudice des fidéjusseurs, permettre au créancier d'exiger sa créance avant le terme porté par la première convention? Paul, en la loi 27, §. 2, ff. *de pact.*, décide formellement qu'il le peut (quoique quelques interprètes, pour concilier ce texte avec la loi *fin.* ff. *d. tit.* qui décide le contraire, aient donné la torture au texte pour lui faire dire autre chose). La raison de la décision de Paul, est que le droit qui résulte de la première convention, ayant été formé par le concours des seules volontés du créancier et du débiteur sans que les fidéjusseurs y soient intervenus, il peut se détruire par un consentement contraire; *cùm quæque eodem modo dissolvantur quo colligata sunt*. Au contraire,

Furius-Anthianus décide que la nouvelle convention ne peut priver les fidéjusseurs de l'exception qui leur a été acquise par la première ; *l. fin. ff. de pact.* ; et je pense qu'il faut s'en tenir à cette décision : la raison alléguée pour celle de Paul ne peut avoir lieu que lorsqu'il n'y a pas un droit acquis à un tiers. Quelques interprètes, dont j'ai suivi autrefois l'opinion pour concilier *Furius-Anthianus* avec *Paul*, disent que la décision de Furius n'a lieu que dans le cas auquel les fidéjusseurs ont ratifié et accepté la première convention : mais cette conciliation est divinatoire. Il n'est pas dit dans cette loi que les fidéjusseurs avoient accepté la première convention ; on ne peut pas même le supposer ; car, en le supposant, Furius auroit mis en question ce qui n'auroit pas pu faire de question.

Passons maintenant aux exceptions *in personam*.

Ces exceptions, qui sont fondées sur l'insolvabilité ou le peu de solvabilité du débiteur principal, et sur le privilège personnel qu'il a de ne pouvoir être contraint sur son nécessaire, ne peuvent être opposées par les cautions. C'est ce que nous apprenons de la loi 7, ff. *de except.*, qui enseigne que l'exception accordée à un débiteur, qui seroit ou le père, ou la mère, ou le mari, ou le patron, ou l'associé du créancier, pour ne pouvoir être contraint au paiement sur son nécessaire, ne peut être opposée par les cautions. La raison est évidente. L'état de pauvreté de ce débiteur principal ne le libère pas de son obligation ; et s'il venoit par la suite à avoir la commodité de payer, il pourroit y être contraint. En attendant, son obligation ne laisse pas de subsister dans tout son entier, et elle sert d'un fondement suffisant à celle de ses cautions. Son état de pauvreté ne la détruit pas ; elle en arrête seulement l'exécution, par l'exception qu'il a de ne pouvoir être contraint au paiement sur son nécessaire : mais cette exception étant fondée sur sa qualité de père ou de mari, etc. qui lui est personnelle, ne peut être opposée par ses cautions.

Il en est de même de l'exception qui résulte de la cession des biens : lorsque le débiteur principal a fait une cession de ses biens, et qu'ils n'ont pas suffi à payer ce qu'il devoit, il n'est pas libéré du surplus; *l. 1, Cod. qui bon. ced.* et son obligation, qui subsiste pour le surplus, est un fondement suffisant à l'obligation de ses cautions pour ce surplus. Néanmoins, tant qu'il n'a pas acquis de nouveaux biens au-delà de ce qui lui est nécessaire pour sa subsistance, il peut opposer contre les poursuites que feroit contre lui un créancier, une fin de non recevoir résultante de la cession qu'il a faite de ses biens; *l. 3, Cod. de bon. author. jud. possid.*; l. 4, ff. de cess. bonor. Il est évident que cette fin de non recevoir est fondée sur une raison de faveur qui est personnelle au débiteur; c'est *exceptio in personam*, que ses cautions ne peuvent opposer.

Je pense qu'il en est de même de l'exception qui naît d'un contrat d'atermoiement auquel un créancier auroit été obligé d'accéder, par lequel on accorde au débiteur remise d'une partie de la dette, et certains termes pour le paiement du surplus. Je crois que l'exception que donne ce contrat au débiteur principal, contre la demande qui seroit donnée contre lui avant les termes accordés par ledit contrat, ou contre la demande de ce qui lui a été remis par ledit contrat, ne doit pas passer aux fidéjusseurs, et qu'ils peuvent être poursuivis incontinent pour le paiement du total de la créance : car il est évident que cette exception est une exception *in personam*, qui n'est accordée au débiteur qu'en considération de son état de pauvreté qui lui est personnel. Les remises accordées par le contrat d'atermoiement n'ayant pas été accordées *animo donandi*, mais par nécessité, l'exception qui résulte de ce contrat, ainsi que la précédente, ne donne atteinte qu'à l'obligation civile : l'obligation naturelle, pour ce qui reste à payer, subsiste dans toute son intégrité, et sert d'un fondement suffisant à l'obligation des fidéjusseurs. Cette raison sert de réponse à celle qu'on allègue en premier lieu pour l'opinion contraire, qui consiste à dire qu'il est de l'essence du cautionnement que le fidéjusseur ne puisse être tenu à plus que n'est tenu le débiteur principal. Quant au second moyen qu'on allègue pour l'opinion contraire, qui consiste à dire que si le fidéjusseur ne profitoit pas du contrat d'atermoiement, et pouvoit être obligé de payer le total de la dette, il arriveroit indirectement que le débiteur principal n'en profiteroit pas lui-même, à cause du recours que le fidéjusseur qui auroit payé le total auroit contre lui : la réponse est que cela n'arrivera pas, parceque le fidéjusseur qui a payé le total, est, en sa qualité de créancier de cette somme pour son indemnité, obligé, aussi bien que les autres créanciers, d'accéder au contrat d'atermoiement, et de faire sur cette indemnité au débiteur principal les remises qui sont portées audit contrat. Il faut néanmoins convenir que l'opinion contraire est autorisée par deux anciens arrêts cités par Basnage, dont l'un est du parlement de Paris, et l'autre du parlement de Normandie. Ce dernier est le 114ᵉ de ceux rapportés par Montholon : mais je ne pense pas que la décision de ces arrêts doive être suivie, pour les raisons ci-dessus rapportées. Cette décision paroît même opposée à la nature du cautionnement, qui est un acte auquel un créancier a recours pour sa sûreté, contre le risque de l'insolvabilité du débiteur principal. Or, que deviendroit cette sûreté, si le créancier n'avoit pas le droit d'exiger de la caution ce que l'insolvabilité du débiteur principal l'obligeroit de remettre au débiteur principal ? Notre sentiment est conforme à l'article XIII des arrêtés de M. de Lamoignon sur ce titre.

Lorsqu'il y avoit eu une convention entre un créancier et le débiteur principal, par laquelle le créancier, pour gratifier le débiteur principal, étoit convenu avec lui de ne lui pas demander le paiement de la dette; si le créancier, par la suite, en demandoit le paiement aux cautions, les cautions pouvoient, à la vérité, lui opposer l'exception qui résulte de la convention qu'il avoit eue avec le débiteur principal. Mais suivant l'ancien droit romain, les cautions n'avoient ce droit que parceque la demande donnée contre les cautions réfléchissoit contre le débiteur principal, qui étoit obligé de les en acquitter, *actione contrariâ mandati*, *aut negotiorum gestorum* : c'est pourquoi, dans le cas auquel la demande donnée contre les cautions n'eût pas dû réfléchir contre le débiteur principal, *putà*, parceque ces cautions l'avoient cautionné *donandi animo*, avec protestation de ne rien répéter contre le débiteur principal de ce qu'ils seroient obligés de payer pour lui, les cautions ne pouvoient en ce cas, suivant les principes de l'ancien droit, opposer l'exception qui naît de la convention intervenue entre le créancier et le débiteur principal; parceque cette convention et l'exception qui en résulte étant fondées sur la considération personnelle que le créancier a eue pour le débiteur principal qu'il a voulu gratifier, c'est une exception *in personam*, qui n'appartient point aux cautions. C'est ce que nous apprenons de la loi 32, ff. *de pact.* où il est dit : *Quod dictum est, si cum reo pactum sit ut non petatur, fidejussori quoque competere exceptionem, propter rei personam placuit, ne mandati judicio conveniatur : igitur si mandati actio nulla sit, fortè si donandi animo fidejusserit, dicendum est non prodesse exceptionem fidejussori.*

Quand même la caution seroit une caution ordinaire, qui a recours contre le débiteur principal pour ce qu'elle est obligée de payer pour lui, elle ne pourroit, selon les principes du droit romain, opposer l'exception qui naît de la convention intervenue entre le créancier et le débiteur principal, si par cette convention le créancier, en promettant de ne pas demander le paiement de la dette au débiteur principal, s'étoit expressément réservé de pouvoir le demander à la caution : *Debitoris conventio fidejussoribus proficiet, nisi hoc actum est, ut duntaxat à reo non petatur, à fidejussore petatur : tunc enim fidejussor exceptione non utetur;* l. 21, §. 5, *in fin.* 22, ff. *d. tit.*

Cujas, dans son commentaire sur ledit paragraphe 5, observe fort bien qu'en cela les fidéjusseurs différoient de ceux qu'on appelle en droit *mandatores pecuniæ credendæ;* car si, à votre réquisition, j'avois prêté à quelqu'un une somme d'argent, je ne pourrois pas par la suite, en convenant avec le débiteur que je ne lui demanderois pas le paiement de la dette, me réserver valablement le pouvoir de vous le demander. Il nous en donne cette raison de différence : Lorsqu'à votre réquisition j'ai prêté une somme d'argent à quelqu'un, je suis, par la nature du contrat de mandat qui est intervenu entre nous, obligé de vous céder l'action qui naît du prêt que j'ai fait en exécution de votre mandat ; tout mandataire étant obligé, *actione mandati directâ*, à tenir compte au mandant de tout ce qu'il a acquis en exécutant le mandat : donc lorsque par mon fait je me suis mis hors d'état de pouvoir remplir mon obligation envers vous, et de pouvoir vous céder l'action qui naît du prêt que j'ai fait au débiteur, soit en convenant avec le débiteur de ne lui rien demander, soit en laissant, par ma faute, donner congé de ma demande contre ce débiteur, soit de quelque autre manière que ce soit, je ne dois plus être recevable à répéter de vous, *actione mandati contrariâ*, la somme que j'ai prêtée par votre ordre à ce débiteur; l. 95, §. *pen.* ff. de *solut.* : car c'est un principe commun à tous les contrats synallagmatiques, que la partie qui manque à son obligation n'est pas recevable à demander à l'autre partie l'accomplissement de la sienne.

Il n'en est pas de même des fidéjusseurs. Un créancier, suivant les principes de l'ancien droit romain, comme l'observe Cujas, *ad d.* §. ne contracte aucune obligation envers les fidéjusseurs de leur conserver ses actions contre le débiteur principal, contre lequel ils en ont une de leur chef. C'est par une pure raison d'équité qu'il n'en peut refuser la cession à la caution, lors du paiement qu'elle fait; mais il n'est tenu de les céder que telles qu'il les a, et autant qu'il les a : c'est pourquoi la convention qu'il a eue avec le débiteur, par laquelle il a rendu inefficaces ses actions contre lui, ne l'exclut pas de pouvoir demander au fidéjusseur le paiement de la dette.

Tel étoit l'ancien droit, qui, comme l'observe Cujas, *ad d.* §. 5, ne peut guère avoir lieu depuis la Novelle de

Justinien : *Jure novo*, dit Cujas, *haud facilè procedere potest*: car Justinien ayant, par sa novelle, accordé aux fidéjusseurs l'exception de discussion, *beneficium ordinis*, qui consiste dans le droit qu'il leur donne, lorsqu'ils sont poursuivis par le créancier, de le renvoyer à se pourvoir auparavant contre le débiteur principal, et à discuter pour cet effet ses biens, il est évident que le créancier ne peut plus aujourd'hui, en convenant avec le débiteur de ne lui pas demander le paiement de la dette, se réserver le pouvoir de le demander aux fidéjusseurs; car il ne peut, par son fait, les priver du droit et de l'exception que la loi leur donne.

Selon les principes du droit françois, outre cette raison tirée de la novelle, pour qu'un créancier ne puisse, en convenant avec le débiteur de ne pas lui demander le paiement de la dette, se réserver le pouvoir de le demander aux cautions, il y en a une autre qui n'est pas moins décisive ; elle se tire de la différence des principes du droit romain, et des nôtres sur les simples pactes.

Selon les principes du droit romain, il n'y avoit que les obligations qui avoient été formées par le seul consentement des parties, qui pouvoient se détruire par un consentement contraire. A l'égard de toutes les autres, lorsque le créancier vouloit en faire remise au débiteur, il ne pouvoit le faire que par la formule de l'acceptilation ou simple, ou aquilienne. Sans cela la convention qu'il avoit eue avec le débiteur de ne point exiger de lui la dette, n'étoit qu'un simple pacte, qui ne pouvoit détruire l'obligation du débiteur : car de même qu'un simple pacte ne peut pas produire une obligation civile, il ne peut pas non plus la détruire. Il est vrai que cette convention donnoit au débiteur une exception pour exclure le créancier de la demande qu'il auroit donnée contre lui, et contre la foi de la convention; mais le débiteur ne tenoit cette exception que de l'équité prétorienne, contre la rigueur du droit : l'obligation qu'il avoit contractée ne laissoit

pas de subsister *ipso jure* en sa personne, et étoit un suffisant fondement pour conserver celle des fidéjusseurs qui
y avoient accédé.

Il en étoit de même lorsque le créancier étoit convenu,
par libéralité, d'accorder un certain terme à son débiteur, qui avoit d'abord contracté une obligation pure et simple, et sans aucun terme. Cette convention n'étoit qu'un
simple pacte, qui ne donnoit au débiteur qu'une exception contre la demande que le créancier, contre la foi de
la convention, auroit donnée contre lui avant le terme :
mais si, par la convention, le créancier avoit déclaré qu'il
n'entendoit accorder le terme qu'au débiteur, et non aux
cautions, cette convention, suivant les principes de l'ancien droit, ne l'empêchoit pas d'agir contre les cautions
avant le terme ; et celles-ci ne pouvoient pas lui opposer
le principe de droit, qu'il est de la nature et de l'essence
du cautionnement que la caution ne soit pas obligée à
plus que le débiteur principal , et qu'elle ait les mêmes
termes de paiement ; car la convention par laquelle le
terme a été accordé au débiteur, n'étant qu'un simple
pacte, n'a pu donner atteinte à son obligation, ni la diminuer : elle subsiste *ipso jure*, telle qu'elle a été contractée,
comme obligation pure et simple, et sans terme, et elle
laisse subsister de même celle des cautions. Si le débiteur
peut jouir du terme qui lui a été accordé par la convention,
ce n'est que par une exception qu'il ne tient que de l'é-
quité prétorienne, contre la rigueur du droit, et qui n'é-
tant fondée que sur une considération personnelle pour le
débiteur, ne passe pas à ses cautions.

Ces principes du droit romain sur l'effet des simples
pactes, ne sont point puisés dans le droit naturel, et ne
sont fondés que sur des subtilités très opposées à l'esprit
et à la simplicité de notre droit françois. Nous ne connois-
sons point la solennité de l'acceptilation : toutes les conventions peuvent produire des obligations civiles, les
éteindre et les modifier. Lorsqu'un créancier a convention avec le débiteur de ne point exiger de lui la dette,

cette convention, selon la simplicité de notre droit françois, libère de plein droit le débiteur; c'est pourquoi le créancier ne peut pas valablement se réserver d'en pouvoir demander le paiement aux cautions; la libération du débiteur entraîne nécessairement celle des cautions.

Pareillement dans notre droit, lorsque depuis le contrat un créancier accorde par libéralité un certain terme de paiement à son débiteur, il ne peut pas valablement exclure de ces termes les cautions : car la convention ayant l'effet de modifier de plein droit l'obligation du débiteur, et d'une obligation pure et simple d'en faire une obligation avec un terme de paiement, l'obligation des cautions reçoit nécessairement la même modification, et a le même terme de paiement qu'a l'obligation du débiteur principal; parcequ'il est de l'essence du cautionnement, que la caution ne soit pas obligée à plus que le débiteur principal.

Si, dans le cas d'un contrat d'atermoiement fait entre les créanciers et le débiteur, les cautions ne jouissent pas des remises et des termes accordés au débiteur par le contrat, comme nous l'avons décidé ci-dessus, c'est que les remises et les termes qui sont accordés au débiteur par ce contrat, ne tombent que sur l'obligation civile; l'obligation naturelle demeure dans son entier, en conséquence de laquelle le débiteur lui-même, si la commodité de payer lui survenoit, ne pourroit, dans le for de la conscience, jouir des remises ni des termes qui lui ont été accordés. Cette obligation naturelle suffit, comme nous l'avons dit, pour servir de fondement à celle des cautions : mais lorsqu'un créancier, de son bon gré et par libéralité, a déchargé son débiteur, ou lui a accordé terme, le débiteur n'étant plus obligé, ni naturellement, ni civilement, de payer la somme qui lui a été remise; n'étant plus obligé, ni naturellement, ni civilement, de payer avant le terme, c'est une conséquence que les cautions ne le soient pas non plus.

382. Lorsque le débiteur principal se fait restituer, con-

24.

tre son obligation, par des lettres de rescision, la rescision de son obligation entraîne-t-elle la rescision de celle
des cautions? Il faut faire la même distinction que nous
avons faite à l'égard des exceptions. Si la restitution est
fondée sur quelque vice réel de l'obligation, comme sur
le dol, la violence, l'erreur, la lésion énorme, la rescision
de l'obligation principale entraîne celle des fidéjusseurs.
Si, au contraire, la restitution est fondée sur des raisons
qui soient personnelles au débiteur principal, comme, par
exemple, sur sa minorité; en ce cas la rescision qu'il obtient de son obligation n'entraîne point celle des fidéjusseurs : ce débiteur principal n'acquiert, par la restitution,
qu'une défense qui lui est personnelle contre son débiteur,
laquelle, nonobstant la rescision, subsiste en quelque façon
naturaliter, et est un sujet suffisant auquel l'obligation
des fidéjusseurs peut accéder : c'est ce qui est décidé par
la loi 13, ff. *de minorib.*; et bien nettement par la loi 1,
Cod. de fidejuss. min.

Il y a néanmoins un cas auquel la rescision de l'obligation principale, quoique pour seule cause de minorité,
entraîne celle des fidéjusseurs; c'est lorsque le débiteur
principal s'est obligé en une qualité que la rescision a détruite; comme s'il s'étoit obligé en qualité d'héritier, et
qu'il se fît restituer contre son acceptation de succession : car le débiteur principal n'étant pas obligé de son
chef, mais en une qualité d'héritier qu'il n'a plus, et qu'il
a perdue par la rescision de son acceptation de succession, il n'est plus débiteur en tout, même *naturaliter*;
son obligation, attachée à cette qualité qui est détruite,
ne subsiste plus : c'est ce qui est décidé en la loi 89, ff.
de acquir. hæred.

383. La règle que nous avons établie, que l'extinction
de l'obligation principale entraînoit celle du fidéjusseur,
souffre une espèce d'exception dans le cas auquel la chose
due seroit périe par le fait ou la faute du fidéjusseur, ou
depuis qu'il a été constitué en demeure : en ce cas, quoique l'obligation du débiteur principal, qui n'a pas été

constitué en demeure, soit éteinte par l'extinction de la chose qui en faisoit l'objet, le fidéjusseur demeure obligé. C'est ce que décide la loi 32, §. 5, *de usur. Si fidéjussor solus moram fecerit, reus non tenetur, sicuti si Stichum promissum occiderit; sed* UTILIS ACTIO *in hunc (fidéjussorem) dabitur.*

Ce qui a été établi contre le principe de droit, qui ne permet pas que l'obligation du fidéjusseur puisse subsister après l'extinction de l'obligation principale, c'est ce que nous marque le jurisconsulte, en nous disant qu'en ce cas l'action qui a lieu contre le fidéjusseur est une action utile *(actio utilis)*; c'est-à-dire, qui est donnée *contrà tenorem juris, ità suadente utilitate et æquitate,* par forme de dommages et intérêts, et en punition de la faute ou demeure du fidéjusseur.

COROLLAIRE VI.

384. De ce que le fidéjusseur, suivant notre définition, est celui qui s'oblige pour un autre, qui accède à l'obligation d'un autre, les jurisconsultes romains avoient tiré cette conséquence, que toutes les fois que les deux qualités de débiteur principal et de fidéjusseur de ce débiteur se trouvoient concourir dans une même personne, ce qui arrive lorsque le fidéjusseur devient héritier du débiteur principal; *aut vice versâ,* lorsque le débiteur principal devient héritier du fidéjusseur, ou lorsqu'un tiers devient héritier de l'un et de l'autre; en tous ces cas la qualité de débiteur principal détruisoit celle de fidéjusseur; un fidéjusseur étant essentiellement celui qui est obligé pour un autre, et ne pouvant être le fidéjusseur de soi-même; d'où ils concluoient que, dans tous ces cas, l'obligation du cautionnement étoit éteinte, et qu'il ne restoit plus que l'obligation principale; l 93, §. 2, *et fin.* ff. *de solut.;* l. 5, ff. *de fid.;* l. 24, *Cod. de fidej.*

De là ils concluoient que si le fidéjusseur avoit lui-même donné un fidéjusseur qui accédât à son obligation, en tous ces cas l'obligation de ce fidéjusseur du fidéjusseur étoit éteinte par l'extinction de celle du fidéjusseur, qui étoit comme une obligation principale vis-à-vis de celle de ce fidéjusseur du fidéjusseur; l. 38, §. *fin.* ff. *de solut.*

Selon nos usages, on n'a pas égard à cette subtilité; et un certificateur de caution, qui est *fidejussor fidejussoris*, n'est pas déchargé parceque le fidéjusseur qu'il a certifié est devenu héritier du principal débiteur, *aut vice versâ.* Il y a d'autant plus lieu de le penser, que les jurisconsultes romains avoient été partagés d'avis sur cette question; *d. l.* 93, §. *fin.* Au surplus, quand même on décideroit, suivant le droit romain, qu'il se feroit dans ce cas confusion de l'obligation du fidéjusseur, les hypothèques donnés par ce fidéjusseur ne laissent pas de subsister; car les hypothèques ne s'éteignent que par le paiement; et cette confusion, qui, selon la subtilité, désoblige le fidéjusseur en sa qualité de fidéjusseur, n'équipolle pas à un paiement : c'est ce qui est décidé *d. l.* 38, §. *fin.*

Lorsque la caution devient héritière de son cofidéjusseur, il est indubitable qu'il ne se fait en ce cas aucune confusion, et que les deux obligations subsistent, quoique réunies dans une même personne; l. 21, §. 1, ff. *de fidej.;* de même que les deux obligations subsistent, lorsqu'un débiteur principal succède à son codébiteur principal; l. 5, ff. *d. tit.*

385. De ce qu'il est de l'essence de l'obligation des fidéjusseurs d'accéder à l'obligation d'un débiteur principal, il n'en faut pas conclure qu'elle soit éteinte lorsque le débiteur principal est mort sans avoir laissé d'héritiers. La raison de douter seroit qu'il ne reste aucun débiteur principal à l'obligation duquel le fidéjusseur puisse paroître accéder. La raison de décider, qui peut en même temps servir de réponse à cette objection, est que la succession de ce débiteur principal, quoique vacante, le représente, et tient lieu de sa personne, suivant la règle, *Hæreditas jacens personæ defuncti vicem sustinet;* et par conséquent il reste, au moins *fictione juris*, un débiteur

principal, à l'obligation duquel accéde celle des fidéjusseurs.

Vice versâ, lorsque le créancier envers qui le cautionnement a été subi meurt, et laisse sa succession vacante,
cette succession le représente, et est une personne fictive envers laquelle le cautionnement continue de subsister.

386. Lorsque le cautionnement a été subi envers un
créancier dans une certaine qualité qu'avoit le créancier,
le cautionnement subsiste envers les personnes à qui cette
qualité a passé. Par exemple, si j'ai cautionné le débiteur
d'une succession envers l'héritier, en sa qualité d'héritier,
cet héritier ayant depuis restitué la succession à un héritier fidéicommissaire en la personne de qui la qualité
d'héritier et tous les droits héréditaires ont passé, le cautionnement subsiste envers l'héritier fidéicommissaire;
l. 21, ff. *de fid.*

SECTION II.

Division des fidéjusseurs ou cautions.

387. Nous avons, dans notre droit françois, trois différentes espéces de cautions ou fidéjusseurs; les cautions purement conventionnelles, les légales, et les judiciaires.

Les conventionnelles sont celles qui interviennent par
la convention des parties dans les différents contrats;
comme dans les contrats de prêt, de vente, de louage, et
autres semblables. Par exemple, une personne emprunte
de l'argent, et donne une caution qui s'oblige envers le
prêteur à la restitution de la chose prêtée; ou bien elle
achéte une chose, ou la prend à loyer, et donne une caution qui s'oblige avec lui au paiement du prix ou de la
ferme : telles cautions sont *cautions conventionnelles* : ce
n'est ni la loi ni le juge qui ordonne ces cautions; c'est
la seule convention des parties qui les fait intervenir,
parceque l'emprunteur, l'acheteur, le preneur, sont con-

venus avec le prêteur, le vendeur, le bailleur, de donner caution.

Les cautions légales sont celles que la loi ordonne de donner, telles que celles qu'un donataire mutuel ou autre usufruitier est tenu de donner pour jouir des biens dont on lui a donné ou légué l'usufruit, etc.

Les cautions judiciaires sont celles qui sont ordonnées par le juge; comme lorsque le juge ordonne qu'une personne touchera par provision une somme, en donnant caution de la rapporter, s'il est dit que faire se doive.

SECTION III.

Des qualités que doivent avoir les cautions.

§. I. Des qualités que doit avoir une personne pour contracter un cautionnement valablement.

388. Il faut, avant toutes choses, que la caution soit capable de contracter, et de s'obliger comme caution.

Tous ceux qui sont incapables de contracter, tels que sont les fous, les interdits, les pupilles, les femmes mariées, lorsqu'elles ne sont pas autorisées, les religieux, ne peuvent être cautions.

389. Par le droit romain, les femmes ne pouvoient s'obliger comme cautions pour les affaires des autres; le sénatusconsulte velléien infirmoit leur obligation.

Justinien, par sa novelle 134, *cap.* 8, avoit permis aux femmes, en s'obligeant, de renoncer à l'exception que leur donnoit ce sénatusconsulte.

Ce droit a été autrefois suivi en France; mais comme la clause de renonciation au sénatusconsulte velléien, qui étoit devenue de style dans les actes des notaires, en rendoit l'effet inutile, et qu'il n'en pouvoit résulter que des procès, il a plu au roi Henri IV d'abroger entièrement, par son édit de 1606, le droit du sénatusconsulte velléien; et en conséquence il n'a plus lieu dans tout le ressort du parlement de Paris, où cet édit a été enregistré.

En Normandie, où il ne l'a point été, le droit du velléien y est observé dans toute sa rigueur ; et la novelle
qui permettoit aux femmes d'y renoncer, n'y est pas
suivie.

Dans cette diversité de jurisprudence, on doit suivre
la loi du lieu du domicile qu'avoit la femme lorsqu'elle
a contracté le cautionnement ; car les lois qui règlent les
obligations des personnes, telle qu'est le velléien, qui ne
permet pas aux femmes de s'obliger pour autrui, sont des
statuts personnels, qui exercent leur empire sur toutes
les personnes qui y sont soumises par le domicile qu'elles
ont dans leur territoire, en quelque lieu que soient situés les biens de ces personnes, et en quelque lieu
qu'elles contractent. C'est pourquoi si une femme, domiciliée en Normandie, se rendoit caution pour quelqu'un, quoique l'acte du cautionnement fût passé à
Paris, où le velléien est abrogé, le cautionnement seroit nul.

Mais quoiqu'une femme ait été mariée en Normandie,
si son mari a transféré son domicile à Paris, cette femme
ayant cessé, par cette translation de domicile, d'être
soumise aux lois de Normandie, les cautionnements
qu'elle contractera depuis cette translation de domicile
seront valables.

L'obligation personnelle qu'une Normande a contractée en se rendant caution, étant nulle, c'est une conséquence que l'hypothèque de ses biens, sous laquelle elle
s'est obligée, soit pareillement nulle, quoiqu'ils soient
situés à Paris ; l'hypothèque ne peut subsister sans l'obligation personnelle dont elle est l'accessoire.

Vice versâ, si une Parisienne s'est rendue caution par
un acte devant notaires, ses biens, quoique situés en
Normandie, seront hypothéqués ; cette hypothèque étant
une suite de l'obligation qu'elle a contractée par un acte
authentique.

On fera peut-être cette objection: On convient, dira-
t-on, que le velléien est un statut personnel quant à sa

première partie, par laquelle il défend aux femmes d'obliger leurs personnes pour autrui ; mais il a une seconde partie par laquelle il leur défend aussi d'obliger leurs biens pour la dette d'autrui. Le velléien ayant pour objet de cette seconde partie, des choses, il est, quant à cette seconde partie, un statut réel ; et suivant la nature des statuts réels, il exerce son empire sur toutes les choses situées dans le territoire où il est en vigueur, à quelques personnes que ces choses appartiennent : donc il annulle l'obligation qu'une femme, quoique personne non soumise personnellement à son empire, fait de ses biens situés en Normandie, pour la dette d'autrui.

Ma réponse est que cet argument prouve seulement que si une Parisienne, sans se rendre caution et sans s'obliger personnellement, obligeoit ses biens situés en Normandie, pour la dette d'autrui, cette obligation seroit nulle : parceque le velléien, observé en Normandie, qui a empire sur les choses qui y sont situées, en empêche l'obligation pour la dette d'autrui : mais lorsque l'obligation desdits biens n'est qu'une suite de l'obligation personnelle qu'une Parisienne a contractée par un acte devant notaire, la loi de Normandie ne peut l'infirmer ; car cette loi, n'ayant aucun empire sur l'obligation personnelle d'une Parisienne, n'en peut avoir sur ce qui n'en est que l'accessoire.

Le velléien n'étant statut personnel que quant à la première partie, et étant statut réel quant à la seconde partie, il s'ensuit qu'une femme normande peut, en ne se rendant pas caution, et en ne contractant aucune obligation personnelle, obliger à la dette d'autrui les biens qu'elle a, qui sont situés hors de la Normandie, dans une province où le velléien est abrogé ; car les statuts réels n'exercent leur empire que sur les choses situées dans leur territoire.

390. Les mineurs, quoiqu'émancipés, ne s'obligent pas valablement comme cautions pour les affaires des autres ; car l'émancipation ne leur donne que le pouvoir d'admi-

nistrer leurs biens ; et il est évident que le cautionnement pour les affaires d'autrui ne fait pas partie de cette administration.

Cela a lieu, même à l'égard d'un mineur marchand qui cautionneroit un autre marchand pour une affaire de commerce à laquelle il n'auroit aucun intérêt : car sa qualité de marchand ne lui donne le pouvoir de contracter sans espérance de restitution, que pour les affaires de son commerce : or, une affaire d'un autre marchand, à laquelle il n'a aucun intérêt, n'est pas une affaire de son commerce. *Basnage, Traité des hypot., part.* 2, *ch.* 2; *Despeisses, Traité des cautions, s.* 1.

Par la même raison, un mineur qui, par dispense du prince, exerce une charge publique, n'en est pas moins restituable contre un cautionnement qu'il auroit contracté ; car la dispense du prince ne le fait réputer majeur que pour ce qui concerne la charge publique qu'il lui permet de posséder : d'où il suit qu'il n'y a que les engagements relatifs à l'administration de cette charge, qu'il puisse contracter sans espérance de restitution. Ces principes sont certains, malgré un arrêt contraire cité par Despeisses, *ibid.*

Il y a des cas extrêmement favorables, dans lesquels le cautionnement d'un mineur peut être valable. Par exemple, on a jugé un mineur non restituable contre son cautionnement, pour tirer son père de prison.

Le cautionnement d'un mineur fait pour cette cause doit sur-tout être confirmé, lorsque le père n'avoit pas la voie de la cession de biens pour sortir de prison, et lorsque ce cautionnement ne causoit pas un dommage et un dérangement trop notable dans la fortune du fils. Mais si le père avoit la voie de la cession de biens, on doit subvenir au fils mineur qui a eu la facilité de subir, en faveur de son père, un cautionnement considérable qui n'étoit pas nécessaire. On peut aussi entrer en considération de l'âge du mineur : celui qui étoit dans un âge qui approchoit de la majorité, doit être plus difficilement restitué contre son cautionnement fait pour cette cause, que celui qui étoit dans un âge moins avancé. Basnage prétend que pour que le cautionnement d'un mineur fût dans ce cas non sujet à la rescision, il faut que le mineur eût, lorsqu'il l'a subi, au moins l'âge de dix-huit ans, qui est l'âge de la puberté complète, et celui auquel, par la novelle 115, *cap.* 3., §. 13, les enfants étoient obligés, sous peine d'exhérédation, de racheter leurs pères captifs : il cite un arrêt qui annulle un cautionnement fait pour cette cause, par un mineur de seize ans. Dans tous ces cas, on a beaucoup d'égard aux différentes circonstances ; et de là naît la variété des arrêts rapportés par Brodeau sur Louet, *l. a*, *ch.* 9.

§. II. Des qualités requises pour qu'une personne soit reçue à être caution.

391. Lorsqu'un débiteur est obligé, soit par la loi, soit par le juge, soit par la simple convention, de donner à son créancier une caution ; pour que la caution qu'il présente soit recevable, il ne suffit pas qu'elle ait cette première qualité qui est requise avant toutes choses, et qui consiste à être capable de s'obliger comme caution : il faut, outre cela, 1° que cette caution soit solvable, et ait un bien suffisant pour répondre de l'obligation à laquelle elle accède.

Lorsque le créancier à qui la caution est présentée conteste sa solvabilité, la caution doit en justifier par le rapport des titres des biens immeubles quelle possède ; sinon la caution doit être rejetée.

Pour juger de la solvabilité d'une caution, et si les biens sont suffisants pour répondre de la dette, on n'a pas ordinairement égard à ses biens meubles, attendu que ces biens s'aliènent facilement, et qu'ils n'ont pas de suite par hypothèque : néanmoins lorsque la dette est modique, et qu'elle ne doit pas durer long-temps, on admet pour cautions des marchands qui ont un commerce bien établi, quoique leur fortune ne consiste qu'en biens meubles. *Basnage, ibid.*

On n'a pas d'égard non plus aux biens immeubles qui sont litigieux, ni à ceux qui sont situés dans un pays trop éloigné, la discussion en étant trop difficile. *Basnage, ibid.*

2° La caution doit être domiciliée sur le lieu où elle doit être donnée, c'est-à-dire dans l'étendue du bailliage, afin que la discussion n'en soit pas trop difficile : *Fidejussor locuples videtur non tantùm ex facultatibus, sed ex conveniendi facilitate*; l. 2, ff. *Qui satisd.* On est néanmoins, à cet égard, plus indulgent envers ceux qui sont obligés par la loi ou par le juge à donner caution, qu'envers ceux qui s'y sont soumis volontairement : ceux-ci ne doivent pas être reçus à alléguer qu'ils n'en peuvent trouver sur le lieu, s'étant soumis volontairement à en donner; *sibi imputare debent :* on doit facilement admettre les autres à donner pour cautions des personnes de leur pays, lorsqu'ils n'en peuvent donner dans le lieu où la caution doit être donnée. *Basnage, Despeisses.*

3° Par la même raison, si l'on présentoit pour caution une personne puissante, le créancier pourroit la rejeter. On pourroit aussi rejeter une personne qui, par son droit de *committimus*, pourroit traduire le créancier dans une autre juridiction, ou un militaire qui seroit dans le cas d'obtenir des lettres d'état. *Voyez Basnage, Tr. des hyp., p. 2, ch. 2.*

C'est encore une qualité requise dans les personnes qu'on présente pour cautions judiciaires, qu'elles soient sujettes à la contrainte par corps. C'est pourquoi on peut rejeter pour cautions judiciaires les femmes, les ecclésiastiques qui sont dans les ordres sacrés, et les septuagénaires, parceque ces personnes ne sont pas sujettes à cette contrainte.

Sur la forme de la réception des cautions, *voyez l'ordonnance de 1667, t. 28.*

§. III. *Des cas auxquels un débiteur est tenu de donner une nouvelle caution à la place de celle qui a été reçue.*

392. Si la caution avoit les qualités lorsqu'elle a été reçue, mais qu'elle ait cessé depuis de les avoir; *putà,* si de solvable qu'elle étoit elle est devenue insolvable, le débiteur sera-t-il obligé d'en donner une autre? Il faut distinguer: il y sera obligé si c'est une caution légale ou judiciaire: *Si calamitas insignis fidejussoribus, vel magna inopia accidit, ex integro satisdandum erit;* l. 10, §. 1, *qui satis cog.;* l. 4, ff. *de stipul. præt.*

Si c'est une caution conventionnelle, il faut sous-distinguer. Si je me suis obligé à donner une caution indéterminément, et qu'en exécution de cette obligation j'en aie donné une qui depuis est devenue insolvable, il faudra que j'en donne une autre: mais si j'ai contracté d'abord sous la caution d'un tel, ou que je me sois obligé à donner un tel pour caution, et qu'il devienne ensuite insolvable, je ne puis être obligé à en donner une autre, parceque je n'ai promis de donner pour caution que celui que j'ai donné.

393. Il nous reste la question de savoir si celui qui est tenu de donner une caution peut être admis à donner à la place des gages suffisants pour répondre de la dette. Pour la négative on allègue cette maxime de droit, *Aliud pro alio invito creditori solvi non potest;* maxime qui a lieu quand même la chose qu'on offriroit seroit meilleure : d'où il paroît suivre que le créancier à qui l'on doit une caution n'est pas obligé de recevoir des gages à la place. Nonobstant ces raisons, on doit être facile à permettre à celui qui doit une caution de donner des gages à la place, lorsqu'il ne peut donner de caution; parceque celui à qui la caution est due n'ayant d'autre intérêt que de se procurer une sûreté, et en trouvant dans des gages autant et même plus, *cùm plus cautionis sit in re quàm in personâ, et tutius sit pignori incumbere, quàm in personam agere,* ce seroit de sa part une pure mauvaise humeur de refuser les

gages à la place de la caution, si ce qu'on lui offre pour gages peut se garder sans aucun embarras, sans aucun péril. *Basnage, ibid.*

SECTION IV.

Pour qui, envers qui, pour quelle obligation, et comment le cautionnement peut-il être fait?

§. I. Pour qui, et envers qui.

394. On peut se rendre caution pour quelque débiteur que ce soit, même pour une succession vacante, *cùm personæ vicem sustineat*; l. 22, ff. *de fidej.*; et pareillement envers quelque créancier que ce soit de celui pour qui on s'oblige. On peut se rendre pareillement caution même pour les impubères, les fous, les interdits, pour les causes pour lesquelles ces personnes peuvent être, sans aucun fait de leur part, valablement obligées. Par exemple, si j'ai utilement géré les affaires d'un impubère ou d'un interdit, cet impubère ou cet interdit étant en ce cas obligé envers moi, *ex quasi contractu*, à me rendre les sommes que j'ai déboursées pour ses affaires, et qui ont tourné à son profit, on peut, quant auxdites sommes, se rendre caution envers moi pour lui. C'est en ce sens que Cujas enseigne qu'on doit entendre la loi 25, ff. *de fidejussor.* qui dit: *Si quis pro pupillo sine tutoris auctoritate obligato, prodigóve, vel furioso fidejusserit, magìs esse ut ei non subveniatur.* Cette explication fait disparoître la contrariété que Basnage trouve entre cette loi et la loi 6, ff. *de verb. oblig.*, qui dit: *Is cui bonis interdictum est.... non potest promittendo obligari, et ideò nec fidejussor pro eo intervenire potest:* car au lieu que dans l'espèce précédente l'interdit doit être supposé valablement obligé; au contraire, dans celle-ci, l'interdit n'est pas obligé, étant incapable de contracter: d'où il suit que sa caution ne l'est pas, ne pouvant pas y avoir de cautionnement sans une obligation principale; *suprà, n.* 366. Caïus établit clairement notre distinction en la loi 70, §. 4, ff. *de fidejuss. Si a furioso,* dit-il, *stipulatus*

fueris, non posse te fidejussorem accipere certum est.... Quòd si pro furioso jure obligato fidejussorem acceperis, tenetur fidejussor.

Il est évident qu'on ne peut se rendre caution pour soi-même ; l. 21, §. 2, ff. *d. tit.*, ni envers soi-même.

395. On ne peut se rendre caution qu'envers le créancier de celui qu'on cautionne : le cautionnement qu'on contracteroit envers celui qui n'est pas son créancier, mais qui a seulement pouvoir de recevoir la dette, ne seroit pas valable ; l. 23, ff. *d. tit.*

§. II. Pour quelle obligation.

396. On peut se rendre caution pour quelque obligation que ce soit : *Fidejussor accipi potest, quoties est aliqua obligatio civilis vel naturalis, cui applicetur;* l. 16, §. 3, ff. *d. tit.*

Observez que les obligations naturelles pour lesquelles il est dit dans ce texte que des cautions peuvent intervenir, sont celles pour lesquelles la loi civile n'accordoit pas d'action ; telles que celles qui étoient formées par un simple pacte ; qui étoient contractées par des esclaves, et qui n'étoient pas d'ailleurs réprouvées par les lois : mais une caution ne peut pas utilement intervenir pour des obligations réprouvées par les lois, quoiqu'elles obligent dans le for de la conscience, et qu'elles puissent en ce sens être appelées obligations naturelles.

C'est sur ce principe que les lois décident qu'une caution ne peut valablement accéder à l'obligation d'une femme qui s'est obligée contre la défense du sénatusconsulte velléien ; l. 16, §. 1, ff. *ad sen. vell.;* l. 14, *Cod. d. t.* Car quoique dans le for de la conscience cette femme soit tenue de s'acquitter de son obligation, néanmoins cette obligation ayant été contractée contre la défense de la loi, elle est dans le for extérieur regardée comme nulle, et ne peut par conséquent servir de fondement à l'obligation d'une caution. La loi, en annullant l'obligation de la femme, annulle tout ce qui en dépend, et par conséquent les cautionnements qui en sont des accessoires. C'est le sens de ces termes de la loi 16, §. 1, *quia totam obligationem senatus improbat.*

Il me paroît qu'on doit décider la même chose à l'égard d'un cautionnement que quelqu'un auroit subi pour une femme sous puissance de mari, qui a contracté quelque obligation sans être autorisée. On doit même le décider *à fortiori;* car la loi n'annuloit que *per exceptionem* l'obligation de la femme qui s'étoit obligée contre le velléien : mais on peut dire que, selon notre droit coutumier, celle de la femme qui a contracté sans être autorisée, quoiqu'elle puisse être valable dans le for de la conscience, est nulle, même *ipso jure,* dans le for extérieur, puisque nos coutumes la déclarent absolument inhabile à contracter et incapable de s'obliger. *Femme mariée NE SE PEUT obliger,* etc. Paris, *art.* 234; *NE PEUT aucunement contracter.* Orléans, *art.* 194. Domat, *tit. des cautions, sect.* 1, *n.* 4, est d'un avis contraire au nôtre; et Basnage cite un arrêt du parlement de Bourgogne, rapporté par Bouvot, qui a jugé valable un cautionnement pour une femme qui avoit contracté sans être autorisée : mais je ne crois pas que la décision de cet arrêt doive être suivie. La distinction sur laquelle Basnage veut fonder cette décision, si l'obligation principale est nulle *ratione rei in obligationem deductæ,* ou si elle l'est *ratione personæ,* ne me paroît pas solide : une obligation, de quelque côté qu'elle soit nulle, soit *ratione rei,* soit *ratione personæ,* n'est pas une vraie obligation; et il est de la nature des cautionnements qu'ils ne puissent subsister s'il y a une vraie obligation principale; *suprà, n.* 367. On ne doit pas comparer la femme sous puissance de mari au mineur. L'obligation d'un mineur n'est pas nulle; la voie de la restitution que les lois lui accordent contre son obligation suppose une obligation : il y en a donc une à laquelle des cautions peuvent accéder. Mais l'obligation d'une femme sous puissance de mari, qui contracte sans être autorisée, est absolument nulle; il n'y a aucune obligation à laquelle la caution ait pu accéder.

Mais si quelqu'un s'étoit obligé conjointement avec une femme non autorisée, non comme caution de cette femme, mais comme débiteur principal, la nullité de l'obligation de la femme n'entraîneroit pas la nullité de la sienne. Par exemple, si une femme, sans être autorisée, et moi, nous avons emprunté de vous une certaine somme d'argent qui a été touchée par cette femme, et que nous nous sommes obligés solidairement de vous rendre; la femme ne sera pas obligée envers vous si elle a dissipé cette somme : mais je n'en suis pas moins obligé à vous la rendre, en étant moi-même débiteur principal, et vous l'ayant empruntée : car pour que j'en sois l'emprunteur, il n'est pas nécessaire que je l'aie reçue moi-même; il suffit que vous l'ayez réellement comptée à cette femme de mon consentement.

Les obligations qui sont contraires aux bonnes mœurs, étant nulles, on ne peut les cautionner. Par exemple, si quelqu'un, en me chargeant de commettre un crime, s'étoit obligé envers moi de m'indemniser de toutes les suites que ce crime pourroit avoir, et de me donner une certaine récompense, on ne pourroit valablement cautionner une pareille obligation, qui, étant contraire aux bonnes mœurs, est nulle, et ne peut être par conséquent le sujet d'un cautionnement. C'est en ce sens qu'on dit *maleficiorum fidejussorem accipi non posse* : mais on peut valablement cautionner celui qui a commis le délit, pour la réparation du tort qu'il a fait; l. 70, §. *fin.* ff. *de fidejussor.*

397. On peut se rendre caution même de l'obligation d'un fait personnel dont la prestation ne peut se faire que par le débiteur principal; l. 8, §. 1, ff. *de op. lib.* : car cette obligation se convertit, par son inexécution, en une obligation de dommages et intérêts que la caution peut payer; ce qui suffit pour que le cautionnement soit utilement contracté.

398. Le droit romain ne permettoit pas qu'une femme reçût une caution de son mari pour la restitution de sa dot : cette défiance à l'égard de celui à qui elle confioit et soumettoit sa personne, avoit paru aux empereurs blesser la bienséance; l. 1 et 2, *Cod. de fid. vel mand. dot.* Ces lois ne sont pas observées parmi nous.

399. On peut se rendre caution, non seulement d'une obligation principale, mais même d'un cautionnement : *Pro fidejussore fidejussorem accipi posse nequaquàm dubium est;* l. 8, §. 12.

Nos certificateurs de cautions sont des espèces de cautions de cautions.

400. Enfin on peut se rendre caution, non seulement d'une obligation déja contractée, mais d'une obligation qui doit se contracter, quoiqu'elle ne le soit pas encore : *Adhiberi fidejussor tam futuræ quàm præsenti obligationi potest;* l. 6, §. *fin. d. tit.;* de manière néanmoins que l'obligation résultante de ce cautionnement ne commencera à naître que du jour que se contractera l'obligation principale; car il est de son essence qu'elle ne puisse subsister sans une obligation principale. Suivant ces principes, je veux bien dès aujourd'hui me rendre caution envers vous pour une somme de mille écus que vous vous proposez de prêter à Pierre; mais l'obligation résultante de ce cautionnement ne commencera à avoir d'effet que du jour que vous aurez effectivement fait ce prêt à Pierre : tant que vous ne l'aurez pas encore fait, et que la chose sera entière, je pourrai changer de volonté, en vous dénonçant que vous ne fassiez pas le prêt à Pierre, et que je n'entends plus être caution pour lui. *Basnage, Tr. des hyp.* p. 2, *chap.* 6.

§. III. Comment se contractent les cautionnements.

401. Par le droit romain, le cautionnement ne se contractoit que par la stipulation. La stipulation n'est point en usage parmi nous. Le cautionnement peut se faire par une convention simple, soit par acte devant notaires,

25.

soit sous signature privée, soit même verbalement; sauf que si l'objet est de plus de cent livres, la preuve par témoins de la convention verbale n'est pas admise.

402. Quoique le cautionnement se puisse faire par une lettre missive ou même verbalement, il faut néanmoins avoir grande attention de ne pas prendre pour cautionnement ce que dit ou écrit une personne, à moins qu'il n'y ait une intention bien marquée de cautionner. C'est pourquoi, si je vous ai dit ou écrit par une lettre qu'un homme qui vous demandoit de l'argent à emprunter étoit solvable, on ne peut pas prendre cela pour un cautionnement; car j'ai pu en cela n'avoir d'autre intention que de vous certifier ce que je croyois, et non pas de m'obliger. Suivant ces principes, il a été jugé par un arrêt rapporté par Papon, X, 4, 12, que ces termes d'une lettre écrite à un maître de pension : *Un tel doit mettre son fils en pension chez vous; c'est un homme de probité, qui vous paiera bien,* ne renfermoient aucune obligation. Suivant le même principe, si j'accompagne une personne chez un marchand pour acheter des étoffes, le marchand n'en doit pas conclure que j'ai cautionné cette personne.

Quoiqu'une personne soit entrée en paiement pour une autre, même pour son fils, en payant pour lui une partie de sa dette, on n'en peut pas conclure qu'elle a voulu le cautionner pour le surplus de la dette ; l. 4, *Cod. ne uxor pro marito, etc.*

S'il étoit porté par une obligation qu'elle a été passée en ma présence, et que je l'eusse souscrite, on ne pourroit pas en conclure que je me suis rendu caution ; je dois être censé en ce cas n'avoir signé que comme témoin; l. 6, *Cod. de fidej.*

403. Lorsque le débiteur est obligé de donner caution, soit par la convention, soit par la loi, le créancier peut exiger que la caution s'oblige par acte devant notaire.

Les cautions judiciaires s'obligent au greffe de la justice, par un acte que reçoit le greffier.

404. Il n'importe que le cautionnement se contracte en même temps que l'obligation principale, ou en différents temps, avant ou depuis.

Il n'est pas nécessaire que celui que l'on cautionne y consente ; l. 30, ff. *d. tit.*

SECTION V.

De l'étendue des cautionnements.

405. Pour juger de l'étendue de l'obligation de la caution, il faut bien faire attention aux termes du cautionnement.

Lorsque la caution a exprimé pour quelle somme, pour quelle cause elle se rendoit caution, son obligation ne s'étend qu'à la somme ou à la cause qu'elle a exprimée. Par exemple, si quelqu'un s'est rendu caution envers moi de mon fermier pour le paiement de ses fermes, il ne sera pas tenu des autres obligations du bail, telles que celles qui résultent des dégradations qu'auroit faites le fermier, du remboursement des avances qui lui auroient été faites, etc.

Si quelqu'un s'est rendu caution pour la somme principale que devoit le principal obligé, il ne sera pas tenu des intérêts que cette somme produit ; l. 68, §. 1, ff. *d. tit.*

Au contraire, lorsque les termes du cautionnement sont généraux et indéfinis, le fidéjusseur est censé s'être obligé à toutes les obligations du principal débiteur, résultantes du contrat auquel il a accédé : il est censé l'avoir cautionné *in omnem causam*.

Par exemple, si le cautionnement par lequel quelqu'un s'est rendu envers moi caution pour mon fermier, porte en termes généraux qu'il s'est rendu caution du bail, il sera tenu non seulement du paiement des fermes, mais généralement de toutes les obligations du bail ; comme, par exemple, des dégradations, de la restitution des avances, ou des meubles qui ont été laissés au fermier pour l'exploitation de la ferme, *dotes prædiorum*; l. 52, §. 2, ff. *d. tit.*; des dommages et intérêts pour les anticipations que le fermier auroit laissé faire, etc.

Celui qui se rend caution en termes généraux, est aussi tenu non seulement du sort principal dû par celui pour qui il s'est obligé, mais encore de tous les intérêts qui en seroient dus; l. 2, §. 11 et 12, ff. *de adm. rer. ad civit. pertin.*; l. 54, ff. *locat.*

Il est tenu non seulement de ceux qui sont dus *ex rei naturâ*, mais même de ceux que produit la demeure en laquelle est le principal débiteur. *Paulus respondit, si in omnem causam conductionis se obligavit, eum quoque exemplo coloni, tardiùs illatarum per moram coloni pensionum præstare debere usuras;* d. l. 54.

Il doit aussi être tenu des frais faits contre le principal obligé; car ces frais font un accessoire de la dette; mais il n'en doit être tenu que du jour que les poursuites lui ont été dénoncées : ce qui a été établi pour empêcher qu'on ne ruine une caution en frais, qu'on feroit souvent à son insu, et qu'elle peut éviter en payant, lorsqu'elle en est avertie. C'est pourquoi jusqu'à ce que les poursuites lui soient dénoncées, elle ne doit être tenue que du premier commandement ou du premier exploit de demande.

406. Quelque étendu et général que soit le cautionnement, il ne s'étend qu'aux obligations qui naissent du contrat même pour lequel la caution s'est obligée, et non pas à celles qui naîtroient d'une cause étrangère.

En voici un exemple : Un créancier dans nos colonies a prêté de l'argent à quelqu'un, et, pour plus grande sûreté, le débiteur lui a donné en nantissement un nègre qu'il savoit être voleur, sans en avertir le créancier. Le nègre a volé le créancier à qui il a été donné en nantissement. Le créancier peut agir en dommages et intérêts, *contrariâ pignoratitiâ actione*, contre le débiteur qui ne l'a point averti : mais le cautionnement ne s'étendra pas à ces dommages et intérêts qui naissent d'une cause étrangère au prêt pour lequel on a cautionné le débiteur : *Ea actio fidejussorem onerare non poterit, cùm non pro pignore, sed pro pecuniâ mutuâ fidem suam obliget; l. 54, ff. de fidejuss.*

Par la même raison, celui qui s'est rendu caution pour un administrateur des revenus publics, n'est obligé qu'à la restitution des deniers publics, et non point aux amendes auxquelles cet administrateur auroit été condamné pour des malversations dans son administration. C'est ce qui a été décidé par l'empereur Sévère : *Fidejussores magistratuum in pœnam vel mulctam non conveniri debere decrevit; l. 68, ff. d. tit.* Et en général, en quelque cas que ce soit, le cautionnement ne s'étend pas aux peines auxquelles le débiteur a été condamné *officio judicis, propter suam contumaciam :* car c'est une cause étrangère au contrat. *Non debet imputari fidejussoribus, quod ille reus propter suam pœnam præstitit; l. 73, ff. d. tit.*

SECTION VI.

De quelle manière s'éteignent les cautionnements, et des différentes exceptions que la loi accorde aux cautions.

ARTICLE PREMIER.

De quelle manière s'éteignent les cautionnements.

407. L'obligation qui résulte du cautionnement s'éteint,

1° De toutes les différentes manières dont s'éteignent toutes les obligations : nous les rapporterons *infrà, part.* 3.

2° Il est de la nature des cautionnements, de même que de toutes les obligations accessoires, que l'extinction de l'obligation principale entraîne l'extinction des cautionnements et la libération des cautions; *suprà, n.* 378 *et seq.*

3° La caution est déchargée lorsque le créancier s'est mis par son fait hors d'état de lui pouvoir céder ses actions contre quelqu'un des débiteurs principaux, auxquels la caution avoit intérêt d'être subrogée; *infrà, p.* 3, *ch.* 1, *art.* 6, §. 2.

4° Lorsque le créancier a reçu volontairement du débiteur quelque héritage en paiement d'une somme d'argent qui lui est due, la caution est-elle déchargée, quoique long-temps après il souffre éviction de cet héritage? La raison de douter est que le paiement en ce cas n'est pas valable, n'ayant pas transféré à celui à qui il a été fait la propriété de la chose; *infrà, p.* 3, *ch.* 1, *art.* 3, §. 3. Par conséquent l'obligation principale subsiste : d'où il semble suivre que celle des cautions doit subsister. *Basset,* IV, 22, 5, rapporte un arrêt de son parlement qui l'a ainsi jugé. Nonobstant ces raisons, et quoiqu'on ne puisse nier que le paiement en ce cas n'est pas valable, et que l'obligation principale subsiste, il a été jugé par des arrêts rapportés par Basnage, *Traité des Hypothèques, p.* 3, *ch. fin.*, que le créancier étoit en ce cas non recevable à agir contre les cautions, si pendant ce temps le débiteur principal étoit devenu insolvable. La décision de ces arrêts est fondée sur cette règle de l'équité, que *Nemo ex alterius facto prægravari debet.* La caution ne doit pas souffrir préjudice de l'arrangement qui est intervenu entre le créancier et le débiteur principal. Or, si dans cette espèce le créancier étoit reçu à agir contre la caution, elle auroit souffert préjudice de l'arrangement par lequel le créancier a pris en paiement cet héritage; le créancier, par cet arrangement, ayant ôté le moyen à la caution de pouvoir, en payant le créancier pendant que le débiteur étoit solvable, répéter de ce débiteur la somme pour laquelle elle avoit répondu.

Quid, si le créancier avoit simplement accordé au débiteur une prorogation de terme pour le paiement, et que pendant le temps de cette prorogation le débiteur fût devenu insolvable, la caution pourroit-elle se défendre de payer? *Vinnius, Q. illustr.* 11, 42, tient la négative. Cette espèce-ci est bien différente de la précédente. Dans l'espèce précédente, la dation de cet héritage donné en paiement, ayant jusqu'au temps de l'éviction fait paroître la dette acquittée, un tel arrangement a ôté tout moyen à la caution de pourvoir à l'indemnité de son cautionnement, même dans le cas auquel elle se seroit aperçue que la fortune du débiteur qu'il a cautionné commençoit à se déranger; car elle ne pouvoit demander à ce débiteur qu'il la déchargeât de son cautionnement, qui paroissoit acquitté aussi bien que la dette principale : mais la simple prorogation de terme accordée par le créancier au débiteur, ne faisant pas paroître la dette acquittée, n'ôte pas à la caution le moyen de pourvoir à son indemnité et d'agir contre le débiteur principal, si on s'aperçoit que sa fortune commence à se déranger, *si bona dilapidare cæperit; l. 10, Cod. mand.* La caution ne peut donc pas prétendre que cette prorogation de terme accordée au débiteur lui fasse tort, puisqu'au contraire elle-même en profite.

L'obligation du cautionnement s'éteignoit aussi, suivant les principes du droit romain, par la confusion dont on a parlé *suprà, n. 384;* ce qui n'a pas lieu parmi nous.

Les poursuites faites par le créancier contre le débiteur principal ne libèrent pas la caution, qui demeure toujours obligée jusqu'au paiement ; *l. 28, Cod. de fidej.* C'est pourquoi le créancier peut abandonner les poursuites commencées contre le débiteur principal, pour poursuivre la caution; mais ordinairement la caution peut lui opposer l'exception de discussion, dont nous allons traiter en l'article suivant.

ARTICLE II.

De l'exception de discussion.

§. I. Origine de ce droit.

408. Suivant le droit qui étoit en usage avant la novelle 4 de Justinien, le créancier pouvoit exiger des cautions le paiement de ce qui lui étoit dû avant que de s'adresser au débiteur principal : *Jure nostro,* dit Antonin Caracalla en

la loi 5, *Cod. de fidej.*, est *potestas creditori, relicto reo, eligendi fidejussores, nisi inter contrahentes aliud placitum doceatur.* Les empereurs Dioclétien et Maximien décident la même chose en la loi 19, *Cod. d. tit.* Justinien, *de Nov. cap.* 1, a accordé aux fidéjusseurs l'exception qu'on appelle de *discussion* ou *exception d'ordre*, c'est-à-dire l'exception par laquelle ils peuvent renvoyer le créancier qui leur demande le paiement de sa dette, à discuter auparavant les biens du débiteur principal. Ce droit de la novelle est suivi parmi nous, mais non pas à l'égard de toutes les cautions, ni dans tous les cas.

§. II. Quelles cautions peuvent opposer l'exception de discussion.

409. Les cautions judiciaires ne peuvent opposer cette exception. *Louet, lettre F,* 23.

Les cautions pour les fermes du roi ne sont pas non plus aujourd'hui reçues à opposer cette exception, quoique l'ordonnance de Louis XII, de l'an 1513, la leur eût accordée. La jurisprudence en étoit introduite dès le temps de M. Le Bret, qui en rapporte cette raison, que ces cautions sont présumées être secrétement les associés du fermier débiteur principal. *Le Bret, Plaid.* 42, *in fin.*

Enfin les cautions qui par leur cautionnement ont renoncé à cette exception, ne peuvent pas l'exposer : *Unicuique enim licet juri in favorem suum introducto renuntiare.*

La caution est-elle censée avoir renoncé à cette exception, lorsqu'il est dit par le cautionnement, qu'elle s'oblige comme *débiteur principal?* Les auteurs paroissent partagés sur cette question. On rapporte d'anciens arrêts du parlement de Paris, qui ont jugé que cela ne suffisoit pas, et que la renonciation à cette exception doit être expresse. Basnage, en son *Traité des Hypothèques,* dit que la jurisprudence de Normandie est que ces termes suffisent pour constater la renonciation à l'exception de discussion, et qu'on ne doit pas croire qu'on ait employé ces termes pour qu'ils ne signifiassent rien : cela est conforme aux régles de l'interprétation des conventions, *suprà, n.* 92.

La renonciation aux exceptions de discussion et de division ne doit pas s'inférer de ces termes qui se trouveroient à la fin de l'acte de cautionnement, *promettant, obligeant et renonçant, etc.* Ce terme *renonçant*, vague et indéterminé, sans qu'on exprime en quoi les parties renoncent, ne peut être regardé que comme un pur style, qui ne signifie rien : *Ea quæ sunt styli, non operantur.* Cette décision a lieu, quand même dans la grosse le notaire auroit étendu cette clause de *renonçant*, etc., et y auroit exprimé la renonciation aux exceptions de division et de discussion. Dumoulin, *Tr. usur. quæst.* 7, *in fin.* dit l'avoir fait juger ainsi par arrêt : la raison est que le notaire ne peut pas, par ce qu'il ajoute dans la grosse, augmenter l'obligation des parties ; *infrà, part.* 4, *chap.* 1, *art.* 3, *au commencement.*

§ III. En quel cas le créancier est-il obligé à la discussion, et quand l'exception de discussion doit-elle être opposée ?

410. Le créancier n'est pas obligé à la discussion en tous cas, et on peut à cet égard établir pour principe que le créancier n'est pas obligé à une discussion qui seroit trop difficile.

C'est pour cette raison que la novelle, en accordant aux fidéjusseurs le bénéfice de discussion, en excepte le cas auquel le débiteur principal seroit absent ; à moins que le fidéjusseur n'offrît de le représenter dans un bref délai qui lui seroit imparti par le juge.

Cette exception que la novelle met au bénéfice de discussion n'a pas lieu parmi nous, comme le remarque fort bien Loyseau. Les raisons sur lesquelles elle est fondée sont tirées de la difficulté qu'il y avoit, selon la procédure des Romains, à discuter un absent : elles n'ont parmi nous aucune application. Les assignations et significations à domicile, qui, selon notre procédure, ont le même effet que si elles étoient faites à la personne même, rendent la discussion du débiteur principal, lorsqu'il est absent, aussi facile que s'il étoit présent.

411. Le créancier n'est obligé à discuter le principal débiteur avant le fidéjusseur, que lorsque le fidéjusseur le demande, et oppose l'exception de discussion : c'est pourquoi, quoique le créancier n'ait pas discuté le débiteur principal, sa demande et ses poursuites contre le fidéjusseur sont bien faites jusqu'à ce que le fidéjusseur ait opposé l'exception de discussion.

C'est en conséquence de ces principes qu'il a été jugé, par arrêt du premier septembre 1705, cité par Bretonnier sur Henrys, que le juge ne pouvoit d'office ordonner cette discussion.

Cette exception de discussion est du nombre des exceptions dilatoires, puisqu'elle ne tend qu'à différer l'action du créancier contre le fidéjusseur jusqu'après le temps de la discussion, et non à l'exclure entièrement. C'est pourquoi, selon la règle commune aux exceptions dilatoires, *l.* 12, *Cod. de except.*, elle doit être opposée avant la contestation en cause. Si le fidéjusseur a contesté au fond, sans l'opposer, il n'y est pas recevable, étant censé, en défendant au fond, avoir tacitement renoncé à cette exception. *Gui pape et les docteurs par lui cités, q.* 50. Il pourroit néanmoins y être reçu en un cas, savoir, si les biens dont il demande la discussion n'étoient échus au débiteur principal que depuis la contestation en cause; *putà,* par une succession qui lui seroit échue depuis : car la règle que les exceptions dilatoires doivent être opposées avant la contestation en cause, ne peut avoir lieu qu'à l'égard des exceptions déja nées, et non à l'égard de celles qui ne sont nées que depuis; le défendeur ne pouvant pas être censé, lorsqu'il a défendu au fond, avoir renoncé à des exceptions qui ne sont nées que depuis. *Guthières et les docteurs par lui cités, tract. de contr. jurat.* xxij, 18.

§. IV. Quels biens le créancier est-il obligé de discuter?

412. Lorsque la discussion est opposée, le créancier, s'il n'a pas de titre exécutoire contre le débiteur principal,

doit l'assigner, et obtenir sentence de condamnation contre lui. En vertu de cette sentence, ou, sans assignation, en vertu de son titre exécutoire, lorsqu'il en a un, il doit procéder par commandement contre le débiteur principal, et saisir et exécuter les meubles qui sont en la maison dudit débiteur.

S'il n'y en a point sur lesquels on puisse asseoir une exécution, l'huissier doit le constater par un procès-verbal de carence de meubles*, et ce procès-verbal tient lieu de discussion mobiliaire.

À l'égard des autres biens meubles et immeubles que pourroit avoir le débiteur principal, le créancier n'étant pas obligé de les connoître, n'est pas obligé de les discuter, s'ils ne lui sont indiqués par la caution. Cette indication doit se faire en une fois : on y doit comprendre tous les biens du débiteur qu'on veut que le créancier discute. On ne seroit pas recevable, après la discussion de ceux qu'on a indiqués, à en indiquer d'autres. Arrêtés de Lamoignon, *titre des discussions, art.* 9; arrêt du 20 janvier 1701, rapporté par Bretonnier sur Henrys, *tome* 4, 34.

413. La discussion ne devant pas être trop difficile, le créancier ne peut être obligé à la discussion des biens du débiteur qui sont hors du royaume. M. DE LAMOIGNON vouloit qu'il ne pût même être obligé à la discussion de ceux situés dans le ressort d'un autre parlement. *Arrêtés de Lamoignon, ibid.*

Le créancier n'est pas non plus obligé à la discussion des biens du débiteur qui sont litigieux; car il n'est pas obligé à soutenir des procès, ni à en attendre l'événement pour être payé : c'est encore une suite du même principe, que la discussion ne doit être ni trop longue ni trop courte.

Par la même raison, il n'est pas obligé de discuter les biens hypothéqués par le principal débiteur, lorsque le principal débiteur les a aliénés, et qu'ils sont possédés par des tiers; ce sont au contraire ces tiers détenteurs qui ont le droit de renvoyer à la discussion du débiteur principal et de ses cautions les créanciers qui donneroient contre eux l'action hypothécaire. *D. Novel. cap.* 2.

Il n'en est pas de même de ceux qui ont succédé à titre universel aux biens du débiteur principal, tels que sont des donataires et légataires universels, même le fisc, lorsqu'il a succédé au débiteur principal à titre de déshérence ou de confiscation. Ces successeurs universels *sunt loco hæredis* : ils tiennent lieu d'héritiers du débiteur principal, et ils le représentent; ils doivent par conséquent être discutés de même qu'auroit dû l'être le débiteur principal, jusqu'à concurrence de ce dont ils sont tenus de ses dettes.

Lorsque plusieurs débiteurs principaux ont contracté une obligation solidaire, et que l'un d'entre eux a donné un tiers pour caution, on demande si cette caution peut obliger le créancier à discuter, non seulement celui des débiteurs pour qui elle s'est rendue caution, mais pareillement tous les autres débiteurs principaux? Je pense qu'elle le peut : il suffit, pour s'en convaincre, d'examiner quelle est la raison sur laquelle est fondée l'exception de discussion. Ce n'est point que l'on présume que la caution n'ait eu intention de s'obliger qu'au défaut, et en cas d'insolvabilité de celui pour qui elle a répondu : cette intention doit être exprimée : lorsqu'elle ne l'est pas, elle ne se présume pas, et l'obligation est pure et simple. Si cette présomption avoit lieu dans les cautionnements ordinaires, le droit qu'auroit la caution de renvoyer le créancier à la discussion du débiteur principal seroit un droit qu'elle auroit en rigueur de justice; le créancier n'auroit pas d'action contre la caution avant que l'insolvabilité du débiteur principal eût été constatée par la discussion: or, tous conviennent que l'exception de discussion que la loi accorde à la caution, ne lui est accordée que comme une pure grace, et que la demande du créancier contre la caution procède en rigueur, et est bien fondée, quoique le principal débiteur soit solvable, et n'ait pas été discuté: il faut donc chercher une autre raison de cette exception de discussion, et il n'y en a pas d'autre que celle-ci, savoir, qu'il est équitable qu'une dette, autant que faire se peut, soit payée plutôt par ceux qui en sont les véritables débiteurs, et qui ont profité du contrat, que par ceux qui en sont débiteurs pour autrui; qu'il y a toujours du désagrément à payer pour autrui; c'est pourquoi il est de l'humanité que le créancier, lorsque cela lui est à peu près indifférent, épargne ce désagrément à la caution, et se fasse payer plutôt par ses véritables débiteurs, que par elle. C'est la raison que Quintilien, *declam.* 273, rend du bénéfice de discussion. Après avoir dit que c'est une chose fâcheuse pour une caution que d'être obligée de payer pour un autre, *miserabile est*, il en conclut qu'un créancier n'a pas bonne grace à causer ce désagrément à la caution, tant qu'il peut se faire payer par le véritable débiteur : *Non aliter salvo pudore, ad sponsorem venit creditor, quàm si recipere à debitore non possit.* Or il est évident que ces raisons militent pour obliger le créancier, non seulement à la discussion de celui des débiteurs solidaires pour qui la caution a répondu, mais à celle de tous les codébiteurs principaux : donc la caution est bien fondée à demander la discussion, non seulement de celui des débiteurs pour lequel elle s'est rendue caution, mais même celle des autres débiteurs principaux. On peut même dire que celui qui s'est rendu caution pour l'un d'entre plusieurs débiteurs solidaires, est aussi en quelque façon caution des autres : car l'obligation de tous ces débiteurs n'étant qu'une même obligation, en accédant à l'obligation de celui pour qui il s'est rendu caution, il a accédé à celle de tous.

§. V. Aux dépens de qui doit se faire la discussion.

414. La discussion se fait aux risques et périls du fidéjusseur qui a demandé qu'elle fût faite; et comme celle des biens immeubles ne se peut faire sans de grands frais, le créancier peut demander que ce fidéjusseur lui fournisse des deniers pour la faire. C'est une règle générale pour tous les cas auxquels l'exception de discussion est

opposée; *Journal des Audiences*, tom. 1, *liv.* 5, *ch.* 25 ; et c'est une suite de notre principe.

§. VI. Le créancier qui a manqué à faire la discussion est-il tenu de l'insolvabilité du débiteur?

415. Il nous reste une question. Le créancier à qui le fidéjusseur a opposé l'exception de discussion n'a point jugé à propos de le faire aussitôt, et a laissé passer plusieurs années, pendant lesquelles le débiteur est devenu insolvable: pourra-t-il, en le discutant depuis qu'il est devenu insolvable, revenir contre le fidéjusseur? Je crois le créancier bien fondé, et que la caution ne peut lui opposer aucune fin de non-recevoir, sous le prétexte qu'il n'a pas fait assez à temps la discussion des biens du débiteur principal à laquelle il a été renvoyé. La raison est que le droit que donne aux cautions l'exception de discussion qui leur est accordée par la novelle, se borne à arrêter les poursuites du créancier contre elles, tant qu'il ne s'est pas encore pourvu contre le débiteur principal, et qu'il n'a pas discuté ses biens. Le bénéfice de cette novelle se borne à ce que, comme il y est dit, *Creditor non primùm ad fidéjussorem aut sponsorem accedat.* Il suffit donc que le créancier ne poursuive pas les cautions avant que d'avoir poursuivi le débiteur principal, et discuté ses biens; le créancier peut faire cette poursuite quand bon lui semblera, et rien ne l'oblige à la faire au gré des cautions. La loi ayant fixé le temps dans lequel un créancier peut exercer ses actions, le fidéjusseur ne peut lui en fixer un plus court que celui que la loi lui accorde : *Nemo invitus agere compellitur; toto tit. Cod. ut nemo invitus*, etc. *Creditor ad petitionem debiti urgeri minimè potest;* l. 20 , *Cod. de pign.* Donc si le débiteur principal, à la discussion duquel le créancier a été renvoyé, est par la suite devenu insolvable, la caution ne doit pas s'en prendre au créancier qui ne l'a pas poursuivi pendant qu'il étoit solvable : le créancier n'y étoit pas obligé; et la caution, si elle appréhendoit le cas d'insolvabilité qui est arrivé, pouvoit obvier à cela,

en poursuivant elle-même le débiteur principal, comme elle en avoit le droit, aussitôt qu'elle a été assignée; *infrà*, *n.* 441. Henrys, *tom.* 2., *liv.* 4, *art.* 34, est de notre sentiment; il l'autorise par un arrêt rendu dans une espéce approchante, et il atteste que c'étoit, de son temps, l'opinion commune du barreau de Paris. La coutume de Bretagne, *art.* 192, a une disposition contraire. Je crois qu'elle doit être restreinte à son territoire. D'Argentré, sur cet article, dit que cette disposition tirée de l'ancienne Coutume a été conservée, lors de la réformation, contre son avis.

Nous n'avons traité la question qu'à l'égard des fidéjusseurs ordinaires; mais si le fidéjusseur ordinaire s'étoit seulement obligé à payer ce que le créancier ne pourroit retirer du débiteur principal, *in id quod servari non poterit*, le créancier qui auroit eu le moyen, pendant un temps considérable, de se faire payer, ne seroit pas admis facilement après que le débiteur, au bout d'un temps considérable, seroit devenu insolvable, à donner demande contre ce fidéjusseur; l. 41, ff. *dict. tit.*; parceque ce fidéjusseur, qui ne s'est obligé qu'à ce que le créancier *ne pourroit retirer*, lui opposeroit qu'il a pu très facilement retirer du débiteur principal ce qui lui étoit dû, et qu'en conséquence il ne lui doit rien; l. 41, ff. *dict. tit.*

ARTICLE III.

De l'exception de division.

§. I. Origine de ce droit.

416. Lorsque plusieurs personnes se rendent cautions d'un débiteur principal pour la même dette, elles sont censées s'obliger chacune à toute la dette : *Si plures sint fidejussores, quotquot erunt numero, singuli in solidum tenentur. Inst. tit. de fidej. §. 4.*

En cela plusieurs fidéjusseurs sont différents de plusieurs débiteurs principaux, lesquels ne sont censés s'obliger chacun que pour leur part à ce qu'ils promettent conjointement, si la solidité n'est point exprimée. La raison de la différence est, qu'il est de la nature du cautionnement de s'obliger à tout ce que doit le débiteur principal; et par conséquent chacun de ceux qui le cautionnent est censé contracter cet engagement, à moins qu'il ne déclare expressément qu'il ne s'oblige que pour partie : c'est la raison qu'en rapporte Vinnius, *select. quæst. lib.* 11, *cap.* 40.

L'empereur Adrien a apporté une modification à cette solidité, par l'exception de division qu'il a accordée aux fidéjusseurs ; le fidéjusseur à qui le créancier demande toute la dette obtient, par cette exception, que le créancier soit tenu de diviser et partager sa demande entre lui et ses cofidéjusseurs, lorsqu'ils sont solvables, et qu'en conséquence il soit reçu à payer au créancier sa portion, sauf au créancier à se pourvoir pour le surplus contre les autres. Ce droit a été adopté dans notre pratique françoise.

§. II. Qui sont ceux qui peuvent ou non opposer l'exception de division?

417. Il y a quelques cautions qui ne peuvent pas opposer cette exception; telles sont les cautions pour les deniers royaux. *Voyez Lebret, plaidoyer* 42, *in fin.*

On en exclut aussi les cautions judiciaires ; c'est le sentiment de Basnage. Les cautions qui par leur cautionnement ont renoncé à cette exception, ne l'ont pas non plus.

Lorsqu'il est porté par le cautionnement que les cautions se sont obligées *solidairement et comme débiteurs principaux*, cette clause est-elle censée renfermer une renonciation à l'exception de division? Ceux qui pensent que cette clause ne renferme pas une renonciation à l'exception de discussion, doivent aussi penser qu'elle n'en renferme pas une à celle de division : mais les raisons qui nous ont portés à croire qu'elle renfermoit une renonciation à l'exception de discussion, et que nous avons rapportés *suprà*, *n.* 409, nous portent aussi à croire qu'elle emporte la renonciation à celle de division.

Enfin les lois refusent l'exception de division aux cautions qui ont commencé par dénier de mauvaise foi leur cautionnement : *Inficiantibus auxilium divisionis non est indulgendum* ; l. 10, §. 1, ff. *de fidej.*

418. Non seulement les cautions elles-mêmes, mais leurs héritiers, peuvent user de cette exception.

Le certificateur de la caution, qui est *fidejussor fidejussoris*, peut aussi opposer les mêmes exceptions qu'auroit pu opposer la caution qu'il a certifiée; et par conséquent il peut opposer cette exception et demander la division de la dette entre lui et les cofidéjusseurs de celui qu'il a certifié.

§. III. Qui sont ceux entre qui la dette doit être divisée ?

419. Le fidéjusseur peut demander la division de l'action entre lui et les autres fidéjusseurs, qui sont également fidéjusseurs principaux. Il ne pourroit pas demander qu'elle fût divisée entre lui et son certificateur; car il est lui-même un débiteur principal vis-à-vis son certificateur; l. 27, §. 4, ff. *de fidejuss.*

420. Il faut aussi que ceux avec qui le fidéjusseur demande la division de l'action du créancier, soient fidéjusseurs du même débiteur. Si deux débiteurs solidaires d'une même dette avoient donné chacun un fidéjusseur, le fidéjusseur de l'un de ces débiteurs ne pourroit pas demander que l'action fût divisée entre lui et le fidéjusseur de l'autre débiteur solidaire ; car quoiqu'ils soient fidéjusseurs d'une même dette, n'étant pas fidéjusseurs d'un même débiteur, ils ne sont pas proprement cofidéjusseurs : c'est la décision des lois 43, 51, §. 2, ff. *dict. tit.*

421. Enfin il faut que les cofidéjusseurs avec lesquels le fidéjusseur demande la division de l'action, soient solvables; et ils sont censés l'être si, ne l'étant pas par eux-mêmes, ils le sont par leurs certificateurs : c'est ce que

26.

décide la loi 27, §. 2. *Si quæratur an solvendo sit principalis fidejussor, etiam vires sequentis fidejussoris ei aggregandæ sunt.*

Au reste, si mon cofidéjusseur étoit solvable lors de la contestation en cause, et qu'en conséquence l'action du créancier ait été divisée entre lui et moi; quoique par la suite, depuis la contestation en cause, il soit devenu insolvable, le créancier ne pourra plus revenir contre moi pour sa part : c'est la décision de Papinien ; l. 51, §. 4, et l. 52, §. 1.

En cela l'exception de division diffère de celle de discussion. La raison de différence vient de la différente nature de ces exceptions. Celle de discussion n'est que dilatoire; elle ne fait que différer l'action du créancier contre le fidéjusseur, après que le créancier aura discuté le débiteur principal : au lieu que l'exception de division tient de la nature des exceptions péremptoires : elle périme entièrement, lorsqu'elle a lieu, l'action du créancier contre le fidéjusseur qui l'a opposée, pour la part de ses cofidéjusseurs, avec lesquels la division lui est accordée; et c'est pour cela que le créancier ne peut plus revenir contre lui, quand même les cofidéjusseurs par la suite deviendroient insolvables.

Il y a plus : quand même, lors de la demande du créancier, mon cofidéjusseur auroit déja été insolvable, si le créancier a volontairement divisé son action, en nous demandant à chacun notre part, il ne pourra plus me demander la part de mon cofidéjusseur insolvable : c'est la décision de Gordien en la loi 16, *Cod. dict. tit.*

422. Pourvu que mon cofidéjusseur soit solvable, quoique le terme ou la condition sous laquelle il s'est obligé ne soit pas encore échue, je puis néanmoins demander que l'action soit par provision divisée entre lui et moi; sauf au créancier à revenir contre moi pour la part de ce fidéjusseur, si à l'échéance du terme ou de la condition il n'étoit pas solvable ; l. 27, ff. *de fidej.* ; et à plus forte rai-

son si la condition sous laquelle il s'est obligé venoit à défaillir.

423. La demande du créancier ne devant être divisée que lorsque les cofidéjusseurs sont solvables, s'il y a contestation entre le créancier et le fidéjusseur qui demande la division sur le fait de la solvabilité des cofidéjusseurs, le fidéjusseur est reçu, en offrant de payer sa part, à demander qu'avant de faire droit sur le surplus, le créancier soit tenu de discuter les cofidéjusseurs; l. 10, ff. *dict. tit.*; mais ce sera aux risques de ce fidéjusseur.

424. Je ne puis pas opposer l'exception de division, si mon cofidéjusseur est demeurant hors du royaume : car cette exception est une grace que la loi n'accorde qu'autant que le créancier n'en souffriroit pas trop d'incommodité. *Papon, X, 4, 15.*

§. IV. Un cautionnement peut-il se diviser avec une caution qui n'a pas valablement contracté, et avec une caution mineure?

425. Lorsque je me suis obligé comme caution pour quelqu'un, avec une personne qui étoit incapable de contracter une pareille obligation, telles qu'étoient chez les Romains toutes les femmes, je ne puis éviter de payer le total de la dette au créancier, comme si j'étois seul fidéjusseur; la personne incapable qui s'est rendue caution avec moi ne devant point être considérée. On ne distingue point en ce cas si j'ai contracté mon cautionnement avant celui de cette personne incapable, ou si je l'ai contracté conjointement ou depuis.

Il n'en est pas de même, suivant le droit romain, lorsque je me suis rendu caution avec un mineur qui se fait par la suite restituer contre son obligation. Je ne suis tenu du total de la dette qu'au cas auquel j'aurois d'abord seul subi le cautionnement sans compter sur le mineur, qui ne s'est rendu caution que depuis, pour la même personne que moi : mais si nous nous sommes rendus cautions ensemble, la restitution qu'il obtient contre son obligation ne doit pas, suivant le droit romain, me charger seul de la dette, que je m'étois attendu qu'il paieroit avec moi; l. 48, *pp. et §.* 1, ff. *de fidej.*

Papinien rapporte à cet égard cette raison de différence entre une femme et un mineur. Celui qui se rend caution conjointement avec une femme, n'a pas dû compter sur la femme pour partager avec elle l'obligation, puisqu'il devoit savoir qu'elle en étoit incapable, *cùm ignorare non debuerit mulierem frustrà intercedere.* Mais il n'en est pas de même de celui qui s'est rendu caution avec un mineur, *propter,* dit Papinien, *incertum ætatis et restitutionis,* parcequ'il pouvoit ignorer qu'il fût mineur, ou espérer qu'il ne reviendroit pas contre son obligation : c'étoit au créancier plus qu'à lui à s'en informer lorsqu'il l'a admis pour caution, et c'est le créancier plutôt que lui qui doit souffrir de la restitution que le mineur a obtenue contre son obligation; *d.* l. 48, *pp. etc. §.* 1.

Quelque respect que j'aie pour les décisions du grand Papinien, celle-ci me paroît souffrir difficulté. Plusieurs fidéjusseurs étant, comme nous l'avons dit ci-dessus, débiteurs de toute la dette, la division qu'en accorde la constitution d'Adrien, lorsqu'ils sont tous solvables, n'est qu'une grace qui ne doit pas leur être accordée au préjudice du créancier. Cette raison qui fait qu'on me refuse la division de la dette avec mon cofidéjusseur, lorsqu'il est devenu insolvable, doit la faire refuser avec mon cofidéjusseur qui s'est fait restituer contre son cautionnement. Il n'y a pas plus de raison de l'accorder avec l'un qu'avec l'autre; je n'ai pas dû compter plus sur l'un que sur l'autre : si j'ai pu prévoir l'insolvabilité, j'ai pu encore plus facilement prévoir la restitution. On ne peut pas dire que le créancier a bien voulu se charger de ce risque en acceptant le cautionnement d'un mineur; car ne s'étant pas contenté du cautionnement de ce mineur, et ayant exigé qu'on lui joignît une autre caution, c'est au contraire une preuve qu'il a cherché ses sûretés contre la restitution, et qu'il n'a pas voulu se charger de ce risque.

Ces raisons me paroissent suffisantes pour décider indistinctement, contre l'autorité de la loi romaine, que la restitution obtenue pour cause de minorité par mon cofidéjusseur doit, de même que son insolvabilité, me charger du total de la dette.

Il y a plus : si, avant que mon cofidéjusseur mineur se fût pourvu contre son cautionnement, j'étois poursuivi par le créancier, et que je lui opposasse l'exception de division, je pense qu'il seroit équitable qu'il ne pût être obligé de diviser son action entre son cofidéjusseur mineur et moi, que sous la réserve de revenir contre moi, dans le cas auquel ce mineur se feroit restituer contre son cautionnement.

Mais si le créancier avoit consenti à la division de son action sans aucune réserve, il y a lieu de penser qu'en ce cas il auroit pris sur lui le risque de la restitution du mineur, et qu'il n'auroit aucun recours contre moi.

§. V. Quand l'exception de division peut-elle être opposée ?

426. On a fait une question de savoir si l'exécution de division ne pouvoit être opposée qu'avant la contestation en cause. Quelques anciens docteurs, comme Pierre de Belleperche, Cynus et autres, étoient dans ce sentiment ; mais le sentiment contraire, qui est suivi par Vinnius, *select. quæst.* 11, 40, est le plus véritable ; il est fondé sur le texte formel de la loi 10, §. 1, *Cod. h. tit. Ut.... dividatur actio inter eos qui solvendo sunt, antè condemnationem ex ordine solet postulari.* Il suffit, aux termes de cette loi, de demander la division de l'action avant la sentence, et par conséquent on le peut après la contestation en cause. En effet, cette exception tient plus des exceptions péremptoires que des dilatoires, puisqu'elle tend à exclure entièrement l'action du créancier contre celui qui l'oppose pour les parts de ses cofidéjusseurs. Le texte des Institutes, *tit. de fid.* §. 4, sur lequel se fondent ceux de l'autre sentiment, ne prouve rien. Il dit bien que tous les fidéjusseurs doivent être solvables lors de la contestation en cause, pour

qu'il y ait lieu à la division de l'action ; mais il ne s'ensuit pas de là que cette division ne puisse être demandée depuis.

La loi 10, §. 1, ff. *de fid.*, où il est dit que la caution qui a dénié son cautionnement n'est pas recevable à opposer l'exception de division, n'est pas contraire à notre décision : car c'est cette dénégation faite de mauvaise foi qui le rend indigne de cette grace et non recevable dans cette exception, et non la litiscontestation. La litiscontestation intervenue entre le créancier et la caution, ne suppose pas que la caution ait dénié son cautionnement : elle a pu intervenir sur toute autre chose, *putà*, sur ce que la caution a soutenu la dette acquittée, ou qu'il y avoit quelque fin de non recevoir qui rendoit le créancier non recevable en sa demande. Quelques docteurs ont donné dans l'excès opposé, en décidant que l'exception de division peut être opposée même après le jugement de condamnation, à l'exemple de l'exception *cedendarum actionum*, et des exceptions *S. C. Macedoniani et S. C. Velleiani.* Cette opinion est démentie par la loi 10, §. 1, *Cod. de fid.*, où il est dit que les cautions peuvent proposer l'exception de division avant le jugement de condamnation, *antè condemnationem* : donc ils ne le peuvent pas après. A l'égard des exemples qu'on apporte des exceptions qui peuvent s'opposer même après le jugement, la raison est qu'il y a une grande différence entre l'exception de division et l'exception *cedendarum actionum.* Celle-ci n'attaque pas la sentence, ni le droit acquis par cette sentence au créancier ; et lorsque la caution qui a été condamnée envers lui l'a payé, il n'a aucun intérêt à lui refuser la cession de ses actions : au lieu que l'exception de division, si on la proposoit après le jugement de condamnation, attaqueroit ce jugement, et le droit acquis par ce jugement au créancier, puisqu'elle tend à restreindre à une portion le droit qui est acquis au créancier par ce jugement, d'exiger le total de la dette de la caution qui a été condamnée envers lui. Quant à ce qui est décidé pour les exceptions *S. C. Ma-*

cedoniani, *S. C. Velleiani*, c'est un droit singulier fondé sur la faveur de ces exceptions et sur une espèce d'intérêt public, *ad coercendos fœneratores, et ad subveniendum sexui muliebri*. Ce droit singulier ne peut être tiré à conséquence, et ne peut être étendu à l'exception de division, ni aux autres exceptions péremptoires. *Vinn. ibid.*

Lorsque le jugement de condamnation est suspendu par un appel, on peut dire qu'il n'y a pas de condamnation, jusqu'à ce qu'il intervienne un arrêt définitif : d'où il suit que la caution peut être admise, en cause d'appel, à opposer l'exception de division. C'est l'avis des docteurs cités par Bruneman, *ad* l. 10, *Cod. de fid.* : c'est aussi l'avis de Vinnius.

§. VI. De l'effet de l'exception de division.

427. L'effet de l'exception de division est de faire prononcer par le juge la division de la dette entre les fidéjusseurs qui sont solvables, et de restreindre par ce moyen à la part seulement du fidéjusseur qui a opposé la division, la demande qui a été donnée contre lui.

Avant que cette division de la dette ait été prononcée par le juge sur l'exception de division, ou qu'elle ait été faite volontairement par le créancier, par la demande qu'il auroit donnée contre chacun des fidéjusseurs pour sa part, l. 16, *Cod. de fidej.*, chacun des fidéjusseurs est véritablement débiteur du total de la dette. C'est pourquoi, si l'un d'eux a payé le total, il ne peut avoir contre le créancier aucune répétition des parts de ses cofidéjusseurs ; l. 49, §. 1, ff. *d. fid.* : car il devoit véritablement le total qu'il a payé, en n'usant pas de l'exception de division dont il pouvoit user, *plenius fidem exsolvit*. Mais depuis que la division de la dette a été prononcée, la dette est tellement divisée, que quand même l'un des fidéjusseurs entre qui la dette a été divisée deviendroit depuis insolvable, le créancier n'auroit aucun recours contre les autres pour la part de cet insolvable, l. 15, §. 4, ff. *de fidej.*

Il reste une question. Si le fidéjusseur qui demande la division de l'action du créancier entre lui et son cofidéjusseur, a payé auparavant une partie de la dette, doit-il payer la moitié de ce qui reste dû, sans rien imputer de ce qu'il a payé? Papinien l'avoit décidé ainsi; *eam enim quantitatem inter eos convenit dividi, quam litis tempore debent.* Cette décision, quoique conforme à la rigueur du principe, n'a pas été suivie; il a été trouvé plus équitable d'accorder au fidéjusseur la faculté d'imputer sur la part dont il est tenu de la dette ce qu'il a déjà payé, de ne l'obliger à payer que le surplus de sa part du total de la dette, et de charger de l'autre en entier son cofidéjusseur : *Sed humanius est*, dit l'annotateur, *si et alter solvendo sit, per exceptionem ei qui solvit succurri;* d. l. 51, §. 1.

ARTICLE IV.

De la cession d'actions, ou subrogation que le créancier est tenu d'accorder au fidéjusseur qui le paye.

428. Un troisième bénéfice que les lois accordent au fidéjusseur, c'est que lorsqu'il paye, il peut requérir le créancier de le subroger à tous ses droits, actions et hypothèques, tant contre le débiteur principal qu'il a cautionné, que contre toutes les autres personnes qui sont tenues de cette dette. C'est ce qui résulte de la loi 17, ff. *de fid.;* l. 21, *Cod. d. tit.;* et de quantité d'autres textes. Voyez sur cette cession d'actions, et sur l'exception qu'a le fidéjusseur qui s'est par son fait mis hors d'état de les céder, *infrà, p.* 3, *ch.* 1, *art.* 6, §. 2.

SECTION VII.

Du droit qu'a la caution contre le principal débiteur, et contre ses cofidéjusseurs.

429. La caution a recours contre le débiteur principal après qu'elle a payé. Nous traiterons de ce recours dans un premier article. Il y a même des cas auxquels la cau-

tion a action contre le débiteur principal, même avant qu'elle ait payé : nous en parlerons dans le second article. Nous traiterons dans un troisième, de la question particulière, si la caution d'une rente constituée peut obliger, au bout d'un certain temps, le débiteur au rachat de la rente. Nous traiterons dans le quatrième, du droit de la caution contre ses cofidéjusseurs.

ARTICLE PREMIER.

Du recours de la caution contre le débiteur principal, après qu'elle a payé.

§. I. Quelles sont les actions qu'a la caution contre le débiteur principal, après qu'elle a payé ?

430. Après que la caution a payé, si elle s'est fait subroger aux droits et actions du créancier, elle peut les exercer contre le débiteur, comme le créancier auroit pu faire lui-même. Si elle a négligé d'acquérir cette subrogation, elle ne laisse pas d'avoir de son chef une action contre le débiteur principal, pour se faire rembourser de ce qu'elle a payé pour lui.

Cette action est l'action *mandati contraria*, si c'est au su et au gré du principal débiteur qu'elle l'a cautionnée : car ce consentement du débiteur principal renferme un contrat tacite de mandat, suivant cette règle de droit : *Semper qui non prohibet pro se intervenire, mandare creditur*; l. 60, ff. *de R. J.* Si la caution s'est obligée pour le débiteur principal sans sa connoissance, elle ne peut pas avoir contre lui l'action *mandati*; mais elle a contre lui l'action *contraria negotiorum gestorum*, qui a le même effet.

§. II. Quel paiement donne lieu à ces actions ?

431. Il n'importe que la caution ait payé en conséquence d'une sentence de condamnation ou volontairement et sans sentence : car en l'un et en l'autre cas, *utiliter debitoris negotium gessit*. Elle a procuré au débiteur la libération de sa dette, et par conséquent il

doit la rembourser de ce qu'il lui en a coûté pour la lui procurer.

Il n'importe que le paiement ait été un paiement réel, ou une compensation, ou une novation. En tous ces cas, la caution a droit de demander que le débiteur principal la rembourse, soit de la somme qu'elle a payée, soit de celle qu'elle a compensée, soit de celle qu'elle s'est obligée de payer pour éteindre l'obligation du principal débiteur.

432. Si le créancier, en considération de la caution, a fait remise de la dette à titre purement gratuit, la caution ne peut rien demander au principal débiteur qui a profité de cette remise, parcequ'il n'en a rien coûté à la caution. Si la remise étoit faite pour la récompense des services que la caution a rendus au créancier, la caution pourroit se faire rembourser de cette somme par le débiteur principal; car, en ce cas, il en a coûté à la caution la récompense qu'elle auroit pu espérer de ses services, dont elle souffre la compensation pour la dette de ce débiteur principal à laquelle elle a accédé comme caution. C'est la disposition de la loi 12, ff. *mandat.* Et cela est conforme à cette maxime de la loi 26, §. 4, ff. *d. tit. Sciendum est non plus fidejussorem consequi debere mandati judicio, quàm quod solverit.*

§. III. Trois conditions pour que le paiement fait par la caution donne lieu à l'action contre le débiteur principal.

433. Pour que le paiement fait par la caution donne lieu à ces actions, il faut, 1.º que la caution n'ait pas par sa faute négligé quelque fin de non recevoir qu'elle eût pu opposer au créancier.

2º Que le paiement ait été valable, et ait libéré le débiteur principal.

3º Que le débiteur principal n'ait pas payé une seconde fois par la faute de la caution.

PREMIÈRE CONDITION.

434. Pour que la caution qui a payé ait recours contre
le débiteur principal, il faut qu'elle n'ait pas négligé par
sa faute d'opposer les fins de non recevoir, si elle en avoit
quelques unes à opposer contre le créancier. Par exemple,
si quelqu'un m'a cautionné pour le prix d'un héritage que
j'ai acheté, et qu'ayant connoissance que cet héritage m'a
été évincé, il paye néanmoins le prix à mon vendeur envers
qui il s'est rendu caution pour moi, il n'aura aucun recours
contre moi ; parcequ'il pouvoit se dispenser de payer,
en opposant au vendeur l'exception résultante de l'éviction que j'avois soufferte. Si la caution a ignoré l'éviction,
et par conséquent l'exception qui en résultoit contre la
demande du prix que lui a faite le vendeur, je serai obligé
de lui rendre ce qu'il a payé, sauf mon recours contre
mon vendeur : car il n'est pas en faute de n'avoir pas
opposé une exception dont il n'avoit pas de connoissance,
et c'est moi qui suis en faute, au contraire, de ne l'en
avoir pas averti. La loi 29, ff. *mand.*, établit ces principes
dans une espèce assez ressemblante. Au reste, il n'y a que
l'ignorance de fait qui puisse en ce cas excuser la caution ;
il en seroit autrement de l'ignorance de droit. *Finge.* J'ai
acheté sous votre cautionnement une maison que je croyois
subsister, et qui avoit été entièrement brûlée avant le contrat : quoique vous eussiez depuis appris l'incendie, vous
avez payé le prix que vous croyiez par erreur de droit être
dû ; vous ne devez avoir aucun recours contre moi; *d.*
l. 29, §. 1.

435. Si la caution avoit une fin de non recevoir à
opposer contre le créancier, mais qui fût telle qu'elle ne
pût l'opposer honorablement, en ce cas la caution n'est
pas, à la vérité, obligée de l'opposer; mais elle ne doit pas
priver le débiteur de la faculté de l'opposer. C'est pourquoi elle doit se laisser assigner pour le paiement, et
appeler en cause le débiteur principal, afin qu'il puisse
l'opposer si bon lui semble; faute de le faire, la caution

n'aura aucun recours contre le débiteur principal de ce qu'elle aura payé. C'est ce qui résulte des lois 48, ff. *mand.* et 10, §. 12, *d. tit.*

On peut apporter pour exemple de ces fins de non recevoir qu'on ne peut honorablement opposer, celle qu'on peut opposer au créancier de rente constituée qui a laissé accumuler plus de cinq années.

436. La règle que nous avons établie, que la caution, pour avoir recours contre le débiteur principal, doit n'avoir pas omis par sa faute d'opposer les fins de non recevoir qu'elle avoit à opposer, souffre exception, lorsque ces fins de non recevoir lui étoient personnelles, et ne pouvoient être opposées par le débiteur principal. Par exemple, si la caution qui m'a cautionné jusqu'à un certain temps, paye pour moi après ce temps, quoiqu'elle eût pu se dispenser de payer, elle ne laissera pas d'avoir recours contre moi, parcequ'elle a payé pour moi ce que je n'aurois pu éviter de payer. C'est la décision de la loi 29, §. 6, ff. *mand. Quamquàm enim jam liberatus solverit, fidem implevit, et debitorem liberavit.* Il suffit qu'elle m'ait procuré à ses dépens la libération, pour que je doive l'en indemniser; autrement je m'enrichirois à ses dépens, ce que l'équité ne permet pas : *Neminem æquum est cum alterius detrimento locupletari.*

DEUXIÈME CONDITION.

437. Pour que la caution ait un recours contre le débiteur principal, il faut que le paiement qu'elle a fait soit valable : c'est pourquoi si celui qui me doit un cheval indéterminément m'a donné une caution, et que cette caution, par la suite, m'en fournisse un qui se trouve ne lui pas appartenir, la caution n'aura point de recours contre le débiteur principal; parceque le paiement qu'elle a fait n'est pas valable, et n'a point procuré au principal débiteur sa libération.

438. Cette règle souffre exception dans le cas auquel la caution poursuivie par le créancier paieroit, dans l'igno-

rance où elle seroit que le débiteur principal a déja payé :
car, quoique ce paiement fait par la caution, étant le paiement d'une somme qui avoit cessé d'être due, ne soit pas
un paiement valable, néanmoins la caution ne laissera pas
d'avoir recours, *actione mandati contrariâ*, contre le débiteur principal, pour être remboursée de la somme qu'elle
a payée, à la charge seulement par la caution de subroger
le débiteur principal en son action de répétition contre le
créancier qui peut être insolvable, pour que le débiteur
principal s'en fasse payer comme il pourra. C'est la décision de la loi 29, §. 2, ff. *mand.* Le débiteur principal
est en faute de n'avoir pas averti la caution qu'il avoit
payé.

Cette décision ne doit pas avoir lieu lorsque la caution
a cautionné le débiteur principal à son insu ; car, en ce
cas, le débiteur principal n'est pas en faute de n'avoir
pas averti du paiement cette caution qu'il ne connoissoit pas.

TROISIÈME CONDITION.

439. Un troisième cas auquel la caution qui a payé n'a
pas de recours contre le débiteur principal pour la somme
qu'elle a payée, c'est lorsque, faute par elle d'avoir averti
le débiteur principal, ce débiteur a payé une seconde fois
au créancier : mais au moins elle peut demander que le
débiteur lui cède son action pour répéter contre le créancier qui a reçu, ce qui ne lui étoit plus dû. C'est la décision de la loi 29, §. 3, ff. *mand.*

Selon nos usages, ces cessions se suppléent, et on per-
mettroit en ce cas-ci à la caution de répéter *rectâ viâ* du
créancier ce qu'il auroit reçu une seconde fois.

§. IV. Quand la caution qui a payé peut-elle exercer son recours ?

440. Régulièrement la caution qui a payé peut agir en
recours contre le débiteur principal aussitôt qu'elle a payé
pour lui : mais si elle avoit payé avant que le terme fût
échu, elle ne pourroit agir en recours contre lui qu'après

l'expiration du terme; car elle ne doit pas par son fait le priver du terme dont il a droit de jouir; l. 22, §. 1; l. 51, ff. *mand.*

§. V. Lorsqu'il y a plusieurs débiteurs principaux, la caution a-t-elle action contre chacun d'eux, et pour combien?

441. La caution peut, par l'action *contraria mandati* ou par l'action *contraria negotiorum gestorum*, agir contre chacun des débiteurs principaux qu'elle a cautionnés, pour la répétition du total de ce qu'elle a payé : car chacun de ces débiteurs principaux étant débiteur du total de la dette envers le créancier, la caution, en se rendant caution pour chacun d'eux, et en payant, a libéré chacun d'eux du total; et par conséquent elle a droit de conclure solidairement contre chacun d'eux au remboursement du total de ce qu'elle a payé, et aux intérêts du jour de sa demande.

Si dans ce que la caution a payé il y avoit des intérêts et des arrérages, ces intérêts et ces arrérages forment un capital à l'égard de la caution qui les a payés, vis-à-vis le débiteur pour qui elle les a payés, et les intérêts en sont dus à la caution du jour de sa demande. *Arrêt rapporté par Papon,* X, 4, 20.

Observez néanmoins que pour la somme qu'elle a payée pour ces intérêts et arrérages, la caution qui s'est fait subroger aux droits du créancier sera colloquée sur les biens du débiteur contre qui elle exerce son recours, dans le même rang qu'y seroit colloqué le créancier, s'il n'étoit pas payé : mais à l'égard des intérêts de cette somme, que nous disons lui être dus du jour de sa demande, comme ce n'est que de son chef qu'elle a droit de les prétendre, elle ne sera colloquée que du jour de l'acte d'indemnité passé devant notaire, si le débiteur lui en a passé un, ou s'il n'y en a point, du jour de la condamnation qu'elle aura obtenue contre lui.

La caution qui exige de l'un des débiteurs principaux qu'elle a cautionné le total de la dette qu'elle a acquittée, doit céder à ce débiteur non seulement ses actions qu'elle a de son chef contre les autres débiteurs, mais aussi les actions du créancier auxquelles elle a dû se faire subroger en le payant. Si la caution, en payant le créancier, a négligé de requérir cette subrogation, et qu'elle se soit par là mise hors d'état d'en pouvoir procurer la subrogation à celui des débiteurs principaux de qui elle exige le total de la dette qu'elle a acquittée, ce débiteur pourra, en offrant de la rembourser pour sa part, obtenir, *per oppositam exceptionem cedendarum actionum*, le congé de la demande de la caution pour les parts des autres débiteurs principaux.

Cela a lieu si le débiteur avoit effectivement intérêt d'avoir la subrogation aux actions du créancier : mais s'il n'avoit aucun intérêt à cette subrogation, si la subrogation aux actions que la caution a de son chef lui donne le même avantage sur les biens de ses codébiteurs, que la subrogation aux actions du créancier, en ce cas il n'est pas recevable à se plaindre que la caution n'ait pas requis, en payant, la subrogation aux actions du créancier, et ne puisse la lui procurer; il est par conséquent non recevable dans l'exception *cedendarum actionum*.

C'est ce qui paroîtra par l'exemple suivant. *Fingę*. Plusieurs débiteurs ont emprunté solidairement une somme d'un créancier, sous mon cautionnement; et ils m'ont donné chacun un acte d'indemnité devant notaire, de même date que l'obligation qu'ils ont contractée envers le créancier. J'ai acquitté cette dette sans requérir la subrogation aux actions du créancier; j'en demande le remboursement pour le total à l'un des débiteurs. Il est évident qu'il ne peut pas se plaindre de ce que je ne puis lui procurer la subrogation aux actions du créancier; car l'action que j'ai de mon chef contre les codébiteurs, et à laquelle je suis prêt à le subroger, ayant une hypothéque résultante de l'acte d'indemnité de même date que l'hypothéque des actions du créancier; la subrogation à cette action, que je lui offre, lui procure le même avantage sur les biens de ses codébiteurs, que lui auroit procuré la subrogation à celles du créancier, et par conséquent le rend sans intérêt, et non recevable à se plaindre de ce que je ne la lui ai pas pu procurer.

Lorsque la caution ne s'est rendue caution que pour l'un des débiteurs solidaires, et non pas pour les autres, elle n'a, après qu'elle a acquitté la dette, d'action directe que contre celui qu'elle a cautionné : elle peut seulement, comme exerçant les droits et actions de son débiteur, exercer celles que ce débiteur, en acquittant la dette, auroit pu exercer contre eux, et de la même manière qu'il les auroit exercées; sur quoi voyez *suprà, n.* 281.

ARTICLE II.

Des cas auxquels la caution a action contre le débiteur principal, même avant qu'elle ait payé.

442. La loi 10, *Cod. mand.*, ne reconnoît que trois cas dans lesquels une caution puisse, avant qu'elle ait acquitté la dette, agir contre le débiteur qu'elle a cautionné, pour en être par lui indemnisée. *Si pro eâ contrà quam supplicas fidejussor, seu mandator intercessisti, et neque condemnatus es, neque bona sua eam dilapidare posteà cœpisse comprobare possis, ut tibi justam metuendi causam præbeat; neque ab initio ita te obligationem suscepisse, ut eam possis et antè solutionem convenire; nullâ ratione, antequàm satis creditori pro eâ feceris, eam ad solutionem urgeri certum est; d.* l. 10.

Le premier cas rapporté dans cette loi, est lorsque la caution a été condamnée à payer, *si neque condemnatus es.*

Selon notre pratique françoise, la caution n'est pas obligée d'attendre qu'elle ait été condamnée. Aussitôt qu'elle est poursuivie par le créancier, elle peut assigner le débiteur principal comme son garant, pour qu'il soit tenu de l'acquitter : elle doit même le faire; faute de quoi le débiteur n'est point tenu d'acquitter la caution des frais faits avant qu'il ait été appelé en cause, mais seulement de l'exploit de la demande originaire, et des frais faits depuis qu'il a été mis en cause.

Le débiteur que la caution n'a pas appelé, peut même quelquefois se défendre de l'acquitter du principal, au paiement duquel la caution a été condamnée, lorsqu'il avoit de bons moyens de défense contre la demande du créancier, qu'il eût pu opposer, s'il eût été appelé en cause; *suprà*, *n.* 433.

Le second cas est lorsque le débiteur principal est en déroute, *neque posteà bona sua dilapidare comprobare possis* : en ce cas la caution, quoiqu'elle n'ait pas encore payé, peut faire arrêt sur les biens du débiteur principal, afin qu'ils répondent du cautionnement qu'elle a subi pour lui.

Le troisième cas exprimé par cette loi, est lorsque le débiteur s'est obligé à rapporter à la caution la décharge de son cautionnement dans un certain temps : en ce cas, après le temps expiré, la caution peut agir contre le débiteur principal, pour qu'il lui rapporte cette décharge, ou deniers à suffire pour payer le créancier.

La loi dit, *neque ab initio*, parceque, suivant les principes du droit romain, cette convention devoit intervenir dès le temps du mandat ; les conventions qui n'interviennent que depuis le contrat, n'étant que de simples pactes, qui, selon la subtilité du droit romain, ne pouvoient pas produire d'action. Voyez *in Pand. Justin. tit. de pactis, n.* 34. Ces subtilités n'ayant point été reçues dans notre droit, il n'importe que la convention soit intervenue dès le temps du contrat ou depuis.

La loi 38, §. 1, *mand.*, rapporte un quatrième cas : *si diù reus in solutione cessavit.* Suivant cette loi, quoiqu'il n'y ait aucune clause par laquelle le débiteur principal seroit obligé à faire décharger la caution de son cautionnement dans un certain temps; néanmoins la caution, dont l'obligation dure depuis un temps considérable, peut assigner le débiteur principal à lui en procurer la décharge. La loi, par ce terme *diù*, désigne un temps considérable;

mais elle ne le détermine pas précisément. Barthole l'arbitre à deux ou trois ans : plusieurs l'arbitrent au temps de dix ans depuis la date du cautionnement. On ne peut rien définir à cet égard : cela doit dépendre des circonstances, et être laissé à l'arbitrage du juge; *gl. ad. d.* l. 38.

443. Lorsque l'obligation à laquelle une caution a accédé, doit par sa nature durer un certain temps, quelque long qu'il soit, la caution ne peut demander, pendant tout ce temps, que le débiteur principal l'en fasse décharger; car ayant connu ou dû connoître la nature de l'obligation à laquelle elle accédoit, elle a dû compter qu'elle demeureroit obligée pendant tout ce temps : c'est pourquoi celui qui s'est rendu caution d'un tuteur pour la gestion de sa tutelle, ne peut demander au tuteur, tant que sa tutelle durera, qu'il le fasse décharger de son cautionnement, parceque l'obligation qui résulte de l'administration de sa tutelle, ne peut finir avant la fin de la tutelle. Par la même raison, celui qui s'est rendu caution pour un mari envers sa femme de la restitution de sa dot, ne peut demander à ce mari, tant que le mariage dure, à être déchargé de son cautionnement, parceque l'obligation de la restitution de la dot est de nature à ne pouvoir s'acquitter qu'après la dissolution du mariage.

ARTICLE III.

Si la caution d'une rente peut obliger le débiteur au rachat.

444. Ou il y a eu une convention entre la caution et le débiteur principal, que le débiteur seroit obligé de la décharger de son cautionnement au bout d'un certain temps convenu entre les parties, ou il n'y a eu à cet égard aucune convention. Le premier cas fait moins de difficulté; il ne laisse pas néanmoins d'avoir quelque difficulté apparente. On peut dire qu'une telle convention n'est pas valable, comme contraire à la nature des rentes constituées, parcequ'il est de leur essence que le débiteur ne puisse jamais être forcé de les racheter : on ajoute que de telles

conventions, si elles étoient permises, ouvriroient la voie aux fraudes des créanciers, qui, pour se ménager le pouvoir de forcer au rachat les débiteurs des rentes qu'on leur constitueroit, n'acquerroient la rente que sous la condition secrète qu'on feroit intervenir une caution à eux affidée, avec qui le débiteur auroit convention de racheter la rente au bout d'un certain temps; et par ce moyen ces créanciers se feroient indistinctement des rentes usuraires, sans aliéner leur fonds et leur principal. Nonobstant ces raisons, Dumoulin, *Tract. de Usur. q.* 30, décide que cette convention est valable; que la caution peut, au bout du temps convenu, exiger du débiteur principal qu'il la fasse décharger de son cautionnement, et que pour cet effet il soit tenu de rembourser la rente. Si l'on oppose contre cette convention, qu'il est de l'essence des rentes constituées, que le débiteur ne puisse être forcé à les racheter; la réponse est qu'à la vérité il est de l'essence de ces rentes que le débiteur ne puisse être forcé par le créancier à les rembourser; mais rien n'empêche qu'il ne puisse y être forcé par un tiers. C'est la parfaite aliénation du sort principal que le créancier a payé pour l'acquisition de la rente, qui fait l'essence de la rente constituée; mais il suffit pour cette aliénation, que le créancier de la rente ne se soit pas retenu le droit de pouvoir l'exiger, et qu'il n'y puisse jamais obliger le débiteur; il est indifférent que le débiteur puisse y être obligé par un tiers. Quant à la seconde objection, tirée de la fraude, la réponse est qu'elle ne se présume pas. Il est vrai que la permission de cette convention peut donner quelquefois occasion à l'espèce de fraude ci-dessus mentionnée, et c'est un inconvénient : mais si, sous le prétexte de cet inconvénient, cette convention, qui en elle-même n'a rien que de très licite, étoit défendue, il en résulteroit un plus grand, qui est que souvent des personnes ne trouveroient pas l'argent dont elles ont besoin pour leurs affaires, faute de trouver des cautions qui voulussent contracter une obligation dont la durée ne seroit pas limitée.

Le second cas, qui est celui auquel il n'y a eu aucune convention entre le débiteur principal et la caution, souffre plus de difficulté. Dumoulin, *ibid.*, décide qu'en ce cas la caution ne peut, au bout de quelque long temps que ce soit, obliger le débiteur principal à rembourser la rente, pour la décharger de son cautionnement; parceque la nature de la rente étant de durer perpétuellement, jusqu'à ce qu'il plaise au débiteur de la racheter, la caution, qui en a connu la nature, et qui a bien voulu la cautionner, s'est soumise à contracter une obligation perpétuelle, ainsi que l'est la rente. *Non obstat*, dit-il, *quòd diù vel perpetuò remanebit in obligatione, quia hoc est de naturâ obligationis, et sic prævisum fuit, et tamen fidejussit, et se perpetuò obligavit : simplex autem promissio indemnitatis intelligitur secundùm naturam obligationis principalis.* Ainsi, ajoute-t-il, celui qui se rend caution pour celui qui a pris à bail un héritage pour le temps de quatre-vingts ans, contracte un cautionnement de pareille durée : ainsi les cautions d'une tutelle, ainsi les cautions d'un mari pour la restitution de la dot, contractent des cautionnements qui doivent durer autant que la tutelle ou le mariage, et dont ils ne peuvent être déchargés plus tôt : c'est la jurisprudence du parlement de Toulouse, attestée par Catelan, *tom.* 2, *liv.* 5, *ch.* 21. Nonobstant ces raisons, on tient au palais que, même dans ce cas auquel il n'y a eu aucune convention entre le principal débiteur et la caution, lorsque la caution s'est obligée à la prière du débiteur, et que son cautionnement dure depuis un temps très considérable, comme de dix ans au moins, la caution est bien fondée à demander au débiteur principal qu'il l'en décharge, en remboursant la rente dans un certain temps qui lui sera limité par le juge. La raison est que si une rente est de nature à toujours durer jusqu'à ce qu'elle soit remboursée, elle est aussi de nature à pouvoir toujours être remboursée. Si la caution d'un preneur par bail à longues années, d'un tuteur, ou d'un mari, pour la restitution de la dot, ne peut être déchargée qu'après l'expiration du bail, ou après l'expiration du temps de la tutelle ou du mariage, c'est qu'il est de la nature de ces obligations de ne pouvoir finir plus tôt. C'est pourquoi celui qui s'est rendu caution par ces espèces d'obligations, a dû compter que l'obligation de son cautionnement ne finiroit pas plus tôt : mais les rentes constituées pouvant être remboursées, et se remboursant très fréquemment, celui qui s'est rendu caution pour le débiteur, a compté que le débiteur rembourseroit la rente, et que son cautionnement ne seroit pas éternel : c'est pourquoi, lorsqu'il dure trop long-temps, il doit être reçu à demander que le débiteur le décharge en remboursant la rente : c'est l'avis de Basnage, *p. 2, ch.* 5. Lacombe cite un arrêt qui l'a jugé.

Le droit qui résulte de la convention que le débiteur sera tenu de rembourser la rente dans un certain temps convenu, pour décharger la caution, ne s'exerce pas à la rigueur. C'est pourquoi si la caution, après l'expiration du temps convenu, poursuit le débiteur pour faire ce remboursement, le juge doit être facile à accorder au débiteur une prorogation de temps pour satisfaire à cette obligation, lorsque le débiteur n'a pas la commodité de le faire incontinent. *Molin. ibid.*

445. Lorsque le fidéjusseur qui est convenu avec le débiteur principal qu'il rembourseroit la rente dans un certain temps, est devenu l'unique héritier du créancier de la rente ; ou lorsqu'en étant devenu héritier pour partie, la rente est tombée par le partage en son lot ; il est évident qu'il ne peut plus exiger du débiteur principal le remboursement de la rente ; car son cautionnement se trouve en ce cas éteint, ne pouvant pas être caution envers lui-même. Il ne peut donc plus être recevable à demander que le débiteur le décharge d'un cautionnement qui ne subsiste plus, et dont il se trouve libéré.

Quid, si la rente pour laquelle il s'est rendu caution envers le défunt, est tombée au lot de son cohéritier, ou que le partage ne soit pas encore fait ? Dumoulin, *ibid.*, décide que si la caution n'est devenue héritière du créancier que pour une petite portion, elle peut, en l'un et en l'autre cas, exercer le droit qu'elle a de son chef, d'obliger le débiteur à lui procurer la décharge de son cautionnement, en remboursant la rente; mais que si elle est devenue héritière du créancier pour une portion considérable, comme pour une moitié ou pour un tiers, elle ne peut, ni dans l'un ni dans l'autre cas, exiger du débiteur cette décharge. La raison qu'il en rapporte est, que la caution, en devenant héritière pour une portion considérable de la rente, est devenue créancière de cette rente pour une portion considérable; et que cette qualité de créancier pour une portion considérable de la rente qu'elle a, ou qu'elle a eue avant le partage, résiste au droit d'en exiger du débiteur le rembousement, pour se procurer la décharge de son cautionnement; d'autant plus qu'il lui est ou qu'il lui a été facile de se procurer d'une autre manière cette décharge, en faisant tomber par le partage cette rente dans son lot.

J'aurois de la peine à me rendre à cette décision de Dumoulin, sur-tout dans le cas auquel la rente est échue en entier par le partage au cohéritier de la caution : car, suivant les principes de notre jurisprudence sur l'effet déclaratif et rétroactif des partages, qui n'étoient pas si bien établis au temps de Dumoulin qu'ils le sont aujourd'hui, un héritier n'est censé avoir succédé au défunt qu'aux effets qui lui sont échus dans son lot par le partage. La caution est donc censée n'avoir jamais succédé à la rente pour laquelle elle s'est rendue caution envers le défunt, cette rente étant tombée en entier dans le lot de son cohéritier. Elle n'a donc, et est censée n'avoir jamais eu pour aucune portion, la qualité de créancière de cette rente. Rien ne peut donc l'empêcher d'exercer le droit qu'elle a de son chef, d'exiger du débiteur qu'il la rembourse, pour lui procurer la décharge de son cautionnement. Quant à ce qu'ajoute Dumoulin, qu'il a été facile à la caution de se procurer d'une autre manière la décharge de son cautionnement, en faisant tomber la rente dans son lot, je réponds; 1° que cela ne dépendoit pas entièrement de la caution, son cohéritier, à qui cette rente pouvoit faire plus de plaisir que des fonds d'héritages, ayant pu exiger que le sort en décidât. 2° Quand cela auroit dépendu de la caution, je ne vois pas qu'elle fût obligée, pour faire plaisir au débiteur, de prendre cette rente plutôt que d'autres effets de la succession qui pouvoient lui faire plus de plaisir, et lui être plus avantageux.

Le cas auquel le partage n'est pas fait, a plus de difficulté : je penserois qu'en ce cas, sur la demande que donneroit la caution contre le débiteur pour le remboursement de la rente, on devroit surseoir jusqu'après le partage : car il n'est pas équitable que la caution poursuive le débiteur pour le remboursement, lorsqu'elle a espérance d'acquérir la décharge de son cautionnement par le partage, qui peut faire tomber cette rente dans son lot.

Quid, si le partage étoit fait, et que la rente fût demeurée en commun entre la caution et son cohéritier ? Je conviens qu'en ce cas la qualité qu'a la caution de créancière pour une portion de cette rente, l'empêche de pouvoir exiger du débiteur qu'il fasse le remboursement du total de cette rente : mais pourquoi ne pourroit-elle pas, en lui déclarant qu'elle consent qu'il la lui continue pour la portion qui lui est tombée en partage, exiger qu'il la lui rembourse pour la portion qui appartient à son cohéritier, afin de la décharger envers lui de son cautionnement ? Je ne vois rien qui l'en doive empêcher.

La caution cesse d'avoir le droit d'exiger que le débiteur principal fasse le rachat de la rente, non seulement lorsque c'est à titre d'héritier qu'elle devient propriétaire et créancière de la rente, mais aussi lorsqu'elle le devient à quelque titre que ce soit, soit universel, soit particulier ; *putà*, si elle devient donataire ou légataire universelle du créancier de la rente, ou donataire ou légataire particulière de la rente : car elle n'a droit d'en demander le rachat que pour être déchargée de son cautionnement ; et elle n'a plus besoin d'en être déchargée lorsqu'elle est devenue propriétaire de la rente, à quelque titre que ce soit, puisque dès-lors son cautionnement est éteint, personne ne pouvant être caution envers soi-même.

Si le droit de propriété de la rente que la caution a acquis n'étoit qu'un droit résoluble ; *putà*, si elle étoit donataire ou légataire de cette rente, à la charge de substitution ; l'obligation de son cautionnement seroit en ce cas plutôt suspendue qu'éteinte : elle revivroit lorsque son droit de propriété viendroit à se résoudre, *putà*, par l'ouverture de la substitution. C'est pourquoi la caution ne pourroit pas, à la vérité, exiger le rachat de la rente pendant le temps qu'elle en seroit propriétaire ; mais son droit de propriété venant à se résoudre, et en conséquence l'obligation de son cautionnement venant à revivre envers celui à qui la propriété de la rente a passé, le droit de demander au principal débiteur qu'il rachète la rente, pour qu'elle soit déchargée de son cautionnement, doit pareillement revivre ; et le temps dans lequel il s'est obligé de faire ce rachat, qui avoit cessé de courir pendant que la caution étoit propriétaire de la rente, recommencera à courir.

Mais si la caution qui est devenue propriétaire de la rente cesse d'en être propriétaire par une aliénation volontaire qu'elle en a faite, et non par la résolution de son droit, l'obligation de son cautionnement ne revit pas, ni par conséquent le droit d'exiger du débiteur le rachat de la rente. *Molin. ibid. quæst.* 29, *n.* 246.

Si la caution avoit elle-même fait le rachat de la rente, quoiqu'elle se fût fait subroger au droit du créancier, et qu'au moyen de cette subrogation elle pût la faire revivre contre le débiteur, néanmoins elle pourra, en ne faisant pas usage de cette subrogation, répéter du débiteur principal la somme qu'elle a payée pour ce rachat. La raison est, qu'un mandataire peut répéter, *actione mandati contrariâ*, tout ce que l'affaire dont il s'est chargé l'a obligé de débourser, *quidquid ex causâ mandati ipsi inculpabiliter abest.* (*V. Pand. Justin. tit. mand. n.* 53 *et seq.*) Or c'est le cautionnement que la caution a subi à la prière du débiteur, qui l'a obligé à faire ce rachat, pour mettre fin à son obligation : donc cette somme *ipsi abest ex causâ mandati*, *et quidem inculpabiliter* ; car le débiteur principal ne peut désapprouver cette dépense, puisqu'il s'étoit obligé lui-même à faire le rachat, pour mettre fin à l'obligation de la caution son mandataire, si la caution ne l'eût fait elle-même : donc ce débiteur principal ne peut se défendre de la répétition de cette somme. *Molin. ibid. quæst.* 3o.

Soit que la caution ait donné des deniers pour le rachat de la rente, soit que, du consentement du créancier, elle lui ait donné quelque chose équivalente à la somme dont elle étoit rachetable, elle a la répétition de cette somme contre le débiteur principal ; car en l'un et en l'autre cas, *ipsi ex causâ mandati abest*.

Observez que si la caution avoit fait le rachat de la rente avant l'expiration du temps dans lequel le débiteur s'étoit obligé de la racheter, elle n'en pourroit avoir la répétition qu'après l'expiration de ce temps : même après ce temps, cette répétition ne doit pas s'exercer avec rigueur, et lorsqu'elle est demandée, le juge doit être facile à accorder terme au débiteur pour trouver de l'argent.

Nous avons dit que la caution qui a racheté la rente, ne pouvoit avoir la répétition des deniers du rachat contre le débiteur principal qu'elle a cautionné, qu'autant qu'elle n'useroit pas de la subrogation à elle accordée pour faire revivre la rente : pourquoi cela ? Il sembleroit au contraire que la caution ayant deux qualités, *duarum personarum vices sustinens*, pourroit exercer tout à-la-fois les droits différents qui résultent de ces deux qualités, savoir, celui d'exiger la continuation de la rente, comme subrogée aux droits du créancier, et celui qu'elle a de son chef, d'exiger que le débiteur principal rachète la rente. Il semble qu'elle le peut d'autant plus, que le débiteur principal paroît ne souffrir en cela aucun préjudice ; puisque si la caution n'avoit pas fait le rachat, la caution pourroit exiger de lui qu'il le fît ; et nonobstant cette demande de la caution, il ne laisseroit pas d'être tenu de payer les arréages au

créancier jusqu'à ce qu'il l'eût fait: or il lui est indifférent
de les payer à la caution subrogée aux droits du créancier ou au créancier. Nonobstant ces raisons, Dumoulin,
quæst. 29, décide que la caution qui veut user du droit de
subrogation et se faire servir de la rente, ne peut plus dès-
lors user du droit qu'elle avoit d'en exiger le rachat, parce
que ce sont deux droits absolument incompatibles. Le
créancier d'une rente constituée, ou celui qui veut en
exercer les droits, est par cette qualité obligé de procurer au débiteur la libre jouissance du sort principal
de la rente aussi long-temps qu'il plaira au débiteur ;
ce qui est contradictoire avec le droit d'exiger le sort
principal.

Dumoulin, *quæst.* 30, *n.* 249, apporte ce tempérament
à sa décision, que si la caution, dans l'ignorance du droit
où elle étoit qu'elle ne pouvoit pas cumuler le droit de
faire revivre à son profit la rente, et celui d'en exiger le
rachat, en avoit reçu une année ou deux d'arrérages, elle
ne laisseroit pas de pouvoir être reçue à en exiger le
rachat, en offrant de renoncer à la subrogation aux droits
du créancier, et d'imputer en conséquence sur le principal, les arrérages qu'elle a reçus.

ARTICLE IV.

Des actions de la caution contre ses cofidéjusseurs.

446. Une caution peut bien exercer contre ses cofidéjusseurs les actions du créancier, lorsqu'elle a eu la précaution de s'y faire subroger ; mais, suivant les lois romaines, elle n'a de son chef aucune action contre eux,
même dans le cas auquel elle auroit payé la dette : c'est
la décision de la loi 39, ff. *de fid.;* l. 11, *Cod. d. tit.*

Les jurisconsultes romains se sont fondés sur le principe
suivant. Lorsque plusieurs personnes se rendent cautions
pour un même débiteur, elles ne contractent entre elles
aucune obligation : chacune d'elles n'a d'autre intention

que d'obliger le débiteur principal ; chacune d'elles ne se propose de faire l'affaire que du débiteur principal, et non celle de ces cofidéjusseurs : *Solius rei principalis negotium gerit, non alter alterius negotium gerit.*

Ce principe est vrai, et on peut même dire évident : mais la conséquence que les jurisconsultes romains en ont tirée, qu'un fidéjusseur ne peut jamais, sans subrogation d'actions, avoir aucune action de recours contre ses cofidéjusseurs, même lorsqu'il a payé la dette entière, dont ils étoient tous tenus, est une conséquence trop dure, et que nous n'avons pas admise dans notre jurisprudence. Au contraire nos jurisconsultes françois ont pensé que la caution qui a payé toute la dette, peut, sans subrogation d'actions, en répéter une part de chacun de ses cofidéjusseurs. C'étoit l'avis de d'Argentré, sur l'art. 213 de l'ancienne coutume de Bretagne, et l'on en a fait une disposition lors de la réformation, *art.* 194.

Cette action ne naît pas du cautionnement que ce fidéjusseur a subi avec ses cofidéjusseurs, puisque par ce cautionnement ils n'ont contracté aucune obligation entre eux, suivant le principe ci-dessus établi : elle ne naît que du paiement que ce fidéjusseur a fait de toute la dette, et de l'équité, qui ne permet pas que ses cofidéjusseurs, qui étoient tenus comme lui de la dette, profitent à ses dépens du paiement qu'il en a fait. Cette action n'est pas la vraie action *negotiorum gestorum;* ce fidéjusseur qui a payé la dette entière, ayant payé ce qu'il devoit effectivement, s'étant acquitté de sa propre obligation, *proprium negotium gessit, magìs quàm cofidejussorum :* mais cette action est une action *utilis negotiorum gestorum, quæ non ex subtili juris ratione, sed ex solâ utilitatis et æquitatis ratione proficiscitur;* parce que, quoique ce fidéjusseur, *ipsius inspecto proposito,* en payant la dette entière, fît plutôt sa propre affaire que celle de ses cofidéjusseurs, néanmoins, *effectu inspecto,* ayant, quant à l'effet, géré l'affaire de ses cofidéjusseurs en même temps qu'il faisoit la sienne, les ayant, par le paiement qu'il a fait, libérés d'une dette qui leur étoit commune avec lui, l'équité exige qu'ils portent leur part de ce paiement, dont ils ont profité autant que lui.

Il y a quelques auteurs qui ont été bien plus loin, et qui ont soutenu que dans le cas d'insolvabilité du débiteur principal, un fidéjusseur avoit action de son chef contre ses cofidéjusseurs, non seulement après qu'il avoit payé le créancier, pour répéter d'eux leurs parts de ce qu'ils auroient été tenus comme lui de payer au créancier; mais que même avant d'avoir payé, chacun des fidéjusseurs avoit action contre ses cofidéjusseurs pour qu'ils contribuent avec lui au paiement de la somme qu'ils doivent tous au créancier. Ils ont été même jusqu'à dire, que dans le cas de l'insolvabilité d'un débiteur de rente constituée, un fidéjusseur qui se trouvoit depuis un temps considérable caution de cette rente, avoit action contre ses cofidéjusseurs pour qu'ils fussent tenus de contribuer avec lui au rachat de cette rente. *Voyez Basnage*, *Traité des Hypothèques*, p. 2, *ch.* 6, qui cite quelques arrêts du parlement de Normandie qui l'ont jugé ainsi ; et *Brodeau sur Louet*, *lettre F*, *ch.* 27, qui cite aussi un arrêt du parlement de Paris. Mais je pense que ces auteurs ont été trop loin. J'accorde que lorsque l'un des fidéjusseurs est poursuivi par le créancier, ce fidéjusseur poursuivi a action contre ses cofidéjusseurs, pour qu'ils aient à fournir chacun leur part de la somme demandée, dont le paiement doit faire cesser les poursuites; et qu'à faute de ce faire, ils seront tenus, chacun pour leur part, des frais faits depuis que les poursuites leur auront été dénoncées. Cette action naît des poursuites faites contre ce fidéjusseur, et de l'équité, qui ne permet pas qu'entre plusieurs qui sont tenus également d'une même dette, l'un en soit plus poursuivi que les autres. C'est sur cette raison d'équité qu'a été établi le bénéfice de division entre les cofidéjusseurs. Cette même raison d'équité qui fait admettre un fidéjusseur poursuivi pour le paiement, à demander au créancier qu'il partage son action et ses poursuites entre tous les fidéjusseurs, le doit pareillement faire admettre à demander à ses cofidéjusseurs qu'ils contribuent, chacun pour leur part, au paiement de la dette, et faute de ce, au paiement des frais faits depuis que les poursuites leur sont dénoncées. Il doit être admis à cette demande, même lorsqu'il a renoncé au bénéfice de division, ou qu'il en est exclus par la nature de la dette cautionnée; cette renonciation et cette exclusion n'ayant lieu qu'en faveur du créancier.

Mais tant que le fidéjusseur n'est pas poursuivi pour le paiement, il n'a aucune action contre ses cofidéjusseurs pour les obliger à contribuer avec lui au paiement de la dette : car les cofidéjusseurs, suivant le principe établi ci-dessus, n'ayant entendu contracter entre eux aucune obligation, celle d'où naît l'action que l'un d'eux a contre ses cofidéjusseurs lorsqu'il est poursuivi, n'est fondée que sur une raison d'équité, qui naît de la poursuite même qui est faite contre lui; d'où il suit qu'il n'en peut avoir aucune, tant qu'il n'est pas poursuivi. A plus forte raison le fidéjusseur d'une rente ne peut pas, en cas d'insolvabilité du débiteur principal, avoir action contre ses cofidéjusseurs, pour les obliger à contribuer avec lui au rachat de la rente; car de quelle obligation pourroit naître cette action? Lorsque le fidéjusseur l'a rachetée, il ne peut non plus demander autre chose à ses cofidéjusseurs, que la continuation de la rente, chacun pour leur part : car l'action qu'il a contre eux ne pouvant naître que de la règle d'équité, qui ne permet pas que ses cofidéjusseurs profitent de ce rachat à ses dépens, ces cofidéjusseurs ne retirant de ce rachat d'autre profit que la libération de la prestation d'une rente, ils ne peuvent être tenus à autre chose qu'à lui continuer, chacun pour leur part, une rente pareille à celle dont le rachat les a libérés envers le créancier.

Une caution qui a payé une dette exigible ou racheté une rente, a action contre les autres cautions principales, et en cas d'insolvabilité de quelques unes d'entre elles, contre les certificateurs de cette caution insolvable, qui à cet égard la représentent; mais elle n'a aucune action contre ses propres certificateurs qui l'ont certifiée elle-même : car le certificateur est le fidéjusseur de la caution qu'il certifie, *est fidejussor fidéjussoris*; la caution, vis-à-vis de ses propres certificateurs, tient lieu d'un débiteur principal, *est instar rei principalis.*

Par la même raison, lorsque le certificateur a payé, il a recours pour le total contre la caution qu'il a certifiée.

SECTION VIII.

De plusieurs autres espèces d'obligations accessoires

ARTICLE PREMIER.

De l'obligation de ceux qu'on appelle en droit *Mandatores.*

447. Celui par l'ordre duquel j'ai prêté de l'argent à quelqu'un, est ce qu'on appelle en droit *mandator pecuniæ credendæ; toto tit. ff. de fidej. et mand.*

Lorsque vous me donnez l'ordre de prêter une certaine somme d'argent à Pierre, cet ordre, que je me charge d'exécuter, renferme un contrat de mandat qui intervient entre nous.

Suivant les principes du contrat de mandat, le mandataire étant obligé envers le mandant, *actione mandati directâ*, à lui tenir compte de tout ce qu'il a *ex causâ mandati*, je suis, par ce contrat, en ma qualité de mandataire, obligé, *actione mandati directâ*, envers vous qui êtes le mandant, à vous céder l'action qui naît du prêt de la somme d'argent que j'ai fait en exécution de votre mandat, et que j'ai par conséquent *ex causâ mandati.*

De votre côté, vous êtes obligé envers moi, *actione mandati contrariâ*, de me rembourser et indemniser de la somme que j'ai déboursée pour exécuter votre mandat, en la prêtant par votre ordre à Pierre. Par cette obligation vous devenez envers moi le répondant de Pierre pour la dette qu'il a contractée envers moi par le prêt que je lui ai fait.

En cela les *mandatores pecuniæ credendæ* conviennent avec les fidéjusseurs.

Il ne faut pas néanmoins les confondre, et il y a une différence essentielle entre les uns et les autres.

L'obligation d'un fidéjusseur n'est autre chose qu'un simple accessoire à l'obligation du débiteur principal, laquelle a pour cause celle de l'obligation du débiteur principal. Par exemple, lorsque vous vous rendez caution envers moi pour une somme d'argent que j'ai prêtée à Pierre, ou pour une somme d'argent que Pierre me doit pour le prix d'une chose que je lui ai vendue, le cautionnement que vous contractez n'est qu'une simple accession à l'obligation de Pierre; la cause de votre obligation aussi bien que de celle de Pierre, à laquelle vous avez accédé, est la vente ou le prêt que j'ai fait à Pierre.

Il n'en est pas de même de l'obligation que vous contractez envers moi, par l'ordre que vous me donnez de prêter une certaine somme à Pierre : il est vrai qu'elle a le même objet que celle que Pierre contracte envers moi par le prêt que je lui fais par votre ordre. La somme d'argent que vous me devez rembourser, *actione mandati contrariâ*, n'est pas une pareille somme; mais c'est précisément la même somme qui m'est due par Pierre; et il ne m'est pas permis de la recevoir de vous et de lui, suivant la règle : *Bona fides non patitur ut idem bis exigatur;* l. 57, ff. *de R. J.* Mais quoique votre obligation ait le même objet que celle de Pierre, quoique la somme qui m'est due par vous et par lui, soit une seule et même chose dont Pierre est le débiteur le plus principal, puisqu'il en est le débiteur pour lui-même absolument, et que vous en êtes débiteur plutôt pour lui que pour vous, néanmoins votre obligation n'est pas une pure accession à celle de Pierre ; elle a une cause différente de celle de l'obligation de Pierre, qui est le contrat de mandat intervenu entre nous. Ce contrat n'est pas un simple contrat accessoire, tel qu'est un cautionnement; c'est un contrat principal : votre obligation qui naît de ce contrat, qui est une obligation *ex causâ mandati*, a donc une cause distinguée de celle de l'obligation de Pierre, qui m'est débiteur *ex causâ mutui*.

De ces principes sur la différence de l'obligation d'un *mandator pecuniæ credendæ*, et de celle d'un simple fidéjusseur, suit cette différence entre l'un et l'autre, que lorsqu'un simple fidéjusseur a payé la dette pour laquelle il s'est rendu caution, sans requérir, en faisant le paiement, la cession des actions du créancier contre le débiteur principal, il éteint par ce paiement la dette du débiteur principal, et il ne peut plus par la suite se faire céder les actions du créancier contre le débiteur principal, qui ont été éteintes par ce paiement : car sa dette n'étant pas seulement une dette de la même chose, mais étant précisément la même dette que celle du débiteur principal, à laquelle il n'a fait qu'accéder, le paiement qu'il a fait a éteint la dette du débiteur principal.

Au contraire, lorsqu'un *mandator pecuniæ credendæ*, par l'ordre de qui j'ai prêté une certaine somme à un tiers, *putà* à Pierre, me rembourse de cette somme, quoiqu'il n'ait pas requis la cession de mes actions contre Pierre, le paiement qu'il me fait n'éteint que son obligation, et celle de Pierre n'est pas éteinte : je demeure, nonobstant ce paiement, créancier de Pierre, *ex causâ mutui*; non pas à l'effet que je puisse exiger à mon profit la somme qui m'est due par Pierre *ex causâ mutui*, en ayant déja été payé *ex causâ mandati*; mais j'en demeure créancier, à l'effet que je puisse céder les droits de cette créance à mon mandant lorsqu'il le requerra, comme j'y suis obligé envers lui *obligatione mandati directâ.* C'est ce que nous apprenons de la loi 28, ff. *mand. Papinianus ait mandatorem debitoris solventem ipso jure reum non liberare; propter enim mandatum suum solvit et suo nomine ; ideòque mandatori actiones putat adversùs reum cedi debere ;* quoiqu'il n'ait pas requis cette cession lors du paiement.

A ces différences près, les *mandatores pecuniæ credendæ*

conviennent avec les cautions ou fidéjusseurs : quoique l'obligation *contraria mandati*, qu'ils contractent envers celui qui a prêté à quelqu'un une somme d'argent par leur ordre, ne soit pas tout-à-fait, comme l'est un cautionnement, une pure accession à l'obligation du débiteur à qui la somme a été prêtée par leur ordre, et qu'elle ait *propriam causam*, elle est néanmoins, ainsi que celle des cautions, accessoire à l'obligation de ce débiteur, et elle en dépend : elle n'est valable qu'autant que l'obligation de ce débiteur est valable ; les *mandatores*, de même que les cautions, peuvent opposer toutes les exceptions *in rem*, que pourroit opposer le débiteur à qui la chose a été prêtée par leur ordre ; l. 32, ff. *de fidej.* L'extinction de l'obligation de ce débiteur, de quelque manière qu'elle se fasse, soit par le paiement réel de la somme prêtée, soit par la compensation, la novation, la remise, la confusion, éteint l'obligation de ces *mandatores*, de même que celle des cautions. La Novelle 4, §. 1, leur a donné, de même qu'aux cautions, l'exception de discussion. Tout ce que nous avons dit de cette exception, *suprà, sect. 6, art. 2*, s'applique aux *mandatores* de même qu'aux fidéjusseurs.

Pour que quelqu'un soit réputé *mandator pecuniæ credendæ*, et responsable par conséquent envers moi de la somme d'argent que j'ai prêtée à un tiers par son ordre, il faut que ce qu'il m'a dit ou écrit renferme un vrai mandat, par lequel il m'a chargé de prêter la somme à cette personne, avec intention de m'en indemniser. Mais si dans une conversation, vous ayant dit que j'avois une somme de mille écus à placer à constitution de rente, vous m'avez dit que Pierre cherchoit à prendre de l'argent à constitution, et que vous croyiez l'emploi bon, ces termes n'expriment pas un mandat, mais un simple conseil, qui ne vous fait contracter envers moi aucune obligation, selon cette règle de droit : *Consilii non fraudulenti nulla est obligatio, nisi dolus intervenerit;* l. 47, ff. *de Reg. Jur.*

Observez néanmoins que pour qu'un conseil n'oblige pas celui qui l'a donné, il faut qu'il ait été donné de bonne foi : c'est pourquoi la loi ajoute , *nisi dolus intervenerit* : car si vous aviez connoissance de la mauvaise situation des affaires de Pierre, lorsque vous m'avez conseillé de lui donner mon argent, ce seroit un dol de votre part, qui vous obligeroit, au moins dans le for de la conscience, de m'indemniser de ce que je perdrois par l'insolvabilité de Pierre.

Vous pourriez même en être tenu dans le for extérieur, si j'avois une preuve bien évidente que vous en aviez connoissance. Pareillement il ne faut pas prendre pour un *mandatum credendæ pecuniæ*, ce qui n'est qu'une simple recommandation. Par exemple, si vous avez dit : Pierre, notre ami commun , a besoin que vous lui prêtiez dix pistoles, je vous le recommande ; ce discours ne renferme pas un mandat, mais une simple recommandation qui n'est pas obligatoire; l. 12, §. 12, ff. *mandat.*

Il en seroit autrement si je vous avois dit : Pierre a besoin de dix pistoles; je n'ai pas pour le présent la commodité de les lui prêter, je vous prie de lui prêter cette somme à ma place. C'est un vrai mandat.

Pour qu'un *mandator pecuniæ credendæ* soit obligé de vous indemniser de l'argent que vous avez prêté à un tiers par son ordre, il faut que vous vous soyez renfermé exactement dans les termes de son mandat; *diligenter enim fines mandati custodiendi sunt* ; l. 5, ff. *mand.* Si donc vous avez fait autre chose que ce qui est porté par mon mandat; *putà*, si, vous ayant donné ordre de prêter une certaine somme d'argent à Pierre, vous la lui avez donnée à constitution de rente; *aut vice versâ*, si, vous ayant donné ordre de la lui donner à constitution de rente, vous la lui avez donnée à titre de prêt, je ne serai point obligé envers vous; car une constitution de rente et un prêt étant choses différentes, on ne peut pas dire que vous ayez fait ce qui étoit porté par mon mandat.

Si je vous avois donné ordre de prêter une certaine somme à Pierre, *putà* 500 liv., et que vous lui ayez prêté 600 liv.; la somme de 500 liv. portée par mon mandat, étant contenue dans celle de 600 liv. que vous lui avez prêtée, suivant cette règle de droit, *In eo quod plus sit, semper inest et minùs*; l. 110, ff. *de R. J.*; il est vrai de dire que vous avez fait ce qui étoit porté par mon mandat, et en conséquence je suis obligé envers vous, *obligatione mandati contrarià*, pour Pierre, jusqu'à concurrence de cette somme de 500 liv. A l'égard des 100 liv. de surplus, ayant, quant à cet excédant, passé les bornes de mon mandat, je ne suis pas obligé envers vous à cet excédant.

Vice versâ, si vous avez prêté à Pierre une somme moindre que celle portée par mon mandat, je suis obligé envers vous pour Pierre; car vous avez exécuté mon mandat pour partie.

Si vous avez fait ce qui étoit à la vérité porté par mon mandat, mais que vous ne l'ayez pas fait de la manière qui y étoit prescrite, je ne serai point obligé envers vous. Par exemple, si l'ordre que je vous ai donné de prêter une certaine somme à Pierre, portoit que vous tireriez de lui des effets en nantissement de cette somme, et que vous n'en ayez point tiré; ou s'il portoit que vous lui feriez passer une obligation devant notaire, à l'effet d'acquérir une hypothéque sur ses biens, et que vous vous soyez contenté de son billet; dans tous ces cas et autres semblables, je ne serai pas obligé envers vous, parceque vous n'avez pas suivi ce qui étoit porté par l'ordre que je vous ai donné; l. 7, *Cod. de fidej.*

Contrà vice versâ, si je vous avois donné ordre de prêter à Pierre une certaine somme, et de vous contenter de son simple billet, sans exiger de lui ni gages, ni caution, et que vous lui ayez fait passer une obligation par-devant notaires de la somme que vous lui avez prêtée par mon ordre, et que vous ayez même exigé de lui gage ou caution, je ne puis en ce cas me plaindre que vous ne vous soyez pas renfermé dans les termes de mon mandat; car vous avez fait ce qui y étoit renfermé, en faisant à Pierre le prêt de la somme que je vous avois donné ordre de lui faire; et ce que vous avez fait de plus, ne pouvant m'être qu'avantageux, je ne puis pas m'en plaindre.

Si je vous ai donné ordre de prêter une certaine somme à Pierre purement et simplement, et qu'en la lui prêtant, vous lui ayez accordé un terme pour le paiement, ou la faculté de payer quelque chose à la place, je ne contracterai aucune obligation envers vous; car en lui accordant cela, vous avez passé les bornes de mon mandat. Je ne me suis obligé, *obligatione mandati contrariâ*, à vous rembourser la somme que je vous ai donné ordre de lui prêter, qu'autant que vous auriez été en état de me céder, après que je vous aurois remboursé cette somme, des actions contre Pierre, par lesquelles j'eusse pu, aussitôt que je l'eusse voulu, exiger cette somme de Pierre, sans qu'il pût me donner quelque chose à la place : ainsi vous étant, par les termes et facultés que vous avez accordés à Pierre, mis hors d'état de pouvoir me céder ces actions, je ne suis point tenu envers vous du prêt que vous avez fait à Pierre.

Au contraire, si je vous avois donné ordre de prêter à Pierre une certaine somme, et de lui accorder un certain terme, et que vous la lui eussiez prêtée sans lui accorder de terme, je serai obligé envers vous pour cette somme, mais sans que vous puissiez l'exiger de moi qu'après l'expiration du terme porté par mon mandat. Au reste, je ne puis me plaindre que vous n'ayez pas accordé à Pierre le terme porté par mon mandat; car pourvu que vous ne puissiez exiger de moi la somme qu'après l'expiration de ce terme, il m'est indifférent que vous puissiez l'exiger plus tôt du débiteur principal.

ARTICLE II.

De l'obligation des commettants.

Nous verrons sur cette matière, 1° en quel sens les commettants accèdent aux obligations des contrats de leurs préposés, et en quoi ils diffèrent des autres débiteurs accessoires; 2° en quels cas il y a lieu à cette obligation des commettants; 3° nous parlerons de l'effét de cette obligation; 4° de l'obligation accessoire des commettants à celles qui naissent des délits de leurs préposés.

448. Lorsqu'un négociant a commis quelqu'un à une maison de commerce, ou au gouvernement d'un vaisseau marchand; et pareillement lorsque des fermiers du roi ont préposé quelqu'un à la direction d'un bureau; dans tous les engagements que ce préposé contracte, quoiqu'en son propre nom, pour les affaires auxquelles il est préposé, il s'oblige comme débiteur principal; et il oblige en même temps son commettant comme débiteur accessoire: car ce commettant est censé, par la commission qu'il lui a donnée, avoir consenti par avance à tous les engagements qu'il contracteroit pour toutes les affaires auxquelles il l'a préposé, et s'en être rendu responsable.

Ces commettants sont des débiteurs accessoires d'une espèce différente des cautions et des *mandatores pecuniæ credendæ*. Ceux-ci ordinairement, en accédant à l'obligation du débiteur principal, s'obligent pour l'affaire du débiteur principal, et non pour leur propre affaire : au contraire le commettant, en accédant aux contrats de ses préposés, fait sa propre affaire plutôt que celle de ses préposés. Si, dans le contrat du préposé, le préposé, par rapport aux engagements qu'il y contracte, est regardé comme le débiteur principal, et le commettant comme un débiteur accessoire, c'est seulement parceque le contrat se passe avec le préposé : le commettant, qui souvent n'a pas même connoissance du contrat, ne fait qu'y accéder par une adhésion générale qu'il est censé avoir faite d'avance aux contrats que feroit son préposé, lorsqu'il l'a préposé à ses affaires. Mais ces contrats que fait le préposé, sont plutôt l'affaire du commettant que celle de son préposé; et au lieu que les fidéjusseurs et les *mandatores pecuniæ credendæ* doivent être indemnisés par le débiteur principal, des obligations qu'ils contractent, c'est au contraire le commettant qui doit indemniser son préposé.

§. II. En quels cas y a-t-il lieu à l'obligation accessoire des commettants?

449. Pour qu'il y ait lieu à cette obligation accessoire du commettant, il faut que le préposé ait contracté en son propre nom, quoique pour les affaires du commettant : mais lorsqu'il contracte dans la qualité de facteur ou de fondé de procuration de son commettant, ce n'est pas lui qui contracte, c'est son commettant qui contracte par son ministère; *suprà*, *n.* 74 : le préposé en ce cas ne s'oblige pas; c'est le commettant seul qui, par le ministère de son préposé, contracte une obligation principale.

Lorsque le préposé contracte en son nom, pour qu'il oblige son commettant, il faut que le contrat concerne les affaires auxquelles il est préposé, et que ce préposé n'ait pas excédé les bornes de sa commission; l. 1, §. 7 et 12, *de exerc. act.*

Tels sont les contrats de vente et d'achat de marchandises que fait un préposé à une maison de commerce, les achats que fait un capitaine préposé à la conduite d'un vaisseau marchand, des choses nécessaires pour équiper ou radouber son vaisseau, etc.

Les emprunts de deniers faits par un préposé, sont aussi censés faits pour les affaires auxquelles il est préposé, et obligent en conséquence le commettant, lorsque le contrat d'emprunt contient une déclaration de la cause pour laquelle l'emprunt est fait, et que cette cause concerne effectivement les affaires auxquelles l'emprunteur est préposé.

Par exemple, si un préposé à la conduite d'un vaisseau marchand, après avoir essuyé une tempête ou un combat, qui a fort maltraité son vaisseau, relâche à un port et y fait un emprunt d'une somme d'argent, avec déclaration que c'est pour radouber son vaisseau, le négociant qui l'a préposé, sera obligé à cet emprunt.

On décide même que le commettant est en ce cas obligé, quand même le préposé auroit diverti les deniers, et n'auroit point fait cet emploi; pourvu que la déclaration faite par le contrat d'emprunt fût vraisemblable, et que la somme empruntée n'excédât pas de beaucoup ce qui est nécessaire à l'affaire pour laquelle on a déclaré devoir l'employer; l. 1, §. 8 et 9; l. 7, *princip.* et §. 1, ff. *de exerc. act.*

Les préposés obligent leurs commettants tant que leur commission dure; et elle est toujours censée durer jusqu'à ce qu'ils aient été révoqués, et que la révocation ait été connue dans le public.

Quoique régulièrement tout mandat finisse par la mort du mandant, néanmoins l'utilité du commerce a établi que la commission de ces personnes durât même après la mort du négociant qui les a préposés, jusqu'à ce qu'ils soient révoqués par l'héritier ou autre successeur; et en contractant pour les affaires auxquelles ils sont préposés, ils obligent l'héritier du négociant qui les a préposés, ou sa succession vacante, s'il n'en a point laissé; l. 17, §. 2 et 3; 11, ff. *instit. act.*

Par la même raison, le commis de la direction d'un bureau de finance oblige les successeurs des fermiers qui l'ont préposé, tant qu'il n'est pas révoqué.

§. III. De l'effet des obligations accessoires des commettants.

450. Cette obligation s'étend à tout ce qui renferme l'obligation du préposé. Elle en dépend, de même que toutes les obligations accessoires dépendent de l'obligation principale à laquelle elles accèdent : c'est pourquoi cette obligation du commettant s'éteint lorsque celle du préposé s'éteint, soit par le paiement, soit par la novation; l. 13, §. 1, ff. *de inst. act.*, ou de quelque autre manière que ce soit. Le commettant peut opposer toutes les exceptions *in rem* et fins de non-recevoir que peut opposer le préposé. Il ne peut pas opposer le vice de l'obligation de son préposé, qui naîtroit de quelque incapacité personnelle de ce préposé : car le commettant qui l'a préposé ne peut pas

arguer son propre fait et le choix qu'il en a fait : c'est pourquoi, quoiqu'un impubère, en contractant, ne s'oblige pas valablement, *ne quidem naturaliter* *, si ce n'est *quatenùs locupletior factus est*, et qu'en conséquence, des cautions ne puissent intervenir ** pour lui, néanmoins lorsqu'un marchand a préposé à son commerce un impubère, il est tenu, *institoriâ actione*, des obligations qui naissent des marchés faits par cet impubère, sans pouvoir opposer le défaut d'âge de celui qui les a faits : *Pupillus institor obligat eum qui eum præposuit, institoriâ actione, quoniam sibi imputare debet qui eum præposuit*; l. 7, §. *fin.* ff. *de inst. act.*

451. En ce qui concerne l'exécution de l'action *institoria*, qui naît de l'obligation accessoire des commettants, il y a quelques différences à observer entre eux et les fidéjusseurs.

Lorsque plusieurs négociants ou plusieurs fermiers du prince ont commis quelqu'un à leur commerce, à la conduite de leur vaisseau, ou à la direction d'un bureau, ils sont tenus solidairement des obligations de leur préposé; l. 1, §. *fin.*; et l. 2, ff. *de exerc. act.*; et ils n'ont pas le bénéfice de division entre eux, qui est accordé aux fidéjusseurs. Cela doit d'autant plus avoir lieu parmi nous, que selon notre jurisprudence, les associés sont tenus solidairement de tous les engagements relatifs à leur société.

452. Les fidéjusseurs, et même les *mandatores pecuniæ credendæ*, ont le bénéfice de discussion, qui leur a été ac-

---

* La loi 59, ff. *de obl. et act.*, le dit formellement. Je sais néanmoins que la question est controversée. Nous avons suivi le sentiment de Cujas. *Voyez in Pand. Justin.* une scolie, après le *n.* 17 du titre *de obl. et act.*, où nous avons rapporté fort au long les raisons sur lesquelles ce sentiment est établi, et les objections. Par obligation naturelle, nous entendons celle qui dans le for extérieur est reconnue comme obligation naturelle, et a *juris effectus*: car nous ne disconvenons pas qu'un impubère, *pubertati proximus*, s'il entend assez ce qu'il fait, peut s'obliger dans le for de la conscience.

** Cujas dit que la loi 127, ff. *de verb. obl.*, qui dit le contraire, doit s'entendre du cas auquel l'impubère a profité du contrat.

cordé par la Novelle de Justinien, et dont nous avons traité *suprà*, *sect.* 6, *art.* 2, parcequ'ils ont contracté leur obligation plutôt pour les affaires du débiteur principal, que pour leurs propres affaires : mais l'obligation qu'un commettant contracte *ex contractu institoris*, étant une obligation que ce commettant contracte pour ses propres affaires, il n'a pas ce bénéfice de discussion, quand même il auroit déja indemnisé son préposé, et lui auroit remis des fonds pour payer : mais en ce cas le créancier doit, s'il en est requis lors du paiement, lui accorder la cession de ses actions.

L'ordonnance de la marine, *tit.* 8, *art.* 2, accorde un bénéfice particulier aux armateurs ; c'est de pouvoir se décharger des engagements contractés par le capitaine qu'ils ont préposé à la conduite de leur vaisseau, en abandonnant aux créanciers le bâtiment et le fret.

§. IV. De l'obligation accessoire des commettants, qui naît des délits de leurs préposés.

453. Ce n'est pas seulement en contractant, que les préposés obligent leurs commettants. Quiconque a commis quelqu'un à quelques fonctions, est responsable des délits et quasi-délits que son préposé a commis dans l'exercice des fonctions auxquelles il étoit préposé ; l. 5, §. 8, ff. *de inst. act.*; et s'ils sont plusieurs qui l'ont préposé, ils en sont tous tenus solidairement sans aucune exception de division ni de discussion. Par exemple, si un commis aux aides, en faisant son exercice chez un cabaretier, a maltraité ce cabaretier, ou lui a causé quelque dommage dans ses effets, les fermiers du prince qui l'ont préposé, sont responsables de ce délit, et obligés au paiement des dommages et intérêts auxquels leur commis sera condamné, sauf leur recours contre lui ; parceque ce préposé a commis le délit dans ses fonctions. Si le commis avoit maltraité ou volé quelqu'un hors de ses fonctions, ils n'en seroient pas tenus.

Cette obligation du commettant est une obligation accessoire à l'obligation principale du préposé qui a commis le délit.

Elle s'étend à tout ce que l'obligation principale renferme pour les dommages et intérêts dus à celui contre qui le délit a été commis; mais le commettant n'en est tenu que civilement, quoique celui qui a commis le délit en soit tenu par corps. Les commettants ne peuvent opposer contre l'action qui en naît, ni l'exception de division, ni celle de discussion; ils peuvent seulement, en payant, requérir la cession des actions du créancier.

§. V. Des pères de famille et des maîtres.

454. Une autre espèce d'obligation accessoire, est celle des pères de famille, qui sont responsables des délits de leurs enfants mineurs et de leurs femmes, lorsqu'ils ne les ont pas empêchés, ayant été en leur pouvoir de le faire.

Ils sont présumés avoir pu empêcher le délit, lorsqu'il a été fait en leur présence. Lorsqu'il a été fait en leur absence, il faut juger par les circonstances, si le père a pu empêcher le délit. Par exemple, si un enfant a eu une querelle avec son camarade, et l'a blessé d'un coup d'épée, quoique hors de la présence de son père, le père peut être tenu de ce délit, comme ayant pu l'empêcher; ce qu'il pouvoit faire en ne permettant pas à son fils de porter l'épée, sur-tout s'il étoit naturellement querelleur.

455. Ce que nous disons des pères, s'applique aux mères, lorsqu'après la mort de leurs maris elles ont leurs enfants sous leur puissance. Cela peut s'appliquer pareillement aux précepteurs, pédagogues, et à tous ceux qui ont des enfants sous leur conduite.

456. Les maîtres sont aussi tenus des délits de leurs domestiques, lorsqu'ils ne les ont pas empêchés, ayant pu le faire.

Ils sont même tenus de ceux qu'ils n'ont pu empêcher,

lorsque les domestiques les ont commis dans les fonctions auxquelles ils étoient préposés. Par exemple, si votre cocher, en conduisant votre carrosse, a, par brutalité ou par impéritie, causé quelque dommage, vous en êtes civilement responsable, sauf votre recours contre lui, qui est le débiteur principal.

Les pères et les maîtres ne sont pas tenus des engagements que contractent leurs enfants ou leurs domestiques en contractant, à moins qu'il ne soit justifié qu'ils les avoient préposés à quelque administration à laquelle ces engagements contractés par les enfants ou domestiques ont rapport. *

.Par exemple, s'il étoit justifié que j'étois dans l'usage de payer aux marchands les fournitures qu'ils faisoient à ma fille, ou à ma cuisinière pour l'approvisionnement de ma maison, un marchand sera bien fondé à me demander le paiement de ce que madite fille ou madite domestique a acheté chez lui en mon nom ; à moins que je ne prouvasse que je l'ai averti de ne plus lui en fournir, ou à moins que ce qu'il a fourni n'excédât de beaucoup ce qu'il faut pour la provision de ma maison. Faute par le marchand de prouver cet usage, je dois avoir congé de sa demande, en affirmant que lorsque j'ai envoyé ma fille ou ma cuisinière acheter des provisions, je lui ai donné de l'argent pour les payer. *Arrêt du Journal des Audiences*, tome 5.

SECTION IX ET DERNIÈRE.

Du pacte *constitutæ pecuniæ.*

Le pacte *constitutæ pecuniæ* est une espèce d'obligation accessoire qui est ajoutée à une première obligation, et qui n'est contractée que pour la corroborer.

457. Le pacte *constitutæ pecuniæ*, chez les Romains, étoit une convention par laquelle quelqu'un assignoit à un créancier un certain jour ou un certain temps dans lequel il promettoit de le payer ; *Diem solvendæ pecuniæ consti-*

tuebat. C'est ce qui résulte des termes de l'édit *de constitutâ pecuniâ.*

Le mot *pecunia*, dans cet édit, comme dans la loi des
douze tables et dans les autres édits des préteurs, se
prend pour toutes les choses, tant corporelles qu'incor-
porelles, qui composent les biens des particuliers et qui
peuvent être l'objet des obligations : *Pecuniæ nomine non
solùm numerata pecunia, sed omnes res tam soli quàm mobi-
les, et tam corpora quàm jura continentur;* l. 222, ff. *de V. S.
Pecuniæ appellatione* rem *significari Proculus ait;* l. 4, ff.
d. tit.

Selon nos usages, le pacte *constitutæ pecuniæ* peut se
définir tout simplement, une convention par laquelle
quelqu'un promet à un créancier de le payer.

458. On peut faire cette promesse à son propre créancier, ou au créancier d'un autre.

Lorsque quelqu'un, par ce pacte, promet à son propre
créancier de le payer, il naît une nouvelle obligation qui
ne détruit pas la première dont il étoit déja tenu, mais
qui y accède ; et par cette multiplication d'obligations le
droit du créancier se trouve fortifié.

En cela le droit de créance personnelle est différent
du droit de domaine et de propriété. Lorsque j'ai, en
vertu de quelque titre, le domaine et la pleine propriété
d'une certaine chose, je ne puis plus acquérir ce domaine
en vertu d'aucun autre titre. *Dominium non potest nisi ex
unâ causâ contingere;* l. 3, §. 4, ff. *de acq. poss.*

Au contraire, quoique je sois déja créancier d'une chose
en vertu d'un titre, je puis encore par la suite devenir
créancier de la même chose, soit du même débiteur qui
s'obligera de nouveau de me la donner, soit d'autres débiteurs.

Paul, en la loi 159, *de reg. jur.* observe cette différence
entre le droit de domaine et le droit de créance personnelle : *Non ut ex pluribus causis idem nobis deberi potest,
ita ex pluribus causis idem potest nostrum esse.*

459. A quoi, dira-t-on, peut être utile au créancier la nouvelle obligation que contracte envers lui son débiteur par le pacte *constitutæ pecuniæ* ? Elle lui est utile dans l'un et dans l'autre for. En ce qui concerne le for intérieur, plus les obligations du débiteur sont multipliées, plus il y auroit d'infidélité de sa part de ne les pas acquitter; et par conséquent le droit qu'a le créancier d'en attendre l'exécution, est d'autant plus fort. A l'égard du for extérieur, lorsque l'obligation du débiteur qui, par ce pacte, avoit promis à son créancier de le payer, étoit une obligation purement naturelle, telles qu'étoient chez les Romains toutes celles qui n'étoient formées que par de simples pactes non revêtus de la stipulation; il est évident en ce cas que l'obligation que le débiteur contractoit par le pacte *constitutæ pecuniæ*, étoit très utile au créancier, puisqu'elle lui donnoit une action que ne lui donnoit pas la première. Le degré d'infidélité qu'il y a à manquer à des obligations réitérées, avoit porté le préteur à donner une action contre le débiteur, pour le contraindre à accomplir l'obligation qui naissoit de ce pacte : *Quoniam grave est fidem fallere;* l. 1., ff. *de pec. const.*

Lorsque l'obligation du débiteur qui, par ce pacte, avoit promis à son créancier de le payer, étoit une obligation civile qui lui donnoit une action, l'obligation et l'action qui naissent de ce pacte, ne lui étoient pas à la vérité nécessaires : le pacte n'étoit pas néanmoins inutile, et il paroît qu'on l'interposoit à l'égard des obligations civiles aussi bien qu'à l'égard des obligations naturelles: *Debitum ex quâcumque causâ constitui potest, ex quocumque contractu, etc.;* l. 1, §. 6, *et seq. de const. pec.* Ce pacte servoit sur-tout à déterminer le temps dans lequel le paiement devoit se faire, lorsqu'on ne s'en étoit pas expliqué par le contrat; et cette détermination servoit, selon les principes du droit romain, à mettre de plein droit, par le seul laps de ce temps, le débiteur en demeure, lorsqu'il n'avoit pas satisfait à son obligation;

au lieu que lorsqu'on n'avoit déterminé aucun tèmps, le débiteur ne pouvoit être mis en demeure que par la litis-contestation.

460. Même dans le cas auquel le créancier n'auroit pas eu besoin du pacte *constitutæ pecuniæ*, pour fixer le temps du paiement qui se trouvoit déja fixé et déterminé par le contrat, Ulpien décide que le pacte peut encore avoir quelque utilité. *Si is qui et jure civili et prætorio debebat, in diem sit obligatus, an constituendo teneatur.... habet utilitatem, ut ex die obligatus constituendo se eâdem die soluturum teneatur;* l. 3, §. 2, ff. d. tit.

Pour comprendre en quoi pouvoit consister cette utilité, il faut faire attention que, selon les principes de l'ancien droit romain, les actions dépendoient de formules embarrassantes, dont la moindre inobservation faisoit déchoir le créancier de son droit d'action. Il étoit par conséquent utile d'avoir plusieurs actions pour la créance d'une même chose, afin que si, par défaut de forme, on venoit à déchoir d'une, on pût avoir recours à l'autre : c'est pourquoi, bien que l'obligation fût une obligation civile, qui donnoit une action au créancier, le pacte *constitutæ pecuniæ* qui donnoit une nouvelle action, n'étoit pas tout-à-fait inutile.

461. Les pactes *constitutæ pecuniæ* qui avoient pour objet de déterminer un certain jour ou un certain terme dans lequel quelqu'un s'obligeoit envers un créancier de lui payer ce qui étoit dû, ne sont guère en usage parmi nous : car cette détermination du temps dans lequel le paiement doit se faire, qui, selon les principes du droit romain, étoit utile au créancier, pour que le débiteur fût plus facilement constitué en demeure, n'est ordinairement, selon les principes de notre droit françois, d'aucune utilité au créancier; puisque, selon les principes de notre droit françois, soit qu'il y ait un certain terme de paiement, soit qu'il n'y en ait pas, le débiteur ne peut ordinairement être constitué en demeure que par une interpellation judiciaire; c'est-à-dire, par un exploit de de-

mande; ou, lorsqu'il y a un titre exécutoire de créance, par un commandement.

Nous avons néanmoins parmi nous des conventions qu'on peut aussi appeler des pactes *constitutæ pecuniæ*, par lesquelles on promet à un créancier de lui payer ce qui lui est dû. Telles sont celles par lesquelles les héritiers d'un débiteur passent un titre nouvel au créancier, et s'obligent de lui payer ce qu'ils lui doivent en leur qualité d'héritiers. La nouvelle obligation qui en résulte, et qui est ajoutée à celle contractée par le défunt, à laquelle ces héritiers ont succédé, est utile au créancier, puisqu'elle lui donne le droit d'exécution que ne lui donnoit plus celle contractée par le défunt.

Nous verrons sur ce pacte, 1° ce qui est nécessaire pour sa validité ; 2° s'il renferme nécessairement un terme dans lequel le paiement doit se faire ; 3° si par ce pacte on peut s'obliger à plus, ou à autre chose, ou différemment que par la première obligation ; 4° quelle est la nature de l'obligation qui naît de ce pacte. Nous dirons quelque chose, dans un cinquième paragraphe, du pacte par lequel on promet à un créancier de lui donner certaines sûretés.

§. I. De ce qui est nécessaire pour la validité du pacte *constitutæ pecuniæ*.

462. Il résulte de la définition que nous avons donnée du pacte *constitutæ pecuniæ*, qu'il suppose la préexistence d'une dette qu'on promet de payer à celui qui en est le créancier. C'est pourquoi si, par erreur, je suis convenu avec vous de vous payer une certaine somme que je croyois vous être due par moi, ou par un autre ; l'erreur ayant été depuis découverte, vous ne pouvez pas en exiger le paiement, le pacte étant nul, faute d'une dette qui en ait été le fondement. *Hactenùs constitutum valebit, si quod constituitur debitum sit* ; l. 11, ff. de const. pec.

Quid, si je vous ai promis de payer une somme que j'ai déclaré vous devoir, quoique dès-lors j'eusse connoissance que je ne vous la devois pas? Cette convention ne peut pas être valable comme pacte *constitutæ pecuniæ*, faute d'une dette qui en doit être le fondement : elle renferme en ce cas une donation que je vous ai voulu faire; et elle ne peut être valable, si elle n'est revêtue des formes que la loi civile requiert pour la validité des donations.

463. Lorsque la dette dont on a promis le paiement par le pacte *constitutæ pecuniæ*, étoit suspendue par une condition sous laquelle elle avoit été contractée, et qui n'étoit pas encore accomplie; quoiqu'il n'y eût pas encore alors de dette, néanmoins si par la suite la condition s'accomplit, le pacte sera valable : car les conditions, lorsqu'elles sont accomplies, ayant un effet rétroactif au temps du contrat, la dette sera censée avoir existé dès le temps qu'elle a été contractée, et par conséquent dès le temps du pacte *constitutæ pecuniæ*, qui n'est intervenu que depuis; l. 19, ff. *d. tit.*

Mais si la condition vient à défaillir, le pacte ne sera pas valable; il renferme nécessairement la condition sous laquelle la dette étoit due, quoique les parties ne s'en soient pas expliquées.

Quid, si j'avois promis expressément de payer, même dans le cas auquel la condition viendroit à défaillir? La promesse de payer en ce cas ne peut pas valoir comme pacte *constitutæ pecuniæ*, faute d'une dette qui y serve de fondement : elle renferme, pour le cas de la défaillance de la condition, une donation qui ne peut être valable, si l'acte n'est revêtu des formes des donations entre vifs.

464. Il n'importe de quelle manière soit dû ce qu'on promet de vous payer par le pacte *constitutæ pecuniæ* : car de quelque manière que vous soit dû ce que je promets de vous payer, ne fût-ce que par une obligation purement naturelle, ce n'est pas une donation que je vous fais; c'est un paiement que je promets de vous faire, et par conséquent c'est la vraie espèce du pacte *constitutæ pecuniæ*.

Quid, si la dette étoit de celles qui sont expressément

réprouvées par la loi civile, le pacte *constitutæ pecuniæ* par lequel on se seroit obligé à la payer, seroit-il valable? Je pense que si cette dette étoit réprouvée par la loi civile, non par un vice de la cause d'où elle étoit née, mais par une incapacité de la personne qui l'a contractée, à qui la loi civile défendoit de la contracter, et que cette incapacité ne subsistât plus lors du pacte, le pacte ne laisseroit pas d'être valable.

Par exemple, lorsqu'une femme, étant sous puissance de mari, a emprunté une somme qui n'a pas tourné à son profit, je pense qu'étant devenue veuve, elle peut valablement s'obliger par ce pacte à la payer : car quoique cette dette soit réprouvée par la loi civile qui la déclare nulle, il suffit qu'elle soit due dans le for de la conscience, pour que le paiement qui en seroit fait par cette femme fût un vrai paiement, et non une donation. D'où il suit que la convention par laquelle elle a promis de la payer, ne renferme pas une donation, mais une promesse de payer; et par conséquent c'est un véritable pacte *constitutæ pecuniæ*, que cette femme a pu valablement faire, puisqu'elle étoit alors libre, et capable de s'obliger. On opposera que nous avons décidé *suprà*, n. 396, que cette obligation ne peut pas servir de fondement à un cautionnement. Donc, dira-t-on, elle ne peut pas, par la même raison, servir de fondement au pacte *constitutæ pecuniæ*.

Je réponds qu'il y a une grande différence entre l'un et l'autre. Un cautionnement n'est qu'une simple adhésion à l'obligation du débiteur principal : l'obligation d'un cautionnement ne peut subsister seule par elle-même; il faut qu'il y ait une obligation principale dont elle soit l'accessoire. Or une obligation que la loi civile réprouve, et qu'elle déclare absolument nulle, n'est pas susceptible d'accessoires, et ne peut par conséquent servir de matière à un cautionnement. Le droit que j'acquiers contre vous, lorsque vous vous rendez caution envers moi pour quelqu'un, n'étant qu'une extension du droit que j'ai contre celui que vous cautionnez; si je n'en ai aucun contre lui, la loi déclarant son obligation absolument nulle, je n'en puis avoir contre vous. Il n'en est pas de même du pacte *constitutæ pecuniæ*. Si l'on dit que l'obligation qui en naît est *accessoire* à l'obligation principale qu'on s'oblige par ce pacte d'acquitter, on ne le dit qu'en ce sens, qn'elle est ajoutée à cette obligation principale; mais on ne le dit pas dans le même sens qu'on le dit d'un cautionnement. Ce n'est pas une obligation qui ne soit, comme l'est un cautionnement, qu'une simple adhésion à l'obligation principale; c'est une obligation qui subsiste par elle-même, *propriis viribus*, et même quelquefois après que l'obligation principale a cessé d'exister, comme nous le verrons *infrà* par la loi 18, §. 1, ff. *d. tit.*

S'il est de l'essence du pacte *constitutæ pecuniæ* qu'il préexiste une dette, ce n'est que parcequ'il doit avoir pour objet un paiement, sans quoi il renfermeroit une donation. Or, pour que ce pacte ne renferme pas une donation, et qu'il ait pour objet un paiement, il suffit que la dette qu'on promet de payer par ce pacte soit due, au moins dans le for de la conscience, et qu'il y ait en conséquence un juste sujet d'en faire le paiement, quoiqu'elle soit, pour le for extérieur, déclarée nulle par la loi civile.

465. Observez néanmoins que pour la validité du pacte *constitutæ pecuniæ*, par lequel on a promis de payer quelqu'une de ces dettes que la loi civile réprouve et déclare nulles, il faut que cette dette ne soit pas réprouvée par un vice de la cause d'où elle est née, mais seulement par une incapacité civile de la contracter dans la personne qui l'a contractée, et que cette incapacité ne subsiste plus dans cette personne lors du pacte, par lequel elle promet de la payer; telle qu'étoit celle dont nous venons de rapporter l'exemple. Mais si la dette qu'on a promis de payer par le pacte *constitutæ pecuniæ* étoit une dette que la loi civile réprouve pour un vice de la cause d'où elle

est née; *putà*, si c'est une dette pour dépenses faites par un domicilié au cabaret; quoiqu'elle soit due dans le for de la conscience, et que le paiement qui en seroit fait fût valable ; néanmoins le pacte par lequel on promettroit au cabaretier de la payer, ne seroit pas valable, et il ne seroit pas écouté à en demander le paiement. La raison est que le vice de la cause de cette dette subsiste toujours : soit que le cabaretier en demande le paiement en vertu de la première obligation qu'a contractée celui qui a fait la dépense dans son cabaret, soit qu'il le demande en vertu de ce pacte ; c'est toujours la demande d'une dette de cabaret, qui n'est pas écoutée en justice.

466. Lorsque la dette n'est dette que selon la subtilité du droit, telle qu'est celle qui résulteroit d'une promesse que vous auriez extorquée sans cause et par violence, dont je ne suis tenu ni dans le for extérieur, au moyen de l'exception par laquelle je puis m'en défendre, ni dans le for de la conscience ; elle ne peut servir de fondement au pacte *constitutæ pecuniæ*. *Si quis constituerit quod jure civili debebat, jure prætorio non debebat, id est, per exceptionem, an constituendo teneatur? Et est verum non teneri, quia debita juribus* non est pecunia quæ constituta est; l. 3, §. 1, ff. de pec. const.* La raison est qu'étant de l'essence du pacte *constitutæ pecuniæ*, qu'il ait pour objet le paiement d'une dette; une telle dette, dont il ne peut se faire un paiement valable, ne peut servir de fondement à ce pacte : car, ou le paiement s'en fait par erreur, et il n'est pas valable, puisqu'il y a lieu à la répétition de la chose payée; l. 26, §. 3, ff. *de cond. ind.*; ou le paiement s'en fait avec connoissance du vice de la dette, et en ce cas c'est plutôt une donation qu'un paiement, suivant cette règle : *Cujus per errorem dati conditio est, ejus per errorem dati donatio est; l. 53, ff. de R. J.*

---

* *Id est, nec jure naturali, nec quoad effectum jure civili, propter exceptionem.*

Or une donation ne peut être l'objet du pacte *constitutæ pecuniæ*; ce ne peut être que le paiement d'une dette.

467. Il est à la vérité nécessaire, comme nous l'avons vu jusqu'à présent; pour que le pacte *constitutæ pecuniæ* soit valable, que lors de ce pacte il existe une dette qu'on promette par ce pacte de payer. Mais l'existence de la chose qu'on promet par ce pacte de payer, n'est pas de même toujours nécessaire : car si cette chose étoit périe par le fait ou la faute de celui qui en étoit le débiteur, ou depuis qu'il a été constitué en demeure, la chose continueroit en ce cas d'être due, quoiqu'elle ait cessé d'exister, comme nous le verrons *infrà*, *part.* 3, *ch.* 6, *art.* 3 ; ce qui suffit pour que le pacte *constitutæ pecuniæ* par lequel on promet de payer cette chose, quoiqu'elle n'existât plus lors du pacte, soit valable, et oblige celui qui a fait la promesse à payer le prix de cette chose. C'est ce que décide Julien : *Promissor hominis, homine mortuo quùm per eum staret quominùs traderetur, si hominem daturum se constituerit, de constitutâ pecuniâ tenebitur ut pretium ejus solvat ;* l. 23, ff. *d. tit.*

468. Pourvu que lors du pacte il existe une dette dont le paiement en fasse l'objet, il n'importe, pour la validité du pacte, que ce soit le débiteur qui promette de la payer, ou que ce soit une autre personne qui promette de la payer pour lui : *Et quod ego debeo, tu constituendo teneberis ;* l. 5, §. 2, *d. tit.*

Il n'est pas même nécessaire que le consentement du débiteur intervienne, lorsqu'un autre s'oblige par ce pacte de payer pour lui ce qu'il doit : on pourroit même faire ce pacte malgré lui : car de même qu'on peut payer pour quelqu'un sans son consentement, et même malgré lui, l. 52, ff. *de solut.*, de même on peut s'obliger de payer pour quelqu'un sans son consentement, et même malgré lui. C'est ce qu'enseigne Ulpien : *Utrùm præsente debitore, an absente constituat quis, parvi refert : Hoc ampliùs etiam invito..... undè falsam putat opinionem Labeonis existimantis, si postquàm quis constituit pro alio, dominus*

ei denuntiet ne solvat, exceptionem dandam : Nec imme-
ritò ; nam cùm semel sit obligatus qui constituit, factum
debitoris non debet eum excusare ; l. 27 , ff. d. tit.

Je puis à la vérité, par le pacte *constitutæ pecuniæ*, promettre de payer ce qui est dû par un autre ; mais il faut,
pour que le pacte soit valable, que je promette de le
payer comme chose due par celui qui en est effectivement
le débiteur. Si je promettois de le payer comme m'en
croyant le débiteur, le pacte ne seroit pas valable si je
n'étois pas le débiteur ; l. 11, ff. *d. tit.*

469. De même qu'un payement est valable, non seulement lorsqu'il est fait au créancier, mais lorsqu'il est
fait à un autre de son ordre ou de son consentement, de
même ce pacte est valable, soit que ce soit au créancier
lui-même à qui on promette de payer, soit que ce soit à
un autre, pourvu que ce soit de son consentement. C'est
ainsi qu'il faut entendre ce que dit Ulpien : *Quod consti-*
tuitur, in rem exactum est non utique ut is cui constituitur
creditor sit ; nam quod tibi debetur, si mihi constituatur,
debetur; l. 5, §. 2 : pourvu, comme nous venons de le
dire, que ce soit du consentement du créancier. Mais si
on promettoit de payer à un autre qu'au créancier sans
son consentement, le pacte ne seroit pas valable, quand
même ce seroit à celui à qui on eût pu valablement payer.
Titio stipuler; Titio constitui suo nomine. C'est ce qu'enseigne Ulpien : *Si mihi aut non posse Julianus ait; quia*
non habet petitionem, tametsi ei solvi possit; l. 7, §. 1, ff.
d. tit.

§. II. Si le pacte *constitutæ pecuniæ* renferme nécessairement un terme
dans lequel on promet de payer.

470. Chez les Romains, comme nous l'avons déja observé ci-dessus, le pacte *constitutæ pecuniæ* renfermoit ordinairement un certain jour ou un certain terme dans lequel on promettoit de payer. Ce mot *constitutum* paroissoit tellement renfermer l'idée d'un terme de paiement,
qu'on avoit douté si le pacte *constitutæ pecuniæ* pouvoit

être valable, lorsqu'il n'y en avoit aucun d'exprimé. C'est ce que nous apprenons d'Ulpien, qui pense néanmoins que le pacte, en ce cas, ne laisse pas d'être valable, mais qu'on doit y sous-entendre un terme au moins de huit jours; l. 21, §. 1, ff. *d. tit.*

Cette décision ne doit, à mon avis, avoir lieu que lorsque les parties ne s'étoient pas plus expliquées sur le temps du paiement, dans le contrat par lequel la dette avoit été contractée, que dans le pacte *constitutæ pecuniæ* par lequel on s'est obligé de la payer : mais si le contrat portoit le temps dans lequel elle devoit être payée, je pense que les parties qui ne s'en sont pas expliquées par le pacte *constitutæ pecuniæ*, doivent être présumées être convenues du même temps qui est porté par le contrat.

Ce principe du droit romain, que le pacte *constitutæ pecuniæ* doit toujours contenir un certain terme exprès ou tacite, dans lequel devra se faire le paiement qu'on promet par ce pacte de faire, n'a pas lieu parmi nous, suivant ce que nous avons observé au commencement de cette section.

§. III. Si l'on peut, par le pacte *constitutæ pecuniæ*, s'obliger à plus que ce qui est dû, ou à autre chose que ce qui est dû, ou s'y obliger d'une différente manière.

471. Il n'est pas nécessaire, pour la validité du pacte *constitutæ pecuniæ*, qu'on promette par ce pacte de payer précisément la même somme que celle qui est due; ce peut être une somme moindre : *Si quis viginti debens, decem constituit se soluturum, tenebitur;* l. 13, ff. *de pec. const.* Observez que dans ce cas, quoique le débiteur ne soit tenu *ex pacto constitutæ pecuniæ* que *in decem*, il ne laisse pas de demeurer débiteur de la somme entière, *ex pristinâ obligatione;* le pacte *constitutæ pecuniæ* ne détruisant point la première obligation, et ne faisant qu'y accéder.

472. On peut bien promettre valablement, par le pacte *constitutæ pecuniæ*, de payer une somme moindre que celle qui est due, mais on ne peut valablement promettre

une plus grande somme; et si on l'a fait, le pacte ne sera valable que jusqu'à la concurrence de la somme due : *v. g. Si quis centum aureos debens, ducentos constituat, in centum tantummodò tenetur;* l. 11, §. 1, ff. *d. t.*

La raison est que ce qui seroit donné de plus que la somme due, ne seroit pas un paiement, mais une donation. Or, comme nous l'avons déja dit plusieurs fois, le pacte *constitutæ pecuniæ* ne peut être valable que comme promesse de payer, et non comme donation.

Par la même raison, si quelqu'un avoit promis par ce pacte de payer une autre chose outre la somme qu'il doit, le pacte ne seroit valable que pour la somme : *Si decem debeantur, et decem et Stichum constituat, potest dici decem tantummodò nomine teneri;* l. 12.

473. Il n'est pas néanmoins nécessaire, pour la validité du pacte *constitutæ pecuniæ*, qu'on s'oblige de payer précisément la même chose qui est due : on peut promettre valablement de payer une autre chose, non pas outre celle qui est due, mais à sa place; car le paiement qui est fait d'une autre chose à la place de celle qui est due, étant valable, lorsque le créancier y consent, comme nous le verrons *infrà*, part. 3, *n.* 531, la convention de payer autre chose que celle qui est due, doit pareillement être valable. C'est ce qu'enseigne Ulpien : *An potest constitui aliud quàm quod debetur quæsitum est ? Sed cùm jam placet rem pro re solvi posse, nihil prohibet et aliud pro debito constitui;* l. 1, §. 5, ff. *d. tit.*

474. Ce pacte de payer une autre chose que celle qui est due peut se faire valablement, non seulement par le débiteur, mais par un tiers qui promet de payer cette autre chose pour le débiteur : car, de même qu'un tiers peut valablement payer pour le débiteur une autre chose à la place de celle qui est due, lorsque le créancier y consent, il peut aussi promettre valablement par ce pacte de faire ce paiement.

En cela ce pacte est différent du cautionnement : car, comme nous l'avons vu *suprà*, n. 369, une caution ne peut valablement s'obliger à une autre chose qu'à celle qui est due par le débiteur principal : *In aliam rem quàm quæ credita est fidejussor obligari non potest*; l. 42, ff. *de fidej.* La raison de différence est qu'un cautionnement n'est qu'une simple adhésion de la caution à l'obligation du débiteur principal; elle ne peut donc avoir un objet différent. Au contraire, le pacte *const. pec.* suppose, à la vérité, la préexistence d'une dette, ayant pour objet le paiement de cette dette; mais il n'est pas pour cela une simple adhésion à l'obligation principale : il peut avoir un objet différent de celui de l'obligation principale; car le paiement de la dette principale, qui est l'objet de ce pacte, pouvant se faire, du consentement du créancier, en une autre chose que celle qui est due, on peut promettre par ce pacte de payer une autre chose que celle qui est due; auquel cas le pacte a un autre objet que celui de l'obligation principale. Une autre preuve que le pacte *constitutæ pecuniæ* n'est pas une simple adhésion à l'obligation principale, est que l'obligation qui naît de ce pacte subsiste quelquefois après que l'obligation principale est éteinte, comme nous le verrons au paragraphe suivant.

475. On peut s'obliger par ce pacte différemment que par l'obligation principale. Par exemple, on peut par ce pacte s'obliger de payer dans un autre lieu que celui porté par l'obligation principale : *Eum qui Ephesi promisit se soluturum, si constituit alio loco se soluturum, teneri constat*; l. 5, ff. *de pec. const.*

On peut même par ce pacte s'obliger de payer dans un terme plus court que celui porté par l'obligation principale : *Sed et si citeriore die constituat se soluturum, similiter tenetur*; l. 4, ff. *d. tit.*

Ce pacte par lequel on promet de payer dans un terme plus court est valable, soit qu'il soit interposé par le débiteur, soit qu'il soit interposé par un tiers qui promet de payer pour lui, comme l'a fort bien remarqué Accurse, en sa glose sur cette loi.

Cela n'est pas contraire au principe de droit que nous avons rapporté *suprà*, n. 371. *Illud commune est in universis qui pro aliis obligantur, quòd si fuerint in duriorem causam adhibiti, placuit eos omninò non obligari;* l. 8, §. 7, *de fidej.* : car ce principe n'a lieu qu'à l'égard de ceux dont l'obligation n'est qu'une pure adhésion à celle du débiteur principal, tels que sont des fidéjusseurs : mais l'obligation qu'on contracte par le pacte *constitutæ pecuniæ*, quoiqu'elle doive avoir pour objet le paiement d'une obligation préexistante, n'est pas, comme nous l'avons déja remarqué, une pure adhésion à cette obligation; puisque, comme nous l'avons déja vu, on peut s'obliger par ce pacte à donner une autre chose que celle qui est due, pourvu que ce soit en paiement et à la place de celle qui est due, qu'on promette de la donner. Pareillement, pourvu que le pacte n'ait d'autre objet que le paiement de la dette, on peut par ce pacte s'obliger plus durement à faire ce paiement que ne s'y étoit obligé le débiteur par l'obligation principale, et par conséquent à le faire dans un terme plus court. Accurse observe fort bien sur cette loi, que celui qui s'oblige par ce pacte, et qu'il appelle *reus constitutæ pecuniæ*, est en cela différent du fidéjusseur.

Je ne puis approuver le sentiment de Cujas, qui, dans son Commentaire sur Paul *ad Ed.* sur cette loi, reprend Accurse d'avoir distingué le *reus constitutæ pecuniæ*, du fidéjusseur, et qui soutient que le fidéjusseur peut, aussi bien que le *reus constitutæ pecuniæ*, s'obliger à payer dans un plus court terme que n'y est obligé le débiteur principal, et qu'on ne trouvera nulle part dans les lois qu'il ne le puisse pas. Je réponds qu'il suffit que les lois disent en général que les fidéjusseurs ne peuvent pas s'obliger *in duriorem causam*, pour qu'on en puisse conclure qu'ils ne peuvent s'obliger à payer dans un terme plus court, que ne l'est le débiteur principal : car il est clair que la condition de celui qui est obligé à payer *hîc et nunc* et sans terme, est plus dure que celle de celui qui a un terme : et il est vrai de dire qu'il est obligé à plus, puisque le plus s'estime *non solùm quantitate*, mais DIE, *conditione, loco, etc.* Il y a plus : la loi 16, §. 5, ff. *de fidej.* décide expressément que si quelqu'un a cautionné, sous une certaine condition, un débiteur principal qui étoit obligé de payer au bout d'un certain terme, et que la condition s'accomplisse avant le terme, la caution ne sera pas obligée. N'est-ce pas dire bien expressément qu'une caution ne peut être obligée à payer sans terme, lorsque le débiteur principal a un terme?

476. La loi 8, ff. *de pec. const.* nous fournit un autre exemple du principe, qu'on peut s'obliger différemment et plus durement par le pacte *constitutæ pecuniæ*, que par l'obligation principale. Elle décide que je puis valablement convenir par ce pacte, qu'on me paiera à moi seul ce qui, par l'obligation principale, étoit payable ou à moi, ou ès mains d'une autre personne; ce qui ne se pourroit pas par un cautionnement : la condition de la caution qu'on priveroit de la faculté qu'a le débiteur de payer entre les mains d'une autre personne, seroit plus dure que celle du débiteur principal; l. 34, ff. *de fidej.*

Cujas, dans le même ouvrage, *ad leg.* 10 et 13, dit que cette loi doit être restreinte dans son cas, c'est-à-dire lorsque c'est le débiteur lui-même qui me promet par ce pacte de me payer à moi seul ce qui étoit payable à moi, ou entre les mains d'une autre personne; et qu'un tiers ne pourroit pas faire ce pacte, parcequ'il ne peut pas plus qu'un fidéjusseur s'obliger *in duriorem causam.* Je pense, au contraire, que ce pacte n'étant pas une pure adhésion à l'obligation principale, un tiers peut par ce pacte s'obliger *in duriorem causam*, comme nous l'avons vu ci-dessus.

477. Il nous reste à observer que dans les titres nouveaux que passent des héritiers, et par lesquels ils s'obligent au paiement de ce qui étoit dû par le défunt, ils peuvent bien, à la vérité, selon les principes que nous venons de rapporter, apposer pour ce paiement des

clauses différentes que celles portées par le titre primordial : mais il faut pour cela qu'ils déclarent qu'ils entendent en cela innover au titre primordial; autrement, tout
ce qui dans les actes se trouve différent de ce qui est
porté par le titre primordial, est présumé s'y être glissé
par erreur, et n'est pas valable; la présomption étant que
l'intention de ceux qui passent ces actes, est de reconnoître et de confirmer ce qui est porté par le titre primordial, et non d'y rien innover. *Voyez* infrà, *n.* 778.

§. IV. De l'effet du pacte *constitutæ pecuniæ*, et de l'obligation qui
en naît.

PREMIER PRINCIPE.

478. Le pacte *constitutæ pecuniæ*, qui a pour objet le
paiement d'une obligation préexistante, ne renferme aucune novation; il produit une nouvelle obligation qui
n'éteint pas la première, mais qui y accède.

SECOND PRINCIPE.

Quoique le pacte *constitutæ pecuniæ* n'éteigne pas la
première obligation, il y apporte quelquefois quelques
changements ou modifications; ce qui néanmoins, selon
la subtilité des principes du droit romain, ne se faisoit
pas *ipso jure*, mais *per exceptionem*.

TROISIÈME PRINCIPE.

Quoique l'obligation qui naît du pacte *constitutæ pecuniæ* accède à la première, elle n'est pas néanmoins une
pure adhésion à la première obligation; elle subsiste par
elle-même, et même quelquefois elle continue de subsister après l'extinction de la première.

QUATRIÈME PRINCIPE.

Le paiement de l'une de ces obligations éteint et acquitte les deux.

479. Le premier de nos principes n'a pas besoin d'explication.

Le second s'éclaircira par des exemples.

PREMIER EXEMPLE.

Nous avons vu en l'article précédent, qu'on pouvoit, par le pacte *constitutæ pecuniæ*, promettre de payer à la place de la somme ou de la chose qui est due, une autre chose que celle qui est due. Supposons que mon débiteur d'une somme de trente pistoles, m'a promis de me donner à la Toussaint six poinçons du vin de sa récolte, en paiement de la somme de trente pistoles qu'il me doit : ce pacte ne détruit point la première obligation. Je puis, en vertu de la première obligation, demander à mon débiteur les trente pistoles; et ma demande procède *ipso jure*. Mais comme par le pacte je suis convenu qu'il pourroit me payer, à la place de cette somme, six pièces du vin qu'il auroit recueilli, il peut, *per exceptionem pacti*, en offrant lesdites six pièces de vin, demander à être renvoyé de ma demande des trente pistoles. Au moyen de cette exception qu'il peut m'opposer, sa première obligation, qui étoit une pure obligation pure et simple de me payer précisément la somme de trente pistoles, reçoit par le pacte une modification, et devient une obligation de trente pistoles, avec la faculté de payer les six pièces de vin à la place.

Le créancier étant créancier des trente pistoles en vertu de la première obligation, et créancier des six pièces de vin en vertu de celle qui naît du pacte *constitutæ pecuniæ*, il peut, si bon lui semble, intenter l'action qui naît du pacte, et demander les six pièces de vin : mais si le débiteur aimoit mieux payer les trente pistoles, il pourroit, en offrant le paiement de trente pistoles, faire cesser la demande des six pièces de vin; parceque, suivant le quatrième de nos principes, le paiement des trente pistoles qui acquitte la première obligation, acquitte les deux.

SECOND EXEMPLE.

480. Si étant votre débiteur d'une somme qui étoit payable à vous seul en votre domicile, je vous ai promis, par le pacte *constitutæ pecuniæ*, de la payer ou entre vos mains, ou entre celles de votre correspondant, dans un lieu moins éloigné, ce pacte apporte en ma faveur une modification à mon obligation, en ce qu'au lieu que j'étois obligé précisément de payer entre vos mains et au lieu de votre domicile, j'acquiers par ce pacte la faculté de pouvoir payer entre les mains de votre correspondant, et dans un lieu qui m'est plus commode ; ce qui ne se faisoit néanmoins, selon la subtilité du droit romain, que *per exceptionem. Si quis pecuniam constituerit* tibi aut Titio ; *etsi stricto jure, priori* * *actione pecuniæ constitutæ manet obligatus, etiamsi Titio solverit, tamen per exceptionem adjuvatur*; l. 30, ff. *de pec. const.*

TROISIÈME EXEMPLE.

481. Lorsque par le pacte *constitutæ pecuniæ* mon débiteur a promis de me payer dans un certain terme la somme qu'il me devoit sans terme, ou dans un terme plus court, ce pacte apporte une modification à sa première obligation, et la rend payable au terme porté par ce pacte : car je suis censé lui avoir accordé par ce pacte le terme dans lequel il a promis de me payer ; ce qui doit me rendre non-recevable à le demander plus tôt, même par l'action qui naît de la première obligation.

* Cujas a substitué ce mot *priori* au mot *propriâ*, qui n'a pas de sens : au moyen de cette correction, le sens de ce texte est clair. Quoique le débiteur qui a payé entre les mains de Titius demeure toujours, *stricto jure*, débiteur de la première obligation, qui n'est payable qu'entre les mains du créancier, néanmoins ce paiement le décharge *per exceptionem doli aut pacti*, parcequ'il peut opposer au créancier qu'il l'a fait en vertu de la permission qui lui en a été accordée par le pacte.

Il en seroit autrement si c'étoit un tiers qui m'eût pro-mis de payer pour vous dans un certain terme ce que vous me devez sans terme, ou dans un terme plus court. Ce pacte ne feroit aucun changement à votre obligation, et ne m'empêcheroit pas de vous demander, avant le terme porté par ce pacte, ce que vous me devez : car ce n'est pas à vous que j'ai accordé le terme porté par ce pacte où vous n'étiez pas partie.

482. Il y a néanmoins des cas auxquels vous pouvez profiter indirectement du pacte par lequel un tiers a promis de payer pour vous : tel est le cas auquel le tiers auroit promis de payer pour vous une certaine somme à la place de la chose que vous devez. Vous acquérez indirectement par ce pacte, quoique vous n'y soyez pas partie, la faculté de vous libérer de votre obligation par le paiement de cette somme : car toutes personnes ayant la permission de faire au nom du débiteur le paiement de ce qui est dû par un autre, lorsqu'elles ont quelque intérêt à faire ce paiement, il suffit que vous ayez intérêt au paie-ment de la somme que le tiers s'est obligé par le pacte *constitutæ pecuniæ* de payer à la place de la chose que vous devez, pour que vous deviez être reçu à faire, au nom de ce tiers, le paiement de cette somme ; et en la payant pour ce tiers, et l'acquittant de son obligation, vous vous ac-quittez aussi de la vôtre : car, suivant le quatrième de nos principes, le paiement de l'une des obligations éteint les deux.

Par la même raison, si un tiers a promis par ce pacte de payer dans un autre lieu que celui où le débiteur étoit obligé de payer ; ou s'il a promis de payer au créan-cier, ou entre les mains d'une autre personne, ce que le débiteur ne pouvoit payer qu'entre les mains du créan-cier ; le débiteur peut profiter indirectement de ce pacte, en faisant au nom de ce tiers le paiement au lieu où il lui est permis par le pacte *constitutæ pecuniæ* de le faire, et entre les mains de la personne à laquelle il lui est permis de payer ; et en faisant ce paiement pour ce tiers, vous vous acquittez de votre obligation par laquelle vous étiez tenu de payer précisément entre les mains du créancier ou dans un autre lieu : car, suivant le quatrième de nos principes, le paiement de l'obligation qui naît du pacte *constitutæ pecuniæ*, éteint la première ; *et vice versâ*.

483. Nous avons rapporté plusieurs exemples des changements et modifications que la première obligation pouvoit recevoir par le pacte *constitutæ pecuniæ* au profit du débiteur : elle en peut recevoir aussi au profit du créancier.

En voici un exemple. Lorsque celui qui m'étoit débiteur d'une somme payable à moi, ou entre les mains d'une autre personne, me promet, par le pacte *constitutæ pecuniæ*, de me la payer à moi-même, la première obligation reçoit par ce pacte un changement au profit du créancier : car, au lieu que c'étoit une obligation avec la faculté de payer entre les mains d'une autre personne, elle devient par ce pacte une obligation qui n'est plus payable qu'à moi-même. *Si (mihi aut Titio dare obligatus : posteà quàm soli mihi té soluturum constituisti, solveris Titio, nihilominùs mihi teneberis ; l. 8, ff. de const. pecun. :* car par ce pacte vous êtes censé avoir renoncé à la faculté que vous vous étiez réservée par votre première obligation, de payer entre les mains de Titius : c'est pourquoi le paiement que vous lui avez fait n'est pas valable.

Il en seroit autrement si c'étoit un tiers qui m'eût promis de me faire payer ce paiement pour vous ; car ce pacte où vous n'étiez pas partie, n'a pu vous ôter la faculté que vous aviez de payer entre les mains de Titius.

484. Voici un cas où le pacte *constitutæ pecuniæ* apporte des changements à la première obligation, tant de la part du créancier que de celle du débiteur ; c'est lorsque celui qui m'étoit débiteur de deux choses sous

une alternative, m'a promis de me payer déterminément l'une des deux. Ce pacte apporte, par rapport au créancier, un changement à la première obligation, en ce que d'alternative qu'elle étoit, ce pacte, qui la détermine à la chose que le débiteur a promis de payer, donne au créancier le droit d'exiger cette chose déterminément, sans que le débiteur puisse avoir dorénavant le choix de payer l'autre. C'est ce qu'enseigne Papinien : *Illud aut illud debuit, et constituit alterum : an vel alterum quod non constituit solvere possit, quæsitum est ? Dixi, non esse audiendum, si velit hodiè fidem constitutæ rei frangere ;* l. 25, ff. d. tit.

La première obligation reçoit aussi en ce cas un changement par rapport au débiteur : car étant par ce pacte déterminée à la seule chose que le débiteur a promis de payer, le débiteur pourra acquérir la libération de son obligation par l'extinction de cette chose survenue sans sa faute avant sa demeure ; au lieu qu'avant ce pacte son obligation n'auroit pu s'éteindre que par l'extinction des deux choses.

485. Notre troisième principe, que l'obligation qui naît du pacte *constitutæ pecuniæ* n'est qu'une pure adhésion à la première, résulte assez de ce que nous avons dit dans les articles précédents; et elle pourroit avoir un objet différent ; comme lorsqu'on promet par ce pacte de payer une autre chose à la place de celle qui est due par la première obligation.

Cela résulte aussi de ce qu'elle peut être contractée sous des conditions plus dures; comme lorsqu'on promet de payer dans un terme plus court que celui porté par la première obligation ; *suprà, n.* 476.

Ce qui prouve encore plus évidemment que l'obligation qui naît du pacte n'est pas une simple adhésion à la première obligation qu'on s'est obligé par ce pacte de payer, et qu'elle subsiste par elle-même, c'est qu'elle peut continuer de subsister après l'extinction de cette première obligation.

C'est ce qu'enseigne Ulpien : *Si quid debitum tunc fuit quùm constitueretur, nunc non sit, nihilominùs tenet constitutum ; quia retrorsùm se actio refert : proindè temporali actione obligatum, constituendo Celsus et Julianus teneri debere ; licèt post constitutum dies temporalis actionis exierit. Quare etsi post tempus obligationis se soluturum constituit, adhuc idem Julianus petat, quoniam eo tempore constituit quo erat obligatio, licèt in id tempus quo non tenebatur;* l. 18, §. 1, ff. *de pec. const.*

La glose apporte pour exemple de cette décision le cas auquel un vendeur auroit, par un pacte *constitutæ pecuniæ*, promis à l'acheteur de lui payer une certaine somme pour le dédommagement d'un vice de la chose vendue, dont il étoit tenu envers lui *actione æstimatoriâ*. Suivant la décision de cette loi, l'obligation qui naît de ce pacte de payer cette somme, dure même après le temps de six mois que duroit l'action *æstimatoria ;* et on auroit pu même par le pacte assigner, pour le paiement de la somme, un jour qui n'auroit dû arriver qu'après l'expiration du terme de six mois de l'action *æstimatoria*.

Dans l'exemple qu'apporte la glose, on peut dire que quoique l'action *æstimatoria* soit éteinte par l'expiration du temps de six mois, il reste néanmoins, après ce temps, une obligation naturelle de dédommager l'acheteur, laquelle peut être la matière du paiement que le vendeur a promis de faire par le pacte *constitutæ pecuniæ*.

Quid, si la dette pour le paiement de laquelle est intervenu le pacte *constitutæ pecuniæ*, et qui existoit au temps dudit pacte, a été depuis éteinte autrement que par un paiement réel ou fictif, de manière qu'il ne subsiste plus aucune obligation ni naturelle ni civile, l'obligation contractée par le pacte *constitutæ pecuniæ*, pour le paiement de cette dette, continuera-t-elle de subsister? Oui. C'est ce que décide Paul en la loi 19, §. 2, ff. *de pec. const.*, où il dit que si un père, débiteur, envers le créancier de son fils, de la somme qui se trouvoit alors dans le pécule de ce fils, a promis au créancier par ce pacte de lui payer cette somme, il continue de la devoir en vertu de ce pacte, quoique l'obligation *de peculio* dont il étoit tenu, et en paiement de laquelle il a promis de payer cette somme, soit éteinte, s'il ne se trouve plus rien dans le pécule de ce fils; *licèt interierit peculium , non tamen liberatur.*

Voici d'autres exemples plus conformes à nos usages.

Finge. Je me suis rendu caution envers vous, pour Pierre, d'une somme de mille livres qu'il vous devoit, à la charge que l'obligation de mon cautionnement ne dureroit que pendant le temps de deux ans, au bout duquel temps j'en serois déchargé. Avant l'expiration des deux ans, et par conséquent pendant que mon obligation subsistoit, Jacques vous a promis de vous payer pour moi cette somme ; il vous a même assigné, pour le paiement de cette somme, un terme qui tombe après le temps de deux ans. Jacques, après l'expiration des deux ans, sera-t-il obligé, par le pacte *constitutæ pecuniæ*, de vous payer? La raison de douter est que ne m'étant obligé qu'à la charge que mon obligation ne dureroit que deux ans, et que j'en serois déchargé après ce temps, il ne subsiste plus en ma personne de dette, ni naturelle, ni civile, qui puisse servir de matière au paiement qu'il a promis de faire pour moi. La raison de décider que l'obligation de Jacques continue de subsister, malgré l'extinction de ma dette, en paiement de laquelle il a promis de vous donner la somme de mille livres, c'est qu'on doit juger de l'existence de la dette pour le paiement de laquelle est interposé le pacte *constitutæ pecuniæ*, par le temps où ce pacte a été interposé. Si, au temps qu'il a été interposé, je vous devois véritablement la somme de mille livres, en paiement de laquelle Jacques vous a promis de vous payer mille livres, le pacte a été valablement interposé: Jacques a valablement contracté l'obligation de vous payer cette somme. Il n'importe que depuis ma dette ait été éteinte ; celle qu'il a contractée subsiste : *Si quid debitum tunc fuit quùm constitueretur, nunc non sit, tenet constitutum* ; QUIA RETRORSUM SE ACTIO REFERT. On objectera : Il s'est obligé de payer ma dette ; il ne peut plus la payer lorsqu'elle est éteinte ; son obligation ne peut donc plus subsister : elle est réduite à quelque chose d'impossible. Je réponds que c'est, à la vérité, en paiement de ma dette qu'il s'est obligé de vous payer mille livres, et il étoit nécessaire pour cela que je vous les dusse alors ; mais après qu'il en a contracté l'obligation, le paiement qu'il doit faire et qu'il fait de cette somme, est le paiement de sa propre dette : ce n'est qu'indirectement que ce seroit aussi le paiement de la mienne, si elle subsistoit encore.

Voici un autre exemple. Un tiers s'est obligé de vous payer pour moi trente pistoles, à la place d'un certain cheval que je vous devois : quoique depuis mon obligation ait été éteinte par la mort du cheval, celle de ce tiers doit subsister.

Ce cas est bien différent de celui d'une personne qui seroit débiteur d'un certain cheval, si mieux elle n'aimoit donner trente pistoles à la place. En ce cas, la mort du cheval le libère entièrement de son obligation, parce qu'en ce cas il n'y a que le cheval de dû ; les trente pistoles ne sont qu'*in facultate solutionis.* Mais dans notre cas, le tiers étoit véritablement débiteur des trente pistoles ; ce n'étoit pas même du cheval, ce n'étoit que de cette somme qu'il étoit débiteur : c'est pourquoi la mort du cheval, qui éteint mon obligation, n'éteint pas la sienne.

486. L'obligation qui naît du pacte *constitutæ pecuniæ* peut bien continuer après l'extinction de l'obligation principale pour le paiement de laquelle le pacte a été interposé : mais il faut pour cela, comme nous l'avons déja observé, qu'elle ait été éteinte autrement que par un paiement réel ou fictif : car, suivant le quatrième de nos

principes, le paiement de l'une des deux obligations, soit de l'obligation principale, soit de celle du pacte, éteint les deux.

487. La raison de ce quatrième principe est évidente. Ce qui est promis par le pacte *constitutæ pecuniæ*, étant promis en paiement de l'obligation principale, cette promesse, lorsqu'elle est effectuée par le paiement qui est fait, renferme un paiement de l'obligation principale. Le paiement de ce qui a été promis par le pacte est donc un paiement des deux obligations, et les éteint par conséquent l'une et l'autre.

Vice versâ, le paiement de l'obligation principale éteint celle du pacte, en rendant le créancier non recevable à en demander le paiement : car ce qui lui a été promis par ce pacte, ne lui ayant été promis et ne lui étant dû que pour le payer de l'obligation principale; si, après avoir été payé d'ailleurs de l'obligation principale, il se faisoit payer encore de ce qui lui a été promis par le pacte *constitutæ pecuniæ*, il se feroit payer deux fois de l'obligation principale, ce que la bonne foi ne permet pas : *Bona fides non patitur ut bis idem exigatur ;* l. 57, ff. *de R. J.* On ne peut pas se faire payer deux fois d'une même dette.

488. Ce principe, que le paiement de l'une des deux obligations éteint les deux, est vrai, non seulement à l'égard du paiement réel ; il l'est pareillement à l'égard des paiements fictifs, tels que sont la compensation, la novation et même la remise. Le créancier acquérant, par la compensation de pareille somme qu'il devoit, la libération de cette somme, se trouve par cette libération payé de celle qui lui étoit due : le créancier, dans le cas de la novation, se trouve payé de la dette dont il a fait novation, par la nouvelle qui est contractée envers lui : il ne peut donc dans ces cas demander à être payé de ce qui lui a été promis par le pacte *constitutæ pecuniæ*, puisque ce seroit demander à être payé deux fois.

Il en est de même du cas de la remise; car quoique dans ce cas il n'ait rien reçu, il suffit que par cette remise il se soit tenu pour payé de l'obligation principale, pour qu'il ne puisse être recevable à demander à en être payé une seconde fois.

489. Notre principe, que le paiement de l'une des deux obligations éteint les deux, a lieu lorsque ce qui a été promis par le pacte *constitutæ pecuniæ* a été promis pour le paiement de tout ce qui étoit dû par l'obligation principale. Lorsqu'on n'a promis d'en payer qu'une partie, le paiement de ce qui a été promis par le pacte n'éteint l'obligation principale que pour cette partie. Par exemple, si étant votre débiteur de vingt pistoles, j'ai promis, ou un autre a promis d'en payer quinze dans un certain temps, le paiement des quinze pistoles promises par le pacte n'éteindra l'obligation principale que jusqu'à concurrence de quinze pistoles.

490. Il nous reste à observer à l'égard de l'obligation *constitutæ pecuniæ*, que suivant la loi 16, ff. *de pec. const.*, lorsque deux personnes ont promis de payer ce qui est dû par un tiers, elles en sont tenues chacune solidairement; en quoi elles ressemblent aux fidéjusseurs, *suprà, n.* 416; mais elles ont, de même que les fidéjusseurs, l'exception de division, lorsqu'elles sont solvables; l. *fin. cod. de pec. constit.*

Haloander a pensé que ceux qui ont promis, par le pacte *constitutæ pecuniæ*, de payer ce qui est dû par un tiers, ont aussi, de même que les fidéjusseurs, l'exception de discussion, lorsqu'ils sont poursuivis pour avoir manqué de payer au jour nommé, et qu'ils sont compris dans la disposition de la novelle 4, *chap.* 1, sous le terme ἀντιφωνητής, qu'il traduit par *constitutæ pecuniæ reus*.

§. V. De l'espéce de pacte par lequel on promet au créancier de lui donner certaines sûretés.

491. C'est une espéce de pacte *constitutæ pecuniæ*, lorsqu'on promet au créancier, non de le payer, mais de lui donner, dans un certain terme, certaines sûretés, comme gage, hypothéque, caution : *Si quis constituerit se pignus*

daturum, debet hoc constitutum admitti; l. 14, §. 1, ff. de *pec. const.*

L'effet de ce pacte est que celui qui a promis par ce pacte de donner certaines sûretés, peut, faute par lui de les donner, être contraint au paiement de la dette, même avant le terme dans lequel elle est payable ; et si c'est une rente, il peut être contraint au remboursement du principal.

492. Celui qui a promis par ce pacte de donner pour caution une certaine personne, est déchargé de son obligation, si avant que d'y avoir satisfait, et d'avoir été en demeure d'y satisfaire, la personne qu'il a promis de donner pour caution vient à mourir; *d.* l. 14, §. 2. La raison est que son obligation devient impossible par la mort de cette personne, qui ne peut plus se rendre caution.

Il en seroit autrement si la personne qu'il a promis de donner pour caution refusoit de subir le cautionnement: *Si nolit fidejubere, puto teneri eum qui constituit, nisi aliud actum est; d.* §. La raison est que pour que mon obligation soit valable, il suffit que le cautionnement de cette personne que j'ai promis, soit un fait possible en soi, quoiqu'il ne me soit pas possible, par le refus que fait cette personne de subir le cautionnement : c'est ma faute d'avoir promis ce que je ne pouvois pas tenir. Cela est conforme aux principes établis au *n.* 136.

FIN DU TOME PREMIER.